KB120199

누구를
위한
뉴스였나

기자 김상균의 방송뉴스 돌아보기

나남
nanam

김상균

1972년 서울대 외교학과를 졸업하고 군 복무 후 1975년 문화방송에 입사하였다.
1980년 해직되어 7년간 유네스코 한국위원회에서 근무하였으며, 1987년 복직되었다.
이후 워싱턴 특파원, 사회·정치부장, 보도국장, 해설주간, 기획실장(이사) 등을 거쳤으며,
마산 문화방송과 광주 문화방송 사장을 역임하였다.
현재 광주대 신문방송학과 교수이자 뉴스통신진흥회 이사,
아시아문화중심도시조성위원회 위원으로 활동 중이다.

나남신서 1777

누구를 위한 뉴스였나
기자 김상균의 방송뉴스 돌아보기

2014년 11월 5일 발행
2014년 11월 5일 1쇄

지은이   김상균
발행자   趙相浩
발행처   (주) 나남
주소   413-120 경기도 파주시 회동길 193
전화   (031) 955-4601(代)
FAX   (031) 955-4555
등록   제 1-71호(1979.5.12)
홈페이지   http://www.nanam.net
전자우편   post@nanam.net

ISBN 978-89-300-8777-3
ISBN 978-89-300-8655-4 (세트)

이 책은 한국언론진흥재단의 저술지원으로 출판되었습니다.

나남신서 1777

누구를
위한
뉴스였나

기자 김상균의 방송뉴스 돌아보기

김상균 지음

나남
nanam

1970년대에 방송사에 입사할 때부터 기록을 남겨야 한다는 생각은 늘 머리를 떠나지 않았습니다. 방송은 전파에 실려 공중에서 사라져버린 다는 아쉬움 때문이었는지도 모르겠습니다. 그렇지만 1980년에 해직 돼버려 이런 생각은 저절로 사라졌습니다.

다시 복직해 3년 남짓 엄청나게 변해버린 방송기술과 환경에 적응하면서 또다시 기록해야 한다는 다짐을 새롭게 했습니다. 그러지 않으면 후배들은 그 이전에 있었던 방송에 대해 전혀 알 수 없을 것이란 생각이 들었기 때문입니다. 특히 잘못한 부분에 대해 아무런 교훈도 얻지 못할 것이란 생각이 들었습니다.

정신없이 뒤따라가면서 배우다가 워싱턴 특파원 발령을 받아 비로소 다시 여유를 찾았습니다. 그때 다시 기록해야 한다는 생각이 점점 의무처럼 들기 시작했습니다. 그래서 미국 여러 대학에서 저널리즘 책들을 사 모았습니다.

귀국해 사회부장 근무를 하면서 이런 생각들은 그냥 머릿속에서만 맴도는 푸념처럼 되어버렸습니다. 실천에 옮기지도 못하면서 새로 들어온 후배들한테는 반드시 기록을 남기라고 말만 요란하게 내뱉는 그런 시절이었습니다. 그러다가 결국 현업을 떠나는 상황까지 왔습니다. 다행히 대학 강의를 맡게 되면서 참으로 많은 것을 배웠습니다. 이제 기록은 다급한 숙제로 다가왔습니다.

게다가 워싱턴에서 같이 근무한 이문노 기자가 〈뉴스데스크〉를 디지털 자료로 복원하는 일을 맡았습니다. 1988년 이후 〈뉴스데스크〉 리포트를 아무 때나 검색할 수 있게 된 겁니다. 과거를 기록한다는 일이 이제 너무 손쉽게 되어버렸습니다. 그래서 작년 가을부터 이런 기록과 제 자신 체험을 토대로 정말 기록에 남길 만한 주제들을 골라봤습니다. 대충 50개 정도를 쉽게 골랐습니다.

올봄 한국언론진흥재단에 저술지원을 요청해 승인을 받았습니다. 이제는 반드시 기록해야만 하는 법적 의무가 생긴 겁니다. 올해 봄 여름 가을은 이런 기록을 위한 귀중한 시간이었습니다. 생각보다 쉬운 일은 아니었지만 너무 오랫동안 머릿속에 담아둔 일이라 생각나는 대로 편하게 증언해봤습니다. 이젠 독자들 판단에 맡기는 일만 남았습니다.

늘 방송은 혼자 하는 게 아니라고 생각해 왔습니다만 이번 책을 내면서 늘 고마웠던 주변 이웃들이 떠올랐습니다.

광주대 김혁종 총장은 제가 대학에서 대학원을 마치고 강단에 설 수 있도록 과분한 배려를 해주었습니다. 이 책은 김 총장 덕분에 가능했다고 해도 과언이 아닙니다. 광주대 류한호, 윤석년, 최병진 교수의 지도는 이 책 곳곳에 스며 있습니다.

   워싱턴 시절부터 가까운 동료 이문노 기자를 부사장으로 영입한 (주) 파루 강문식 사장은 제가 작년 이 책을 쓰면서 여러모로 어려웠을 때 물심양면으로 지원을 아끼지 않았습니다. 저한테 파루 직원들은 이문노 부사장과 마찬가지로 한식구 같은 처지가 됐습니다. 고맙다는 말씀을 드립니다.

   믿든 곱든 문화방송 선후배들은 이 책을 만들 수 있도록 해준 토양 같은 존재입니다. 특히 서울과 마산, 광주에서 직접 원고를 보내준 수많은 후배들에게 정말 미안하고 고맙다는 말씀을 전하고 싶습니다.

   하동근, 이문노, 김현경, 윤도한, 김동섭, 강재형(서울), 김사숙, 김일태(마산), 박동찬, 곽판주, 김낙곤, 황한영, 이재원(광주) 씨 등은 모두 이 책을 공동으로 만든 저자들입니다. 그동안 자료협조와 조언을 해준 많은 동료들에게도 이 자리를 빌려 고맙다는 말씀을 드립니다. 물론 이 책의 잘못에 대한 책임은 전적으로 저한테 있습니다.

   한국언론진흥재단에 이 책을 서둘러 쓸 수 있도록 지원해준 데 대해 고맙다는 말씀을 드립니다.

   저에게 늘 애정 어린 비판과 조언을 해준 아내 지영과 수많은 허드렛일을 도맡아 하면서 젊은 생각을 전해준 딸 수진, 아들 규태가 역시 고마웠습니다. 사위 천규도 좋은 말상대였습니다.

   나남출판사 조상호 회장은 몇십 년 만에 다시 만났지만 '언론의병장' 답게 모든 일을 쉽고 편하게 해주었습니다. 고승철 사장 역시 언론계 출신이라 잘 도와주었고, 이 책을 담당한 민광호 과장은 정말 꼼꼼하게 정성을 다해 손질해주었습니다. 정말 고마운 일입니다.

방송은 '우리말로 진실을 전달함으로써 민족과 역사에 이바지해야 한다'는 생각을 늘 갖고 있습니다. 21세기임에도 아직도 현업에서 해직되거나 밀려난 수많은 후배들에게 위로와 격려의 말씀을 드립니다. 이 책을 모든 방송기자와 PD, 작가, 그리고 기술과 경영, 사업분야에서 일하는 방송 현업자들에게 바칩니다.

2014년 10월 6일

김 상 운

나남신서 1777

누구를 위한 뉴스였나

기자 김상균의 방송뉴스 돌아보기

• 차 례 •

기자생활
돌아보니

1975년 9월 육군 병장으로 만기 제대한 저는 그해 10월 문화방송에 지원해 1차 시험에 합격했습니다. 머리도 아직 자라지 않은 상태로 2차 면접시험을 봤습니다. 방송원고를 읽은 뒤 입사 후 포부를 밝히라는 주문이었습니다. 저는 그때 미국의 월터 크롱카이트처럼 훌륭한 기사와 논평을 방송하고 싶다고 말했습니다. 그때까지 제가 방송에 대해서 아는 것은 미국에 월터 크롱카이트라는 유명한 앵커가 있다는 사실 하나뿐이었습니다.

면접담당자는 무슨 방송 프로그램을 즐겨보냐고 물었습니다. 저는 군대에 있었기 때문에 방송을 잘 보지 못했다고 일단 시간을 벌었습니다. 그때 정말 신기하게도 대학 때 문화방송에 출연한 적이 있었다는 생각이 떠올랐습니다. 그래서 그 프로를 즐겨봤다고 둘러대면서 실제 출연한 적도 있다고 답했습니다. 반응이 좋았습니다. 갑자기 남남에서 우리가 된 듯한 느낌이었지요. 그래서 멋도 모른 채 방송기자 생활을 시작한 겁니다.

수습기간도 채 지나지 않아 사표를 쓴 적이 있습니다. 당시 문화방송에서 인기가 높았던 주말 드라마 〈수사반장〉에서 기자들을 '술집에서 외박하는 사람처럼 묘사했다'고 해서 서대문경찰서 출입기자들이 문화방송을 입건하도록 한 것입니다. 당시 저는 서대문경찰서 출입기자였습니다. 제가 기자들 모임에서 그랬습니다. "기자에게 언론의 자유가 있다면 PD 역시 표현의 자유가 있다." 그리고 기자가 "드라마 한 장면에 명예가 훼손될 정도로 그렇게 허약한 직업인가"라고 반문했습니다.

그리고 문화방송이 시경 캡(출입기자)을 서대문경찰서로 보내 사과한다고 했다는데, 그렇다면 그 캡 밑에서 일하는 저는 꼴이 뭐가 되느냐고 따지면서 시경 캡은 기자 아니냐고 시정을 요구했습니다. 결국 간사가 시경에 연락해서 오지 않도록 했다는데, 시경 캡은 서대문경찰서에서 기다리고 있었습니다. 당시 시경 캡은 일선 기자들에게는 엄청나게 무서운 선배였습니다.

그날 저는 서대문경찰서에 들어가지 않고 근처 일식집에서 정종을 연거푸 퍼마셨습니다. 그리고 오후 두 시쯤 회사로 들어가 사회부장에게 사표를 썼습니다. 긴말 않고 일신상 이유로 그만두겠다고 했습니다. 집에서 한 이틀 쉬고 있는데 저녁에 회사에서 나오라는 전화가 왔습니다. 모든 문제가 잘 해결됐으니 내일부터 다시 출근하라는 것이었습니다. 그해 저는 정말 열심히 일했습니다. 경찰서 형사계 소파에서 일주일 이상 잠을 잔 적도 있습니다. 그랬더니 뜻밖의 보상도 있었습니다. 강력사건 범인이 잡혔다는 제보를 형사들이 심야에 몰래 해주었고, 심지어 수사과장이 그 범인 사진까지 손에 쥐어주었습니다. 그땐 너무 몰라 특종상을 받지는 못했지만 말입니다.

다음 해엔 편집부에 들어가 1년 근무했습니다. 그때 홍수환 선수가 네 번 넘어지고도 KO승을 거둔 기적 같은 챔피언 전을 동양방송(TBC)이 독점 중계했습니다. 그날은 일요일이었는데, TBC는 이 경기실황을 무려 네 번씩이나 임시 편성해서 방송한 것입니다. 당시 호남지역은 이 경기를 볼 수 없었으므로 저희 회사에 문의전화가 빗발쳤습니다. 그래서 제가 TBC에 전화를 걸었습니다. 독점중계이긴 하지만 이미 네 차례나 방송했으니 우리에게 뉴스시간에 내보낼 수 있도록 편의를 봐달라고 했지요. 의외로 3회전 전 경기를 복사해 보내줬습니다. 그걸 〈뉴스데스크〉에 방송했지요. 이른바 '4전5기'로 유명한 그 경기를 말입니다.

그 다음 해 뜻밖에도 정치부 발령이 났습니다. 당시 입사 3년 차에 정치부 발령은 상당히 이례적인 인사였습니다. 제 앞에 선배 1명이 이미 정치부 발령을 받았기 때문에 그러려니 했습니다. 외무부에 출입하면서 전혀 새로운 세상을 배울 수 있었습니다. 당시 외교관들은 일반 관료들보다 머리도 더 깨어 있고 견문도 넓어 배우는 게 참 많았습니다. 학연이 있는 선배들도 많이 있었습니다.

1970년대 후반 우리나라 외교는 한마디로 '코리아게이트'로 압축되고 말았습니다. 이른바 박동선 사건이라고 알려진 대미 로비 추문이 한국 외교를 압도해버렸습니다. 김상근, 김형욱 등 중앙정보부 출신들이 줄지어 미국에 망명했고, 결국 프레이저 하원의원이 이른바 〈프레이저 보고서〉라는 방대한 자료를 발간하기까지 우리 외무부는 국가안보가 아닌 정권안보에 시달릴 수밖에 없었습니다.

그때 사석에서 만난 외교관들은 간혹 주변을 살펴야 할 정도로 정부에 비판적인 소리도 서슴지 않았던 일이 오래 머리에 남았습니다. 지금 돌이켜보면 오죽했으면 그랬을까 하는 생각을 지울 수 없습니다. 결국 카터 대통령 후보가 주한미군 철수를 선거 공약으로 내세웠고, 당선되자 이른바 인권외교로 우리 정부를 압박하던 그해 1979년 10월 10·26 사건이 일어났습니다.

그 무렵 정말 사람 팔자가 있다는 생각을 하게 된 사건이 있습니다. 1979년 가을에 정치부장이 저에게 벨기에 정부가 지원하는 기자 연수 계획에 한번 응모해보라고 권했습니다. 프랑스어를 할 줄 아는 3년 차 이상 기자라는 제한이 있었기 때문에 제가 적임이라는 말씀이었습니다. 저도 좋다고 했습니다. 공교롭게도 그 프로그램에 응모한 사람은 언론계에서 저와 〈경향신문〉 기자 1명뿐이었습니다. 당시 문공부에서는 문화방송, 〈경향신문〉이 같은 회사니까 자체 결정하라는 요청이 있었고, 회사는 저로 최종 결정했습니다.

그런데 해가 바뀌었는데도 아무 기별이 없는 겁니다. 제가 외무부 구주국장에게 벨기에 대사에게 전화를 걸어 알아봐달라고 부탁했습니다. 답은 그동안 한국에서 아무 연락이 없었고 본국에서는 통보시한이 지나서 어렵다는 것이었습니다. 다시 문공부에 알아봤더니 전년 말 그 계획을 담당했던 과장이 아무런 후속조치도 취하지 않은 채 사직해버렸다는 것이었습니다.

그때 만약 그 프로그램으로 예정대로 벨기에 연수를 떠났다면 제 인생이 어떻게 변했을지 지금도 종종 생각해봅니다. 그해 연말 12·12 사태가 일어났고, 1980년 광주에서는 그 엄청난 참사가 있었습니다. 전 언론사가 검열거부 등으로 군부독재에 맞섰습니다. 저는 그때 문화방송 기자협회 분회 간부를 맡고 있었습니다. 입사할 때 모신 시경 캡이 분회장을 했기 때문에 저는 정치부 소속이라는 이유로 운명처럼 그 자리를 맡았습니다. 그리고 그해 7월 저는 일괄사표를 쓰는 상황에서 해직되었습니다.

1년 남짓 공백기간을 거쳐 대학 은사 덕분에 유네스코 한국위원회 과장으로 다시 일자리를 찾았습니다. 그 직장 역시 국제기구 일이었기 때문에 보고 배우는 게 참 많았습니다. 간혹 국제회의에 참석해보면 국내에서와는 전혀 다른 새로운 세상이 눈앞에 있었습니다.

또한 명동성당이 바로 옆에 있어 국내 언론에 나지 않는 뉴스를 성당 대자보를 통해 아는 일이 많았습니다. 야당 총재가 단식하고 부천경찰서에서 여대생이 끔찍한 성고문을 당한 사건을 제가 방송기자들에게 가르쳐줄 정도였습니다.

1985년 무렵, 아침에 출근하자마자 문화방송 보도국장 전화를 받았습니다. 다시 회사로 돌아오라는 것이었습니다. 그런데 저는 너무도 태연하게 그 제안을 거부했습니다. 정말 가고 싶은 생각이 전혀 없었습니다. 동기들 권유 전화가 왔는데도 그랬습니다.

매일 명동 주변에서 일어나는 대학생 데모를 이른바 백골단이라 부르는 사복경찰들이 너무나 난폭하게 진압하는 장면을 수없이 보던 때였기 때문입니다. 결국 박종철 군 고문치사 사건이 터지고 경찰이 이를 조작하자, 이번에는 천주교 신부들이 들고 일어나는 사태가 벌어졌습니다.

'6·29 선언'이 나온 1987년 가을, 추석 직전에 문화방송 후배라는 전혀 모르는 기자의 전화를 받았습니다. 그날 저녁을 같이했는데, 자신들이 방송민주화추진협의회를 만들어 해직 선배들 복직에 앞장서겠다는 것이었습니다. 그런데 그때는 다시 복직하고 싶었습니다. 그때 저는 '미국의 소리'(Voice of America) 방송에라도 가보려고 입사시험을 본 상태였습니다. 더 늦기 전에 뭔가 새로운 세상을 살고 싶었기 때문입니다. 마침 강영구 보도국장에게도 연락이 와서 만났습니다.

그해 11월 다시 문화방송으로 돌아왔습니다. 7년 4개월 만이었습니다. 그해 연말 대통령 선거가 있었고, 저는 그 다음 해 봄 정치부에 차장으로 돌아왔습니다. 정치부 복귀는 8년 만의 일이었습니다. 외무부에 출입하다 해직된 저는 그해 총리실 출입기자가 됐습니다.

공백이 너무 길었고 그동안 방송환경은 '흑백에서 컬러로' 발전해서

16

모르고 배워야 할 일이 무척 많았습니다. 기술적인 부분에는 너무 무지해서 '원시인' 소리까지 들을 정도였습니다. 뉴스 제작기법도 너무 힘들어 저는 가능하면 자막만 쓰는 쪽으로 일을 피했습니다.

그러나 반대로 제가 할 일도 많았습니다. 밖에서 보고 들은 내용으로 새로운 주장을 할 때면 후배들은 외계인 보듯이 대했습니다. 그때 제가 가장 많이 강조한 대목은 방송은 신문과는 다른 매체라는 점이었습니다. 방송은 말로 하는 매체이지 신문처럼 글로 쓰는 매체가 아니기 때문에 뉴스 자체도 달라야 한다고 강조했습니다.

국회에서 맨 처음 의견이 부딪친 적이 있습니다. 정기국회 개원일인데, 여야협상이 잘 안 돼 국회가 열리지 않고 있었습니다. 낮 12시 뉴스를 보내는데 리드를 "제 몇 차 정기국회가 오늘 열렸습니다. 그러나 … 열리지 못하고 있습니다" 하는 식으로 기사를 부르는 겁니다.

그래서 제가 문제를 제기했습니다. 국회가 지금 열리지도 않았는데 정기국회 개원을 리드기사로 부르면 되느냐고 했습니다. 후배들은 제 의견에 공감하지 않았습니다. 정기국회 개원 그 자체가 중요하다는 의견이었습니다. 그래서 제가 마지막으로 물었습니다. 만약 지금 시간이 없어서 딱 한 줄만 기사를 내보낸다면 정기국회가 열렸다고 하겠느냐, 열리지 않고 있다고 하겠느냐 하고 말입니다. 그때야 후배들은 잠잠해졌습니다. 당시 신문기사가 그런 식으로 리드를 썼던 것입니다.

1년 동안 이런저런 우여곡절이 많이 있었습니다. 저도 후배들에게 많이 배우고 의존했지만 후배들 역시 저에게 새로운 것을 많이 들었다고 인정했습니다. 그래서 처음으로 시도해본 '정가 이모저모'도 자리를 잡을 수 있었습니다. 5공 청문회도 처음으로 방송시간 종료 이후에 두 시간 동안 녹화방송으로 내보낼 수 있었습니다.

사회가 민주화되면서 방송의 주인은 국민이라는 인식이 점점 자리를 잡아갔으며, 이에 따라 '방송뉴스는 누구를 위해 무엇을 어떻게 해야 하는가'라는 문제가 점점 중요한 화두가 되었습니다. 저는 말로 하는 방송은 당연히 국민들의 목소리를 반영해야 한다는 주장을 폈습니다. 실제로 그때까지는 방송이 너무나 관변매체인 양 행세했기 때문입니다.

방송이 주인인 국민들의 목소리는 외면한 채 관료집단의 목소리만 반영하는 모순된 행태가 여전히 대세였습니다. 저는 국민들의 모습이 좀더 많이 나오고 국민들의 소리가 더욱 많이 들리는 방송을 만들어야 한다는 소신을 폈습니다. 다행히 각종 청문회와 같은 민주화 이후 개혁 덕분에 방송뉴스 또한 그나마 많이 민주화할 수 있었습니다.

1990년 2월, 저는 설 명절 연휴를 이용해 간단한 수술을 받고 입원하고 있었습니다. 그때 저는 3당 통합을 발표하는 기자회견 생방송을 병상에서 봤습니다. 그리고 그해 봄 정치부를 떠나 국제부 차장으로 자리를 옮겼습니다.

그해 여름 이라크가 쿠웨이트를 병합했고 그 이듬해 미국이 다시 이라크를 공격함으로써, 내근부서였던 국제부가 당시 가장 바쁘고 잘나가는 부서가 되어버렸습니다. 그때까지 편집회의는 대개 정치, 경제, 사회부 순으로 그날 뉴스를 보고하고 토의하는 게 관행이었습니다. 그러나 당시에는 우선 국제부부터 걸프전에 대해 보고하는 게 새로운 편집회의 관례가 되어버렸습니다. 〈뉴스데스크〉 시간도 우리가 30분 더 달라고 하면 두말없이 그렇게 결정 났습니다. 제가 워싱턴 특파원으로 발령받은 1991년 봄 정례인사에서 국제부 기자는 거의 전원이 정치부,

사회부로 발령 났습니다.

워싱턴 특파원 생활은 바쁘기도 했지만 개인적으로는 새로운 세상을 많이 보고 배운 시절이었습니다. 여름휴가 때 소련 고르바초프 서기장이 실각하는 정변이 있었고, 미국과 소련, 남·북한이 모두 극적으로 변하는 모습도 지켜봤습니다. 물론 패트리어트 미사일로 기억에 남는 걸프전과 1994년 한반도 전쟁위기 상황도 지켜봤습니다.

미국 대통령 선거과정에서 나중에 대통령이 된 야당후보를 직접 만나 취재한 일은 제 기자생활 중에 가장 인상적인 추억이 됐습니다. 그리고 1년 가까이 진행되는 미국 선거를 보면서 우리 선거와 비교해 참 많은 것들을 보고 배웠습니다. 제가 얻은 결론은 웬만하면 미국과 우리를 비교하지 말자는 것이었습니다. 모든 게 우리와는 너무나 달랐기 때문입니다. 영어와 한국어 차이만큼 말이지요.

바쁠수록 편안한 시간이 소중했고, 그만큼 기록에 대한 욕심도 커졌습니다. 그 무렵 저는 미국 각 대학에 주문하여 저널리즘 관련 서적 수십 권을 구입했습니다. 제가 입사 면접시험 때 아는 체했던 월터 크롱카이트의 자서전 《리포터의 인생》(*A Reporter's Life*)도 봤습니다. 물론 이 책을 실제 제대로 본 것은 회사를 그만두고 대학 강의를 시작한 2008년 이후입니다만.

1994년 귀국하자마자 저는 사회부장 일을 맡았습니다. 국내 공백이 있는 데다 당시 상대사보다 훨씬 적은 경찰기자들과 함께 고생을 참 많이 한 시절이었습니다. 그렇지만 추석 날 지존파 살인사건을 특종했고, 그러면서도 명절에 '인육 먹은 뉴스'를 내보냈다며 온갖 욕을 다 먹기도 했습니다.

당시는 우리 명절에 대한 이런저런 생각을 참 많이 한 때였습니다. 교통상황만 보도하는 명절뉴스에 너무 문제가 많아 나름대로 새로운 시도를 해보기도 했습니다. 당시 우리가 뉴스 시간에 처음으로 내보낸 '교통예보'는 요즘에는 스마트폰으로도 볼 수 있는 것이 돼버렸습니다.

관혼상제의 하나인 제사도 과연 우리가 매년 전 국토를 주차장으로 만들 만큼 명절 때마다 앓아야 하는 고질병인가 하는 회의도 들었습니다. 모든 국민이 피해를 보고 있다면 국가와 정부는 무슨 대책이든 세워야 한다는 생각을 강하게 가졌습니다. 온 나라가 묘지가 되고 있다는 '묘지강산'이란 기획뉴스는 그런 생각을 반영한 뉴스였습니다. 그리고 이는 나중에 수목장에 대한 뉴스로 이어졌습니다.

교육문제 역시 우리 사회의 고질병이라는 느낌을 강하게 받았습니다. 정말 교육 관련 부서를 없애버려도 지금보다는 더 나을 것이라는 생각이 들었습니다. 수능시험 치르는 날이면 방송마저 호들갑떨면서 문제풀이 방송을 몇 시간씩 하는 그런 잘못 하나만이라도 없애버린 게 보람이라면 보람이었습니다. 그때 대학에서 쓰는 교재가 좌경서적이라고 주장하던 교육부가 어쩌면 예나 지금이나 그렇게 변함없이 건재한지 저는 지금도 알 수가 없습니다.

미국에서 성인잡지를 들여와 국내판을 만들어 팔겠다는 뉴스가 뜨자 우리 사회가 갑자기 도덕사회인 양 난리를 피우면서 이를 막은 일이나, 일본에서 최고급 재료를 가져와 일본국수를 비싼 값에 팔려던 음식점 주인이 구속된 일 등은 지금도 머리에 숙제처럼 남아 있습니다. 한 사회의 지나친 '이중인격'은 양극화만큼 심각한 고질병입니다.

평생 문턱에도 가보지 못한 경제부 부장 발령을 받았습니다. 저는 평소 인사에 대해서는 왈가왈부하는 게 아니라는 생각을 갖고 있습니다. 지금 돌이켜보면 《이솝우화》에 나오듯이 '신포도'처럼 생각해버리자는 방어심리가 깔려 있었는지도 모르겠습니다. 저와 가장 친한 입사동기생이 인사가 난 날 아침 일찍 저를 보자는 것이었습니다. 그 전날 자기에게 정치부장을 맡으라는 얘기를 국장이 했다는 것이었습니다. 저는 그 친구가 고마웠습니다. 그 친구는 정치부에서 한 번도 근무해본 적이 없었습니다. 그해 우리는 한 번도 근무해본 적이 없는 주요 부서에 각각 부장으로 발령받은 겁니다.

1997년 12월 대통령 선거에서 야당 후보가 당선된 날 아침, 저는 라디오 8시 〈뉴스의 광장〉을 진행하려고 일찍 출근했습니다. 복도에서 저를 만난 후배들이 일부러 제 앞으로 다가와 한마디 하는 것이었습니다. "아, 정치부장님 나오십니까?" '아! 이게 대한민국인가…?' 저는 그해 정치부장을 했습니다. 나중에는 보도국장까지 했습니다. 인사에 대해 말이 많을 수밖에 없는 풍토를 실감했습니다.

부국장 시절 저는 대장암 수술을 받았습니다. 말로만 듣던 투병생활을 석 달 하고 나니 제가 봐도 사람이 많이 변했습니다. 얼굴은 물론 인생관도 엄청난 변화를 겪었습니다. 도사처럼 세상사 다 부질없는 일이라는 '버리는' 생각을 갖게 됐습니다. 새삼 노자를 다시 읽어보고 싶은 생각이 많이 들었습니다. 나중에 국장 시절 저는 자기 몸을 제대로 가꾸지 못한 것을 자책하면서도 세상만사가 뜻대로 되지 않는다는 진리를 터득했습니다. 몸이 부실하니 일인들 잘할 수 있었겠습니까?

그럼에도 저는 그때 기자생활 평생 '한 번 겪을까 말까 한 일'을 경험하는 행운을 안았습니다. 바로 남북정상회담을 실무 국장으로서 직접 경험한 것입니다.

결국 보도국장은 1년도 못하고 해설위원실로 가서 아침 라디오 〈뉴스의 광장〉 진행을 다시 맡았습니다. 이른 아침 라디오 부스에 혼자 들어가 전국 청취자들에게 뉴스와 정보를 전달하는 맛은 정말 기가 막히게 좋았습니다. 그때 저는 뉴스 진행만 맡겨준다면 어떤 보직도 포기하겠다는 뜻을 경영이사에게 밝힌 적도 있었지만, 그것은 안 되는 일이었습니다.

2002년 신임 사장이 저를 불러 기획이사를 맡으라고 했습니다. 저는 펄쩍 뛰었습니다. 그때는 아침 라디오 〈뉴스의 광장〉 진행에 제법 익숙해져 한참 신이 나 있을 때였습니다. 사장 표정이 단호했습니다. 그 해는 대통령 선거가 있는 해라 임원은 임기 보장이 어려운 상황이었습니다. 결국 저는 그해 기획이사를 맡기 위해 입사 이후 세 번째 사표를 썼습니다.

기획 업무를 맡아보니 평생 뉴스만 취재하던 기자 시절과는 완전히 다른 직업이었습니다. 아침부터 퇴근할 때까지 정말 신문 한 번 제대로 볼 시간 여유도 없었지만, 대신 야근이 없고 주말과 연휴만큼은 반드시 쉴 수 있었습니다. 또한 회사 전체 일을 넓게 들여다볼 수 있었고, 시간을 갖고 대처해보는 이른바 호흡이 긴 회사 일들을 생각해보게 되었습니다.

이때 저는 방송협회를 완전 개혁해 방송장이들이 매년 '방송의 날'을 축제처럼 즐길 수 있도록 해보려는 생각을 하게 되었습니다. 방송협회장을 가져오기로 사장과 결정했습니다. 그런데 30년 넘게 방송협회장을 당연직처럼 누려온 KBS의 태도는 정말 이해가 안 갈 정도로 요지부

동이었습니다. 결국 다음 해 총회 때 KBS 사장이 참석하지 않은 바람에 방송협회장 자리가 처음으로 다른 방송사로 넘어갔습니다.

당시 저는 에든버러 페스티벌을 다녀온 뒤였습니다. 영국이 왜 대국인지 실감 나는 장면을 그곳에서 봤습니다. 영국 공영방송 BBC 사장과 미국 상업방송 HBO 사장을 연달아 불러 토론하는 자리에서는 수백 명의 기자, PD 등 현업자들이 진지한 자세로 질문하고 답변을 이끌어냈습니다. 그때까지 저는 에든버러 페스티벌이 송승환 씨가 기획한 〈난타〉처럼 공연자들의 축제인 줄만 알았습니다. 그런데 그처럼 진지한 방송 현업자들의 실내 모임이 그 축제의 핵심이었던 겁니다.

또 관심을 갖고 추진한 것이 '우리말연구소'를 설립하는 일이었습니다. 방송이 진정 국민을 주인으로 삼고 제대로 하려면 우선 무엇보다도 방송에 나오는 우리말을 제대로 권위 있게 쓸 수 있어야 한다고 생각했습니다. 그래서 전문가들로 구성한 연구소를 사장 직속으로 두고 현업에서 말과 관련해 일어나는 여러 가지 문제들을 제도적으로 해결해보자고 생각한 겁니다.

그래서 일본과 영국에 기자, PD, 그리고 경영 부문에서 선발한 사원들을 출장까지 보내 연구소 안을 만들었습니다. 그런데 뜻밖에도 노조와 협상하는 과정에서 이를 관철할 수가 없었습니다. 정말 몹시 아쉬운 일이었습니다. 그때는 작전상 일보후퇴 한다고 생각했지만, 인사가 나 버리는 바람에 결국 뜻을 이루지 못하고 말았습니다.

또한 저는 우리 시대의 영원한 숙제 남북문제에 대해서 깊은 관심을 가졌습니다. 방송위원회가 북한에 방송기재를 지원하는 일로 평양에 갔을 때 저는 그쪽 실무자와 문화방송 대북사업을 직접 협의했습니다.

그해 이미자 평양공연은 그렇게 해서 기획된 겁니다.

또 하나 기억에 남는 일이 있습니다. 보도국 기구를 개편하는 문제입니다. 당시 보도국은 근 400명 가까운 기자들이 소속되어 있는, 회사 안에서 가장 규모가 큰 조직이었습니다. 부장급만 30명 가까이 됐지만 다른 부서와 비교하여 늘 승진과 승급이 가장 늦었습니다.

저희 때는 이를 당연하게 여기며 살았고 이런 것을 문제 삼으면 기자로서는 매우 수치스런 일처럼 생각했습니다만, 후배들은 달랐습니다. 아주 실증적인 데이터에 근거해서 같이 입사한 다른 직종 동료들보다 승진과 승급이 얼마나 늦고, 따라서 월급을 얼마나 적게 받는지를 따졌습니다. 듣고 보니 정말 일리가 있었습니다.

그런데 당장 보도국을 분리하는 문제부터 자신이 없었습니다. '과연 이렇게 해도 괜찮을까?', '신문사는 편집국 하나만 갖고도 잘 돌아가는데 …', '물론 신문사는 우리와는 조직 자체가 무척 다르긴 하지만 …' 등 생각이 복잡해졌습니다. 그래서 우선 승진이 늦어지는 불리함부터 해결하고자 보도국만이 갖는 보직을 생각해보았습니다. 예를 들어 편집부 안에 〈뉴스데스크〉 어깨걸이 제목만 전담하는 보직을 만들어 처우를 해주자는 식이었습니다.

그때 저는 처음 알았습니다. 보도국에 변화가 생기면 회사 내 모든 다른 부서에서도 같은 변화를 시도한다는 것을 말입니다. 물론 좋은 일일 때에 한해서입니다. 그러니 보도국에 부장 자리를 하나 늘리려면 임원회의에서 어김없이 부장이 다섯 자리 정도 늘어난 기구개편 요구를 받게 되는 것이었습니다. 기술, 경영, 편성 부문에서 같은 요구를 해오기 때문입니다.

그래서 일부러 영어로 에디터라는 자리를 몇 개 만들어봤습니다. 그런데 이런 편법은 보도국과 협의하는 과정에서 당시 부장들이 반대해 성안조차 해보지 못하고 말았습니다. 부장들이야 이미 기득권을 가지고 있으니 이런 데에 관심이 없을 수밖에요. 그렇다고 매일 설득할 수는 없는 일이었습니다. 당시 노사협의 때 제가 면접했던 졸병 기자가 노조 간부가 되어 저에게 무식한 개편안을 만들고 있다고 통박하던 장면이 눈에 선합니다. 무슨 영어를 다 쓰냐고 하면서 말입니다. 제 고육지계는 그렇게 끝장이 나고 말았습니다. 지금도 보도국은 단일 국으로 운영하고 있습니다. 기능상으로는 편할지 모르지만 조직상으로는 문제가 많습니다. 게다가 뉴스에 대한 일반 비판이 거세지면 보도국은 어떤 다른 문제도 논의조차 할 수 없는 성역이 돼버리고 맙니다.

2004년 마산 문화방송 사장으로 발령 났습니다. 뜻밖이었지만 열심히 했습니다. 박경리 선생 특집대담과 시인 김춘수 선생 추모특집을 기획 방송했고, 고등학생들이 자유롭게 이야기할 수 있는 프로그램 〈고등어〉를 만들기도 했습니다. '아름다운가게'를 시청자위원들과 함께 마산에 새로 만들었습니다. 그해 연말쯤부터 서울 사장에 응모하라는 권유를 몇 군데서 받았습니다.

저는 서울 사장을 해보겠다는 사람은 정말 대단한 사람이라고 말했습니다. 서울에서 2년 동안 기획이사로 일하면서 사장 자리는 정말 힘들겠다는 생각을 많이 했기 때문입니다. 저처럼 수술을 받아 몸까지 부실한 사람은 처음부터 욕심을 내서는 안 된다고 생각했습니다. 저는 그후에도 서울 사장에 응모해본 적이 한 번도 없습니다.

서울에서 한참 후배가 사장이 되고 저는 1년 만에 광주로 자리를 옮겼습니다. 그나마 자리를 유지한 지방사 사장은 저하고 원주 사장뿐이었습니다. 모두 다 회사를 그만두었습니다. 보기에도 좋은 일은 아니었습니다. 광주에서 저는 마지막 자리라고 생각하고 배수진을 쳤습니다. 마지막처럼 모든 기력을 다했습니다.

돌아보면 손댄 것도 참 많고, 그럼에도 아쉬운 일도 그만큼 더 많았습니다. 무엇보다도 억울하게 간첩으로 몰려 사형당한 전직 국회의원과 교수가 광주 문화방송 특집방송으로 재심에서 무죄를 받았습니다. 중국에서 영웅 대접을 받는 광주 출신 '좌익' 음악가 '정율성'을 기리는 '국제음악제'를 새로 만들었습니다.

침쟁이 김남수 할아버지, 원로 언론인 고 리영희 선생, 그리고 《태백산맥》을 쓴 '조정래' 작가 등 우리 사회에 소금 같은 분들을 전부 특집방송에 모셨습니다. 그때까지 오랫동안 방송에 출연하지 않던 분들이었습니다. 또한 5·18 특집으로 '주먹밥'을 주제로 인류학자 등과 함께 방송한 프로그램이 오래 머리에 남습니다. 그 무렵 영화 〈화려한 휴가〉제작 때 도청 현장에 가서 촬영하는 모습을 지켜보기도 했지요.

독일 월드컵축구대회 때 지역방송으로는 처음으로 현지 취재를 보내 열흘 동안 매일 현지 생방송을 시도했습니다. 그때 기술국이 시도한 압축파일로 취재내용을 전송하고 광주에서 이를 풀어 방송에 내보내는 방식은 방송사에 남을 획기적인 업적이었습니다.

추석 연휴 때 서울에서 편성한 영화를 내리고 지역특집 〈마한〉 다큐멘터리를 방송하도록 한 것도 이젠 더 이상 기회가 없다고 느꼈기 때문입니다.

2006년 가을 광주대 김혁종 총장의 배려로 '언론홍보대학원' 야간과

정에 장학생으로 등록했습니다. 1년 반 코스를 마치고 류한호, 윤석년, 최병진 교수의 지도를 받아 〈방송뉴스 표현에 대한 연구〉라는 석사논문을 썼습니다. 늦게 대학원에 다니면서 정말 아쉬운 생각이 많이 들었습니다. 현업 때 미리 알았으면 얼마나 좋았을까 하는 생각을 많이 했습니다. 산학협동이 정말 필요한 직업이 기자라는 생각도 많이 들었습니다. 김혁종 총장은 제가 문화방송을 떠난 뒤 2009년부터 지금까지 광주대에서 강의할 수 있도록 또 한 번 깊은 배려를 해주었습니다. 저로서는 만시지탄(晩時之歎)이 있었지만 너무나 소중한 대학교수 체험을 5년 동안 할 수 있었던 겁니다. 그리고 그러한 배려 덕분에 이제 제 방송기자 생활을 책으로 정리할 수 있게 되었습니다. 말 그대로 광주대에서 물심양면의 지원을 받은 셈입니다.

임기 마지막 해인 2007년은 대통령 선거가 있는 해였습니다. 저는 이른바 경마식 보도를 피하기 위해 대학교수들과 산학협력으로 정책선거를 위한 연중 프로그램을 기획, 방송했습니다. 시청자들에게 칭찬받지는 못했지만 학계 반응은 아주 좋았습니다. 그렇게 제 방송기자 생활은 2008년 3월에 끝났습니다.

1970년대 후반에 입사해 해직, 복직을 거쳤고, 워싱턴에서 3년 근무하다 다시 돌아왔으며, 2002년에는 임원으로 발령 나서 다시 사직하는 일까지 거치고서야 광주 사장으로 마지막 사직을 한 겁니다. 햇수로는 32년이었습니다. 물론 그중에 7년 반은 다른 직장이었습니다만.

지금까지 제가 생각나는 대로 지난 30년 기자생활을 돌아봤습니다. 당연히 회한이나 아쉬움만 가득한 세월입니다. 뭐 하나 제대로 해보지도 못한 채 끝나버렸다는 생각이 가득합니다. 그래서 이런 책이라도 만들어 못다 한 사연들을 남기고 싶었는지 모르겠습니다.

이 책을 쓰면서도 아쉬운 것은 제가 그나마 가장 많이 취재한 정치인들에 대한 내용을 전혀 쓰지 않은 점입니다. 우리 사회에서 정치는 누구 말처럼 가장 낙후한 분야인지 모르겠습니다. 잘난 사람들도 정치에 들어가면 어느 순간 바보가 되니까요. 저는 제 스스로 살아온 기자생활을 돌아보는 데까지 정치와 관련짓고 싶지 않았습니다. 그러다 보니 정말 남기고 싶지만 빠진 대목이 많습니다. 그래도 할 수 없습니다. 제가 남기고 싶은 이야기는 정말 후배들이 사심 없이 봐줬으면 하는 사연들이기 때문입니다.

또 한 가지 걱정스러운 것은 제가 보고 들었던 일 중심으로 내용을 채우다 보니 결과적으로 제 자랑만 늘어놓는 것처럼 비치지 않을까 하는 점입니다. 너그럽게 양해해주십시오. 그렇지만 제가 여기 적은 일들은 대부분 사실에 충실하도록 애를 썼습니다. 그게 방송기자로서 마지막으로 할 일처럼 느꼈기 때문입니다.

제 위주로 쓰다 보니 선배들 존함을 쓸 수가 없었습니다. 기사로서는 엉망이지만 그래도 그분들에게 누가 되지 않도록 하기 위해서였습니다. 제가 쓴 책이기 때문에 반론을 드릴 수도 없는 일이니까요. 모든 진리는 검증하지 않으면 진리가 아닙니다. 그러니 제가 진실인 양 일방적으로 쓸 수는 없었습니다. 후배들의 경우도 가능하면 좋은 일일 때 이름을 쓰고자 했습니다.

마지막으로 머리에 남는 말이 '차별'이라는 단어입니다. 방송을 하면서 저는 우리 사회가 '차별하는 데 세계적'이 아닌가 할 정도로 아주 다양하고 심하게 서로를 차별하는 것을 수없이 봐왔습니다. 방송이 이런 차별을 없애지 못하고 말았다는 아쉬움과 자책이 머리에 가장 오래 남습니다. 그렇지만 저는 방송만큼 이런 차별을 깨부수는 데 효과적인 매체도 없다는 생각을 지금도 하고 있습니다.

사람이 서로 다르다는 차이를 인정하지 않고 온갖 핑계를 들이대면서 차별하는 것만큼 국가발전에 암적인 폐단은 없습니다. 저는 광주 출신으로, 그곳에서 고등학교까지 졸업하고 서울에서 대학을 나왔습니다. 그리고 군대 갔다 와서 기자생활을 30여 년 한 사람입니다. 이러한 지역, 학교, 성별, 직업 모두가 우리 사회에서는 차별을 위한 핑계로 이용되고 있습니다. 그것도 아주 다양하게 말이죠.

그러니 우리 사회 어느 누가 이런저런 차별에서 벗어날 수 있겠습니까? 절대 권력자라고 해서, 최고 재벌이라고 해서 이런 차별을 안 받는다고 생각하십니까? 왕조 과거사와 독재 현대사를 겪은 우리 국민들이 지금도 여전히 권력자를 아주 다양하게 차별하고 비웃는 일이 많다는 사실을 알고 계십니까?

지난 60년 동안 우리나라 대통령을 지낸 분들이 지금 무슨 차별을 받고 있는지 한번 생각해보십시오. 일반 국민들이야 말할 것도 없는 일 아닙니까? 저는 방송이 이런 세태를 바꾸도록 정말 모든 노력을 다해주었으면 좋겠습니다. 뉴스든 드라마든 쇼든 어디든지 이런 노력을 화면에서 보여줬으면 좋겠습니다

그리고 그런 노력을 하려고 애썼지만 남은 건 회한과 아쉬움뿐이라는 제 소회를 한번 들여다봐주시기 바랍니다. 여기 《누구를 위한 뉴스였나》를 한번 관심을 갖고 들여다봐주십시오.

바른 말,
바른 뉴스

말끝마다 '는' '은'

방송뉴스를 하면서 맨 처음 느낀 의문은 왜 주어 다음에 토씨로 '이'나 '가'가 아니고 '는'이나 '은'을 쓰는가 하는 것이었습니다. 물론 제가 입사하던 1970년대 후반 유신독재 때는 대통령 자신이 늘 '나는'이라는 말로 연설을 시작했기 때문에 이런 의문도 불경일 수 있었습니다.

그렇지만 살면서 늘 쓰던 이야기말도 "옛날 옛날 한 옛날에 어느 동네에 가난한 농부가 살고 있었습니다"처럼 주어 다음에는 '는'보다는 '가'나 '이'를 씁니다.

〈새타령〉도 "새가 날아든다"로, 〈군밤타령〉도 "바람이 분다"로 시작합니다. 우리말 주어 뒤에는 보통 '이'나 '가'가 조사로 붙어 나옵니다. '사람이 태어나다', '값이 비싸고 싸다'처럼 우리말 주어 뒤에 '는'이나 '은'을 붙이면 말뜻이 어색해지는 경우도 많습니다.

〈호남가〉라는 유명한 단가는 "함평천지 늙은 몸이 광주 고향을 보랴하고"로 시작하지 "늙은 몸은" 하고 시작하지 않습니다. 또 그렇게 시작하면 아주 어색한 우리말이 되거나 말뜻이 전혀 달라집니다.

그런데도 대통령 기사를 보도할 때는 말끝마다 '대통령은' 하는 소리가 되풀이되었습니다. 리포트 길이가 평균 1분 30초 내외였는데, 이런 표현이 평균 대여섯 차례 반복되는 게 상례였습니다.

아무리 훌륭한 대통령이라도 말끝마다 '대통령은' 하고 보도하면 듣기에도 식상할 뿐 아니라 본인에게도 별로 좋지 않다는 생각이 들었습니다. 그래서 간혹 선배들에게 물어봤습니다. '대통령이' 하고 보도하면 안 되냐고 말입니다.

그때 들은 대답은 "이 사람아, 포멀하게 해!"였습니다. 저는 지금까지도 그때 들은 영어 '포멀'이 정확히 무슨 뜻인지 잘 모릅니다. 다만 그렇게 써야 한다는 강조의 뜻이 숨어 있었다고 생각합니다.

어떤 때는 일부러 대통령이라는 표현을 빼고 그냥 주어 없이 기사를 써본 적도 있습니다만, 어김없이 대통령 주어는 되살아났습니다. 대통령 기사는 데스크가 엄하게 들여다보던 시절이었습니다. 자유당 때 어떤 신문이 대통령(大統領)을 한자로 '견통령'(犬統領)으로 잘못 뽑아 난리가 났고, 공화당 시절에는 '대통령'을 '대령'으로 잘못 뽑아 혼이 났다는 이야기도 전해졌습니다.

평소 안 쓰던 말투로 대통령 기사를 보도하면서 말끝마다 '대통령은' 하고 반복하는 뉴스를 대할 때마다 저는 기분이 별로 좋지 않았습니다. 독재자여서가 아니라 뉴스 표현 그 자체가 어색하고 억지라는 느낌이 들었기 때문입니다. 그럼에도 이 토씨 문제는 저에게는 일종의 트라우마처럼 현역 시절 내내 떠나지 않는 쓴맛을 남겼습니다. 그리고 저도 이를 해결하지 못하고 계속 잘못 썼다는 자책감을 갖게 만들었습니다.

문제는 이런 주격조사가 대통령뿐 아니라 정부나 검찰, 경찰 등 온갖 주어에도 다 쓰였다는 데 있습니다. 당시 방송에 나오는 주어는 대부분

권력과 관련 있는 조직이나 개인이었기 때문에 주격조사 역시 대통령과 마찬가지로 '이'나 '가'보다 '는'이나 '은'을 써야 권위가 생긴다는 생각이 었을 겁니다.

신문 같은 경우에는 주격조사 '는'을 써도 그리 거슬리지 않을 수 있습니다. 어차피 관료조직이 문서에 주격조사로 '는'을 쓰면, 신문이 이를 받아쓴다고 해도 같은 글을 쓰는 매체이기 때문에 별 문제가 안 될 수도 있습니다.

그러나 말로 전달하는 방송의 경우는 다릅니다. 우리말을 매일 쓰는 국민들에게 전혀 어울리지 않는 말로 보도를 한다면 그건 그야말로 말도 안 되는 소리이기 때문입니다. 그런데도 왠지 방송은 주어 다음에 대부분 '는'이나 '은'을 썼습니다. 이런 관행은 지금까지도 이어지고 있습니다. 이를 문제 삼는 사람도 없습니다.

물론 방송이 권력의 앞잡이 노릇을 할 때를 생각하면 그보다 더한 뉴스 내용도 손을 못 대던 시절이었으니, 주격조사를 문제 삼는 일은 오히려 한가한 소리처럼 들렸을 수도 있습니다. 당시 대통령 기사는 대변인이 만든 기사를 거의 그대로 보도하던 시절이라, 어떤 때는 인용하는 내용까지 그대로 읽어버린 일들이 많았습니다.

대통령이 버스 안내양들을 만나 격려하는 기사에는 반드시 격려 말씀이 인용부호 안에 들어 있었는데, 이걸 그대로 직접화법으로 읽어버린 겁니다. 당시 구민 씨라는 유명한 성우가 《삼국지》 같은 소설을 입체낭독으로 진행하면서 온갖 등장인물들을 다양한 목소리로 표현하여 '천의 목소리'를 가진 사람이라는 소리를 들었는데, 뉴스가 이런 입체낭독을 본받은 셈이 된 겁니다.

그러나 방송에 누가 주어로 나오느냐 못지않게 그 주어에 어떤 조사를 붙이느냐 하는 문제 역시 대단히 중요한 대목이 아닐 수 없습니다. 그것은 시국이나 정권과 관계없이 우리 말법에도 위배되기 때문입니다. 우리 말법에서는 주격조사는 '는', '은'이 아니라 '이'나 '가'라고 규정하고 있습니다. 당연히 우리말을 쓸 때 주어 다음에는 '는'보다는 '이'나 '가'가 나와야 자연스런 말법인 것입니다.

주격조사에 '는'을 쓰는 경우는 특별한 경우입니다. 주어를 한정해서 강조하거나 다른 사람과 비교할 때 쓰는 조사라는 말입니다. 그래서 이 조사를 쓰면 주어가 보통이 아닌 특별한 의미를 갖게 되고, 따라서 이 조사를 많이 쓰면 그만큼 말 자체가 부자연스러워지는 것이지요.

돌이켜보면 자기 부모를 '저희 아버님은' 하고 특별히 강조하는 친구들이 종종 있었는데, 나중에 보면 그리 특별한 부모는 아니었던 경우가 많았습니다. 지나친 가정교육 탓일지도 모르겠습니다.

더구나 5공 시절처럼 '대통령께서는'이라고 극존칭에나 쓰는 조사를 붙이는 경우도 있었습니다. 정말 치욕적인 일이 아닐 수 없습니다. 역사는 준엄한 심판을 통해 그런 극존칭을 즐겼던 사람들을 사람 없는 절간이나 감옥으로 보내고 숨겨둔 재산마저 다 뒤져 다시 찾아오고 있습니다. 본인은 물론 가족 전체가 화를 입는, 말 그대로 패가망신의 수모를 겪고 있습니다. 방송 역시 역사의 심판을 받아야겠지요.

모든 사람들이 흔히 쓰는 토씨 하나 제대로 쓰지 못하고 이제는 아예 입에 올라 매일 잘못 쓰는 경우가 허다해, 어쩌면 방송에서는 '는'이나 '은'이 표준말처럼 대접받는 경우까지 생길지도 모르겠습니다.

그까짓 토씨 하나가 뭐 그리 대단하냐고 반문할 수도 있겠습니다만,

그렇다면 그까짓 토씨 하나를 왜 그렇게 오랫동안 어색하게 잘못 쓰냐는 겁니다. 우리말에 '아' 다르고 '어' 다르다고 했습니다. 방송뉴스에서 대통령이나 정부 또는 고위관료들을 주어로 쓸 때 유독 '는'이나 '은'을 쓰면 그건 정말 아 다르고 어 다른 것입니다.

이제 모든 국민들이 날마다 흔하게 쓰는 주격조사를 방송뉴스에서도 써야 할 때가 왔습니다. 세상이 그만큼 민주화되었고, 일반 시청자들의 안목 또한 그만큼 세련됐기 때문입니다. 토씨 하나로 권위를 찾으려는 관료주의적 발상은 이제 구시대 유물로 보관해야 할 때가 됐다는 말입니다.

우리 말법 그대로 대통령이나 정부 또는 관료들이 보통 때와 다른 정말 특별한 일에 관련됐을 때에만 토씨 '는'을 쓰고, 그래도 권위가 손상되지 않는 세상이 됐으면 좋겠습니다. 잘못된 것이라면 아무리 늦어도 바꿀 때가 그래도 빠른 겁니다.

말끝마다 '나는' 하고 연설하는 대통령과 뉴스마다 '대통령은' 하고 보도하는 방송을 매일 보면서 살아야 하는 국민들이라면 틀림없이 민주주의와는 거리가 멀다고 해도 틀린 말은 아닐 것입니다.

모든 국민들이 그렇게 말하듯이 방송뉴스에서도 "대통령이 그렇게 말했어?", "정부가 잘못했어" 또는 "장관이 물러나야 해"와 같은 말투가 자연스럽게 나왔으면 좋겠습니다.

정말 세상은 말처럼 아 다르고 어 다르기 때문입니다.

대통령 호칭어에 관하여

1988년 노태우 정부 시절 이현재 국무총리가 낸 점심 자리에서 제가 궁금해서 물었습니다. "이번 정부에서 대통령 각하라는 호칭을 없애겠다고 했는데, 총리께서는 대통령을 만나면 뭐라고 부르시겠습니까?" 하고 말입니다. 그랬더니 이 총리는 "그냥 '대통령께서' 뭐 이러면 되겠지요" 하시는 겁니다.

그래서 다시 "그건 간접적으로 지칭할 때 얘기고요, 면전에서 직접 부를 땐 어떻게 하시겠습니까?" 하고 물었더니, 이 총리는 잠시 생각해 보더니 "가까이 가서 옷소매를 끌면서 이야기하지요" 하고 대답해 모두 웃은 적이 있습니다.

오랜 왕조사 경험이 있는 나라에서 대통령을 부르는 일이 그리 쉽지 않다는 것을 반증해주는 일화입니다. 실제로 수십 년 동안 우리나라에서는 대통령에 대해서 각하라는 호칭어를 붙여서 불러왔습니다. 예를 들면 "대통령 각하께서 입장하십니다"라고 이야기하거나, 직접 부를 땐 '대통령 각하' 또는 그냥 '각하'라고 불렀습니다. 자유당 시절 이승만 대통령이 낚시터에서 방귀를 뀌자 옆에 앉아 있던 한 국회의원이 "각하,

시원하시겠습니다"라고 아부를 했다고 하여 세간의 화제가 된 적도 있었지요.

학자들이 말하는 직함 호칭을 쓰면서 그것도 좀 불경인 듯해서인지 추가로 '각하'라는 호칭을 붙인 것입니다. 그래서인지 어떤 학자는 직함 중에 대통령과 국무총리는 호칭으로 쓰지 않아 흥미롭다고 지적하기도 했습니다. 대통령과 국무총리는 대신 '각하'라는 호칭을 썼다는 의미일 겁니다.

노태우 대통령 시절에 실제로 그이를 어떻게 불렀는지 잘 모르겠지만, 김대중 대통령 시절에 와서야 '대통령님'이라는 호칭이 널리 알려진 걸 보면 과도적으로 '각하'를 쓴 적도 있었으리라 생각합니다. 오랜 관행을 하루아침에 없애기는 쉽지 않았을 것이기 때문입니다.

방송뉴스에서는 물론 대통령이라고 부르지 대통령 각하라고까지는 부르지 않았습니다. 그러나 말끝마다 대통령을 반드시 붙여 썼고, 어떤 때는 '대통령께서는' 하고 극존칭을 쓰기도 했으며, 어떤 방송은 성을 뺀 채 그냥 '대통령은' 하고 일반명사처럼 쓰기도 했습니다.

그만큼 신경을 썼다는 얘기입니다. 각하라는 말을 쓰지 않은 것도 뉴스는 성격상 직접 호칭어로 부를 일이 없었기 때문일 겁니다. 온 세상이 한 사람 눈치를 보며 살아가던 시절 얘기니 그리 비판할 일도 아닐지 모릅니다. 그러다 보니 어느 한글학자가 만들었다는 '영부인'이라는 말을 대통령 부인에게만 쓰게 됐고, 당연히 아들은 '영식', 딸은 '영애'라는 호칭을 붙여 보도해주었습니다.

문제는 그토록 대접받은 대통령 중 그 자리에서 물러나서도 제대로 대접받은 사람은 거의 없다는 데 있습니다. 60여 년의 짧은 민주정치사에서 대통령 자리에 오른 사람이 겨우 10명 남짓인데, 초대 대통령부터 독재를 하다 시민혁명에 쫓겨나는 신세가 됐습니다. 두 번째는 군사 쿠데타에 "올 것이 왔다"는 명언 아닌 명언을 남기고 밀려나는 신세가 됐지요.

세 번째는 바로 쿠데타 주역이 대통령이 되어 무려 18년 동안 이 나라를 주무르다가 부하 총에 맞아, 정부 대변인 말로는 시해됐습니다. 네 번째 대통령은 등 떠밀려 국민들 선거도 없이 올라갔다가 '광주사태'에 대해 책임지고 하야하는 불운을 겪었습니다. 다섯 번째는 스스로 대통령이 되어 '땡전뉴스'라는 과분한 대접을 받았지만 물러난 뒤에는 정말 비참한 처분을 받았습니다. 사형 선고까지 받고 감형됐으니까요. 그 뒤를 이은 대통령 역시 직선으로 당선됐음에도 전임자와 함께 법정에 섰고, 비자금이라는 말과 함께 두고두고 여생이 편치 않게 되었습니다.

여섯 번째, 일곱 번째 대통령은 오랜 민주화 투쟁으로 국민들의 지지를 받았음에도 불구하고 말년에는 자식들이 구속되었고, 결국 박수도 별로 받지 못한 채 임기를 마쳤습니다.

그리고 노무현 대통령은 후임 정권의 정치보복에 항거해 스스로 목숨을 던져버렸습니다. 그리고 이제 또 한 사람의 전직 대통령이 남아 있습니다만, 앞으로 어떻게 될지 알 수가 없습니다. 세계 어느 나라 전직 대통령이 이처럼 줄줄이 비참한 말로를 겪었는지 전 알지 못합니다.

결국 말로 아무리 올려봤자 현실은 전혀 다르고, 따라서 그렇게 말로 올려 부르는 잘못된 관행을 계속할 필요가 없다는 얘기입니다. 방송이 대통령 호칭을 어떻게 할 것인지 진지하게 생각해볼 필요가 여기에 있습니다. 어차피 방송의 주인은 국민이지, 국민들이 뽑은 대통령이 아닙니다.

그럼에도 방송은 대통령을 다른 호칭으로 불러본 적이 없습니다. 간혹 야당 당수 말을 인용해 '씨'라는 호칭으로 보도한 적이 있습니다만 지금까지도 대통령 이외의 호칭을 쓰는 경우는 못 봤습니다.

그러다 보니 대통령직을 물러난 뒤에도 그 사람을 가리킬 때는 계속해서 '누구 전 대통령'이라고 보도합니다. 심지어 성이 전 씨인 경우에도 '전 전 대통령'이라고 보도해줍니다. 발음도 어렵고 시청도 어렵습니다. 더구나 사형, 무기징역 선고를 받을 때도 전직을 붙여준다면 그거야말로 국가를 모독하는 겁니다.

하기야 유신 때에는 정말 '국가모독죄'라는 모욕적인 법 조항을 새로 만들었습니다. 그 이전에는 유신헌법을 고치자고 말만 해도, 또는 그것을 보도만 해도 처벌받도록 한 '긴급조치'라는 괴물이 있었습니다. 1980년대 들어오면 이른바 '보도지침'이란 것을 내려 보내 뉴스 용어와 편집, 심지어 제목과 사진 게재 여부까지 자상하게 지시하는 일마저 저질렀습니다.

이런 역사를 겪어온 우리 방송이 대통령에 대한 호칭에 신경 쓰는 것은 어찌 보면 불가피한 일입니다. 그렇다 하더라고 현직이 아닌 전직 대통령에게까지 그토록 조심하는 것은 좋게 말해도 잘못된 관행이고 나쁘게 말하면 자기검열입니다. 민주화된 지 벌써 몇십 년이 된 우리나라 방송이 다시 생각해봐야 할 대목입니다.

미국처럼 '미스터 프레지던트' 하고 부르고 그냥 '프레지던트'라고 지칭하면 아무 문제가 없는 나라도 있습니다. 또 미국에서는 대통령 이름이나 대통령을 가리키는 대명사를 즐겨 쓰기 때문에 한 번만 대통령 호칭을 하면 그 다음부터는 '그' 또는 '그의' 등의 표현으로 얼마든지 방송 뉴스를 내보낼 수 있습니다.

걸프전이 한창이던 1990년대 워싱턴 특파원 시절, 미국 ABC 방송 기자가 부시 대통령과 사담 후세인 이라크 대통령을 가리키면서 '그의 숙적'(his nemesis)이라고 표현한 대목이 오래 머리에 남습니다. 물론 미국과 우리를 직접 비교하자는 이야기는 아닙니다. 나라가 다르고 문화와 언어가 다르기 때문입니다.

미국 언론은 독재자에 대해서는 제대로 된 호칭을 붙여주지 않는 뉴스를 즐겨 내보냅니다. 우리가 알기로도 카다피 리비아 원수는 '커널 카다피'(Colonel Gaddafi, 카다피 대령), 이디 아민 우간다 대통령은 '서전트 이디 아민'(Sergeant Idi amin, 이디 아민 상사)이라고 부릅니다. 우리나라의 전두환 대통령 시절에도 그들은 '제너럴 전두환'(전두환 장군)이란 호칭을 즐겨 썼습니다.

우리나라에서는 높은 사람을 대명사로 호칭하는 경우는 없습니다. 불경스런 일입니다. 하물며 대통령을 가리켜 대명사를 쓰는 경우는 뉴스에서 들어본 적이 없습니다. 신문에서는 〈경향신문〉 이대근 기자처럼 현직 대통령도 '그는' 하고 쓰는 경우가 있습니다만. 결국 방송도 이제는 대통령 호칭을 어떻게 할 것인가를 늦게나마 재고할 필요가 있는 겁니다.

2013년 가을 이정희 통합진보당 대표가 현직 대통령을 부르면서 이름 뒤에 그냥 씨 자만 붙였다고 정부 여당이 난리를 친 적이 있습니다. 당연히 무슨 대통령이라고 해야 하는데 누구 씨라고 했다는 겁니다. 아직도 우리 사회에서 대통령이란 직함이 갖는 엄청난 힘을 실감하게 해주는 사례입니다.

정치권이 이렇게 예민하게 반응하는 것은 그들 나름의 정략과 이해가 있는 일이니만큼 방송에서 덩달아 예민하게 다룰 일은 아닙니다. 그보다는 근본적으로 국민들이 편안하고 자연스럽게 받아들일 호칭을 선택해서 쓰는 일이 중요하다고 생각합니다.

그러려면 무엇보다도 우선 우리 국민들이 매일 쓰는 말법에 맞는 칭호를 골라 써야 할 것입니다. 국민들이 각하를 쓰지 않으면 방송도 이를 써서는 안 됩니다. 국민들이 영부인이란 말을 모르는데 억지로 만들어 쓰도록 바람 잡아서도 안 됩니다.

국민들은 대통령을 가리킬 때 주로 '박 대통령', '김 대통령'처럼 성에 직함을 붙여 쓰며, 때로는 그 사람, 그 양반 등의 표현을 쓰기도 합니다. 굳이 박통, 전통, 노통 같은 세속적 표현은 빼고 말하더라도 그렇습니다. 그렇다면 방송 역시 이런 국민들 말법을 존중하고 이에 따르려는 노력을 해야 할 것입니다.

우선 대통령을 가리키는 대명사를 만들어 썼으면 좋겠습니다. 기자들끼리 서로 협의하고 방송사끼리 의견을 나누어보면 가장 적절한 방안이 나올 수 있을 겁니다. 신문에서 쓰던 '그'라는 표현보다는 '그이'나 '그분', 아니면 말하기 좋은 어떤 표현을 찾아봤으면 합니다.

2006년 2월 김수환 추기경에 이어 정진석 추기경이 새로 임명됐을 때 어느 조간신문 제목이 가슴을 쳤습니다. "또 한 분의 추기경"이란 제목이었습니다. 그날 방송뉴스는 모두 다 "제 2의 추기경 탄생"이나 "또 한 명의 추기경" 정도로 표현하고 있었습니다. 방송이 해야 할 말을 신문이 하고 있다는 느낌을 받았습니다. 우리 방송이 이런 점을 한번 생각해봤으면 좋겠습니다.

또 한 가지는, 예전 우리 사회에서는 이름 대신에 아호를 만들어 부르는 전통이 있었습니다. 우리 정치판에서도 주로 관직이 없는 야당 의원들 사이에서는 최근까지도 이름 대신 호를 부르는 경우가 많았습니다. 자유당 때 대통령 후보로 나선 해공(신익희), 유석(조병옥), 대통령에 출마했다 사형 당한 죽산(조봉암)에서부터 해위(윤보선), 소석(이철승)에 이르기까지 많은 사람들을 이름 대신 호로 불렀습니다.

그 후 JP(김종필), YS(김영삼), DJ(김대중)처럼 영어 약자로 호칭하는 경우도 생겼습니다. 영어를 쓰는 게 좀 어색하지만 만약 이것을 대통령에 대한 애칭으로 국민들이 받아들여 쓴다면 굳이 방송뉴스에서 외면할 필요는 없을 것입니다. 개인적으로는 대통령에 대한 호칭어가 많다는 건 그만큼 우리나라가 민주화하고 있다는 반증이라고 생각하고 싶습니다.

말은 사회적 관습이지 누가 억지로 만들어 써서는 안 된다는 원론적 얘기를 해서는 안 됩니다. 바로 그러한 관습을 만들어내는 가장 영향력 있는 주체가 방송이기 때문입니다. 아무려면 각하나 영부인만 못하겠습니까?

그리고 아무리 대통령이라 하더라도 퇴직한 후에는 그냥 이름에 씨 자를 붙여서 불러도 좋다고 생각합니다. "한 번 해병은 영원한 해병"이라는 말이 있습니다만, 그건 대통령과 같은 관직에 붙여서는 곤란합니다. 아직도 관료적 권위주의를 고질병처럼 앓고 있는 우리 사회를 걱정한다면 적어도 방송에서나마 관료적 고질을 드러내는 말을 함부로 퍼뜨리지는 말아야 할 것입니다.

2006년 10월 광주 문화방송 사장으로 있을 때 전직 대통령 한 분이 돌아가셨습니다. 모든 방송이 전 대통령이라는 호칭으로 부고 기사를 다루었습니다. 아침 간부회의에서 제가 물었습니다. "이분 누가 대통령으로 뽑았습니까? 현직일 때라면 어쩔 수 없다 하더라도 전직이 된 이후까지도 대통령이란 직함을 꼭 붙여야 할 필요가 있습니까? 더구나 그분은 우리 지역에서 일어난 역사적 사건에 책임이 있으면서도 끝까지 진상을 밝히지 않고 입을 다물고 가신 분인데, 이런 분한테 이 지역 방송사인 광주 문화방송까지 꼭 대통령이란 직함을 붙여야 합니까?" 솔직히 물었다기보다 혼자 푸념했다고 하는 편이 맞을 겁니다.

우리 방송이 국민을 주인으로 섬긴다고 한다면 이제라도 역사적 심판을 받은 전직 대통령에 대해서만이라도 그 직함을 쓰지 않는 관행을 만들어갔으면 좋겠습니다. 아니, 전직은 그 직함이 무엇이든 이름 석 자만 존칭해 불러주면 그만입니다. 일반 국민들이 돌아가셨을 때 방송이 어떻게 보도하는지를 생각해보면 그리 어려운 일도 아닐 것입니다. "광주 문화방송 사장을 지낸 김상균 씨가 어제 …" 하고 보도하듯이 말입니다.

관직 호칭에 관하여

1970년대 후반 외무부를 출입하면서 기사를 쓰고 배우던 저는 외무부 장·차관은 물론 국·과장이나 일반 공무원에게 들은 이야기를 기사로 쓸 때 늘 '정부는' 하고 리드기사를 쓰곤 했습니다. 그땐 외무부 일이 곧 정부 일이고, 말단 공무원 얘기라도 기사를 쓰려면 정부라고 주어를 써야 기사가 커보였기 때문입니다.

단 한두 사람 말만 듣고 정부를 주어로 기사 쓰던 버릇을 돌이켜보면 참 문제가 많았지만, 그때는 그것도 자랑스러운 관행인 줄 알고 그리 했던 겁니다. 물론 본문에 들어가서는 장·차관 이름과 함께 관직을 썼고, 그 밑에 국·과장까지도 직함 그대로 인용해서 썼습니다.

그 밖에도 국가기밀이네 뭐네 하는 이유로 '오프 더 레코드'를 걸거나 할 때는 직함 대신에 외무부 당국자 또는 외교 소식통 등 적당한 호칭을 만들어 쓰곤 했습니다. 간혹 소식통 기사가 나가면 기자실에서 서로 묻는 일들이 있는데, 그때 가장 많이 나왔던 말이 "그 기사 소식통이 혹시 기자 본인 아니요?" 하는 비아냥거림이었습니다.

1980년대 군부독재 시절을 일반 시민으로 밖에서 살다가 1990년대에 사회부장을 맡으면서 이런 관행이 참으로 문제가 크다는 생각을 하게 됐습니다. 당시 종교문제 연구가 탁명환 씨 피살사건이 있었는데, 관련 기사로 언론중재위원회에 나오라는 공문을 받았습니다.

부장을 맡은 지도 얼마 안 돼 일부러 중재위원회에 나가봤습니다. 중재를 낸 측은 사건 배후 조정자로 알려진 사람인데, 이미 미국으로 출국한 뒤에 변호인을 사서 일부 방송뉴스가 자신에 대한 허위사실을 보도했다고 주장한 겁니다. 그 기사는 검찰을 주어로 한 기사였는데, 자신이 첩을 두었다는 내용이 사실이 아니라는 것이었습니다. 살인을 청부한 혐의를 받고 있는 사람으로서는 참 담대한 주장이었지만 언론중재위원회는 언론 쪽 편을 드는 기구가 아니었습니다.

결국 유감을 표시하고 변호사와 중재에 합의했습니다만 그것도 부장인 제가 직접 나왔기 때문에 봐준 것이라는 소리를 들었습니다. 같이 고발된 다른 방송사는 중재가 깨졌습니다. 그날 저는 검찰을 주어로 한 기사도 문제가 되면 어쩔 수 없구나 하는 생각을 새삼 갖게 됐습니다.

그러고 보니 우리 방송뉴스가 너무 엉성하고 무책임하게 나간다는 것을 실감할 수 있었습니다. 세상이 조금 민주화되면 법으로는 백전백패할 수밖에 없는 일을 버젓이 하고 있다는 생각도 들었습니다. 아니, 명색이 언론기관인데 이렇게 무지한 짓을 할 수 있느냐는 자각도 들었습니다. 그래서 우리가 무엇을 잘못하고 있는지 다시 돌아보게 되었습니다.

그때까지 우리 방송뉴스는, 신문도 마찬가지이지만, 사회부 관련 기사에서는 대부분 관료조직을 가리키는 호칭을 구체적으로 부르기보다는 일상생활에서 흔히 말하는 법원, 검찰, 경찰 등으로 불렀습니다. 특히 방송은 이런 호칭들이 익숙하고 발음하기 좋고 짧기 때문에 많이 썼을 겁니다. 그런데 이게 보통 문제가 아니라는 생각이 든 겁니다.

우선 앞서 말했듯이 일단 뉴스가 나간 뒤 법적으로 문제가 되면 법원, 검찰, 경찰 등을 인용해도 법적 책임을 면할 길이 없습니다. 우리 형법은 명예훼손죄에 대해서 세계에서 유례가 없을 정도로 민사상·형사상 책임을 묻고, 설혹 진실을 보도하는 경우에도 역시 형사상 책임을 묻기 때문입니다.

따라서 법원, 검찰, 경찰 등 당국자 말을 인용해서 보도했다 하더라도 문제가 되면 해당 방송사나 기자가 책임을 져야 합니다. 단순히 보도하기 좋다고 이런 호칭을 쓸 일은 아니라는 거지요.

법적 문제를 이야기하다 보니까 더 근본적인 문제가 떠오르는데요, 그것은 관료조직이 국민을 상대로 고의적 또는 결과적으로 잘못을 저지르는 경우에 방송이 법원, 검찰, 경찰 등으로 보도하면 그 잘못이 더욱 커진다는 점입니다.

1980년대 군부독재 시절 서울 유네스코 한국위원회에서 근무하던 저는 명동성당 주변에서 일어나는 데모를 고층건물에서 내려다보는 일이 많았습니다. 1987년 6월 언젠가 전경들 앞에서 데모하던 시민들을 상대로 전경들 뒤에 숨어 있던 이른바 사복 입은 '백골단'이 앞으로 뛰쳐나와 가차 없이 폭력을 휘두르는 장면을 봤습니다.

주로 2명이 시민 1명을 잡아끌면서 곤봉으로 사정없이 치고 패는 장면을 지금도 생생하게 기억하고 있습니다. 공권력이라는 게 무엇인지 정말 회의가 들었습니다. 그때 사복조는 경찰 복장을 하고 있지 않았기 때문에 겉으로 보기엔 경찰이 아니라 조폭들과 똑같았습니다. 머리에 쓴 헬멧이 하얗다고 해서 백골단이란 이름이 붙었을 겁니다.

경찰 쪽에서 보면 신분도 숨기고 따라서 데모대 진압에도 도움이 됐을지 모르지만, 이를 바라보는 국민들 쪽에서 보면 이건 경찰이 데모 진압하는 장면이 아니라 사복 입은 조폭들이 사람들 패는 패싸움과 다를 바가 없었습니다.

정부가 공권력을 집행한다면 적어도 일반 국민들이 보기에도 그에 맞는 복장과 장비를 갖추어야 한다는 것은 법 이전의 상식입니다. 그래야 집행하는 경찰들도 자부심과 사명감을 갖게 될 것이고, 이를 보는 국민들도 그들 편을 들어줄 것 아닙니까!

그런데 이런 표지를 일체 안 하고 무작정 시민들을 집단으로 패고 끌고 가면 이를 보는 시민들이 무슨 생각을 하겠습니까? 공권력을 집행하는 경찰이 아니라 패싸움이나 하는 조폭으로 보지 않겠습니까! 결국 전투에 이기고 전쟁에 진다는 말처럼 한두 번 사복조로 효과를 볼지는 몰라도 나중엔 정권 자체가 무너지는 역효과를 볼 수밖에 없는 겁니다.

사람들이 사복경찰이라 하지 않고 백골단이라고 이름 짓고 방송뉴스에까지 이런 호칭이 드러나는 것만 봐도 당시 경찰이 얼마나 잘못했는지 알 수 있습니다. 1987년 연세대 이한열 군이 최루탄에 맞아 목숨을 잃고 6월 항쟁이 일어났는데, 결국 1990년대까지 이런 조직을 이용하다가 명지대 강경대 군을 때려죽인 사건까지 일어난 것입니다.

군부독재 시절 이런 사복경찰을 방송뉴스에서 '백골단'이라고 보도했을 리가 없습니다. 실제로 언론재단 자료를 검색해보면 백골단이란 말이 나오는 것은 1990년대 이후의 일입니다. 물론 자유당 때 정치깡패인 백골단과는 다른 뜻으로 말입니다.

결국 경찰은 조폭 같은 복장으로 백골단을 조직해 국민들을 사정없이 짓밟았는데도 방송뉴스에서는 이들 호칭어 자체가 드러나지 않은 셈입니다. 그냥 경찰이라고 불렀겠지요. 이러면 문제가 더욱 심각해진다는 얘기입니다.

경찰이 불법 또는 편법으로 이런 복장의 별도 조직을 운영하는 데는 그들 나름의 필요가 있다고 인정합시다. 그렇지만 방송뉴스에서 이들 존재를 가리키는 백골단을 쓰지 못하면 실제 상황을 국민들에게 제대로 전달할 수가 없지 않겠습니까?

또한 이런 조직이 국민들에게 온갖 불법을 저지르고 있는데도 방송뉴스가 이들을 단순히 경찰이라고 보도해주면 불법행위자들을 사실상 숨겨주는 결과가 되는 것 아닙니까? 그러니 경찰 조직으로서는 안심하고 불법을 저지를 수 있게 되고요. 그러다 잘못해서 강경대 군 치사사건 같은 문제가 터지면 그때는 오히려 경찰이라는 호칭 대신 백골단이란 호칭을 사용해 마치 이들이 경찰이 아닌 것처럼 위장하고 이른바 '꼬리 자르기'를 함으로써 사건 책임을 피할 수 있게 되는 것입니다. 결국 방송뉴스가 경찰에 놀아나는 꼴이 되고, 국민들 지탄의 대상이 되고, 나중에는 체제 자체가 무너지는 엄청난 사태를 불러일으키는 겁니다.

경찰과 달리 검찰이나 법원 관련 기사는 일반 국민들이 직접 볼 수 없는 재판정에서 취재한다는 점에서 더 큰 문제가 있습니다. 우선 검찰은 국민의 생명과 재산에 엄청난 영향을 미칠 수 있는 권력기관입니다. 재판에 부칠 수 있는 기소권을 독점한 채 절대 권력을 쥐고 있습니다. 그런데 절대 권력은 절대 부패한다는 말이 있지 않습니까?

사법살인이라고까지 비판받은 1974년 '인혁당 재건위 사건' 피고인

전원은 사형당한 지 33년 만인 2007년 법원 재심에서 무죄를 선고받았습니다. 2013년에는 1960년대 인혁당 사건 피고인들까지 재심에서 무죄를 선고받았습니다. 결국 이 나라 검찰과 법원은 멀쩡한 사람들을 사형하고 반세기 가까이 지나서야 이를 번복한 셈입니다.

그런데 우리 국민들이 이러한 사법살인을 누가 저질렀는지 알 수가 있습니까? 아니 우리 방송뉴스가 이런 살인행위에 가담한 사람들이 누구인지 보도한 적이 있습니까? 당연히 검찰은 기소했고 법원은 판결했다고 보도했을 겁니다. 결국 실제로 누가 이런 짓을 저질렀는지 방송뉴스는 국민들에게 알려주지 않은 셈입니다.

그때는 유신독재 때라 그랬다 치더라도, 방송뉴스가 잘못된 관행을 고치지 않는다면 검사와 판사들은 지금도 아무 죄의식 없이 이런 절차를 다시 밟을 수 있는 겁니다. 국민들이 아무도 모르기 때문입니다.

제가 직접 방청한 언론 관련 재판 이야기만 하지요. 1980년대 그 유명한 '보도지침'을 폭로했다고 기자들을 잡아넣은 재판은 한마디로 '재판이 아니라 개판'이었습니다. 담당 변호를 맡은 고 조영래 변호사는 '형사소송법' 한두 번만 읽었어도 이런 기소는 하지 않았을 것이라고 법정에서 개탄했습니다.

보도지침을 폭로했다고 국가기밀누설죄를 적용한 검사에 대해 조 변호사는 보도지침에 들어 있는 내용이 기밀을 누설한 건지, 아니면 보도지침 자체를 폭로한 것이 기밀을 누설한 건지 밝히라고 요구하기도 했습니다. 검사가 이의 있다고 반박하면 방청석에서 일제히 고함소리가 터져 나와 검사가 주저앉는 일이 반복됐습니다. 그런데도 1심은 전원 유죄판결이었습니다. 물론 집행유예이긴 했지만요. 결국 정권이 문민

정부로 넘어간 후 근 10년이 지나 이들 기자들은 모두 무죄판결을 받았습니다.

이런데도 국민들은 당시 이들을 기소한 검사나 유죄판결을 내린 판사들을 전혀 모릅니다. 방송뉴스가 이들을 언급하지 않았기 때문입니다. 그러니 아무나 그때그때 편한 대로 기소하고 판결할 수밖에요.

지난 이명박 정권 때 KBS 정연주 사장을 억지로 쫓아내고 그것도 모자라 엉터리로 기소한 재판도 마찬가지였습니다. 그때 제 눈에 검사는 오히려 피고처럼 보였고, 장장 30분 동안 사자후를 토하면서 최후진술을 한 정 사장이 검사처럼 보였습니다. 이 사건은 처음부터 무죄가 나버렸습니다. 그러나 국민들은 역시 담당 검사가 누구인지 알 수가 없습니다.

올해만 해도 재심에서 무죄가 난 사건들이 여럿 있지만 국민들은 누가 어떻게 잘못 기소했고 또 누가 어떻게 잘못 판결했는지 알 수가 없습니다. 그러니 이들에 대한 문책 역시 할 수 없습니다. 세상이 이래서는 안 됩니다. 권력을 잘못 쓰면 당연히 그에 대한 책임을 지고 처벌받아야 하지 않습니까?

방송뉴스에서 이런 판·검사들을 법원, 검찰로 호칭해 보도하는 것은 잘못된 권력을 비호하고 은폐해줌으로써 이런 일들을 계속 저지르도록 방치하는 이중 삼중의 잘못을 저지르는 셈입니다.

우리 사회 곳곳에는 아직도 관료적 권위주의 잔재가 남아 있어 언론, 특히 방송이 뉴스를 취재하고 보도할 때 이 점을 특히 유념해야 할 터인데, 여전히 그런 잔재를 벗어나지 못하고 잘못된 관행을 계속하고 있는 것입니다.

1980년대 후반 방송노조가 생긴 이후 많은 노력들이 있었지만, 정치적 민주화 노력에 힘을 많이 쏟아 부은 탓인지 실제 현업에서는 아직 손도 못 대본 잘못들이 적지 않게 남아 있습니다. 늘 이건 아닌데 하면서도 그날그날 바쁘게 살다보니 그냥 넘어가는 경우가 많았습니다. 나중에 대학에 와서 돌아보니 아예 잘못인지 모르고 지나쳐버린 잘못도 많았습니다.

관료조직과 관련한 호칭에서 더 큰 문제는 관료들이 갖다 붙인 이름들을 방송이 그대로 써준다는 점입니다. 예를 들어 부천서 성고문 사건 같은 경우, "성을 혁명 도구로 쓴다"는 내용을 이른바 공안당국 분석이란 이름으로 뉴스에 내주었습니다.

'공안'이나 '사정' 같은 호칭은 말 자체가 갖는 권위가 있기 때문에 방송에서 이를 그대로 써주면 잘못된 일도 잘한 일처럼 보이게 만들 수 있습니다. 실제로 관료조직이 노리는 대목도 바로 이런 틈새입니다. 예전에는 '관민'이란 말을 썼는데 요새는 '민관'이라고 하지요. 요새 '노사정'이란 말도 쓰는데 예전 같으면 당연히 '정사노'라고 썼을 겁니다.

관료조직은 각종 이익집단과 지식인들을 동원해 필요한 내용과 호칭을 만들어내는 능력이 있기 때문에 방송뉴스가 이런 호칭을 그대로 받아쓰지 않도록 각별히 조심할 필요가 있습니다. 수십 명 사람들이 죽어나간 곳을 '삼청교육대'라 부르고 방송뉴스가 이를 그대로 받아주면, 국민들은 정말 그곳이 교육하는 곳인지 알기 때문입니다. 앞서 말한 보도지침에는 부천서 성고문을 '성추행'이라고 하지 말고 '성모욕'이라고 보도하도록 요구하였습니다.

또 관료조직 내부에서 편의상 쓰는 호칭을 방송이 그대로 뉴스에 내보내는 것도 문제입니다. 예를 들어 청와대 수석 비서관을 가리켜 그냥 '수석'이라고 뉴스에 내주는 경우가 많습니다. 이건 말 자체도 어색하거니와 국민들에게 예의에 어긋나는 호칭입니다. 우리나라 국민 대부분이 그 직함을 수석이라고 부르지는 않습니다. 수석은 그들만의 호칭일 뿐입니다.

　일반적인 관직을 부를 때도 말끝마다 국장, 과장, 수사관, 심의관 등을 되풀이하는 보도 또한 문제가 있습니다. 듣기에 우선 거북하고요, 관을 우선하는 관존적 사고를 확산시킬 우려가 있습니다. 일반 국민들은 그냥 누구 씨로 나가는데 유독 관직만 계속 호칭을 쓰는 게 그리 좋은 일은 아닌 것 같습니다.

　대통령 호칭에 대한 글에서 주장한 것처럼, 일반 관직 호칭을 쓸 때도 절도가 있었으면 좋겠습니다. 필요할 땐 대명사도 쓰고, 그냥 이름도 쓰고, 때에 따라서는 별명도 쓰고, 아니면 기자가 부르고 싶은 다른 호칭도 만들어 불렀으면 좋겠습니다. 우리가 당국자, 소식통 하고 부를 때처럼 말입니다.

　군대에서 별 하나 달기는 정말 하늘의 별 따기만큼 어렵다는 말을 흔히 합니다. 실제로 별을 달면 좋아지는 게 수십 가지가 넘는다는 말도 있습니다. 그런데 제가 생각하기에 별을 달면 가장 좋은 것은 바로 권위 있는 호칭이 하나 생긴다는 사실입니다. 대령까지는 직함을 권위 있는 호칭으로 잘 쓰지 않지만, 별을 달면 호칭은 곧 '장군'이 됩니다. 그것도 죽을 때까지 장군이란 호칭을 쓸 수 있습니다.

　정부 조직에서도 장·차관은 호칭으로 계속 쓰지만 국장 이하는 잘 안 쓰는 것과 마찬가지입니다. 이러니 별을 따려고 하지 않겠습니까?

방송이 이런 세태를 더욱 조장할 필요는 없다는 거지요.

관직에 대한 호칭 하나가 국민들에게 얼마나 큰 영향을 미치는지를 우선 진지하게 한번 생각해보고 무엇을 할 것인지 머리를 맞댄다면 해답을 찾기는 그리 어렵지 않을 것입니다. 관직 실명제를 하자는 얘기입니다.

아울러 방송뉴스에서 일반 국민들을 주어로 삼을 때 그분들을 어떻게 불렀는지를 한번 생각해보면 관직 호칭이 갖는 문제점이 더욱 뚜렷하게 느껴질 거라고 생각합니다.

좋은 국민 호칭어란?

1970년대 처음 경찰서에 출입할 때 저도 각종 사건·사고에 나오는 국민들을 어떻게 표현할 것인지를 놓고 여러모로 머리를 쓰던 때가 있었습니다. 사건·사고에 등장하는 국민들은 대체로 존경받는 처지가 아니기 때문에 우선 남녀와 나이 차이에 따라 어떻게 표현하느냐가 관심사였습니다.

우선 남자라는 표현은 별 부담 없이 썼는데, 여자라는 표현은 좀 걸리는 게 있어서 여인이라는 표현을 썼습니다. 여자라는 표현이 좋지 않은 느낌을 주기 때문이었지요. 그때는 '여자'가 들어가는 말은 대체로 부정적인 의미로 쓰였습니다. "여자 셋이 모이면 시끄럽다. 그래서 한자 '시끄러울 간'(姦) 자에는 '계집 녀'(女) 자가 세 자나 된다"든가, "암탉이 울면 집안이 망한다", "여자가 말이 많아"와 같은 말들이 흔히 쓰였습니다.

더 웃기는 일은 명색이 언론사인 방송사에서 새로 들어온 여자 아나운서들에게 '결혼하면 그만둔다'는 각서를 받았다는 사실입니다. 이런 나라에서 불과 한 세대 만에 여자 대통령이 나왔다는 사실을 어떻게 설명해야 할지 알 수 없습니다. 실제로 지금은 방송사 입사시험에서도 남자들을 봐주지 않으면 입사가 불가능할 정도로 여자들 성적이 좋다는 겁니다.

몇 년 전 광주 문화방송 사장 시절 한명숙 총리가 참석하는 행사에 갔는데, 장내 여자 아나운서가 그분을 영어로 소개하기를 '히스 매지스티 (his majesty) 한명숙'이라고 하는 겁니다. 아마도 총리가 여자일 경우는 생각해본 적이 없어 그냥 남자에게 쓰는 '히스'를 썼을 것이라고 생각했습니다. 세상이 엄청나게 변한 겁니다.

어쨌든 당시 저는 '40대 남자'나 '50대 여인'과 같은 표현으로 사회부 기사를 작성했습니다. 보통 때는 물론 이름 뒤에 '씨' 자를 붙여 썼고요. 크게 불편하지는 않았지만 그렇다고 만족스러운 것도 아니었습니다. 돌이켜보면 이런 호칭에 대해 선배나 부장이 가르쳐준 기억은 없습니다. 별 문제 삼지 않았다는 얘기입니다.

세월이 흘러 요새 방송뉴스를 들으면 후배기자들은 남자, 여자 대신에 남성, 여성을 쓰고 있습니다. 제가 생각했던 그런저런 이유로 남자나 여자를 쓰지 않았을 겁니다만 이건 아닌데 하는 느낌이 들었습니다. 방송에서 어떤 말을 쓸 것인지의 기준이 되는 것은 무엇보다도 일반 국민들이 날마다 쓰는 말입니다

지금 우리 국민들이 '40대 남자'라고 하는지 '40대 남성'이라고 하는지 한번 생각해보면 쉽게 답이 나올 것입니다. 저는 지금까지 시중에서 40대 남성이라는 소리를 거의 들어본 적이 없습니다.

아직 왜 이런 변화가 있었는지 알 수 없지만 후배들이 한번 생각해봤으면 하는 대목입니다. 물론 어떤 논의나 합의를 거쳐 타당한 근거를

갖고 쓰는 경우는 좋습니다만 그렇지 않다면 바꿔야 할 표현입니다. 국민들 입말과 아주 다른 표현은 그만큼 방송뉴스에 거리감을 느끼게 하기 때문입니다.

일반적으로 표현할 때는 성과 이름 다음에 씨를 붙여 쓰고 그 다음부터는 성에 씨를 붙여 쓰는 경우가 많았습니다. '김상균 씨는' 하다가 '김 씨는' 하는 식으로 말입니다. 그런데 나이가 70이 넘은 어른들에게는 이런 표현을 쓰기가 좀 거북했습니다. 우리말에 '씨' 자를 붙이면 분명히 존칭인데 실제로는 그렇게 받아들이지 않았기 때문입니다.

그래서 나이가 많으신 분이 나올 때는 '노인'이라는 표현을 썼습니다. 이 경우에는 약간 부자연스럽다는 느낌이 들었지만 '씨'를 붙이는 것보다는 나아 보여서 썼습니다. 요즈음은 아예 할아버지, 할머니를 이름 뒤에 붙여 쓰는 보도도 많이 들었습니다만 그리 자연스러운 표현은 아닌 것 같습니다. 특히 '김 할아버지는' 하고 뉴스에 나오면 무슨 학예회를 보는 것 같은 느낌마저 들었습니다. 우리 국민들이 이런 표현을 안 쓰기 때문입니다.

또 미성년자들의 경우 이름 뒤에 '씨' 자 대신 '군'이나 '양'을 붙였습니다. '김 군' 또는 '이 양' 하는 식으로 말입니다. 가수나 배우처럼 연예인들에게는 나이와 상관없이 군이나 양을 붙여서 이름을 부르던 시절도 있었습니다. 그 이유는 잘 모르겠습니다. 그런데 1970년대까지 모든 방송이 군이나 양을 붙여 연예인들을 부를 때 유독 동아방송만 씨를 붙여 연예인을 부르던 일이 오래 머리에 남습니다. 그 이유도 잘 모르겠습니다. 아무튼 일반 국민들 호칭어에 방송이 별로 관심을 갖지 않았다는 사례일지도 모르겠습니다.

요약해보면 국민들이 방송뉴스에 나올 때는 대체로 이름 뒤에 씨를 붙이던가, 나이 차이에 따라 군이나 양, 또는 노인 같은 말을 붙여서 썼다는 얘기입니다. 국민들도 각각 회사나 어떤 조직에서 직책이나 직함을 갖고 있었지만 이런 걸 많이 쓰지는 않았습니다. 정부 관료를 호칭할 때와는 상당한 차이가 있었던 겁니다.

하기야 일반 국민들이 뉴스에 나오는 경우는 대개 무슨 사건이나 사고가 났을 때로 아주 드물기 때문에 호칭 같은 것도 그때그때 적당히 써도 별 문제가 없었을 것입니다. 대부분의 뉴스가 다 관급성이었기 때문입니다.

그렇지만 민주화된 이후에는 국민들이 일반뉴스에 나오는 일이 전보다 훨씬 많아졌고, 촛불시위처럼 국민들 목소리가 점점 커지고 있는데도 이분들에 대한 호칭을 전처럼 대강 한다는 건 방송이 직무유기 하는 겁니다. 더구나 관료집단들은 관직 호칭을 끝까지 붙여주면서 방송의 주인인 국민들을 부를 땐 그냥 '씨' 자 하나 붙여서 호칭한다는 건 형평에도 맞지 않는 일입니다.

국민들을 어떻게 불러주느냐는 사소한 일이 아닙니다. 일반적으로 호칭을 어떻게 하느냐는 곧 그 사람을 어떻게 인식하는지를 반영하기 때문입니다. 쉽게 말해서 힘센 사람에게는 호칭도 그에 맞게 올려주고, 그렇지 않은 사람들은 대충 적당히 알아서 불러준다는 것입니다.

관료집단에 대해서는 김 장관, 이 국장, 박 과장 하고 불러주면서 국민들에 대해서는 김 씨, 이 씨, 박 씨 하고 불러준다는 겁니다. 이렇게 되면 그렇지 않아도 우리 사회에 여전히 남아 있는 관존민비적 사고를 존속시켜주는 나쁜 영향을 미친다는 거지요. 이는 상대적인 일이기 때문에 관료들에게도 누구 씨라고 쓰든지, 국민들 호칭어를 그에 맞게 개발하든지 해야 한다는 겁니다.

언론이 아닌 일반 사회에서 국민들을 어떻게 부르는지 한번 생각해 봅시다. 서비스 업종인 은행 같은 데 가면 늘 창구에 있는 근무자들이 부르는 호칭이 있습니다. 예전엔 '손님'이란 말을 쓰더니 요샌 '고객님'이란 말을 많이 씁니다. 또한 나이 드신 분들에게는 '아버님'이나 '어머님' 같은 표현도 쓰는 걸 들었습니다.

표현이야 어떻든 기업들은 고객관리 차원에서도 이런 호칭어를 계속 연구하여 만들어 쓰고 있다는 겁니다. 그런데 공익에 봉사해야 할 선도적인 방송에서 주인인 국민들 호칭에 무관심하다면 말이 되겠습니까? 전에는 시민이란 표현도 썼습니다만 지방자치가 실시되면서 시민도 광역시, 일반시로 갈리는 데다 도민이 따로 있기 때문에 적절하지 않다는 지적도 있습니다.

그렇지만 우리가 통칭해서 시민이라고 쓴다면 군이나 면에 사는 국민들이 화낼 이유는 없을 겁니다. 40대 남성보다는 40대 시민이 우리 말법에 맞기 때문입니다. 서울에 사는 국민들이 특별시 시민이기 때문에 다른 지역에 사는 사람들도 시민이라 불러준다면 높여주는 효과가 있는 겁니다.

골프장이나 고급 사교장에서는 아무에게나 사장님이라고 부릅니다. 그렇다고 "나는 사장이 아니고 임원이다" 하고 반박하는 사람은 별로 없습니다. 그저 그러려니 하고 받아들입니다. 그리 기분 나쁜 일은 아니기 때문입니다.

김대중 전 대통령을 정말로 좋아하고 존경하는 사람들은 그분을 '선생님'이라고 부릅니다. 감옥에서조차 그분을 선생님이라 부르라고 고함치는 일도 많았다고 들었습니다. 저도 예전에 병원에서 의사를 불러야 하는데 갑자기 의사 다음 말이 생각나지 않아서 끝내 못 부른 적이 있습니다. 나중 생각해보니 그 다음 말이 바로 선생님이었습니다.

엄밀하게 말해 선생님은 자기를 가르쳐준 스승에게만 붙여야 하는 호칭어입니다만 실제로는 이렇게 다른 분들에게도 쓰이고 있습니다. 방송뉴스에서 국민들에게 시민이란 호칭어를 썼다고 문제 될 일은 아닌 것 같습니다. 관심을 이렇게 갖게 되면 우리는 좀더 다양한 호칭들을 생각해볼 수 있을 겁니다.

우리 사회에서는 나이 많은 어른들에게 흔히 '어르신'이라는 호칭어를 붙여 씁니다. 방송뉴스에서 '70대 어르신'이 다쳤다고 보도한다고 해서 문제될 일은 없습니다. 또는 '어른'이라고 줄여 써도 좋을 것입니다. 적어도 '70대 노인'이나 '70대 할아버지'라고 하는 편보다는 나은 표현일 겁니다. 노인은 어감이 좋지 않고 할아버지는 또 할머니와 함께 써야 하는 성별 호칭어이기 때문입니다.

다만 우리 사회가 나이에 민감한 문화를 갖고 있기 때문에 나이에 따라 호칭을 달리하면 그 자체가 무척 복잡하고 예민한 문제를 안고 있어서 앞서 말한 시민보다는 사용할 때 제약이 많다는 점을 감안해야 할 것입니다. 방송에서 많이 쓰는 '청취자'나 '시청자' 같은 표현도 간혹 호칭어로 쓰이긴 합니다만 아직 보편적으로 쓰는 말은 아닌 것 같습니다.

어떤 호칭어를 쓰든 일단 방송의 주인인 국민들을 어떻게 존중할 것인가를 염두에 두고 머리를 맞댄다면 좋은 호칭어를 찾아내는 일은 그리 어려운 일이 아닐 겁니다. 아무도 쓰지 않는 '영부인'이란 말을 하루

아침에 갑자기 쓰기 시작한 전례에 비추어봐도 이건 일도 아닐 겁니다.

아울러 뉴스에 관료나 지식인뿐만 아니라 일반 국민들이 많이 나와야 한다는 점을 강조하고 싶습니다. 사건·사고 때나 나오는 국민이 아니라, 날마다 주권자로서 나오는 국민이 방송뉴스의 주역이라는 사실을 강조하는 것입니다.

정부가 어떤 정책을 발표하더라도 그 대상은 국민입니다. 당연히 국민의 반응을 듣고 뉴스에 반영해야 합니다. 지금까지 방송은 제작 편의상 또는 출입처 관례상 해당 정부부처 관료들 말만 듣고 그대로 뉴스를 제작, 방송해왔습니다. 제가 논문 쓸 때 조사해본 바로도 저녁 8, 9시대 종합뉴스에서마저 거의 80퍼센트 정도가 관급 뉴스였습니다.

좀 심하게 말하면 이건 뉴스가 아니라 정부 홍보를 대행해주는 격입니다. 뉴스 대부분이 장·차관 또는 부처 대변인이 주장하는 내용을 검증 없이 내보내고 있다는 말입니다. 그러니까 어느 부처가 잘못된 정보나 뒤틀린 주장을 내놓아도 방송뉴스가 놀아날 위험성이 많은 겁니다.

지난 2008년 여당 대표가 느닷없이 '스핀닥터'라는 말을 쓰면서 당 홍보를 강화하겠다고 밝혔습니다. 스핀닥터란 쉽게 말해 여론을 조작하는 전문가를 가리키는 말입니다. 여당이 여론을 조작하는 전문가를 두겠다는 주장이 옳은 건지는 모르겠지만 아무튼 영어를 써서 그런지 그냥 넘어갔습니다.

우리나라에서 힘 있고 돈 있는 집단들은 다들 이런 스핀닥터를 두고 있다고 보면 맞습니다. 정부부처 대부분은 대변인을 두고 있습니다. 또한 각종 위원회 조직이나 외곽 전문가 조직을 같이 갖고 있습니다. 얼마든지 여론을 조작·은폐할 힘이 있다는 얘기입니다.

이런 조직에만 의존해서 방송뉴스를 제작, 방송할 때 그 내용이 조작될 가능성이 얼마나 높은지는 불문가지입니다. 이건 정말 민주주의의 사활이 걸린 중대한 문제인 것입니다. 그럴듯한 내용을 박사나 거창한 직함을 붙인 전문가들이 발표하면 일개 기자가 이를 반박하기는 쉽지 않을 것입니다.

그래서 기자는 여러 뉴스 소스를 취재해서 균형 잡힌 정보를 제공해야 합니다. 미국 언론들은 이미 취재원이 한두 개일 경우 그 기사를 아예 내보내지 않는 관행을 지키고 있습니다. 그런데 우리 방송뉴스는 아직도 이런 관행을 만들지 못하고 있습니다.

우리 방송이 진정으로 국민을 주인으로 섬기려면 바로 뉴스에서 그 주인인 국민들을 어떻게 표현할 것인지 기본적인 문제부터 깊게 성찰해 봐야 할 것입니다.

우리말 '의'를 알고 씁시다

1970년대 이른바 경찰기자 시절 제 발음이 잘못되었다는 지적을 누이에게 평생 처음으로 들었습니다. "왜 '의사'를 '으사'라 발음하느냐"는 지적이었습니다. 그때까지 저는 이런 발음이 사투리라는 사실 자체도 몰랐고, 따라서 적지 않게 충격을 받았습니다.

그 후 저는 틈만 나면 '으의사'를 외다시피 되풀이했고, 나중에 '의' 자가 나오는 기사를 보면 반가울 정도가 되어 그 발음만은 신경 써서 제대로 한 기억이 있습니다.

1990년대 워싱턴 특파원 시절 만난 상대사 기자가 나중에 앵커맨이 되어 바른 말을 잘한다는 공으로 상을 받았습니다. 리포트 하나 준비할 때도 정말 감탄할 정도로 여러 차례 연습하던 그 기자를 기억하던 저로서는 무척 반가웠습니다. 그래서 그 기자가 진행하는 뉴스를 더욱 유심히 보게 되었습니다.

그때 그 기자가 '희망'이라는 말을 '흐이망'으로 발음하는 거였습니다. 발음 잘한다고 상까지 받은 앵커의 말인 데다 이미 오래전에 '으사'라고 발음했던 잘못이 생각나 뒤늦게 그 '흐이망'이 맞는 줄 알고 다시 연습에 들어갔습니다. 그런데 우연히 '흐이망'은 잘못 한 발음이고 이땐 '히망'이 맞다는 권위 있는 소리를 들었습니다. 아! 우리말이 간단치 않다는 생각을 하게 됐습니다.

그런데도 저는 이런 발음에 대해 현업 때 단 한 번도 지적을 받거나 교육을 받아본 적이 없습니다. 1970년대 독재정권 시절이었으니 이런 발음을 이야기한다는 것 자체가 한가로운 짓이었을지 모르겠습니다. 다만 정치부 한 선배가 '의' 자가 나오면 '에'로 발음하라는 충고를 해준 게 고작이었습니다. 그래서 그때 잘 쓰던 '민주주의의 토착화' 같은 내용을 리포트 할 때 마지막 소유격은 '에'로 발음했던 기억이 있습니다.

1990년대 김영삼 대통령 시절 방송에 나오는 대통령 발음이 시중에 널리 알려진 일들이 많았습니다. 그분이 우리말 발음을 제대로 못했기 때문입니다. 제가 실제로 들었던 예를 하나 소개하겠습니다. 〈동아일보〉 출신 기자를 영입해 지구당 위원장을 맡기는 자리에서 그분은 '김 동지는 강진을' 맡으라고 했다는 겁니다.

경남 마산 출신인 그 기자는 임명장을 받으면서 왜 자신을 전남 강진으로 보내는가 하고 생각했는데, 나중에 봤더니 강진이 아니라 서울 광진구였다는 겁니다.

김 대통령의 발음에 얽힌 이야기는 무수히 많지만 제가 지금 말씀드리려고 하는 요지는 우리말 발음, 그중에서도 복모음은 실제로 발음하기 쉽지 않다는 점입니다. 아직도 저는 몇몇 복모음은 그 차이를 느끼지 못합니다. 명색이 방송기자 출신인데도 그렇습니다.

실제로 방송 현업에서 우리말 발음에 별 관심을 갖지 않는다는 말씀을 드리고 싶은 겁니다. 우리말을 가장 모범적으로 전파해야 할 방송으로서는 사실상 직무를 소홀히 한 셈입니다. 저도 현업을 마치고 대학 강의를 하면서 비로소 이런 잘못을 크게 깨달았습니다.

평생 우리말을 보물처럼 다루었던 이오덕, 이수열 선생 같은 분의 책을 보면서 참 부끄럽고 죄송스러운 생각이 들었습니다. 〈뿌리 깊은 나무〉를 출간한 한창기 사장의 글을 보면서도 이런 미안함과 민망함은 계속 일어났습니다. 글을 쓰는 분들도 이런저런 발음을 지적하고 고치도록 요구하는데 날마다 말로 방송하는 기자가 우리말에 그리 무지하고 용감하게 잘못을 저지를 수 있는가 하는 생각이 들었습니다.

문제는 지금도 여전히 이런 잘못이 방송에서 되풀이되고 있다는 점입니다. 아직 아무도 이 문제에 깊은 관심을 갖고 제도적으로 고치려는 노력을 기울이지 않기 때문입니다. 다행히 후배 현업자 중에서 이런 문제를 지적하는 책을 펴낸 분을 봤습니다.

KBS 출신 유정아 아나운서는 《서울대 말하기 강의》라는 책에서 '의'라는 글자가 세 가지로 발음된다면서 맨 처음 나올 땐 '으이'로 발음하고, 뒤에 올 때는 '이'로, 그리고 소유격 조사로 쓰일 때는 '에'로 발음한다고 주장했습니다. 그러니까 '국민의 의사를 존중하는 민주주의의 나라'를 읽는다면 '궁민에 으이사를 존중하는 민주주이에 나라'라고 발음해야 한다는 겁니다.

40년 전 '의사' 발음을 지적받고, 한 선배에게 '에'라고 발음하라는 훈수를 들은 후 처음으로 '의' 자 발음에 대한 상세한 내용을 보고 알게 된 겁니다. 굳이 이런 말씀을 자세히 드리는 이유는 아직도 많은 현업자들이 발음에 대해 별 관심을 갖고 있지 않다고 믿기 때문입니다.

이오덕 선생은 우리말에서 '의' 자 토씨를 함부로 써서 생기는 오염이 가장 심각하고, 그래서 우리말이 처참하게 변질되고 있다고 개탄하였습니다. 그러고 보니까 가장 먼저 떠오르는 생각이 영어나 일어를 우리말로 옮기면서 그 발음도 어려운 '의' 자를 쓰는 게 아닌가 하는 것이었습니다.

1960년대 고등학생 시절 국문학사 시간에 배운 우리나라 최초의 신소설은 이인직이 쓴 《혈의 누》였습니다. 근 40년이 지나서야 이 소설 제목이 우리말로 '피눈물'이라는 뜻인데, 일본식 표기를 본떠 일본의 '노'(の)에 해당하는 우리말 '의' 자를 대신 집어넣어 만들었다는 것을 알았습니다.

더구나 이인직은 을사늑약의 원흉인 역적 이완용의 비서로 나라가 망할 때 실무적인 일을 맡았다는데, 이런 사람의 일본식 표현인 《혈의 누》를 후학들에게 우리나라 최초의 신소설로 가르쳤다는 사실 또한 놀라운 일이 아닐 수 없었습니다.

또 근대소설에 등장하는 '그녀'라는 표현도 실은 일본식으로 말하면 '그의 녀'인데, 여기서 '의'에 해당하는 일본식 발음을 빼고 그냥 '그녀'라고 썼다는 사실도 알게 됐습니다. 방송에서는 어감이 나빠서 그나마 쓸 수 없는 말입니다만.

이오덕 선생 말씀에 따르면 일본말은 우리 '의'에 해당하는 '노'를 쓰면 발음도 쉽고 아주 부드럽고 자연스럽게 들린다고 합니다. 그래서 일본말이나 글을 보면 이 '노' 자를 한 문장에 서너 번씩 연달아 쓰는 경우도 많다는 것입니다.

그래서인지 머리 좋은 우리 개그맨들이 일본사람을 흉내 낼 때도 우리말 중간중간에 이 '노' 자를 집어넣어 사람들을 웃긴 겁니다. 한마디로 이 '노'는 일본말에 필수적인 표현인데, 우리는 불필요한 '노' 자를 굳이 발음하기 어려운 '의' 자로 바꾸어 썼다는 얘기입니다. 그리고 지금도 그런 일을 되풀이하고 있습니다.

여기에 또한 영어를 번역하면서 잘못된 관행이 우리말 대신 자리를 잡았다고 합니다. 저도 영어에서 오래 기억하는 대목 중 하나가 바로 링컨 미국 대통령이 남북전쟁 때 했다는 연설 마지막 구절입니다. "국민의, 국민을 위한, 국민에 의한 정부"라는 표현인데요, 영어 "government by the people, of the people, for the people"을 번역한 말인데, 이걸 그냥 쓴 겁니다.

영어 번역으로는 무리가 없지만 우리 말법과는 맞지 않는 영어식 표현을 그대로 쓰다 보니 우리 말법이 피해를 본다는 얘기입니다. 그러고 보니 김대중 정부를 '국민의 정부'라고 불렀던 기억이 있습니다만 이것도 그냥 '국민 정부'라 해도 괜찮을 것 같다는 생각이 드네요. 영어식으로 생각하지 않는다면 말입니다.

영어에서 '의'에 해당하는 '오브'(of)를 너무 많이 쓰기 때문에 이를 우리말로 번역하면 '의' 자가 들어갈 수밖에 없어 그대로 쓰는 일이 많은 것 같습니다만, 방송에 내보낼 때는 다시 한 번 생각해봐야 합니다. 우리말에서 '의' 자는 발음하기 쉽지 않기 때문입니다.

광주 문화방송 사장으로 있을 때 저는 임방울 선생이 부른 〈호남가〉를 구해다가 하루에도 몇 번씩 들으면서 배우려고 한 적이 있습니다. 한 천 번 남짓 들으니까 겨우 흉내를 낼 수 있을 정도가 되었는데, 그나마도 제가 들은 〈호남가〉 노래와는 거리가 먼 소리였습니다.

7음계로 배운 우리 머리에는 궁·상·각·치·우 5음으로 된 우리 소리가 제대로 입력되지 않는다는 생각이 들었습니다. 우리 음악교육이 문제라는 생각도 들었습니다. 그런데 이 노래 중간에 "으약을 장흥하고" 하는 대목이 나옵니다. 아무리 들어도 이때 '으약'이란 말을 알 수가 없었습니다.

우연히 도올 김용옥 선생에게 이걸 물었더니 '예악'이라는 뜻이라는 겁니다. 예절과 음악이라는 말이겠지요. 우리 소리는 전부 사람 몸에서 몸으로 전하기 때문에 정확한 가사나 악보가 없어 스승에 따라 다르다는 사실도 알게 됐습니다. 그런데도 '예'와 '으'는 그 뜻을 알아들을 수 없을 정도로 소리가 완전히 다르다는 게 궁금했습니다.

다시 우연히 우리 시대의 소리꾼 임진택 씨가 광주에 왔을 때 제가 이런 궁금증을 풀어달라고 했습니다. 그때 임 씨가 말한 대목이 지금도 아주 생생하게 머리에 남아 있습니다. "아, 그건 '예'라고 노랠 부르면 소리가 밖으로 나가버려 통제할 수가 없어요. 그래서 소리꾼들은 대개 소리를 늘이거나 바꿔 부를 땐 '으'로 부르는 때가 많아요"라는 거였습니다. 무슨 말인지 알아들을 수 있었습니다. 저도 한 천 번 이런 소리를 배우려고 내봤기 때문입니다.

우리말과 소리에 이런 깊은 뜻이 배어 있었던가 하는 놀라움이 지금도 생생합니다. 참 누구 말처럼 "바보처럼 살았군요" 하는 아쉬움이 남는 대목입니다

그럼에도 '의' 자를 많이 쓰는 이유는 영어나 일어에서 들어오는 말들이 너무 많아 이를 버리기 쉽지 않아서일 겁니다. 또 하나는 뉴스 제목이나 주요 내용을 소개하는 자막을 내보낼 때 명사 위주로 글자를 줄여 쓸 수 있는 장점이 있기 때문일 겁니다. 그러나 아닌 건 아닌 겁니다.

우리말에서 '의' 자는 보통 쓰지 않아도 되는 표현입니다. 예를 들어 '나의 고향'이라고 하지 않고 '내 고향'이라고 말한다는 겁니다. 우리 동요 중에 〈고향의 봄〉이라는 노래가 있습니다. "나의 살던 고향은"으로 시작하는 노래 말입니다. 이오덕 선생이 이 노래 작사자인 이원수 선생에게 "내가 살던 고향은"이 맞다고 말하자 그분이 수긍하더라는 글을 봤습니다.

더 큰 문제는 '의' 자가 들어가는 표현이 여러 가지 형태로 우리말에 이미 들어와 있다는 사실입니다. 예를 들어 신영복 선생의 《감옥으로부터의 사색》이라든가 노태우 정부가 느닷없이 선포한 '범죄와의 전쟁'처럼 수많은 표현들이 어색하게 쓰이고 있습니다.

"타고난 저마다의 소질을 계발하고"라는 국민교육헌장 표현은 "저마다 타고난 소질을 계발하고"로 바꿔야 한다는 지적이나 "국군의 외국에의 파견"과 같은 헌법 표현은 "국군을 외국에 보내거나"로 바꿔야 한다는 지적을 보면 우리말에 '의' 자 표현이 얼마나 많이 들어와 제멋대로 쓰이고 있는지 새삼 실감하지 않을 수 없습니다.

이런 지적을 현업 때 몰랐거나 무시했다고 생각하면 정말 부끄럽고 죄송스런 생각이 듭니다. 다시 처음으로 돌아가 생각해보면 이런 잘못을 바꾸는 일이 그리 어렵지는 않을 거라고 생각합니다.

무엇보다도 우리말 속에 집어넣어 쓰기에는 발음하기가 쉽지 않다는 점 때문입니다. 방송에서는 발음하기 어려운 말은 거의 조건 없이 빼고 씁니다. 발음이 거북한 말도 빼지 않습니까? 더구나 '의' 자는 '에의', '과의', '으로부터의' 등 수많은 표현에 들어 있어 우리말을 더욱 어렵게 만듭니다.

우선 외국어를 번역해 쓸 때부터 방송에서는 '의' 자를 빼고 쓰도록 시도해보면 좋겠습니다. 앞서 말한 《혈의 누》도 차라리 '혈루'로 쓰던가 아니면 우리말로 '피눈물'이라고 쓰자는 겁니다.

또 한 가지 전문가들 지적처럼 '의' 자가 들어가는 여러 표현은 우리말 동사를 적절하게 사용하면 아주 맛깔나는 소리가 난다는 점을 생각해봤으면 좋겠습니다. 군대에 '소원수리'라는 말이 있습니다만 이걸 '소원서를 받는다'고 말하는 걸 들어본 적이 없습니다. 그냥 사자성어로 굳어버린 말입니다.

'병기수입'도 마찬가지입니다. 무슨 말인지 아직도 전 잘 모릅니다만 '병기 손질하라'고 해도 될 일인데 잘 안 되는 모양입니다. 방송이 나서야 할 또 하나 이유가 있습니다. 관료들이 쓰는 수많은 정책이나 발표문에는 이런 한자식 표현이 너무 많기 때문입니다. '육림의 날'이란 기념일이 있는데, '육림일'보다는 우리말이 들어가 더 나을지 모르겠습니다만 한 번 더 우리말에 맞게 생각해보자는 겁니다.

그리고 그런 변화를 방송 현업자들이 앞장서서 이끌어야 한다는 점을 강조하고 싶습니다. 관료조직은 생리적으로 이런 변화에 앞장설 수 없기 때문입니다. 정부가 아무리 '육림의 날'이라고 주장하더라도 방송에서 이를 받아주지 않으면 당연히 다른 이름을 떠올리지 않겠습니까? 방송이 '나무 가꾸는 날'이라고 쓰면 정부 혼자 '육림의 날'이라고 쓸 수 있겠습니까? 또 써봐야 누가 알아주겠습니까?

민족 최대의 명절이라는 설도 '구정'이나 '민속의 날' 등으로 수십 년 우겨왔지만 결국 국민들 요구대로 '설'이란 이름이 제자리를 되찾지 않았습니까!

방송이 나서면 우리말도 되살아납니다. 우리말이 되살아나면 우리 문화, 우리 민족이 되살아납니다. 너무 당연한 말이라 이만 줄이는 게 낫겠습니다. 실제로 한번 해보는 것만이 우리가 해야 할 일인 것 같습니다.

수동태를 쓰지 맙시다

2011년 11월 30일 저는 〈경향신문〉 출신 김지영 기자와 점심을 들면서 김 기자가 쓴 《피동형기자들》이라는 책을 저자 사인과 함께 받았습니다. 그 며칠 전 신문에서 서평을 읽고 전화해서 김 기자를 만난 자리였습니다. 그 책은 우리나라 신문, 방송 기사가 언론탄압과 자기검열 탓에 주어가 없는 피동형을 많이 쓴다는 내용을 담고 있습니다.

흥미가 있어 계속 읽던 저는 그 책 48쪽에서 1980년 당시 부역상황을 읽다가 "이진희와 같은 친 군부 소신파 기자들만 권력을 미화, 정당화할 때도 당당하게 능동형 표현을 쓰곤 했다"는 글을 보게 됐습니다. '아! 벌써 30년 전 일인데 …' 하는 생각이 머리에 떠올랐습니다.

1980년 2월 19일 당시 저는 문화방송에서 외무부를 출입하고 있었습니다. 그날 우연히 읽어본 〈서울신문〉 시론이 '당당하게' 잘 썼다는 생각이 들어 〈서울신문〉 출입기자 선배에게 그런 뜻을 밝힌 적이 있습니다. 물론 그 주장에 동의한다는 건 아니고 글 자체만 놓고 봤을 때 그런 느낌을 주었다고 했습니다. 그때 그 선배는 '이진희 주필'이 그 글을 썼다고 알려주었습니다.

그해 7월 그 이진희 씨가 문화방송 사장으로 왔습니다. 취임식 날 저는 그분이 "소설도 줄거리가 있는데 이 회사의 줄거리에 동의하지 않는 사람은 회사를 떠나라"는 내용의 취임사를 마치 저승사자처럼 외치는 현장에 있었습니다. 그리고 7월 19일 저는 '의원면직'이라는 형식으로 해직됐습니다.

8년이 지난 뒤인 1988년, '국회 5공 언론청문회'장에서 증인으로 출석한 전직 문화방송 사장 이진희 씨를 보았습니다. 생방송으로 중계한 자리에서 저는 마이크를 손에 쥐고 그분이 증언하는 걸 지켜봤습니다. 그분은 예전 그 당당했던 모습은 간 데 없고 언론인 대량학살 책임을 묻는 의원들에게 '경영합리화' 차원에서 취한 조치라고 궁색하게 대답했습니다.

그날 오후 회사에 들어오자 정치부장이 저에게 '사장과 임원들'이 청문회 중계방송에 무척 신경을 썼다고 귀띔해주었습니다. 제가 '옛날 감정으로 이진희 전 사장을 조질까봐' 그랬다는 얘기였습니다. 그래서 제가 "그럴 만한 정황이 아니더라"고 대답했습니다. 정말 그랬습니다.

그런데 30년 만에 김지영 기자가 쓴 책을 보면서 그분이 썼던 시론이 왜 잘 썼다는 느낌을 주었는지 알게 됐습니다. 김 기자는 당시 "정치해설이나 사설을 실을 때면 어법에도 맞지 않는 권력 미화용 '불법' 무주체 피동 표현을 멋대로 구사했다. … 하지만 신군부를 공개적으로 지지한 '새 시대 소신파' 기자들은 달랐다. … 이진희는 신군부를 적극적으로 옹호한 언론인 가운데서도 전위 대열에 속하는 인사다"고 썼습니다.

그러면서 "이진희 씨 시론은 모두 능동형 표현을 썼다"고 지적했습니다. 글 끝마다 '충분하다고 본다'거나 '어렵다고 본다', 또는 '기대하지 못한다'거나 '믿는다'는 식으로 마무리했다는 것입니다. 김 기자는 "시간이 지나면서 기자 대다수도 점차 이진희 식 능동 표현을 닮아갔다"고 썼습니다.

요컨대 우리나라 신문·방송기자는 취재가 부실하거나 책임을 회피하고 잘못을 인정하기 싫은 이유 등으로 피동형 기사를 익명으로 많이 쓴다는 것이었습니다. 실증적인 자료까지 붙여놨으니 객관적으로도 타당한 지적일 수밖에 없었습니다.

현업을 떠나 대학강의를 하면서 알게 된 피동형 표현은 충격적일 만큼 많았고 그 폐해가 심각했습니다. 그런데 더욱 심각한 것은 저도 현업 때 이런 실상을 잘 모르고 지냈다는 점입니다. 앞서 김지영 기자가 지적한 피동형 기사처럼 몇몇 사안들은 단편적으로 문제가 있구나 하고 느꼈지만 그게 전부였습니다. 빙산의 일각만 알고 있었던 셈입니다.

좀더 근본적인 문제는 우리가 우리말 피동형보다는 영어에서 배운 수동태에 더 익숙하다는 데 있습니다. 저도 영어 수동태에서 고전처럼 나오는 "아메리카는 콜럼버스에 의해 발견됐다"는 문장을 지금도 외우고 있습니다. "콜럼버스가 아메리카를 발견했다"는 능동문과 함께 말입니다.

말이 나왔으니 말인데요, 콜럼버스가 아메리카를 발견했다는 문장은 말 자체가 말이 안 되는 소리를 담고 있습니다. 콜럼버스가 유럽 사람으로는 처음으로 아메리카에 갔을지는 모르지만 이미 그 땅엔 원주민인 인디언이 오래 전부터 살고 있었습니다. 그러니 남의 땅에 뒤늦게 발을 디뎌놓고는 발견했다고 주장한 셈입니다. 역사적으로 봐도 잘못된 문장입니다.

어쨌든 중학 입학 이후 10년 동안 배운 영어는 우리말 구조와 사고방식에 악영향을 끼쳤을 겁니다. 솔직히 저도 수동태나 피동형이나 그게 그거라는 인식마저 갖고 있었습니다. 그래서 저도 모르게 사람 대신 물건이나 관념적인 말이 앞에 나오면 그 다음 동사는 영어식으로 수동형을 쓰게 됐을 겁니다. 앞에 나온 영어 수동태 문장도 우리말로 하면 "아메리카는 콜럼버스가 발견했다"고 써야 하는데도 말입니다.

방송뉴스를 들어보면 이젠 거의 대세라 할 정도로 수동태식 표현이 많이 나옵니다. 전문가들 지적을 보면 정말 부끄러울 정도입니다. 우선 한자말 뒤에 '하다'를 붙여서 만든 동사, 예를 들어 '개통하다', '신축하다', '인상하다' 등의 우리말은 사람이 주어로 나오지 않을 때는 거의 피동형으로 쓰는 게 관례처럼 돼버렸습니다.

제가 젊었을 때 '누구 스승에게 사사하다'는 표현이 참 인상적이었습니다만 요새는 이런 표현마저 '누구 스승에게 사사받다'라고 써버리는 게 보통입니다. 그러니 '도로가 개통되고', '건물이 신축되고', '물가가 인상되고'라고 써도 아무런 문제를 느끼지 않았을 겁니다.

오히려 '도로를 개통하고', '건물을 신축하고', '물가를 인상하고'라고 쓰는 게 주어를 빠뜨린 게 아닌가 하는 느낌을 받을 정도입니다. 우리말은 주어를 생략해도 아무 문제가 없는 말법을 쓰고 있는데도 말입니다. 애당초 '도로를 만들고', '건물을 새로 짓고', '물가를 올리고'라는 식으로 우리말 동사를 썼으면 훨씬 알아듣기도 쉽고 쓰기도 편했을 텐데 말입니다.

영어는 수동태라 해서 아예 능동태와 짝을 이루는 문법을 갖고 있지만 그럼에도 많은 전문가들은 가능하면 기사 쓸 때 수동태를 쓰지 말고 능동태를 쓰라고 권하고 있습니다. 미국 기자들에게 '작은 책'(*The Little Book*)이라는 이름으로 권위가 높은 《영어 글쓰기의 기본》(*The Element of Style*)이라는 책 '규칙 11항'을 보면 "능동태를 이용하라"고 권하면서 능동형 문장이 더 직접적이고 힘이 있으며, 전달력이 더 뛰어나다고 설명합니다.

이 책을 글 쓰는 사람들의 필독서라고 격찬한 윌리엄 진서(William K. Zinsser)는 《글쓰기 생각쓰기》(*On Writing Well*)라는 책에서 수동문을 가리켜 "읽는 사람이 누가 뭘 하고 있는 것인지 모르게 만들고 … 문장의 힘을 약하게 하는 불순물"이라고 혹평합니다.

그러면서 이런 불순물은 대개 교육과 지위에 비례해서 나타난다고 덧붙여 이른바 '먹물'들을 비판합니다. 우리나라 전문가들도 언론이 '되다'나 '지다'를 넣어 수동형 문장을 쓰고 있다고 비판하면서 '우리말 생리를 전혀 모르는 사람들'이라고 개탄합니다. 배울수록 이런 잘못을 더 많이 저지른다는 얘기입니다.

영어를 잘못 배운 탓에 지금도 우리는 이런 수동형 표현을 아무렇지 않게 쓰고 있습니다. 예를 들면 '알려졌다'나 '전망된다'와 같이 영어에서 흔히 듣던 표현을 그대로 번역해서 쓰는 바람에 좋은 우리말 표현을 병들게 하는 겁니다.

이런 표현은 김 기자 지적처럼 대체로 주어가 없거나 익명으로 되어 있어 알아듣기도 어려운 데다 기사 자체의 신뢰도마저 떨어뜨립니다. '받아들여지고 있습니다'와 같이 이중으로 피동형을 쓰는 경우는 굳이 말할 필요조차 없습니다. 그런데 이런 표현을 지금도 참 많이 쓰고 있으니 보통 문제가 아니라는 겁니다.

이와 비슷한 표현으로 '이루어지다'라는 말이 있습니다. 영어로는 compose나 comprise, is made of 등으로 많이 쓰는 표현인데, 우리말로는 대개 '이루어지다'로 번역해서 쓴다는 겁니다. 그러다 보니 우리말을 영어식으로 표현하는 엉터리 말을 쓴다는 거지요.

"미국은 50개 주로 이루어졌다"는 표현은 미국식으로는 문제가 없지만 우리는 "미국에는 50개 주가 있다"고 말해야 문제가 없다는 겁니다. 이수열 선생이 《우리말 바로쓰기》에서 지적한 신문기사 중에서도 이런 표현, 즉 "발상의 전환이 이루어져야 한다"나 "정부 개혁이 이루어져야 한다"와 같은 말들은 수없이 많았습니다.

모두 그냥 "발상을 전환해야 한다"나 "개혁해야 한다"로 써야 하는 표현들입니다. 어렵게 한자를 쓰다 보니 뒤끝을 제대로 처리하지 못한 채 어정쩡하게 마무리한 겁니다.

또 평생 우리말을 사랑하신 이오덕 선생 지적처럼 영어에서 많이 쓰는 'called'를 번역하면서 우리말에 들어온 '불리는'이란 표현을 지적할 수 있습니다. '부르다'는 동사는 우리말로는 이름을 부를 때 주로 쓰는데, 이걸 '불린다'고 쓰지는 않는다는 겁니다. 영어식으로 수동 표현을 쓰면 말이 안 된다는 거지요.

게다가 '부르다'는 이름을 부를 때 쓰는 표현이기에, 신문기사처럼 "세계의 화약고라고 불리는 발칸반도"라고 하면 말이 안 된다는 겁니다. 실제로 우리가 발칸반도를 가리켜 이름 부르듯 "세계의 화약고야!" 하고 부르지는 않기 때문입니다. 이런 표현은 그냥 "세계의 화약고라고 '하는' 발칸반도"라고 하면 그만이라는 거지요.

이런 잘못은 일본말 영향까지 겹쳐서 그 피해가 엄청나게 크다고 하는데, 우리가 한번 관심을 갖고 고쳐야 할 대목입니다.

우리나라 최초로 나온 우리말 신문인 〈독립신문〉 논설을 보면 첫 대목이 "우리가 독립신문을 오늘 처음 출판하는데"로 시작합니다. 요새처럼 "독립신문이 오늘 출판되는데" 하는 식으로 피동형을 쓰지 않았다는 겁니다. 〈독립신문〉이 처음 나온 4월 7일을 기려 신문의 날로 삼았듯이, 다시 〈독립신문〉이 썼던 능동형 표현을 제대로 써야 합니다.

김 기자가 앞 책 마지막에 "그들은 피동형을 쓰지 않는다"고 소개한 글에서 "오늘날 우리나라에서 피동형이 가장 적은 번역물은 아마도 《성경》일 것이다"고 한 대목은 정신이 번쩍 들 만큼 놀라웠습니다. "No, He will be called John"(〈루카〉 1: 57~66)을 "안 됩니다. 요한이라고 불러야 합니다"로 번역했다는 겁니다. 지금처럼 "요한이라고 불려야 합니다"가 아니라는 거지요. 이 《성경》을 처음 번역한 사람은 한국사람이 아니고 외국 선교사였을 것 아닙니까?

조선 말기에 천주교 박해가 얼마나 극심했는지는 우리나라에 성인(聖人)이 된 신자들이 200명이 넘는다는 사실로도 잘 알 수 있는 일입니다만, 초기 선교사들이 바로 《성경》을 쉬운 우리말로 번역함으로써 우리말을 널리 퍼뜨리는 데 크게 기여했다는 사실은 정말 놀라운 일입니다

외국 선교사들이 포교에 필요한 《성경》을 번역하면서 이미 우리말이 우수하다는 사실을 알게 되었고, 바로 수동태 영어 구절도 우리말 능동형으로 바꾸어 표현했다는 것이지요. 1976년 천주교와 개신교가 성서를 공동으로 번역할 때도 "수동태로 된 원문을 번역할 때 피동형으로 직역하지 않고 가능한 한 우리말 어법 체계에 맞게 능동형 중심으로 번역

한다는 게 원칙이었다"는 겁니다.

방송기자들이 무엇을 할 것인가 하는 문제를 심각하게 생각해야 할 대목입니다. 100여 년 전에 목숨을 걸고 포교에 나선 외국 선교사들도 일부러 수동형을 능동형으로 바꿔 우리말 《성경》을 만들었다면 우리가 지금 이 좋은 세상에 수동형 말이나 쓰고 있어서야 되겠습니까?

다시 생각을 가다듬어 날마다 쓰는 방송뉴스에 이런 피동형 표현이 있는지 찾아내서 가능한 한 능동형으로 바꿔 쓰는 데 신경을 썼으면 좋겠습니다. 영어나 일본어 번역 때 수동형 표현이 나오면 반드시 우리말에 맞는 능동형 말을 찾도록 노력해주면 좋겠습니다.

한자말 이어쓰기처럼 작성하던 기사를 일부러라도 정감 있는 우리말로 대신 쓰도록 관심을 기울였으면 좋겠습니다. 직장 동료들과 이런 문제를 서로 논의할 수 있도록 동아리 모임이라도 만들어 함께 노력하면 좋겠습니다. 당장 날마다 얼마나 많은 엉터리 우리말을 쓰고 있는지 한번 파악해봤으면 좋겠습니다.

링컨 미국 대통령이 남북전쟁 때 게티즈버그에서 한 연설 마지막 대목 "government of the people, by the people, for the people"을 이수열 선생은 "인민을 위해, 인민이 하는, 인민의 정치(정부)"라고 번역하였습니다. 영어 수동태를 번역한 '인민에 의한'이란 표현은 우리말로는 안 맞는다는 겁니다. 이 대목을 읽고 저는 정말 무릎을 쳤습니다. 30년 전에 알았으면 얼마나 좋았을까 하고 말입니다!

우리 헌법 제27조 1항은 "모든 국민은 헌법과 법률이 정한 법관에 의하여 법률에 의한 재판을 받을 권리를 가진다"고 되어 있습니다만 이수열 선생은 이 대목도 "법관이 법률대로 하는 재판을 받을 권리가 있다"

고 고쳐놨습니다. 우리나라에서 가장 권위 있다는 법관들이 과연 이 지적을 받아들일까요?

방송이 앞장서야 하는 이유가 바로 여기에 있는 겁니다. 방송기자가 나서지 않으면 잘난 사람들은 절대 글이나 말을 바꾸는 일에 나서지 않습니다. 그건 무식한 사람들이나 필요한 일이라고 생각하기 때문입니다. 그런데 방송기자는 이런 사람들을 위해서 일해야 하는 직업입니다.

이제 수동태는 영어에나 쓰는 말법으로 아예 버립시다. 원래 우리말은 능동형으로 써야 듣기 좋은 말이기 때문입니다. 후배 중에 영어를 완벽하게 하는 기자가 있었습니다만 아쉽게도 우리말이 좀 짧았습니다. 어느 날 야근 기사를 쓰는데 "사람이 차에 맞아 죽었다"고 썼습니다. 영어식 표현 "hit by the car"가 급한 김에 튀어나온 겁니다. 문화방송에서는 전설 같은 얘기입니다. 그런데 이게 현실이니 어쩌겠습니까?

방송에만 나오는 말

방송뉴스에 자주 나오는 표현 중에는 조금만 생각해보면 듣기 어색한 말이 꽤 있습니다. 자주 들어 익숙하기는 하지만 왠지 좀 이상한 말들이 있다는 겁니다.

출발 자체를 관료조직으로 시작해서 이름도 '방송국'으로 했으니 우리말을 제대로 썼을 리 만무하고요, 초기에는 신문기자들을 따라갔으니 말보다는 글을 쓸 일이 많았을 겁니다. 그때 글쓰기란 쉽게 말해 문자를 쓰는 일이니만큼 일반 국민들이 잘 모르는 말도 꽤 많이 썼다고 봐야 할 겁니다.

지금도 국민들은 방송사라고 하지 않고 방송국이라고 합니다. 그 이유는 잘 모르는 채 말입니다. 일제 때 우리 방송은 식민관료조직이었습니다. 그래서 방송국이라는 말이 쓰인 겁니다. 해방 이후에도 여전히 우체국, 전화국처럼 방송국이라는 말을 썼습니다. 그래서 당시 사장에 해당하는 책임자는 방송국장이라고 했습니다. 그래서인지 지금은 방송사로 바뀌었는데도 국민들은 여전히 예전에 쓰던 명칭을 버리지 않고 쓰고 있습니다. 다만 최종 책임자는 방송국장 대신 사장이라는 말을 쓰고 있지요.

방송사에서는 지금도 뉴스를 최종적으로 책임지는 자리를 보도국장이라고 합니다. 물론 신문사도 편집국장이라고 합니다만 이런 국장 자리는 이제 관료조직과 일부 언론을 빼고 민간 기업에서는 사라져버린 이름입니다. 어찌 보면 언론사들은 가장 관료적인 모습을 갖고 있는지도 모르겠습니다.

이런 역사를 지닌 방송사가 뉴스를 제작해 내보내면서 좋은 우리말만 쓰기를 기대하기는 처음부터 무리였을지 모릅니다. 그러나 초기 방송기자들도 가능하면 좋은 우리말을 쓰고자 애쓴 건 사실입니다. 제가 1970년대 중반에 입사했을 때 선배들은 방송뉴스가 신문뉴스와 어떻게 다른지 설명하면서 우선 쓰는 단어가 다르다는 점을 강조했습니다.

지금 생각나는 것은 신문은 '상오', '하오'를 쓸 때 방송은 '오전', '오후'를 쓴다는 것이었습니다. 또 발음상 듣기 곤란한 단어, 예를 들면 '챔피언 보지자(保持者)'나 글에서 쓰는 '그녀는' 같은 표현은 안 쓴다는 것이었습니다. 그 밖에도 말을 짧게 하고 알아듣기 쉬운 말을 써야 한다는 원칙 같은 것도 있었습니다. 그러면서 가르쳐준 말이 '죽다' 대신에 '숨지다'라는 표현이었습니다.

모든 사회가 죽음에 대해서는 약간 금기시하는 문화가 있어 죽음에 대한 표현도 신경을 쓰는구나 하고 받아들였습니다. 지금도 방송뉴스에서는 '죽다'라는 표현 대신에 '숨지다'는 표현을 많이 쓰고 있습니다. 심지어 "개가 차에 치어 숨졌다"고 방송한 적도 있습니다.

대신 우리 사회에서 대부분 사람들이 쓰는 '돌아가시다'는 표현은 방송에서 들을 수 없습니다. 아마도 '돌아가다'라고 써야 다른 말과 맞을 텐데 그럴 수도 없고, 그렇다고 '돌아가시다'라고 존칭을 쓰면 시청자에게 결례가 된다고 생각했을 법한 일입니다.

그런데 돈과 권력 그리고 이름까지 있는 인사가 돌아가셨을 때는 뉴스에 그냥 '숨지다'라고 표현하기 어려웠을 겁니다. 그래서 어떤 사람은 '서거'하고, 어떤 사람은 '타계'하고, 어떤 분은 '선종'하고, 어떤 어른은 '입적'했다고 보도합니다. 그도 저도 아닌 사람이 돌아가셨을 때도 '숨지다'는 표현이 영 어색할 땐 '사망했다'고 보도했습니다.

그냥 '죽다'라는 표현을 금기로 삼아서 삼갔다는 건 이해할 수 있지만 이렇게 사람에 따라 이런저런 표현을 어지럽게 쓰는 방송뉴스는 이해하기 쉽지 않습니다. 저는 현업에 몸담았던 사람이라 이해한다 하더라도 시청자인 국민들이 이해해줄 리가 없습니다.

방송이 국민을 주인으로 섬긴다면 이런 말을 쓸 수는 없는 일입니다. 국민 모두가 쓰는 말은 외면하고 국민 모두가 잘 안 쓰는 말만 쓴다면 그 방송은 국민을 위한 방송이 아니기 때문입니다. 국민이 죽었다고 쓰면 방송도 죽었다는 말을 잘 가려서 써야 합니다. 더구나 사람 차별해서 죽음마저 차별하는 표현을 쓰면 이건 정말 해서는 안 되는 일입니다. 정말 '마지막 가는 길'에 말입니다.

직접 결례가 되는 경우에는 '돌아가셨다'는 표현을 써도 좋을 것입니다. 아니면 '별세했다' 정도라도 써야 국민들이 쓰는 말을 썼다고 할 수 있을 겁니다. 어떤 이유가 있다 하더라도 사람이 죽어서 '돌아가셨다'고 하거나 최소한 '돌아갔다'는 다소 어색한 표현을 쓰는 편이 지금 쓰는 '숨졌다'나 '사망했다'는 표현보다는 낫지 않겠습니까! 한번 잘 생각해 봤으면 좋겠습니다.

같은 발상으로 '시체'를 '사체'나 '시신'이라고 하는 여러 표현도 국민들이 쓰는 말법에 맞춰서 정리했으면 좋겠습니다. 어떻게 그럴 수 있느냐고 반문할 필요는 없습니다. 이미 오랫동안 잘못한 일이기 때문입니다. 잘못한 일은 고칠 때가 그나마 빠르다는 말도 있지 않습니까?

방송뉴스가 국민들이 잘 쓰지 않는 말을 자주 쓰는 일은 이뿐만이 아닙니다. 생각나는 대로 몇 가지 예를 들겠습니다. 마산 문화방송 사장 때 일입니다. 제가 설날을 앞두고 회의석상에서 이런 주문을 했습니다. 이번 설 연휴 때 마산 문화방송만이라도 교통상황을 전하면서 "정체현상을 빚고 있다"는 표현을 쓰지 말아달라고 말입니다.

이후 뉴스에서 저는 마산 기자들이 "막힘 현상을 보이고 있다"고 보도하는 걸 봤습니다. 그나마 낫다고 해야 할지, 그냥 고치기는 쉽지 않게 굳어버렸구나 하는 생각도 들었습니다. 저는 그냥 모든 국민들이 말하듯이 "차가 꽉 막혔다"고 보도하기를 바란 겁니다. 기사 작성할 때 부사나 수식어를 쓰지 말라고 했다면 "차가 막혔다"고 해도 좋습니다. 아무려면 "정체현상을 빚고 있다"는 표현만 못하겠습니까?

'정체'라는 말은 "너의 정체는 뭐냐"고 할 때처럼 잘못 알아듣기 쉬운 한자말입니다. 이런 어려운 말에 다시 '현상'을 붙여서 우리말로 '빚는다'고 하면 이건 정말 '비극현상을 빚는' 일입니다. 누군가 처음에 이런 말을 글로 써서 읽었으리라 생각합니다. 그걸 지금까지 숙어처럼 방송뉴스에서 쓰는 겁니다.

방송도 직업인 만큼 다른 직업처럼 집단 내에서 쓰는 특수한 말이나 표현(jargon)이 있을 수 있습니다만, 이는 아주 특별한 경우로 제한할 필요가 있습니다. 국민들이 본받기 때문입니다. 지금 말씀드리고 싶은 것은 방송뉴스가 이런 제한을 훨씬 뛰어넘어 심할 정도로 국민들이 잘 안 쓰는 표현을 많이 쓴다는 겁니다.

정치뉴스에 자주 등장하는 '여야 협상이 난항을 거듭한다'거나 '조율에 들어갔다'는 표현은 뱃사람이나 악기 다루는 사람이라면 모를까 우리 국민 아무도 잘 쓰지 않는 말입니다. 예전엔 대표회담이라는 말 대신에 '영수회담'이란 말도 썼습니다. 지금 세대는 물론 모를 겁니다. 그때 일반 국민들도 무슨 말인지 모르고 뉴스를 봤을 겁니다.

제가 호텔 커피점에 가면 늘 시험해보는 게 있습니다. "커피를 좀더 달라"고 하는 겁니다. 그러면 반드시 반문을 듣습니다. "아, 리필이요?" 제 경험으로는 거의 대부분 이런 반응을 보였습니다. 그럴 땐 "리필해 달라고 해야 한다"고 가르치는 것 같았습니다. 뭘 모르는 사람처럼 취급하는 겁니다. 방송이 국민들을 뭘 모르는 사람처럼 취급하고 잘난 체하는 말을 쓴다면 그건 참 잘못하는 일입니다. 알고 했든 모르고 했든 결과는 마찬가지입니다.

방송뉴스는 우리 사회에서 잘나가는 관료나 정치인 그리고 지식인을 취재대상으로 삼아 방송하는 경우가 대부분을 차지합니다. 그런데 우리 관료조직은 일찍이 어려운 문자를 쓰는 데 이골 난 사람들입니다. 소금 관리하는 법을 염관리법이라고 이름 짓습니다. '소금' 하면 얼마나 듣기도 좋고 느낌도 좋습니까? 대신 '염'(鹽)이란 한자를 쓰면 그 느낌은 완전히 달라집니다. 우리말에 '염' 자 들어가서 좋은 느낌 주는 말이 있습니까? 염장, 염병, 염증!

관료들이 날마다 하는 일이 대부분 이런 한자말로 표현한 것들이라 이걸 그대로 보도하면 결국 방송뉴스만 욕을 먹는 겁니다. 법원, 검찰이 즐겨 쓰는 '신병을 확보했다'는 표현도 보통 사람들은 쓰지 않는 말입니다. 추곡수매, 가격인상, 화훼단지처럼 쌀이나 값이나 꽃 같은 우리말이 있는데도 굳이 한자말을 골라 쓰는 겁니다. 거의 모든 행정행위가 행정법 규정처럼 이렇게 '문서'로 이루어지고 있습니다.

해방된 나라에서 정부가 나서서 수백 년 내려온 우리말 표현을 없애버린 게 말이 됩니까? 그런데도 어떻게 서울 이름만은 한자가 아닌지 정말 신기하기 짝이 없습니다.

국민들이 날마다 살면서 쓰는 우리말은 여전히 살아 있습니다. 추우면 옷 입고, 배고프면 밥 먹고, 해 지면 집으로 돌아가는 겁니다. 우리모든 의식주 생활은 이처럼 우리말로 표현하는 게 훨씬 느낌이 살아납니다. 국민들도 대부분 이런 말을 쓰고 있고요.

그런데 잘난 사람들이 언제부턴지 밥 대신에 '조찬', '식사'를 쓰고 심지어 '푸드'(food) 과 같은 영어까지 섞어 쓰고 있습니다. 당연히 밥집은 식당에 밀리고 레스토랑에 밀리는 겁니다. 방송뉴스에서 잘난 사람 만날 때 밥이나 밥집이란 말 들어보신 적 있습니까? 다 조찬 회동, 만찬 제공 같은 소리만 나올 뿐입니다.

이오덕 선생은 "글이 말을 따라가야지 글도 살고 말도 산다. 말이 글을 따라가면 말도 글도 다 불행해진다"고 했습니다. 방송이 국민들이 쓰는 말을 따라 써야 말도 살고 글도 살아 우리 국민 모두 편하게 살게 되는 겁니다.

여기다 요새는 영어까지 곁들여 쓰기 때문에 정말 방송뉴스를 보기 민망할 때가 한두 번이 아닙니다. 이건 다른 데서 말씀드리고 싶어 여기서는 줄이겠습니다. 다만 '북방한계선'이라 하면 될 일을 굳이 'NLL'

하고 영어 약자를 써서 국민을 혼란시키는 일만큼은 없었으면 좋겠습니다. 이건 미군이 정한 선이고 이름이기 때문입니다.

다른 말은 몰라도 정말 이런 말은 이제 안 썼으면 좋겠습니다. 국민들 보기에 민망하기 때문입니다. 방송뉴스를 국민들이 외면하기 때문입니다. 방송뉴스는 말로 하는 매체지 글로 읽는 매체는 아닙니다. 이걸 되새겼으면 좋겠습니다.

또 국민들이 잘 쓰지 않는 표현을 써버릇하다 보니 우리 말법에도 없는 표현도 많이들 쓰고 있습니다. 대개 뉴스 끝머리에 나오는 표현인데요, '~~한다는 전망입니다'나 '~~한다는 분석입니다'와 같은 말입니다. 주어가 정부가 됐든 기자 자신이 됐든 말끝에 '전망입니다'나 '분석입니다'로 끝낼 수는 없는 일입니다. 전망이나 분석은 누군가가 하는 것이지 누군가를 서술하는 말은 아닙니다. 그런데 이런 표현을 너무 많이 쓰고 있습니다. 한 번만 생각해주십시오.

저는 무엇보다도 우리가 방송언어 또는 방송용어라고밖에 쓸 줄 모르는 관행을 바꿨으면 좋겠습니다. 물론 우리말 조어법상으로 보면 한자말 다음에 우리말을 쓰는 게 어색한 건 사실입니다. 그렇지만 "엔진 (engine) 조시 (調子) 좋다"는 말처럼 영어, 일어 뒤에 우리말을 쓰는 3개 국어 표현도 있습니다. 쓰면 되는 거지요.

저는 방송말이라는 표현을 쓰고 싶습니다. 오래 생각해봤는데 이미 이오덕 선생 같은 분이 책에서 쓰고 있었습니다. 현업에서 쓰면 국민들이 당장 외면하더라도 별 문제가 없습니다. 시간이 지나면 국민들도 우리가 쓰는 말을 쓸 것이니까요. 방송말은 지금 쓰이는 그 어떤 말보다도 국민들 말법에 가깝기 때문입니다.

방송말이야말로 방송에서만 쓰더라도 명분상 별 문제가 없습니다. 당장 국민들이 쓰지 않더라도 방송에서만 쓰면 되니까요. 그렇지만 저는 시간이 지나면 일반 국민들도 우리가 쓰는 말을 그대로 쓸 것이라고 생각합니다. 방송말이 지금 쓰는 그 어떤 말보다도 우리 말법에 가깝기 때문입니다.

뉴스 제목부터 영어를 씁니다

1994년 워싱턴 특파원 생활을 마치고 사회부장 발령을 받았습니다. 그때 아침 편집회의에 들어갈 때마다 거슬리는 것이 있었습니다. 주요 뉴스 프로그램 제목이 모두 영어로 되어 있는 겁니다. 밤 9시 〈뉴스데스크〉야 저도 인정하고 싶습니다. 국내 최초로 기자들이 만든 프로그램이기 때문입니다. 요컨대 저작권을 인정하고 싶은 거지요.

그러나 두 시간짜리 아침뉴스 프로그램 제목도 〈뉴스와이드〉라는 겁니다. 이건 아니다 싶었습니다. 우선 영어라 하더라도 어색한 영어였기 때문입니다. 차라리 〈와이드뉴스〉라고 했으면 그나마 좀 나았을지도 모릅니다. 저는 누가 이런 희한한 영어제목을 붙였는지 묻지 않았습니다. 보나마나 일본 것을 베꼈을 거라고 생각했습니다. 일본 신문을 보면 무슨 '와이도'란 제목이 많이 나오기 때문입니다.

1970년대 유신 말기 어느 날 갑자기 정부가 모든 방송에서 한글만 쓰라고 지시한 적이 있습니다. 그때 문화방송 간판 프로그램이었던 〈뉴스데스크〉도 〈뉴스의 현장〉이란 이름으로 바뀌었습니다. 우리나라에서 처음으로 기자들이 직접 보도해 만든 뉴스 프로그램인데도 소용이 없었습니다.

그 시절 축구 중계하던 아나운서가 코너킥을 '구석차기'라고 하던 기억이 생생합니다. 가수나 노래 이름도 모두 우리말로 바꾸었습니다. 4인조 남성 합창단인 '블루벨즈'가 '청종'으로 바뀌었고, '어니언스'라는 듀엣은 '양파들'이라는 이름으로 불렀습니다. 가수 '패티김' 씨가 '김혜자'라는 이름을 쓰지 않겠다고 거부해 방송출연이 어려웠다는 얘기도 들렸습니다.

저는 우리말 쓰자는 데 반대하는 처지가 아니었습니다만 그래도 그런 식으로 정부가 강제하는 방식에는 거부감이 들었고, 그걸 꼼짝없이 따라하는 방송에 대해선 심한 무력감을 느꼈습니다. 그래서인지 10·26 사건이 지나자 모든 방송 프로그램에 예전 영어 이름을 되찾아 썼습니다. 그리고 1990년대가 되자 무슨 세계화 바람이 불었는지 영어를 좀 심하다 할 정도로 쓰기 시작한 겁니다.

저는 미국 생활을 통해 영어를 잘 못 알아듣는 게 얼마나 고통스러운지 몸으로 체험한 사람입니다. 남들은 워싱턴 특파원 했다고 하면 영어는 당연히 잘하는 줄 알지만 적어도 저는 그렇지 못했습니다. 사실 저는 복직하기 전 1980년대에 유네스코라는 국제기구에서 한국위원회 일을 봤기 때문에 늘 영어를 쓰는 편인데도 미국에서 영어 쓰기가 그렇게 어려웠습니다.

그래서 제가 편집회의 때 몇 차례 아침뉴스 프로그램 제목을 바꾸자고 의견을 냈습니다. 별 반응이 없었습니다. 오히려 세계화 추세에 맞아 좋다는 반론마저 나왔습니다. 저는 사석에서도 국장에게 계속 이름을 바꾸자고 건의했습니다. 그랬더니 국장은 다음 프로그램 개편 때 한

번 보자며 긍정적인 태도를 보였습니다.

그리고 다음 개편 때가 됐습니다. 보도국장이 아침회의 때 아침뉴스 프로그램 제목을 〈뉴스투데이〉로 바꾼다고 하면서 토를 달았습니다. "이건 이미 사장 결재를 받은 것이기 때문에 별도로 의견을 달지 말라"는 거였습니다. 마치 저에게 토를 달지 말라고 하는 소리처럼 들렸습니다. 제가 편집부장도 아닌데 뉴스 프로그램 제목에 더 이상 왈가왈부할 수는 없는 일 아닙니까?

그런데 얼마 지나지 않아 보도국장이 바뀌었습니다. 새로 온 국장은 일본 특파원 출신이었습니다. 그 선배가 어느 날 아침뉴스 프로그램 제목을 바꾸겠다면서 〈굿모닝 코리아〉라는 이름을 선보였습니다. 저는 그날 정말 절망감이 들었습니다. 이젠 낱말이 아니라 아예 통째로 문장을 쓰는 건가 하는 생각마저 들었습니다.

그때 국장 설명이 머리에 강하게 남았습니다. "미국 아침방송 중에 〈굿모닝 아메리카〉라는 인기 프로그램이 있고 일본에도 〈오하이오 니폰〉이란 프로그램이 있는데, 우리가 이번에 〈굿모닝 코리아〉를 쓰면 상대사가 엄청나게 아파할 것"이라는 이야기였습니다. 신임 국장이 이런 해설까지 붙이면서 이름을 바꾸는데 이를 반대할 수는 없는 노릇이었습니다.

그래서 당분간 뉴스 제목에 대해서는 잊어버리고 제가 맡은 사회부 일이나 잘하자고 생각했습니다. 그런데 그럴 수 없는 일이 생겼습니다. 그때 아침뉴스를 진행하던 사람이 손석희 씨였습니다. 훗날 우리나라에서 가장 신뢰받는 언론인으로 뽑힌 그 유명한 사람입니다. 그 사람이 하루는 저에게 찾아와 "아침뉴스 제목을 바꿔달라"는 것이었습니다. 제가 담당 부장이 아닌데도 말입니다.

그래서 반갑기도 해서 물었습니다. 왜 그러냐고요. 그랬더니 놀라운 답변이 나왔습니다. "제 프로그램인데도 저는 아침뉴스 시작할 때 단 한 번도 뉴스 제목을 말한 적이 없다"는 거였습니다. '설마' 하고는 다음 날 아침에 유심히 뉴스를 들여다봤습니다. 정말 손석희 씨는 "안녕하십니까" 인사말을 하고는 곧바로 주요 뉴스를 소개했습니다. 〈굿모닝 코리아〉는 입 밖에 올리지도 않은 겁니다.

저는 그때 손석희 씨가 겉으로는 부드럽지만 심지가 강한 사람이라는 느낌을 받았습니다. 노조활동으로 감옥에 갔다 와서 그런가 하는 생각도 스쳤습니다.

그래서 저는 다시 편집부 후배들에게 이름을 바꾸자고 주장했습니다. 뭐 어떠냐는 반응도 나왔습니다. 그래서 제가 프랑스어를 좀 하는데, 혹 뉴스에 해당하는 '누벨'(nouvelle)이라는 단어를 아느냐고 했더니 다들 모른다고 했습니다. 그래서 만약 아침뉴스 프로그램 제목을 프랑스어로 '누벨'이라고 한다면 어떤 느낌을 받느냐고 물었습니다. 답은 없었지만 쓸쓸한 표정을 지었습니다. 제가 다시 "이렇게 잘 모르는 단어를 날마다 수많은 시청자들이 들어야 한다면 그게 좋은 일이겠느냐" 하고 반문했습니다.

시간이 흘러 제가 보도국장이 됐습니다. 저도 아침뉴스 프로그램 제목을 바꾸자는 의견을 회의 때 내놨습니다. 그러면서 부장들이 좋은 이름을 지어보라고 권했습니다. 그러나 아무도 의견을 내지 않는 겁니다. 어차피 국장 바뀌었으니 그건 국장이 알아서 하라는 식이었습니다. 늘 그랬으니 할 말은 없었습니다. 그때 저는 다소 파격적으로 〈아침뉴스

방〉을 떠올리고 있었습니다.

어차피 영어로 된 뉴스 뒤에 새로운 우리말을 붙여봤자 듣기에 어색하다는 반응이 나올 수밖에 없는 일이라, 아예 국민들이 늘 쓰는 말 중에서 노래방처럼 '방'을 한 번 써보면 어떨까 하는 생각을 한 겁니다. 그러나 역시 역대 국장들처럼 자기 마음대로 제목을 바꾸었다는 소리부터 먼저 나올 게 뻔한 일이라 굳이 제 생각을 고집하지 않았습니다.

결국 별다른 좋은 의견이 없어서 저는 일단 잘못된 뉴스 제목을 바로잡는 일만 먼저 하고 더 좋은 제목이 나올 때를 기다리자는 취지로 가장 편한 제목을 쓰자고 제의했습니다. 그래서 나온 제목이 〈MBC 아침뉴스 2000〉이었습니다. 뒤에 숫자를 붙인 것은 아침뉴스만으로는 고유 제목이 될 수 없었기 때문입니다.

그러나 듣기 어색한 영어 표현을 없앴고 아침뉴스 진행자가 말하기 싫은 제목은 아니기 때문에 그런대로 위안을 삼았습니다. 그리고 다음 후배들이 더 멋진 제목을 붙여주길 기대했습니다. 그런데 십수 년이 지난 지금 아침뉴스 제목은 다시 〈뉴스투데이〉입니다. 저녁에는 〈이브닝뉴스〉로 짝을 맞추었고, 무슨 다이어리네 인사이드네 하는 영어도 제목에 올라 있습니다.

제가 뉴스 프로그램 제목에 대해 이렇게 길게 말씀드리는 이유는 우리 방송뉴스가 이젠 영어를 너무 많이 써서 그것 자체를 문제 삼을 수도 없기 때문입니다. 그래서 뉴스 제목까지 영어를 쓴다고 해야 겨우 말이라도 꺼내볼 수 있게 되었습니다. 뉴스 본문에 영어 쓰기는 이젠 새삼스러운 일이 돼버려 그걸 문제 삼으려면 대통령처럼 엄청난 권력이 있거나 그럴 만한 극적 계기가 있어야 할 정도가 돼버렸습니다.

이젠 일반 뉴스에 붙이는 소제목에도 영어 그대로 써버리는 경우가 비일비재합니다. 국민 생활에 직접 영향을 주는 '자유무역협정'도 그냥 영어 약자로 'FTA'라고 써버리고 그대로 발음합니다. 영어 전체를 번역해도 아무 문제가 없는 쉬운 말인데도 그렇습니다. 제가 특파원 하던 때 미국이 멕시코와 이 자유무역협정을 맺었습니다. 그때 저도 뉴스를 전하면서 계속 자유무역협정이라고 말했습니다.

우리말로 자유무역협정이라 해놓고 다음번에는 '이 협정'이라고 하면 말도 줄어들지만 영어 약자를 쓰면 처음부터 끝까지 계속 '에프티에이'라고 써야 하는데도 그렇게 쓰고 있습니다.

그 말을 듣는 국민 대다수는 무슨 말인지 모르고 들을 수밖에 없습니다. 아마 기자들 중에도 정확히 그 뜻을 알지 못하는 사람도 많으리라 생각합니다. 왜 이런 일들이 계속해서 일어나는지 알 수가 없습니다. 영어를 많이 쓰면 유식해 보인다는 비판이 맞는 소리여서 그렇다면 그건 전혀 다른 문제를 안고 있는 셈입니다.

조선 시대에 양반들은 한자를 썼습니다. 일제 때 지식인들은 일본말을 썼습니다. 지금 방송에서 영어를 쓰면 그건 대부분 국민들을 무시하는 잘못을 또 저지르는 겁니다. 조선 시대는 반상이 구분된 신분사회였고 일제 땐 나라 없는 처지라 그런 대로 핑곗거리는 있는 셈입니다. 그러나 민주주의를 표방하는 나라에서 또다시 국민들을 영어로 편 가르는 짓은 시대착오요 반민주적인 일입니다.

실제로 1997년 나라가 금융위기를 맞아 국제금융기관의 처분만 바라고 있을 때 국민들은 무슨 말인지도 잘 모르는 채 "우리가 아이엠에프를 맞았다"고 표현했습니다. 훗날 그 말을 듣는 후배들이 무슨 말인지, 무슨 역사인지 알 수가 있겠습니까? 좋지 않은 역사라 무슨 말인지 모를 표현을 쓰는 게 더 낫다고 한다면 그건 별개 문제입니다.

영화 〈마이 페어 레이디〉(My Fair Lady)에 나오는 것처럼 같은 말이라도 어떻게 쓰느냐에 따라 그 사람의 신분과 지위가 드러나는데, 아예 외국어를 즐겨 써서 이런 차별을 조장한다면 그건 민주사회에서 해서는 안 될 짓입니다. 하물며 국민을 주인으로 삼는 공영방송에서 그런 무리한 짓을 하는 것은 무슨 핑계를 대더라도 그 피해가 너무 크기 때문에 해서는 안 되는 일입니다.

영어 쓰지 말자고 하다 보니 1970년대 한자 쓰던 시절에 있었던 웃지 못할 일들이 생각납니다. 당시 저는 뉴스편집을 맡고 있었는데, 그때 선배들 중에는 유독 국·한문을 섞어서 쓰던 분들이 많았습니다. 지금 영어 쓰는 심리 비슷한 이유가 있었을 겁니다. 석가탄신일 아침 휴일 뉴스를 진행할 때였습니다. 아나운서가 "한편 오늘 휴일을 맞아 전국의 각 사리에서는" 하는 소리가 들리는 겁니다. 아차! 저분이 한자 '사찰'(寺刹)을 잘못 읽었구나 하는 생각이 들었습니다. '아! 저거 우리말로 바꿔놓아야 했는데' 하는 생각이 뒤늦게 들었습니다만 이미 배 떠난 뒤 일이었습니다.

편집부 때 또 하나 작은 소동이 일어난 것도 한자와 관련 있습니다. 대구 서문시장에 큰불이 났을 때인데, 경찰은 '방화 혐의'에 대해서 수사를 펴고 있다는 대목에서 뉴스 자막이 '막을 방' 자 방화(防火)로 나간 겁니다. 당시 한자는 '공타'라고 해서 별도로 자막을 쳐서 화면에 낼 때였습니다.

이건 자막을 잘못 친 게 아니라 정반대로 쳤기 때문에 문제가 심각한 일이었습니다. 그때나 지금이나 마찬가지이지만, 우리말 한두 번 틀리면 아무 지적도 받지 않는데 한자 한 번 잘못 치면 난리가 납니다. 당장 무식하다는 핀잔과 비웃음을 사기 때문입니다. 지금 영어 한 번 잘못 나가면 난리 나는 것과 똑같은 이유에서입니다.

왜 이런 부담을 무릅쓰면서까지 굳이 영어를 쓰려고 하는 겁니까? 요새 젊은 후배들은 웬만하면 외국연수까지 다녀와 나이든 사람들보다 영어를 훨씬 잘할 수밖에 없습니다. 만약 방송에서 영어를 즐겨 쓰면 학벌 차이로 사람 차별하는 것만이 아니라 세대 차이로 사람 차별하는 부작용까지 예상할 수 있습니다.

방송이 영어에 손을 놔버리니까 이젠 관료사회에서도 영어 쓰는 일이 다반사가 되어버렸습니다. 예전엔 '방송 프로그램'도 '방송 순서'라고 번역해서 쓰던 공무원들이 요샌 원어민처럼 영어를 섞어가면서 기자회견하는 일들이 많아졌습니다. 점점 영어 모르는 국민들만 고립되고, 우리말 역시 영어에 밀려 사라질 수밖에 없습니다.

일부에서는 세계화다 뭐다 해서 영어를 공용어로 하자는 주장도 있습니다만 그건 방송에서 할 일은 아닙니다. 국민소통과 단합을 해치기 때문입니다. 하물며 북쪽에 있는 동포들을 생각해보면 섣불리 입 밖에 낼 일이 아닙니다. 통일이 돼도 말이 다르다면 그건 통일이 아니기 때문입니다.

영어 쓰는 문제는 이제 대세처럼 흘러가고 있기 때문에 한 개인이 해결할 문제는 아닙니다. 방송 기자와 PD들이 한데 힘을 모아 진지하게 고민하고 대책을 찾아봐야 할 일입니다. 방송만이 이 일을 해결할 수 있는 좋은 조건을 갖고 있습니다.

1988년 올림픽이 끝나자 정부는 이른바 '서머타임제'를 해제하기로 결정했습니다. 그때 총리실에서 나눠준 보도자료는 '일광시간절약제'라는 번역어를 썼습니다. 영어 '타임세이빙'(*time saving*)을 우리말로 바꾼 겁니다. 그때만 해도 영어를 그대로 쓰지는 않았던 겁니다. 슬그머니 장난기가 발동해 물었습니다. "아니 우리 정부가 언제부터 일광시간까지 절약하라고 한 거요?" 그랬더니 총리실 공무원은 영어로 '타임세이빙'이라 그렇게 했다고 했습니다. 제가 이미 알고 물어본 뜻을 눈치채지 못했기 때문입니다. 그래서 영어로는 '타임세이빙'이 맞을지 모르지만 우리말로 옮기려면 적어도 '일광시간활용제'라고 해야 앞뒤가 맞는 말 아니겠느냐고 따졌습니다. 그랬더니 "아 그러면 작년에 이거 시행할 때 문제를 삼지 왜 이제 와서 따지는 겁니까?" 하는 겁니다. "여보세요. 그때 나는 해직돼 기자가 아니었어요!"

영어를 쓰면 사고방식도 영어식이 됩니다. 남·북한과 주변 4대국이 모이는 '6자회담'을 저도 많이 보도했습니다만 언제부터인지 방송에서 '투 플러스 포'(*2 plus 4*)라고 표현하는 걸 들었습니다. 미국사람들 처지에선 남·북한과 미·소·중·일 4대 강국을 같이 표현하는 게 적당하지 않다고 생각할 수 있습니다. 그렇다고 우리까지 '투 플러스 포'라고 영어를 그대로 쓸 일은 아닌 겁니다. 영어 쓰는 문제는 앞으로도 계속 관심을 갖고 대책을 세워야 할 일이라 제가 겪은 내용을 소개하는 선에서 끝내려고 합니다.

미국 맥도날드 햄버거에서 주문을 하다 보면 꼭 묻는 말이 있습니다. "히어 오어 투 고우?"(*Here or to go?*) "여기서 먹을래? 가지고 갈래?"라는 뜻입니다. 실제로는 "히어 루 고?"처럼 들립니다. 당연히 처음 당하면 무슨 말인지 알아들을 수가 없습니다. 나중에는 웃고 말지만 기분 안 좋습니다. 방송이 우리 국민들 기분 안 좋게 해서 무슨 좋은 일이 있겠습니까?

뉴스 음악에 우리 가락을

방송뉴스 시간에는 반드시 뉴스임을 알리는 신호음악(시그널 뮤직)을 내보냅니다. 시·청취자들은 음악소리만 들어도 뉴스 시간임을 알게 되고 또 어느 방송사 뉴스인지를 분별합니다.

지금까지 시그널 또는 시그널 뮤직이라고 했지만 이제부턴 뉴스 음악 또는 뉴스 신호음악이라고 부르겠습니다. 지금부터 부른다는 말은 지금까지는 뉴스 음악에 대해서 아는 것도 없고 별 관심도 없었다는 뜻입니다. 새삼 관심을 갖다 보니 이름 자체가 어려운 영어로 되어 있더라는 느낌을 받은 것이지요.

저는 지금도 예전 문화방송 아침뉴스 시간에 틀어주던 음악에 대해 잘 모릅니다. 어떤 선배가 클래식 음악에서 한 대목 따서 썼다고 했습니다. 제 기억이 맞는다면 바흐 작품이었습니다. 그리고 그 다음 주요 뉴스를 소개할 때부터는 전혀 다른 행진곡을 틀었습니다. 1970년대에 이 부분은 레코드판을 틀어서 내보냈습니다.

행진곡 풍이라 아침에 참 경쾌하게 들릴 때가 많았습니다. 특히 숙직하고 뉴스 진행을 끝낼 때 듣는 그 음악은 정말 기분 좋은 느낌마저 주었습니다.

문제는 그 행진곡이 미군 제식훈련 때 쓰는 곡이라는 겁니다. 1980년 대 말에 복직해서 들은 그 음악은 예전과는 전혀 다른 느낌을 주었습니다. 경쾌한 느낌이 아니라 아주 천박하다는 느낌을 주었습니다. 같은 음악인데 그렇게 다른 느낌을 준다는 사실 자체가 놀라웠습니다. 세상이 변한 건지 제가 변한 건지 아니면 둘 다 변한 건지 모르겠습니다.

그 사이에 크게 변한 제도가 하나 있었습니다. 이른바 저작권을 인정하는 추세가 늘어난 겁니다. 이제는 해적판이 처벌받는 세상이 된 겁니다. 그 시절 라디오 편집부의 후배기자가 바로 그 뉴스 음악을 새로 외부 작곡가에게 맡겼습니다. 반가운 마음에 가서 물었습니다. '뚜아 에 무아'(Toi et moi) 라는 프랑스어 이름으로 데뷔한 당시 꽤 유명했던 가수 출신 작곡가 이필원 씨에게 맡겼다는 겁니다.

그때 돈 100만 원을 작곡료로 지불했다고 했습니다. 그 음악을 들어 봤습니다. 전자음악이라고 하던데(신시사이저), 이전에 듣던 음악과는 음질이 달랐습니다. 무슨 공상과학영화에 나옴직한 느낌도 주었습니다. 어쨌든 신선했고, 적어도 미군 행진곡 틀어대는 것보단 낫다고 생각했습니다.

그런데 편집회의 분위기는 달랐습니다. 저보다 나이 많은 선배들은 새로 나온 음악이 듣기에도 안 좋고 무엇보다도 예전 음악이 훨씬 박력 있고 좋다는 주장을 내놨습니다. 결국 방송뉴스 역사에 처음일지도 모를 창작음악은 그리 오래가지 못하고 사라졌습니다. 저는 방송기자란 직업이 정말 보수적인가 하는 생각을 처음 해봤습니다.

문득 1980년대 어느 해인가 유네스코 프로그램으로 일본에 3주 동안 머물렀을 때 생각이 났습니다. 일본방송(NHK) 뉴스시간에 나오는 음악소리가 아주 인상적이었기 때문입니다. 첫 부분에 일본 악기인 샤미센 소리가 들어 있었는데, 저는 정말 문화적 충격 같은 걸 느꼈습니다. 적어도 일본 방송뉴스는 음악만 들어봐도 일본이라는 정체성을 확실히 느낄 수 있다는 생각이 들었던 겁니다.

새삼 '일본방송공사'를 영어 발음으로 표기(Nippon Hoso Kyokai) 한 뒤, 이를 약자로 표기한 NHK가 KBS, MBC와는 전혀 다른 차원의 이름이라는 생각도 들었습니다. 그게 옳다 그르다 하는 게 아니라 그렇게 달리 이름 쓰고 음악 틀더라 하는 느낌을 받은 겁니다.

그리고 다시 문화방송에 복직해서 그 미군 행진곡을 들었으니 전혀 다른 느낌을 받을 수밖에 없었을 겁니다. 그 사이 미국에 대한 우리들 생각이 많이 달라진 세태도 영향이 컸을 겁니다. 우리 방송뉴스에 미군 행진곡을 트는 일이 결코 떳떳한 일은 아니라는 생각이 든 겁니다. '우리가 무슨 미국 식민지야!' 하는 반감도 들었습니다.

그러다 워싱턴 특파원으로 미국 생활을 3년 했습니다. 날마다 미국 뉴스 보는 일이 주요 일과였습니다. 당연히 뉴스 음악도 매일 들었습니다. 그러다 1994년에 귀국해 우리 뉴스 음악을 들었습니다. 똑같았습니다. 이젠 창피하다는 생각도 들었고, 심한 모욕감도 느꼈습니다.

1998년 보도국장이 됐을 때 저는 이 문제를 편집회의에서 공론에 부쳤습니다. 별 반응이 없었습니다. 그래서 제 책임으로 새로운 뉴스 음악을 외부에 맡기도록 했습니다. 가능하면 우리 악기소리가 일부 들어가야 한다는 조건을 달았습니다. 음악이 완성된 후 편집회의에서 같이 듣고 의견을 물었습니다. 역시 별 반응은 없었지만 반대하는 의견도 없었습니다.

그런데 공교롭게도 제가 보도국장 자리에서 물러나게 됐습니다. 후임에는 아주 친한 입사 동기생이 들어왔습니다. 아무리 기다려도 뉴스음악이 바뀌질 않아 한번은 물어봤습니다. 그 친구 말이 편집회의 반응이 별로 좋지 않아 설날에나 한번 틀어보자는 정도로 결론을 내고 말았다는 겁니다. 공연한 짓 한 꼴이 되고 말았습니다.

다시 6년이 지나 광주 문화방송 사장이 됐습니다. 이번엔 간부회의에서 이 문제를 거론했습니다. 기자만이 아니라 PD, 기술직 간부들도 다 참석하는 자리였습니다. 좋다는 의견이 나와 저는 전남대 국악과 김광복 교수에게 다시 같은 조건으로 작곡을 부탁했습니다.

김 교수는 우리 대금소리와 클래식 기타소리를 합쳐서 아주 조용한 뉴스 음악을 만들어 왔습니다. 제가 너무 조용하지 않으냐 했더니 뉴스음악이 요란해야 한다는 것도 편견이라고 했습니다. 일리가 있고 또 작곡가 의견인 만큼 일단 한번 틀어보자고 했습니다. 그래서 우리 대금소리가 구성지게 들리는 광주 MBC 〈뉴스데스크〉 음악이 처음으로 전파를 탔습니다.

제가 뉴스 음악이 나갈 때 작곡자 이름을 자막으로 올리라고 지시했습니다. 우리나라에서 뉴스 음악으론 첫 창작품이라는 사실을 강조하고 싶었기 때문입니다. 그래서 그 음악은 제가 사장으로 있을 때 그리고 후임 사장 때까지 한 3년 정도 방송을 탔습니다. 그런데 그 다음 사장이 와서 다시 그 음악을 내렸습니다. 박력이 없다는 이유였답니다.

제가 그 이야기를 했더니 김 교수는 "그거야 북소리나 장구소리 집어넣어 다시 편집하면 되는데 …" 하면서 안타까워했습니다. 김 교수는 피리, 대금을 50년 이상 불어온 살아 있는 문화재입니다. 요란하게 떠드는 것만이 능사가 아니라는 것을 강조하기 위해 일부러 조용한 뉴스 음악을 만들어준 건데 어쨌든 아쉽게 됐습니다.

제가 뉴스 음악 이야기를 길게 하는 이유는 이제 우리도 우리 얼이 깃든 뉴스를 제공해야 할 때가 왔다고 믿기 때문입니다. 방송뉴스 자체가 서양에서 건너왔고 방송에 쓰이는 모든 기자재가 다 서양이나 일본에서 온 것이기 때문에, 특별히 신경 쓰지 않으면 뉴스 형식에서부터 전문용어, 각종 소품에 이르기까지 모든 것이 다 외제품일 수밖에 없습니다.

일본이 굳이 NHK라는 희한한 영어식 표현에다 샤미센 소리가 들리는 뉴스 음악을 쓰는 이유도 아마 이와 비슷할 것이라고 생각합니다. 역사상 유례가 없는 무조건 항복을 당한 미국에서 방송뉴스를 도입한 일본으로서는 우리와는 또 다른 복잡한 심사가 있었을 것입니다.

실제로 음악을 바꾸면서 뉴스 주변환경을 바꿔보려 했지만 쉽지 않았습니다. 당장 업자들이 가진 모형들이 모두 외제였기 때문입니다. 마치 아파트 업자에게 한옥 지어달라고 부탁하는 거나 마찬가지였습니다. 그나마 명절 때 뉴스 진행자가 한복 입고 나올 때가 우리 뉴스 같다는 느낌을 줄 정도입니다.

그럼에도 음악을 바꾸면서 바꾼 게 또 하나 있습니다. 바로 모든 방송사가 항상 화면에 띄워놓는 회사 영문자막입니다. 한국방송은 KBS, 문화방송은 MBC, 그리고 서울방송은 SBS라는 영문자막 말입니다.

우리 국민들은 사실상 이런 자막이 무슨 말인지 잘 모르면서 몇십 년째 날마다 보고 있습니다. 영어를 모르는 국민들은 날마다 눈에 거슬리는 자막을 참고 봐야 했을 겁니다. 저는 음악에 이어 이 문제를 간부회의에서 공론화했습니다. 영어를 없애고 한글로 문화방송 또는 엠비씨를 쓰는 방법, 아니면 영어와 한글을 같이 쓰는 방법 등이 나왔습니다.

저도 두 가지 다 쓰는 방법이 과도적으로 무난하다고 생각했습니다. 그래서 광주 문화방송에서는 화면 상단에 영어로 MBC를 띄우고 바로 그 밑에 '문화수도 광주'라는 한글을 붙여 쓰기로 결정했습니다. 문화수도라는 표현은 당시 대통령이 광주에서 제시한 선거공약이었습니다. 저희들이 보기에는 문화라는 말이 들어간 데다 광주까지 들어 있어 여러모로 좋다는 판단을 한 겁니다.

물론 문화수도라는 말에 시비가 있을 수 있겠지만 그건 또 다른 차원이고, 일단 미국방송 같은 영문자막만은 피할 수 있다 싶어서 처음으로 한글과 같이 화면에 올린 겁니다.

서울 사장이 광주에 와서 제일 먼저 언급한 대목이 바로 뉴스 음악과 화면자막이었습니다. 어찌 보면 너무나 당연한 일인데 너무 오랫동안 신경 쓰지 않았던 셈입니다. 음악 하나 바꾸는 일이 이렇게 중요한 의미를 갖는 겁니다.

또한 우리 음악은 우리 얼을 살리면서 세계적으로도 경쟁력 있기 때문에 방송에 도입해도 시대에 뒤떨어지지 않는다는 생각이 들었습니다. 우리 판소리는 이미 유네스코가 세계무형문화유산으로 인정할 정도고, 한류 음악 역시 지금 전 세계 젊은이들에게 사랑받고 있지 않습니까!

방송뉴스가 우리 가락을 날마다 방송하는 것은 우리 얼을 되찾는 가장 손쉬운 방법인 동시에 세계적으로 경쟁력 있는 우리 음악을 더욱 발전시킬 수 있는 좋은 계기가 될 것입니다. 그리고 우리 음악에 맞는 악기와 한옥, 한복, 심지어 우리말에 이르기까지 제대로 어우러진 한국만의 방송뉴스를 우리 시청자에게 전달할 수 있을 것입니다. 그리고 전 세계 모든 시청자들에게도 역시 한국 방송뉴스를 당당하게 제공할 수 있을 것입니다.

방송을 흔히 종합예술이라고 합니다. 한 군데만 잘해봐야 아무 소용이 없습니다. 그래서 한 군데 손을 보면 줄줄이 손을 대야 합니다. 방송뉴스에서 음악을 바꾸어보면 이 말이 무슨 뜻인지 쉽게 이해할 수 있을 겁니다. 방송뉴스에서 음악 한번 바꿔보시지 않겠습니까?

제주도 '4·3사건' 논평

2001년 4월 3일 아침, 저는 문화방송 라디오 〈뉴스의 광장〉 진행을 마치면서 제주도 4·3 사건에 대해 논평(클로징 멘트) 했습니다.

5공 정권 때 《순이삼촌》이라는 소설이 있었습니다. 제주도 4·3 사건을 다룬 이 소설 때문에 작가 현기영 씨가 모처에 끌려가 혹독한 고문을 당했다는 사실이 입소문으로만 몰래 퍼졌던 적이 있습니다. 오늘이 4월 3일, 바로 제주도에서 그 끔찍한 수만 명의 민간인 학살이 있었던 지 꼭 53년이 되는 날입니다.

작가 현기영 씨는 지금 민족문학작가회의 회장을 맡고 있고, 이제는 제사라도 제대로 지낼 세상이 됐지마는 어제 온 동네에서 제사를 지냈을 제주도민들의 입장에서 그 한 서린 응어리가 어찌 풀리겠습니까? 물론 아직도 냉전논리로 내 탓 네 탓을 따지는 사람들이 있지마는 정부수립 이전에 일어난 일이고 50년 세월이 흐른 만큼 이제는 인권 차원에서도 다뤄야 할 사건입니다.

아직도 제주도 사람들이 육지 사람들을 싫어한다는 소리를 우리는 듣고 있습니다. 제주도에서 일어난 그 사건, 우리 현대사에 가장 아팠던 그 상처의 사건이 이제는 치유돼야 할 때입니다.

그날 저는 아침방송을 다시 시작한 지 1년 만에 처음으로 청취자 전화를 받았습니다. 그것도 방송이 끝나자마자 제가 있던 해설위원실로 걸려온 전화였습니다. 한 분은 제주도에서, 또 한 분은 서울 여의도에서 전화를 하셨는데 모두 다 감사하다는 말씀을 전해왔습니다. 저는 '그동안 얼마나 심했으면' 하는 생각이 새삼 들었습니다.

그날 아침 9시가 넘어 제주 문화방송 사장이 전화를 걸어 "아침방송 끝머리에 나온 내용을 팩스로 보내달라"고 했습니다. 나중에 들었더니 그날 제주 문화방송 보도국에서는 제가 말한 내용을 공개적으로 다시 낭독하고 모두 박수를 쳤다고 합니다. 저도 모처럼 기분이 좋았습니다.

저도 다른 사람들과 마찬가지로 제주도 4·3 사건은 1948년 남한 단독정부가 들어서는 것을 반대하기 위해 남로당 세력이 일으킨 폭동 정도로만 알고 있었습니다. 대학을 졸업하고 방송기자를 했는데도 그 정도밖에 몰랐습니다.

그런데 1980년대에 유네스코에서 근무하면서 신간안내를 보다가 눈에 띄는 영어책 한 권을 봤습니다. 제목이 *Child of Conflict*(분쟁 속 아이) 였습니다. 편저자는 브루스 커밍스로, 바로 우리나라 현대사를 다룬 책이었습니다. 거기서 저는 제주 4·3 사건을 다룬 논문을 처음 봤습니다.

지금도 기억에 선한 것은 그 사건으로 인한 피해자가 제주도민의 '6분의 1' 정도가 된다는 내용입니다. 수만 명이 죽었다는 얘기입니다.

이건 단순히 좌·우익 대립이나 빨갱이 핑계를 댈 사안이 아니라는 생각이 들었습니다. 한편으로는 화도 나고 부끄러웠습니다. 어떻게 이런 엄청난 범죄행위를 그동안 그렇게 감쪽같이 속였을까 하는 생각과 그렇다고 명색이 정치학 전공학도에 기자까지 몇 년 한 사람이 어떻게 그런 역사를 모르고 살았을까 하는 자책감이 들었습니다.

제가 소설 《순이삼촌》 얘기를 들은 게 바로 이런 일이 있고 난 뒤였습니다. 사전에 아는 게 좀 있어서 저는 그 소설을 구해다 봤습니다. 영어논문 볼 때와는 그 느낌이 너무 달랐습니다. 살이 떨린다는 표현이 무슨 말인지 실감이 났습니다.

그러다 1987년 말에 다시 문화방송에 복직하고 10여 년이 지난 뒤에 그날 아침방송에서 비로소 그 옛날 기억을 되살린 겁니다. 저도 10여 년을 또다시 그 역사를 잊어버리고 살았던 겁니다.

그날 방송에서도 저는 조심스럽게 문제를 제기했습니다. 주로 피해자 인권 차원에서 논리를 편 겁니다. 이미 1999년 이른바 '제주 4·3 특별법'이 생겼는데도 그랬습니다. 가해자에 대한 언급을 피한 겁니다. 2003년 마침내 정부 차원에서 당시 노무현 대통령이 사과할 때도 "과거 국가권력의 잘못에 대해 유족과 제주도민 여러분에게 진심으로 사과와 위로의 말씀을 드립니다"라고만 했습니다.

공식 사망자만 2만 5천 명에서 3만 명 정도로 추산하고 있지만, 미군 자료에 따르면 당시 제주지사는 희생자가 6만 명 정도이고 일본으로 도망간 도민만도 4만 명이나 된다고 기록하였습니다. 당시 제주도민이 모두 30만 명이 안 될 때였으니 그냥 빨갱이 핑계만 댈 수 없었을 겁니다. 그래서 몇십 년이 지나서도 《순이삼촌》처럼 소설만 써도 잡아다고문하고 입단속을 했을 겁니다. 훗날 제주도 출신 시인 허영선 씨는 《제주 4·3을 묻는 너에게》에서 그때 현기영 씨가 정보기관에 붙잡혀 가 "손톱이 온통 피로 물드는 고문"을 당했다고 기록했습니다.

4·3평화재단 이사인 허 씨는 그 끔찍한 비극을 생생한 증인들 소리에 담아 들려주고 있습니다. 허 씨 역시 당시 비극에 대해 미국의 책임을 묻습니다. 당연히 우리 정부 책임이야 말할 것도 없고요. 우리 방송이 할 일이 무엇인지 되새기게 하는 대목입니다.

우리 현대사에 가장 아픈 상처를 남긴 그 사건은 여수 순천에서 육군 제14연대 반란으로 이어졌고, 민족 최대 비극인 6·25 동란으로까지 연결됐습니다. 당연히 제주에서 있었던 그 끔찍한 학살, 고문, 즉결처분 같은 만행이 '보도연맹 사건'처럼 계속 일어났고, 결국 1980년에 광주에서까지 그런 비극이 또 일어난 겁니다.

그래서 역사가 무섭다고 말하는지 모르겠습니다. 과거의 잘못을 반성하지 않으면 그런 역사는 되풀이될 수밖에 없다는 교훈을 우리는 지금도 실제로 보고 있습니다. 요새 일본이 위안부 사건을 덮으려 하고 심지어 독도가 자기네 땅이라고 교과서에 집어넣는 걸 보면 그 업보가 어떨지 예사롭지가 않습니다.

손바닥으로 하늘을 가린다는 말이 있습니다. 일본은 지금 그런 일을 하고 있는 셈입니다. 명색이 세계 제2위의 경제대국이라면서 말입니다. 우리 역시 일본에 가장 큰 피해를 입었으면서도 아직 그 후유증에서 벗어나지 못하고 있습니다. 아직도 일제 잔재를 청산하지 못했다는 지적이 일어나는 현실을 아프게 들여다볼 필요가 있어 보입니다. 방송이 이런 일에도 좀더 관심을 가졌으면 좋겠습니다.

사건 진상을 규명하고, 피해를 보상하고, 잘못에 사과하고, 추념일을 제정해 기리는 것도 좋습니다. 그렇지만 많은 국민들이 그 비극적인 진상을 제대로 알고 다시는 이런 일들이 반복되지 않도록 정부를 감시, 견제하는 일이 더욱 필요할 것입니다.

그런데 우리 정부는 아직도 멀었다는 생각이 들었습니다. 몇 년 전부터 제주도 강정마을에 해군기지가 들어선다 해서 지역여론이 시끄럽습니다. 저는 우리 정부가 정말 제주 4 · 3 사건에서 아무런 교훈도 얻지 못했다는 생각이 들었습니다.

지난 20세기 내내 제주도는 육지와는 또 다른 비극적인 역사의 현장이었습니다. 그런 제주도에 미군기지를 만들 생각을 했다면 무엇보다도 정부가 먼저 나서서 제주도민들과 충분한 대화를 통해 그분들 뜻을 먼저 물어보는 게 순서였다고 생각합니다. 더 좋은 방안은 처음부터 제주도를 그런 군사기지 후보지에서 아예 제외하는 것이었습니다.

돌아가신 김근태 전 의원은 엄청난 고문을 받은 후유증 때문에 치과에 가는 걸 겁냈다고 합니다. 치료받을 때 눕는 병원 의자가 고문받던 칠성대를 떠오르게 했기 때문입니다. "자라 보고 놀란 가슴 솥뚜껑 보고 놀란다"는 속담 그대로입니다.

제주도민들에게 무슨 이유를 대든 다시 그 땅에 외국 군사기지를 만든다고 하면 그분들이 먼저 무슨 생각부터 떠올리겠습니까? 트라우마라는 고통을 안고 사는 그분들에게 님비 현상이네 뭐네 하고 훈계하는 건 너무 무지한 소리 아닌가요?

작년에 워싱턴 특파원 모임에서 주한미군사령부 장군과 점심을 같이 한 적이 있습니다. 자연스레 강정마을 사태가 화제가 되었습니다. 그

때 제가 그 장군에게 미국 군정 때 일어난 제주 4·3 사건을 아느냐고
물었습니다. 모른다면 한번 알아보는 게 많은 도움이 될 거라고 말했습
니다. 그 장군이 진지하게 관련 서적을 추천해달라고 반응을 보여 기분
이 좀 편해졌습니다.

제주도에 군사기지를 설치하려고 했을 때 한·미 양국 당국자들이
제주 4·3 사건의 진상을 자세히 알고 있었다면 쉽사리 그런 결정을 내
릴 수는 없었을 겁니다. 알고도 그랬다면 그들은 또 다른 비극을 자초
한 거나 마찬가지입니다.

도대체 정부가 무엇이며 정책이란 무엇입니까? 국민들이 싫다면 정
부도 정책도 아무 의미도 쓸모도 없는, 그런 21세기를 우리는 살고 있
습니다. 하물며 제주도민들은 "그냥 싫은 게 아니라 싫어도 너무 싫다"
고 말하지 않습니까.

날씨와 스케치 기사(?)

올봄 책 쓴다고 인터넷을 검색하다가 눈이 번쩍 뜨이는 글을 봤습니다. YTN에서 뉴스 앵커를 하던 노종면 기자가 야외집회장에서 연설하던 중 "날씨에 환장한 방송"이라고 표현한 대목이었습니다.

저는 그 대목을 보는 순간 노종면 기자와는 별도로 1970년대 생각을 했습니다. 그땐 날씨가 주요 뉴스대상이었습니다. 폭우나 태풍이 온다든지 하는 날에는 보도국이 가벼운 흥분을 느낄 정도였습니다. 그날 저녁 〈뉴스데스크〉 톱은 모처럼 정치 뉴스가 아닌 날씨 뉴스였기 때문입니다.

편집부 기자들은 모처럼 자유를 찾아 정치권력에 맞선다는 묘한 쾌감을 느낀 날이기도 했습니다. 이른바 대통령 기사를 톱으로 올리는, 그래서 '로열박스'라고 부르는 그 톱뉴스 블록을 날씨 뉴스로 바꿔버릴 수 있기 때문입니다. 아무리 절대권력이라 할지라도 하늘을 무시할 수는 없었던 것 같습니다. 반대로 아무리 권력의 눈치를 보는 처지라 할지라도 하늘에서 주는 기회는 버리지 않았던 것입니다.

저는 입사 2년 차에 텔레비전 뉴스 편집부에서 근무한 적이 있어 이런 분위기를 잘 알고 있습니다. 제 개인 의견으로는 날씨는 뉴스가 아니고 그냥 정보일 뿐이라고 생각합니다. 그런데도 날씨는 그런 시대적 상황에서 틈만 나면 톱뉴스로 올라갔습니다. 뉴스가 아닌 것이 톱뉴스가 되는 상황을 대부분 국민들은 날씨가 중요하기 때문에 그렇다고 지금도 생각하고 있을 겁니다.

저는 날씨가 뉴스가 되려면 사람과 관련 있어야 한다고 생각합니다. 폭우가 쏟아져 산사태나 인명피해가 났다면 그건 당연히 뉴스가 되는 거지요. 그렇지만 폭우가 온다는 것 자체는 정보이지 뉴스로 다루기엔 문제가 많다고 보는 겁니다. 아직 오기 전에 예보를 방송에 내보내기 때문입니다.

우리보다 방송을 먼저 한 선진국 유럽이나 미국도 모두 날씨를 별도 코너로 상세하게 방송하기는 하지만 그걸 기자가 리포트하는 모습을 본 적이 없습니다. 자연재해에 해당하는 특별한 날씨 상황은 물론 예외입니다만.

미국 CBS의 유명 앵커 댄 래더는 미국 남부 플로리다 주에 몰려온 허리케인을 보도하면서 자기 몸을 나무에 묶은 채 현지 생방송을 해 전국에 이름을 떨친 기자 출신입니다. 저도 우리 방송에서 서울 어느 지천에 물이 불어나자 여기자가 그 속에 몸을 담근 채 방송하는 장면을 본 적이 있습니다. 그렇지만 이런 경우가 아닐 때 날씨는 그냥 전해주기만 하면 되는 정보인 것입니다.

만약 날씨가 정말 중요한 뉴스거리라면 요즘도 매일같이 기자가 내일 날씨에 대해서 리포트를 해야 할 겁니다. 그런데 어느 방송도 지금 그런 뉴스를 내보내지는 않습니다. 대신 날씨 전담자가 회사마다 있어서 이분들이 날씨 정보를 전달하는 거지요. 요새 날씨 전담자는 기상캐스터라는 이름으로 전달방식도 다양하게 해서 시청자들에게 인기가 높은 편이지요. 날씨 하다 하루아침에 연예계 신데렐라가 되는 경우를 저도 몇 명 봤으니까요.

그런데 날씨를 주요 뉴스로 취급하던 시절에도 날씨만 갖고 기자가 리포트하기엔 여러 가지 한계가 있었습니다. 우선 사전제작을 일찍 할수가 없지요. 다음 날 날씨예보는 전날 늦게야 나오니까요. 그래서 대개 날씨와 스케치를 묶어서 리포트하는 방식이 점점 대세가 됐습니다.

제가 기자 초년생일 때 가장 먼저 직업에 회의를 느낀 때가 바로 이스케치 기사 쓸 때였습니다. 당시는 필름으로 촬영하던 시절이라 스케치를 나가도 무엇을 찍었는지 취재기자는 알 길이 없습니다. 그나마 간혹 친절한 카메라 선배를 만나면 네가(negative) 필름을 보여주는 게 전부였습니다. 무엇을 찍었는지도 모르는 상태에서 그날 날씨와 관련해 그림 좋은 내용을 전달해야 하는데, 저는 정말 이게 어려웠습니다.

저와 입사동기인 김승한 기자(문화방송 전 감사, 포항 문화방송 전 사장)는 국문과 출신이라 그런지 이 스케치 기사를 참 잘 썼습니다. 당시 보도국에서 스케치 잘한다는 선배들 이름 뒤에 김 기자 이름이 오를 정도였으니까요. 제 동기가 스케치 뉴스 방송하는 걸 듣고 지금까지 잊지 않고 기억하는 대목이 있습니다. 무슨 들판 풍경을 보여주고 급하게 스케치 기사를 쓰라고 할 때였습니다. 저도 네가 필름으로 틀어주는 그 화면을 봤습니다.

그날 김 기자는 그냥 들판에 흔들리는 나뭇가지를 보여주면서 "나무 사이로 얼핏 호랑나비가 나올 것도 같습니다" 하고 상상해서 방송하는 것이었습니다. 저는 정말 무릎을 쳤습니다. '아! 저렇게도 기사를 쓸 수 있구나' 하면서 말입니다.

그 친구는 저희 동기들 사이에서 스케치 기사를 점점 도맡아 쓰기 시작했습니다. 그러다 보니 본의 아니게 피해를 입기도 했습니다. 어느 하짓날 저녁, 역시 그 친구에게 스케치 기사를 늦게 주문해놓은 시경 캡과 부장단이 먼저 퇴근한 뒤였습니다. 그러니 기사를 야근자에게 보여줬는데, 이 선배가 첫대목을 잘못 썼다고 고쳤다는 겁니다. "오늘은 밤과 낮의 길이가 같다는 하지입니다"라고 말이죠.

이 친구는 시간이 급해서 그 기사를 그대로 녹음해서 저녁 〈뉴스데스크〉 시간에 내보냈습니다. 앵커가 소개하는 멘트에도 똑같이 "밤과 낮의 길이가 같다는 하지"라고 써준 채 말입니다. 그날 한 두어 명이 항의전화를 해왔다고 들었습니다.

그 다음 날 당연히 아침 편집회의에서 국장이 노발대발했고 우리 부장은 꼼짝없이 당했습니다. 하지는 낮이 가장 긴 날이지, 밤과 낮이 같은 날이 아니기 때문입니다. 그날 저녁 저는 그 친구와 술을 마셨는데, 그때서야 그 전날 밤 상황을 얘기하면서 선배가 고친 거라 그냥 읽었는데 시말서를 쓰라고 한다고 쓸쓸해 했습니다.

제가 스케치 기사에 얽힌 이야기를 근 40년이 지나도록 이처럼 상세하게 기억하고 있는 걸 보면 정말 스케치 기사가 속을 썩이긴 무척 썩인 모양입니다. 제가 하도 힘들어 어느 선배에게 말했더니 편집부 창고에 가면 전년 원고가 있으니 그때그때 필요한 스케치 기사를 빼다가 활용하라고 가르쳐준 적도 있었습니다. 입사 1년 차에 벌써 그런 일을 하면 그 직업 오래 못할 것 같아서 그냥 혼자 해보기로 했습니다.

당시에는 주말에 스케치 기사가 인기 있었습니다. 주말이니 그림 좋은 화면에 편한 뉴스를 제공하자는 명분이었지만, 실제로는 관급기사가 없어 기사가 부족한 편이었기 때문입니다. 애꿎게도 경찰기자들만 주말에도 근무하기 때문에 그런 주문은 더욱 쉽게 떨어질 수밖에 없었지요.

그로부터 30년이 흘렀습니다. 여전히 스케치 기사는 주말이나 휴일 뉴스에 빠지지 않고 나옵니다. 컬러화면에 항공촬영까지 곁들이면 정말 보기에 아주 좋은 뉴스 같아 보입니다. 그럼에도 저는 아직도 스케치 기사는 '그게 아니라는 생각'이 듭니다. 화면이 좋아서 보도한다면 차라리 글솜씨 좋은 방송작가에게 맡겨 시처럼 아름다운 내레이션을 만들면 좋을 일입니다.

일선기자들이 연합해서 만든 '방송기자연합회'가 올해 《방송뉴스 바로하기》라는 제목으로 책을 냈습니다. 이 책은 방송기자들이 되풀이하는 잘못을 '7대 문제'로 유형화했는데, 그중 마지막이 '관습적 기사작성'이라는 문제였습니다.

그리고 가장 대표적인 사례가 바로 '무의미한 스케치 기사'입니다. 새로운 내용이 전혀 없는데도 불구하고 휴일과 휴가철, 그리고 명절의 모습이 스케치라는 이름으로 전파를 탄다는 것이었습니다. "주말 저녁뉴스 초반에 으레 접하게 되는 스케치 기사가 각 언론사별로 일주일에 서너 개씩은 방송"되며, 이런 식의 스케치 보도는 투입되는 노력과 시간, 비용에 비해 "화면은 그럴 듯하다"고 합니다. 또한 기업이나 단체에서 이를 적극적으로 활용하기도 해 일부 스케치 기사들은 업계의 홍보도구로 전락했다고 비판하고 있습니다.

스케치 기사는 줄어들기는커녕 점점 더 늘어나고 그 내용 또한 다양해지는 것 같습니다. 《방송뉴스 바로하기》 마지막 부분에 아래와 같이 요약해놓은 각종 스케치 기사를 보면 이젠 특단의 조치를 취하지 않는 한 개인이 막기에는 역부족이라는 느낌마저 줍니다.

"일주일마다 되풀이되는 '휴일 스케치', 특정한 날 어김없이 보도되는 '행사 스케치', 혹서나 혹한을 이겨내는 군부대의 '훈련 스케치', 스키장이나 해수욕장의 개장에 맞춘 '개장 스케치', 봄이 오면 '벚꽃 스케치', 여름이 오면 '더위 스케치', 가을이 오면 '단풍 스케치', 겨울이 오면 '추위 스케치' 등… 끊임없이 반복되는 비슷한 '스케치' 기사들이 귀중한 뉴스시간을 점점 더 많이 차지하는 현상은 공론의 장 형성이라는 언론의 기능을 훼손하는 것이다."

이 책은 또 "날씨에 환장한 방송"이라는 노종면 기자의 말처럼 지상파 3개 사가 날씨 기사를 얼마나 많이 다루는지를 실증적으로 보여주었습니다. 작년 7월 장마기사를 집중적으로 모니터한 결과 불과 5일 동안 KBS는 36개, MBC는 21개, SBS는 25개의 장마관련 소식을 쏟아냈으며, 한 달 전체적으로는 날씨 기사가 KBS 126개, MBC 93개, SBS 88개에 달한다고 지적했습니다.

그러면서 "한 방송사에서 날씨와 관련해 한 달 동안 무려 100여 개의 리포트를 한 것은 그 유례를 찾기 힘들다"고 개탄하고 있습니다. 더구나 일종의 재난방송인데도 "원인과 대책, 예방을 위한 점검사항 등은 별로 없고 대부분 유사한 화면들로 단순히 현상을 보여주는 데 그치고 있다"고 비판했습니다.

결과적으로 여론의 왜곡 가능성까지 지적한 이 책은 "특정 정치세력에게 불리한 사안이 불거졌을 때는 이에 대한 관심을 돌리는 용도로 악용될 우려마저 있다"고 경고하고 있습니다.

이러한 스케치 기사가 반복되는 이유는 첫째, '도제방식'으로 수습기자들을 훈련하기 때문이라는 것입니다. 무비판적으로 배운 기자 초년생들이 이듬해 자신의 후배들에게도 그대로 가르친다는 것이죠.

두 번째는 주말이나 휴일에는 밝고 부드러운 기사가 들어가야 한다는 연성 아이템 선호현상 때문이라는 것입니다. 아울러 보기 좋은 화사한 화면이 시청률을 높인다고 생각하기 때문이라는 것입니다. 마지막으로 단체나 기업의 홍보전도 그 원인 중 하나라고 이 책은 지적합니다.

요컨대 스케치 기사의 문제점과 실상, 그리고 원인까지 제대로 짚고 있습니다. 기자 스스로가 자가진단한 문제이니만큼 그 해결 또한 기자 스스로 하는 수밖에 없습니다. 무엇보다도 날씨나 스케치는 일단 뉴스가 아니라는 생각부터 한번 해볼 필요가 있습니다. 그래야만 오랫동안 고질병처럼 내려온 이 잘못된 관행들이 하나둘 사라질 겁니다.

저는 이 책을 보면서 후배기자들이 문제를 제대로 파악하고 있구나 하는 생각이 들면서 새로운 희망을 느꼈습니다. 모든 문제해결의 기본은 우선 그 문제를 제대로 인식하는 것이기 때문입니다.

문득 저와 같은 시기에 광주에서 근무한 KBS 광주 총국장 고 이준삼 기자가 쓴 책 《스케치 글쓰기 특강》이 생각납니다. 이 총국장은 이 책에서 스케치 기사에 대해 나름의 정의와 스케치 기사를 망치는 적들, 그리고 유형별 연구와 절대 피해야 할 상투적 표현법에 이르기까지 상세하게 다루었습니다.

저와는 완전히 다른 견해를 가진 셈입니다. 저는 이 형이 왜 그렇게 일찍 세상을 떠났는지 알 수가 없습니다. 광주에서 만났던 이 형은 아주 건장한 체구였기 때문입니다. 생전에 기회가 있었다면 스케치 기사에 대해 치열한 논쟁을 벌일 수도 있었을 텐데 말입니다. 고인의 명복을 빕니다.

삼청교육에 추천, 추천!

1988년 10월 22일 저는 〈뉴스데스크〉 시간에 삼청교육대에 관해 다음과 같이 보도했습니다.

서울시 교육위원회는 오늘 국회 행정위원회 소속 김우석 의원 질의에 대한 서면 답변에서 1980년 당시 문교부 생활지도 장학관 회의에서 삼청교육에 대한 취지 설명과 지시를 들었으며 차출자 명단 서식까지 받아 각 학교에 선도가 불가능한 학생의 명단을 제출하도록 했다고 밝혔습니다.

교육위원회는 학교로부터 20여 명의 A급 학생 명단을 수합해서 문교부 생활지도 장학관실로 보냈다고 덧붙였습니다.

그리고 교육대상자는 학교에서 집단폭행, 음성서클 가담, 금품 탈취 등의 이유로 지도가 어려운 선도 요망 학생들로서 학교로부터 **추천, 추천**받았다고 설명했습니다.

이들에 대한 사후 조치에서는 경찰에서 전담한다는 말만 들었을 뿐 몇 명을 교육 보냈는지도 교육위원회에서는 파악할 수 없었다고 밝혔습니다.

이 나라의 교육을 책임져야 할 문교당국이 어린 학생들을 악명 높은 삼청교육대에 몰아넣으면서 선도가 불가능한 학생을 추천받아 전범처럼 등급을 매겨 처리해놓고 사후 조치는 파악할 수 없었다고 태연하게 대답하는 태도에서 중세 유럽의 마녀사냥이 새삼 확인되고 있었습니다.

제가 이 리포트를 소개하는 이유는 삼청교육대의 만행을 폭로하는 내용 때문이 아닙니다. 바로 '추천'이라는 말을 똑같이 두 번 반복해서 리포트했기 때문입니다.

당시 저로서는 이 리포트를 하면서 1분 20초 안에 제가 느끼는 분노를 표현할 길이 없어 훗날 기록을 위해서라도 "학교로부터 추천, 추천받았다"고 두 번 반복해서 보도했습니다.

아마도 일부러 같은 말을 저와 같은 이유로 방송에서 두 번 되풀이하는 경우는 처음 있는 일이었을 겁니다. 그럴 만한 이유와 명분이 있다고 저는 생각했습니다.

삼청교육대의 만행은 이미 5공 청문회를 통해 그 실상이 상당 부분 방송에 공개됐습니다. 전두환 군부가 정권을 잡기 위해 흔히 쓰던 수법, 즉 폭력을 동원해서 애꿎은 국민들을 살상하고 일반 국민들을 겁주는 방식을 쓴 것입니다.

1980년 8월부터 6개월 동안 신군부는 모두 6만 명이 넘는 국민들을 영장도 없이 체포해 그중 4만여 명을 이른바 삼청교육을 받도록 했습니다. 말이 교육이지 사실상 죽도록 패는 고문이었습니다. 그리고 이 과정에서 공식 발표만으로도 54명이 사망했고 후유증으로 죽은 사람들이 400여 명, 그리고 상해자도 2,600명이 넘었습니다. 우리는 오랜 경험으로 이런 숫자가 대부분 거짓말이라는 사실을 잘 알고 있습니다.

실제로는 이보다 훨씬 더 많은 사람들이 죽거나 다쳤을 것이란 증언
들이 계속 나오고 있습니다. 단순히 자료가 없다고, 자료를 없앴다고
진실이 사라지는 것은 아닙니다. 특히 사람 목숨과 관련된 진실은 아무
리 은폐하려고 해도 정말 사람 목숨처럼 끈질기게 그 모습을 드러내게
마련입니다.

문제는 이 만행이 일개 군부대가 저지른 잘못이 아니라 우리 관료조
직 대부분이 가담한 대규모 국가범죄라는 데 있습니다. 《국가범죄》라
는 책을 낸 이재승 교수에 따르면 국가범죄는 국가권력에 의한 중대한
인권유린 행위를 설명하는 용어입니다.

국가가 이런저런 이유를 들어 자행하는 집단살해, 살인, 녹화사업,
의문사, 강제수용, 노예화 등이 국가범죄라는 것입니다. 그리고 이런
범죄는 통상 계획적으로, 대량으로, 그리고 체계적으로 자행된다고 설
명합니다. 이 교수는 국가범죄는 대개 군사조직, 보안경찰, 권력자의
조종을 받는 반 공식적 폭력집단, 민병대가 주로 자행한다고 설명했지
만 그중에서도 군대를 가장 먼저 거론했습니다.

당시 신군부가 계엄포고령을 발동하고 경찰과 일반 관료조직을 동원
해 이 많은 사람들을 군부대에 보내 그런 만행을 저지른 것입니다. 그
리고 여기에 방송까지 앞잡이 노릇을 하게 만들었습니다. 저도 당시 삼
청교육에 대한 뉴스를 봤습니다만 모두 다 열심히 훈련받고 훌륭한 사
람이 되어 나가겠다는 인터뷰만 나왔습니다. 그 끔찍한 죽음에 대해서
는 한마디도 들을 수가 없었습니다.

그나마 문화방송은 2002년에 〈이제는 말할 수 있다〉는 기획프로그
램으로 채환규 PD가 연출한 "정화작전, 삼청계획 5호의 진실"을 통해

이 만행을 자세하게 폭로했습니다. 거기 보면 방송뉴스를 위해 문신이 있는 교육자들을 맨 앞에 배치하도록 연출하면서 나중에 그들에게 담배 한 개비를 선물로 주었다는 증언이 나왔습니다. 모든 게 다 신군부가 기획, 연출한 것이며, 이에 방송마저 놀아난 겁니다. 그러니 일반 국민들로서는 속을 수밖에 없었겠지요. 그 통에 그들은 정권을 찬탈할 수 있었고요.

그런데 1988년 신군부는 그런대로 정권을 유지할 수 있었지만 야 3당이 다수당으로 국회를 장악함으로써 청문회를 열지 않을 수 없게 되었고, 그래서 이런 만행들이 조금씩 그 모습을 드러낸 것입니다. 그야말로 빙산의 일각이 모습을 드러냈는데도 수십 명의 사망자, 수백 명의 후유증 사망자, 그리고 수천 명의 상해자들을 폭로한 것입니다.

당시 정부조직이 모두 다 숨기고 거짓말하고 별별 짓을 다 했는데도 그랬습니다. 지금도 그런 범죄를 저지른 사람들이 무슨 처벌을 받았는지 국민들은 알지 못합니다. 실제 군대에서 사람 패는 짓을 저지른 군인들은 졸병이어서 면죄부를 받았고, 장교들은 직접 못된 짓을 하지는 않았기 때문에 죄가 없고, 아주 높은 자들은 사회정화 차원에서 계획한 일이었다고 태연하게 증언해도 죄를 묻지 않았습니다.

그러니 서울시 교육위원회가 삼청교육에 어떻게 가담했는지를 그렇게 태연하게 보고하는 것이었습니다. 상급기관인 문교부 지시에 따라 각급 학교에 공문을 보내 선도가 어려운 학생들을 추천받았다고 주장하는 겁니다. 한마디로 관료조직 특성대로 상급기관에서 지시받은 내용을 그대로 산하기관에 전달했고, 그 이행사항을 역시 다시 상급기관에 보고했을 뿐이라는 거지요.

그러니 몇 명을 추천받았는지, 그중 몇 명이 교육을 받았는지, 그리고 몇 명이 목숨을 잃었는지 알 수가 없다는 겁니다. 알 필요도 없었겠지요. 당시엔 그랬다 하더라도 나중에 그 많은 사람들이 죽거나 병신이 된 사실을 알았다면 최소한 자책 한마디 있을 법한데 그렇지 않았습니다. 아무 문제가 없다는 식이었습니다.

저는 바로 그런 태도에 분노를 느낀 겁니다. 국민들이 수백 명 죽거나 다쳤다는데 정부가 아무런 잘못을 느끼지 않는다면 그런 만행은 앞으로도 되풀이될 수밖에 없기 때문입니다. 실제로 지금까지 그런 잘못은 계속되고 있습니다.

삼청교육 참사가 일어난 지 올해로 30년이 넘었지만 여전히 군대 안에서 사람 패는 만행은 밥 먹듯이 일어나고 있습니다. 육군 28사단에서 일병 1명이 다른 군인들에게 정말 밥 먹듯이 매를 맞다가 목숨을 잃었습니다. 군에서 온갖 수단을 다해 은폐하려고 했겠지만 이 사건은 일반 국민들 관심사가 돼버렸습니다. 바로 방송뉴스에 크게 나버렸기 때문입니다.

그 후로도 그 부대 상병 2명이 휴가 나와서 목숨을 끊었습니다. 이 사건이 커지자 2014년 8월 군대 내 폭력사건이 이곳저곳에서 줄줄이 터져나오고 있습니다. 마치 그런 일들이 올해 처음 일어난 것처럼 말입니다. 다급한 육군은 앞으로 사고가 난 부대는 해체하겠다고까지 공약하고 나섰습니다.

저도 1975년 제대했습니다만, 군대 3년 동안 그전까지 맞았던 것보다 더 많이 맞았습니다. 특히 따귀 맞을 때 가장 모욕감을 느꼈는데, 실제로 전방에서 총기사고 나는 경우가 대개 얼굴을 때렸을 때라는 소리를 들었습니다. 당시 군대에서는 집합하라는 소리가 곧 기합받는다는 뜻이었는데, 지금도 그런지는 모르겠습니다. 기합이 집합이라는 말로 부드럽게 표현됐다면 실제로는 기합이 훨씬 고되다는 반증입니다.

당시 옆에 수송부 내무반이 있었는데 시도 때도 없이 매타작하는 소리가 들리는 것이었습니다. 그래서 한번은 수송병에게 그렇게 맞아도 괜찮은지 물었습니다. "아! 우리 운짱들은 좀 맞아야 군기가 잡혀요. 매일 밖으로 나돌아다니잖아요!" 그게 우리 군대였습니다. 일제 잔재가 아주 못된 모습으로 남아 있는 곳이 바로 우리 군대였단 말입니다.

앞서 소개한 이재승 교수는 《국가범죄》에서 "한국은 일제강점기, 분단체제, 한국전쟁, 군부독재, 민주화 이행기 등의 현대사를 거치면서 '국가범죄의 박물관'이라 할 만큼 다채로운 국가범죄 목록을 보유하고 있다"고 썼습니다. 그만큼 우리 군대가 문제가 많다는 얘기입니다. 그것도 오랫동안 말이지요.

그런데 신군부가 정치에 개입할 때 이런 폭력적인 야만성을 스스로 국민들에게 자랑해버린 셈입니다. 그러니 누가 감히 문제를 삼겠습니까? 결국 삼청교육대 사건도 시간이 지나면서 아무도 처벌받지 않은 채 덮이고 말았습니다. 그러니 그런 잘못이 계속 일어날 수밖에 없는 겁니다.

제가 그날 리포트에서 삼청교육 대상자들을 학교로부터 추천받았다고 한 대목에서 분노를 느낀 것은 추천이란 말 때문만이 아니었습니다. 그 행간에서 국가범죄의 조직적 일상화를 느꼈기 때문입니다. 엄청난 잘못인데도 아무런 죄책감이 없는 우리 정부를 봤기 때문입니다.

그날 저는 기사 쓸 때부터 추천이라는 말을 원고지에 두 번 제대로 썼습니다. 혹시 말썽이 나더라도 제가 속였다는 소리는 듣고 싶지 않았기 때문입니다. 그러면서 부장이 제가 실수해서 두 번 같은 말을 쓴 것으로 받아들일 수도 있겠구나 하는 생각을 했습니다. 그리고 방송이 나가면 언젠가는 지금처럼 그때 일을 기록에 남겨야겠다고 다짐했습니다.

방송이 신문과 다른 대목이 바로 이처럼 개인 목소리를 이용하는 매체라는 점입니다. 굳이 좋은 목소리를 타고날 필요는 없지만 그렇다고 듣기 거북한 목소리를 타고난 사람은 방송기자를 잘할 수 없는 이유가 여기에 있습니다. 같은 내용이라도 보도하는 사람 목소리에 따라 얼마든지 다른 느낌을 전달할 수 있는 거지요.

1980년에 해직된 선배 중에 아침뉴스를 진행하던 분이 있었습니다. 이른바 '광주사태'가 처음으로 검열을 통과한 날 아침뉴스를 진행하던 그 선배 목소리가 '몹시 슬펐다'고 누가 지적하더라는 것이었습니다. 그 선배는 그날 뉴스 진행이 해직 사유가 됐을 것이라고 나중에 회고했습니다. 제가 방송뉴스에서 목소리가 정말 중요하구나 하는 생각을 하게 만든 계기였습니다. 목소리 자체가 때로는 사람 잡는 소리가 될 수도 있다니 말입니다.

제가 느낀 그 선배 목소리는 약간 쉿소리가 들어간 거친 소리였는데 어떻게 슬픈 느낌을 주는 소리를 냈는지 지금도 궁금합니다. 아마 제가 두 번 같은 말을 반복하려고 시도한 것도 이런 선배들 사연과 관련 있을지 모르겠습니다.

저는 그날 리포트하면서 처음에는 그냥 평범한 톤으로 추천이라고 읽었습니다. 그리고 잠시 뜸을 들인 후 두 번째 추천이라고 할 때는 약간 언성을 높여서 소리를 냈습니다. 그날 시청자들이 어떤 느낌을 받았는지 저는 잘 모릅니다. 다만 다음 날 회사에서 별다른 지적이 없었던 걸 보면 시청자들 반응도 별로 없었을지 모르겠습니다.

그럼에도 저는 이 사실을 굳이 기록에 남기고 싶습니다. 방송뉴스야 말로 목소리가 가장 중요하다는 사실을 강조하고 싶기 때문입니다. 좀 더 정확하게 말하자면 방송뉴스는 글이 아니라 말이 주요 수단이라는 사실을 강조하고 싶은 겁니다. 그러니 어려운 문자 쓰는 일부 계층보다는 말로 하는 다수 국민을 위해서 방송뉴스를 내보내야 한다는 겁니다.

방송뉴스가 만약 지금처럼 산문이 아니라 노래가사처럼 장단과 가락이 있는 운문으로 나간다면 국민들이 얼마나 신선하게 느낄까요? 머릿속에 그려만 봤지 한 번도 시도해본 적은 없는 방식입니다. 요새처럼 다양한 세상에 방송뉴스가 그런 말맛까지 느끼게 해준다면 얼마나 좋겠습니까?

예전에 KBS에 〈김삿갓 북한 방랑기〉라는 반공 프로그램이 있었습니다. 사실 여부를 떠나 제법 인기가 있었는데요, 그 프로그램 마지막엔 늘 이런 대사가 나왔습니다.

"어찌타 / 북녘 땅은 / 핏빛으로 / 물들었나"

우리 시조가락처럼 리듬을 타는 소리였습니다.

"동해물과 백두산이 마르고 닳도록"

우리 〈애국가〉도 네 글자씩 되어 있습니다. 우리 시조도 보통 이렇게 만들어진 걸 보면 방송뉴스 만들 때 한번 참조해볼 만합니다. 매일 뉴스에 이런 소리를 내보낼 수는 없겠지만 간혹 이런 뉴스도 한번 들어보고 싶은 겁니다.

2002년 한·일월드컵 때 전 세계를 감동시킨 붉은 악마 응원이 있었지요. 그때 가장 인상에 남는 소리가 바로 "대~한 민국 짝짝짝 짝짝!" 이었습니다. 이게 우리 가락이라네요. 방송뉴스가 우리 가락에 있는 그런 운율까지 내준다면 정말 전 세계를 또 한 번 감동시킬 수 있을 것 같은데요.

앞서 소개한 뉴스를 "학교로부터 추천 추~천" 하고 읽었다면 어떤 반응이 있었을까요?

현장 이야기

서울에서
워싱턴까지

청년해외봉사대 창설

1988년 봄, 저는 8년 만에 다시 정치부로 복직했습니다. 1980년 해직 때 외무부 출입이었는데 그해엔 총리실 출입으로 바뀌었을 뿐입니다. 물론 세상은 엄청나게 바뀐 뒤고요. 문득 예전 유네스코에서 근무할 때 일이 생각났습니다. 그래서 김대영 총리실 조정관을 찾아갔습니다.

그렇게 해서 나온 기사가 그해 3월 14일 〈뉴스데스크〉에 소개한 "청년해외봉사대 창설"이라는 뉴스였습니다. 요지는 미국 평화봉사단처럼 우리 정부도 젊은 청년들을 선발해 개발도상국 현지에 가서 2년 정도 봉사할 수 있도록 한다는 것이었습니다. 그해 건국 40주년과 올림픽 유치를 기념하는 사업의 하나로 추진한다는 명분을 내걸었습니다.

그런데 그 기사는 처음부터 정부 당국자가 아닌 그냥 고위 소식통을 인용해 작성한 것이었습니다. 기자들끼리 흔히 하는 농담 중에 "이 기사 소식통이 누구야? 혹 기사 쓴 기자 아니야?" 하는 우스갯소리가 있지요. 이 기사에서 인용한 고위 소식통은 사실 바로 저였습니다. 제가 바로 유네스코에서 이 기사 내용을 처음 주장하고 초안을 잡은 장본인이었던 겁니다.

지금은 기억이 명확치 않지만 아마 1985~1986년께로 기억합니다. 대학 같은 과 선배 한 분이 명동 유네스코에 오셨습니다. 그분은 당시 외무부에서 근무하다 안기부에 파견 근무 중으로, 사무총장을 만나러 왔다가 제 생각이 났다고 했습니다.

그날 저녁을 같이하면서 저는 모처럼 선배에게 푸념 아닌 푸념을 퍼부었습니다. 가장 핵심적인 내용은 "젊은 대학생들을 저렇게 많이 감옥에 집어넣어 앞으로 어떻게 나라 장래를 낙관할 수 있겠느냐"는 것이었습니다. 백을 양보해 그들이 용공 좌경사상을 갖고 있다 하더라도 젊은 나이에 실수가 있을 수도 있는 거고, 또 사람 생각이란 게 나이 들면서 바뀔 수도 있는 건데, 저렇게 무더기로 잡아넣고 앞길을 막아버리면 되겠느냐 하는 주장이었습니다.

그때 제가 한두 가지 의견을 냈습니다. 하나는 감옥에 있을 때 그들에게 집필할 수 있는 기회를 주자는 것이었습니다. 물론 어떤 조건을 달더라도 상관없다고 했지요. 하다못해 사후에 발표한다고 하더라도 좋다는 주장이었습니다. 가장 젊고 피가 뜨거울 때 어떤 생각이든 남긴다면 그건 좋은 내용일거라고 하면서 말이죠.

또 한 가지 주장이 이들 학생들을 제 3세계로 내보내자는 것이었습니다. "그들이 좌경사상이 있다면 좌경국가나 제 3세계를 직접 체험하게 해주면 얼마나 좋아하겠는가. 또한 현실을 직접 보고 나면 생각이 바뀔 수도 있지 않겠는가. 대신 국내에는 그런 골치 아픈 대학생들 처리 문제로 속 썩일 일이 없어지지 않겠는가" 하는 근거를 대면서 주장했습니다. 그 선배는 그냥 듣고만 있었습니다.

며칠 후 그 선배가 뜻밖에 전화를 했습니다. "엊그제 주장한 내용을 한번 문서로 만들어줄 수 있느냐"는 거였습니다. "좋다"고 했습니다. 정권은 유한하지만 국가는 영원하다는 생각을 하면서 말입니다. 당장 유네스코 사무총장에게 말씀드리고 작업을 시작했습니다.

그때 저는 처음으로 미국 평화봉사단과 일본 해외협력단을 다룬 책을 읽어봤습니다. 케네디 정부가 만든 미국 평화봉사단이 소련 선전책동에 휘말려 제3세계에 미국 스파이처럼 알려졌고 결국 실패했다는 사실과, 오히려 일본 해외협력단이 아주 활발해 봉사자들끼리 동인잡지를 매달 발간하고 있다는 사실도 알게 되었습니다.

저는 이들 국가들 사례를 참고로 해서 우리가 할 수 있는 봉사대 일과 규모를 정했고, 실제로 이를 추진할 수 있는 기관으로 유네스코 한국위원회를 지정하는 내용을 주요 골자로 삼아 계획안을 만들었습니다. 그때 제 큰딸이 아파서 병원에 입원해 있었는데, 침대 밑 간이침대에서 그 계획안을 마지막으로 손봤습니다.

새벽 한 시쯤 끝마치고 나니 오랜만에 성취감이랄까 보람이랄까 하는 기분이 들었고, 잠도 오지 않아 병원 앞 포장마차에 가서 소주 한 병을 마셨습니다. 아무튼 그 계획안은 유네스코 조직을 통해 제 선배에게 공식 전달됐습니다. 한참 후에 저는 그 계획안이 수정, 보완돼 청와대에 보고됐다는 사실을 알게 됐습니다. 그리고 잊어버렸지요.

복직한 뒤 총리실에 출입하면서 그 계획안을 다시 떠올린 겁니다. 그날 작성한 기사는 일단 방송기자들에겐 배경설명과 함께 공개(풀) 했습니다. 석간신문에는 대학동창이 1명 있어 귀띔만 해주었습니다. 그 신문 역시 보충취재를 통해 이 기사를 그날 1면 기사로 다루었습니다. 그리고 다시 잊어버렸습니다. 정부에서 아무런 반응이 없었기 때문입니다. 그때는 사실상 오보처럼 비쳐도 할 말이 없었던 셈입니다.

그런데 1989년 봄에 느닷없이 청와대에서 이런 계획을 발표한 겁니다. 저는 이런 계획을 정부 부처가 아닌 청와대에서 발표한 사연을 내심 읽고 있었습니다. 어떤 정부 부처든 먼저 이런 계획을 짠 게 아니었기 때문이지요.

그해에 문교부가 유네스코 한국위원회에 3억 원을 지원하기로 했습니다. 당시 위원회 1년 사업비가 7억 원 규모였으니 엄청난 지원금을 받은 셈입니다. 제가 그때 위원회 후배에게 전화를 걸어 "7년 동안 근무하면서 신세진 빚을 이제 갚았다"고 농담을 한 적이 있습니다. 그리고 또 잊어버렸습니다.

워싱턴 특파원을 마치고 귀국한 1994년 저는 사회부장을 맡게 되었습니다. 그해 연말 신년 특집을 준비하던 중에 문득 해외봉사대 생각이 떠올랐습니다. 그때는 이미 한국국제협력단이란 이름으로 조직적 활동을 하고 있었기 때문에 취재가 쉬웠습니다. 그래서 사회부 초년기자에게 이들 봉사대가 활동하는 아시아 국가들을 대상으로 첫 해외취재를 해보도록 지시했습니다.

그래서 1995년 1월 1일 사회부 오정환 기자가 네팔 현지에서 양잠기술을 가르쳐주는 해외봉사단원을 취재한 기사가 방송을 탔습니다. 나중에 봤더니 1990년에 네팔 등 아시아 4개국에 처음으로 봉사대원 44명을 파견했더라고요.

그럼에도 우리 기사가 아마 방송사가 자체 예산으로 기획 취재한 첫 번째 기사였던 모양입니다. 왜냐면 이 보도 이후 저는 졸지에 협력단 자문위원으로 위촉됐기 때문입니다. 물론 회의에는 한 번도 참석해보지 못했지만 말이죠.

2002년 문화방송 기획이사로 임원이 됐을 때 다시 자문위원 위촉 제의가 왔습니다. 그때는 저도 시간 여유가 있어 처음으로 회의에 참석해 봤습니다. 그 회의에는 지금은 돌아가셨습니다만 예전에 제가 모셨던 유네스코 조성옥 총장도 같은 위원 자격으로 참석해 있었습니다.

참 반가웠습니다만 우리는 옛날이야기를 하지는 않았습니다. 왠지 침묵하는 편이 좋을 것 같다는 생각이 이심전심 들었는지도 모르겠습니다. 제가 이런 사연을 지금 처음으로 밝히면서도 굳이 대학 선배에 대해서 자세하게 말씀 드리지 않는 이유도 그게 더 나을 것이라는 생각이 들기 때문입니다.

그 엄혹했던 시절, 서로 다른 처지에 살면서도 서로 협력해서 어떤 일을 해봤다는 느낌은 이젠 굳이 밝히지 않아도 될 일이라는 생각이 들기 때문입니다. 그래서인지 모르겠습니다. 저는 아직까지 그 선배를 지난 20여 년 동안 단 한 번도 연락하거나 만난 적이 없습니다. 같은 대학 같은 과를 같이 다닌 사이인데도 그랬습니다.

제가 나중에 정치부로 복직해 이 일과 직접 관련 있는 민자당 박철언 의원을 만났을 때도 이 이야기는 왠지 하고 싶지 않았습니다. 그게 순리라는 생각이 들었기 때문입니다. 누가 했느냐가 중요한 게 아니라 무슨 일을 했느냐가 중요하다고 생각했기 때문입니다.

또 하나 굳이 말하자면 저에게는 취재원 보호라는 명분이 있었기 때문입니다. 이젠 저나 그분들이나 다 현업을 떠난 뒤라 밝혀도 되리라는 생각이 들기도 합니다만, 한편으로는 굳이 이제 와서 그 얘기 해봐야 무슨 의미가 있을까 하는 생각도 듭니다. 그래서 이렇게 어정쩡한 사연으로 기록에 남기고 싶은 겁니다.

'적과의 동침'이란 말이 유행한 적이 있습니다. 정확한 출전은 모르겠지만 무슨 뜻인지는 알 만한 소리입니다. 간혹 이런 말이 떠오르는 이유가 아마 제가 이 사연 이야기를 이렇게 엉성하게 하는 진짜 이유인지도 모르겠습니다. 이제 더 늦기 전에 그 선배 한번 만나 뵙고 싶습니다. 그리고 지나간 이야기도 한번 제대로 들어보고 싶습니다. 또 한 번의 기록을 위해서, 아니 진짜 제대로 된 기록을 남기기 위해서 말입니다.

이 기록을 위해 처음으로 국제협력단(KOICA) 사이트에 들어가 봤습니다. 2013년 1월 기준으로 모두 46개국에 1,600여 명을 파견한 것으로 나와 있습니다. 처음 아시아 4개국에 40여 명을 내보내던 때와 비교해보면 23년 사이에 그 규모와 인원이 엄청나게 늘어났음을 알 수 있습니다. 그리고 저는 처음에 청년해외봉사대라고 보도했는데, 지금 공식 명칭은 한국청년해외봉사단입니다. 작은 오보였던 셈인가요?

정가 이모저모

1988년 봄에 정치부로 돌아온 저는 오랜만에 대하는 정치부 뉴스가 늘 미흡하다는 생각이 들었습니다. 그나마 총리실 출입할 땐 그런 생각을 많이 하지 않았습니다만 그해 여름에 국회를 출입하면서부터 뉴스 형식에 대해 아쉬운 생각이 더욱 강해졌습니다.

회사에서 그나마 오랫동안 해직됐기 때문에 늦게나마 두루 경험해보라고 배려해줘 저는 총리실에 출입한 지 6개월도 안 돼 다시 민주당으로 출입처를 바꾼 겁니다. 흔히 말하는 국회 출입기자가 된 거지요. 국회 출입은 그때가 처음이었습니다.

처음 가본 국회였지만 그동안 세상이 많이 변한 데다 국회를 야권 3당이 다수당으로 장악하고 있어 그 동태적인 상황을 전달하는 데는 당시 뉴스 형식만으로는 안 되겠다는 생각이 늘 머리를 떠나지 않았습니다. 지금 생각해보면 뉴스 틀, 즉 프레임 자체에 문제가 있다는 생각이 든 겁니다.

지금 제가 말씀드리는 뉴스란 흔히 말하는 '스트레이트' 기사입니다. 이른바 육하원칙에 따라 '누가, 언제, 어디서, 무엇을, 왜, 어떻게' 했느냐는 식으로 기사를 쓰되, 중요한 대목부터 리드에 써서 점차 역삼각형 순서로 기사를 작성하는 방식을 말씀드리는 겁니다. 이른바 피처 스토리와는 완전히 다른 기사방식이 당시 방송에서는 대세였으니까요.

그러다 보니 국회가 열릴 땐 국회 회의가 주요 취재대상이 됐고, 보통 땐 각 당에서 발표하는 대변인 성명이나 논평이 주로 취재대상이 됐습니다. 그리고 그 다음이 각 당 총재가 참석하는 기자간담회나 회견 등이었습니다.

물론 기자가 따로 당직자나 주요 정치인들을 만나 특종 기사를 쓰는 경우도 있지만, 거의 대부분 국회 관련 기사가 이른바 눈에 드러나는 행사나 보도자료에 의존하는 경우가 많았다는 겁니다. 스트레이트 기사만 쓰면 이 정도 취재만으로도 충분했을 겁니다.

그러나 눈에 보이지 않는 어떤 흐름, 예를 들면 공식행사는 아니지만 야권 3당이 보이는 미묘한 차이나 갈등 같은 사안은 기사 취재도 물론 어렵지만 설혹 취재를 했다 하더라도 당시 스트레이트 뉴스 방식으로는 소화하기 쉽지 않은 한계를 갖고 있었던 겁니다.

국회가 엄청나게 변했는데도 기사작성 방식은 예나 지금이나 똑같았던 셈입니다. 신문 같으면 스트레이트 기사 다음에 해설기사로 보충하고, 그것도 모자라다 싶으면 사설에다 외부인사 칼럼까지 동원할 수 있습니다. 게다가 지금은 없어졌지만 예전에는 이른바 '가십'이란 게 있어 정치인 개인 발언이나 처신에 대해 은근히 비꼬는 '기사 아닌 기사'를 날마다 내보내기도 했습니다.

1970~80년대 정치상황에서 이런 가십 형식은 일반 뉴스보다 오히려 눈에 보이지 않는 현실을 더 실감나게 드러내주는 역할을 함으로써 대

단한 인기를 끌었습니다. 그렇지만 정식 뉴스는 아니라는 핑계로 그 많은 '보도지침' 같은 압력을 벗어나는 방식으로 이용하기도 한 겁니다.

지금도 기억나는 건 1980년대 야당의 김영삼 총재가 단식에 들어갔을 땐데, 이를 뉴스로 낼 수 없었던 신문들은 이른바 '현안'이라는 표현을 써서 가십 형태로 길게 지면에 반영한 겁니다. 여기에 신문은 심지어 만화나 만평에서까지 일반기사를 보완하기도 했습니다.

"고바우 영감"이나 "두꺼비" 같은 만화는 일반 뉴스보다 더 많은 정치 상황을 보여줘서 독재정권을 자극하기도 했습니다. 간혹 며칠씩 만화나 만평이 사라지는 경우도 있었으니까요. 당시 정권이 그나마 만화들을 함부로 손대지 못한 것은 '만화까지 검열한다'는 소리는 차마 듣고 싶지 않았기 때문이었습니다.

그런데 방송은 이런 신문에 비해 동영상을 제공하는 엄청난 전파력을 갖고 있으면서도 정작 이를 이용할 기사에 대해서는 아주 빈약하기 이를 데 없는 실정이었습니다. 제가 그때 늘 했던 불평이 바로 "방송은 대포를 갖고 있으면서도 늘 칼을 가진 신문에 당한다"는 볼멘소리였습니다.

참으로 오랜만에 돌아온 방송 정치부에서 저는 이런 현실이 못내 아쉽고 안타까웠습니다. 이론상 상대가 안 되는 신문보다도 방송은 여전히 한 수 뒤져 있던 겁니다. 특히 후배들 기사 쓰는 걸 볼 때는 이런 생각들이 더욱 강하게 치솟았습니다. 당시 저는 벌써 차장이었기 때문입니다.

우선 야당 출입하는 후배들과 이런 문제를 공·사석에서 거론했습니다. 우리도 뉴스를 좀더 다양하게 전달하기 위해서는 새로운 형식이 필요하다고 말입니다. 신문에서 보는 가십, 해설기사 같은 것을 망라할 수 있는 그런 뉴스를 만들어보자고 말이죠.

처음 해보는 말이라 처음엔 별로 반응이 없었습니다만 시간이 지나면서 일부 후배들이 점점 반응을 보이기 시작했습니다. 처음 해보는 일이라 일단 뉴스 어깨걸이(뉴스 앵커 오른쪽 위에 나오는 뉴스 제목)는 '정가' 또는 아예 없는 상태로 한번 내보자는 작전까지 짜봤습니다. 처음부터 거창하게 제목 걸었다가 도중하차하는 것보다는 낫다는 생각에서였습니다.

그러나 실제로는 이런 내용과 형식을 갖춘 뉴스 자체를 만들지 못한다는 문제가 있었습니다. 당시 야당 출입기자만 대여섯 명 이상인데도 하루에 이런 형식에 맞는 뉴스가 한두 개 이상 나오지를 않는 것이었습니다. 그러니 날마다 하는 것처럼 어깨걸이 간판을 걸 수가 없었던 겁니다.

나중에 이인용 기자(현 삼성전자 사장)에게 들은 얘기지만 그해 10월 서울올림픽이 열려 특별취재반에서는 날마다 올림픽과 관련 있는 뉴스 중에 독자적으로 보도하기 애매한 뉴스를 모아서 '이모저모'라는 제목으로 내보냈다는 겁니다. 그래서인지 처음부터 이 새로운 뉴스를 소개하는 앵커가 늘 '이모저모'라는 표현을 썼습니다.

1988년, 기록상으로는 11월 2일 〈뉴스데스크〉에서 이인용 기자가 어깨걸이 화면 없이 그냥 '정가 이모저모'라는 앵커 소개에 이어 "대학생들이 전두환 씨 집을 습격한다"는 내용으로 첫선을 보였습니다. 그리고 그 다음 날 정성환 기자가 처음으로 '정가 이모저모'라는 어깨걸이 제목으로 방송을 탔을 뿐 그 후 '이모저모'라는 제목은 사라져버렸습니다.

1988년 11월 28일
〈뉴스데스크〉에 '정가'라는
제목으로 등장한
'정가 이모저모'

그달 11월 28일 〈뉴스데스크〉에 제가 처음으로 보도한 이모저모 기사가 '정가'라는 제목으로 남아 있습니다. "청문회 다시 열풍"이라는 내용이었는데, 기존 뉴스와 다르다는 걸 강조하기 위해 좀 튀는 표현을 쓰려고 한 흔적이 역력했습니다.

"청문회가 배보다 더 큰 배꼽 격"이라는 표현도 썼고, "울며 겨자 먹기"라는 말도 나왔습니다. 또 "엉뚱하게 통과되지 못하고"라든가 "명분과 현실의 정면승부"라는 표현도 나왔습니다. 모두 다 일반 뉴스에서는 상상도 못할 표현들입니다.

'정가 이모저모'라는 애매한 표현으로 시작한 이 새로운 형식의 뉴스는 점점 가속이 붙기 시작했습니다. 점점 뉴스 소재가 늘어나는 데다 하겠다는 기자들 요구도 늘어나기 시작했습니다. 때로는 뉴스에 나오는 표현 하나를 놓고 한 시간 이상씩 토론하는 경우도 있었습니다.

실제로 그 다음 해 김영삼 민주당 총재가 소련에 갔는데, 같이 간 민정당 박철언 의원이 '수행했다'고 할지 '동행했다'고 할지를 놓고 적지 않은 신경전을 벌인 적이 있습니다. '정가 이모저모'는 바로 이런 뉴스를 제대로 담아보자는 새로운 그릇이었던 셈입니다.

여담입니다만 그때 공화당에 출입하는 임홍식 기자가 있었는데, 임 기자는 제4당에 출입하기 때문에 상대적으로 〈뉴스데스크〉 출연이 뜸할 수밖에 없었습니다. 그런데 임 기자는 바로 이 '정가 이모저모'에 발군의 솜씨를 보여 출입하는 당 관련기사가 없을 때도 자주 〈뉴스데스크〉에 출연할 수 있었습니다. 편집부장이 임홍식 기자를 '이모저모 전문기자'라는 뜻으로 '임 모' 기자로 불렀던 적도 있습니다.

그렇게 이모저모는 '정가'라는 애매한 어깨걸이 제목으로 그 다음 해까지 게릴라처럼 나왔다 들어갔다 했습니다. 그렇지만 점점 국회 주변에서 문화방송이 신문 가십 같은 이상한 뉴스를 한다는 소문이 나돌기 시작했습니다.

웬만큼 자리가 잡혔다 싶어서 저는 이 새로운 뉴스형식을 정식으로 간판을 걸고 내보내자고 생각했습니다. 그래서 후배들과 먼저 어떤 제목으로 할 것인지를 상의했습니다. 신문에서와 같은 '정가산책' 등 여러 가지 의견들이 나왔습니다만 모두 다 만족스럽지가 않았습니다. 제 스스로도 별 아이디어가 없었습니다.

그래서 그동안 뉴스 앵커가 간판 없이 뉴스 소개할 때 썼던 '이모저모'를 그대로 쓰자는 데 의견을 모았습니다. 결국 '정가 이모저모'라는 새로운 코너가 정식으로 생긴 겁니다. 그런데 1990년 1월 민정당과 민주, 공화 3당이 통합을 한 데다 저 또한 그해 봄 국제부로 발령 나버려 '정가 이모저모'는 붕 뜬 처지가 돼버렸습니다.

국제부에 있을 때 저는 '정가 이모저모'가 〈뉴스데스크〉에서 빠져 아침뉴스로 옮겼다는 소리를 들었습니다. 아쉬웠지만 그때는 제가 무어라 말할 처지가 아니었습니다. 그리고 1년이 지나 워싱턴 특파원으로 간 뒤에 어느 날인가 서울 숙직 후배로부터 '정가 이모저모'가 없어졌다는 소리를 들었습니다.

기록을 보면 당시 〈뉴스데스크〉에서 '정가 이모저모'를 마지막으로 내보낸 때가 1989년 11월 8일이었습니다. 그 후 '정가 이모저모'는 기록상으로는 일단 사라져버렸습니다. 다시 '정가 이모저모'가 나타난 때는 1998년 8월이었습니다. 공교롭게도 제가 보도국장을 할 때였습니다.

제가 그 코너를 다시 하라고 주장한 기억은 없습니다만 주장했을 수도 있습니다. 제가 비교적 말을 많이 하는 편이거든요. 아무튼 문화방송 자료를 검색해보면 '정가 이모저모'가 마지막으로 올라 있는 때가 2002년입니다. 이때는 어깨걸이 없이 뉴스 앵커가 '정가 이모저모'라고 소개하는 뉴스였습니다.

기록상 '정가 이모저모'라는 제목을 달고 나간 마지막 뉴스는 2001년 5월 당시 야당인 한나라당 이회창 총재와 관련한 뉴스였습니다. 중간중간 우여곡절을 겪었지만 '정가 이모저모'는 그나마 10여 년 동안 명맥을 유지한 셈입니다.

지금은 그때와 달리 방송기술이나 취재기법도 엄청나게 발전했을 것입니다. 〈뉴스데스크〉는 이미 오래전부터 일반 스트레이트 뉴스 방식으로는 제작이 불가능할 정도로 스토리텔링 위주로, 이른바 피처물처럼 만들고 있지 않습니까?

방송환경 역시 엄청나게 변해 그동안 해온 취재, 제작방식으로는 시청자 눈높이를 맞출 수 없을 것입니다. 그렇지만 제 경험으로 보면 기자들이 엄청나게 보수적이라는 점이 문제입니다. 대개 새로운 아이디어나 생각은 젊은 기자들이 내기가 쉬운데, 이게 부장 이상 조직 상부에서 막히는 경우가 많습니다.

요새 각종 디지털 매체가 하루가 멀다 하고 그 세력을 넓히고 있습니다. 트위터는 140자 이내로 정보를 요약해야 하는데, 만약 어떤 방송사가 트위터에 맞는 새로운 뉴스를 개발한다면 반응이 어떻겠습니까?

또한 트위터, 카카오톡, 페이스북 모두 정보를 주면 댓글이든 뭐든 정보를 다시 받을 수 있도록 되어 있습니다. 만약 어떤 방송사가 자기 뉴스에 대한 시청자들 반응을 가감 없이 다시 시청자들에게 전해준다면 어떻겠습니까?

방송뉴스가 공정한지 아닌지를 놓고 수십 년간 논의하고 있지만 이런 변화에 맞는 새로운 뉴스를 개발하자는 논의는 거의 없는데, 이게 바람직한 일인지요?

방송뉴스를 어떤 틀에 맞게 내보낼 것인가 하는 문제는 이제 사소한 일이 아닙니다. 어쩌면 그 어떤 논의보다도 본질에 가까운 문제일 수도 있습니다. 1970~80년대에 카메라기자들이 개발한 '카메라 출동'은 일반 뉴스보다 훨씬 더 압도적인 영향력을 갖고 있었습니다.

프로듀서들이 개발한 〈PD수첩〉은 우리 사회에 PD 저널리즘이라는 새로운 영역을 선보이기까지 했습니다. 그만큼 영향력도 컸고 방송기자들이 한 수 배워야 할 대목도 많이 있었습니다. 지금은 한 개인이 뉴스를 만들고 방송하는 시대가 됐습니다. 얼마든지 새로운 방식으로 새로운 뉴스가 우리 주변에 나타날 여지가 많다는 얘기입니다.

바쁘겠지만 간혹 머리도 식힐 겸 이런 주제에 대해 현업 기자들이 한

번 생각해봤으면 좋겠습니다. 방송의 공정성이나 공영성 같은 담론도 바로 이런 실질적 논의에서 출발해본다면 아주 새로운 대안이 나올 수 있지 않겠습니까? '정가 이모저모'처럼 말입니다.

청문회 정국

1970년대 후반에 저는 청문회 하면 미국 같은 나라에나 있는 제도인 줄 알았습니다. 1978년 봄 제가 외무부에 출입할 때 바로 미국 하원 청문회가 우리 정부에 엄청난 압력을 행사했기 때문입니다.

이른바 '박동선 사건'이라고 알려진 스캔들이 터진 시절이었습니다. 1976년 10월 미국 〈워싱턴포스트〉 신문이 "한국 정부의 기관요원인 박동선 씨가 1970년대 연간 50만 내지 100만 달러 상당의 뇌물로 90여 명의 미국 의원과 공직자를 매수했다"고 1면 머리기사로 보도했습니다. 결국 '코리아게이트'라는 말까지 생겨날 정도였습니다. 미국 닉슨 대통령을 하야시킨 워터게이트 사건을 빗대서 만든 말이니만큼 그 파장이 엄청날 수밖에 없었을 겁니다.

미국 하원 국제관계위원회가 1977년 산하 국제기구소위원회에 한·미관계에 관해 정치, 군사, 첩보, 경제, 교육 등 모든 측면들을 충분하고 완벽하게 조사·연구할 권한을 위임했고, 이 소위원회는 청문회만 무려 스무 차례 이상 열었습니다.

당시 분위기로는 이들은 마치 한국 독재정권이 박동선이라는 인물을 기용해 미국 정계에 엄청난 로비를 하고 다닌 것처럼 과장했고, 여기에 김형욱 전 중앙정보부장까지 증인으로 나서 불난 데 기름을 끼얹는 꼴이 되어버렸습니다.

1976년 카터 미국 대통령이 주한미군 철수를 선거공약으로 내걸고 당선되면서 인권문제를 들고 나왔고, 결국 한국에 대한 군사원조마저 보류되는 사태에 이르자 우리 정부로서도 미국에 대한 로비가 필요하다는 다급한 판단을 하게 됐을 겁니다.

1979년 여름 카터 대통령이 우리나라를 공식 방문한 적이 있는데, 서울로 들어오지 않고 의정부 미군부대로 곧바로 가서 하룻밤 자고 다음 날 아침에 조깅부터 한 적이 있습니다. 공식 만찬 때 카터 대통령이 엠네스티 자료를 인용해 한국 정치범 석방을 요구했다는 사실도 나돌았습니다. 한·미관계는 당시 박동진 외무장관이 완곡어법으로 말하듯이 그야말로 불편한 관계였습니다.

우리 외무부는 수시로 미국 의회와 언론이 제기하는 각종 의혹과 기사에 대해 해명하기 바빴고, 국내에서는 긴급조치가 있어 이를 제대로 보도조차 할 수 없는 상황이었기 때문에 외신을 타고 들어오는 뉴스는 그만큼 더 권위와 영향력이 클 수밖에 없었습니다.

나중에 미 하원 국제기구소위원회가 발표한 이른바 〈프레이저 보고서〉는 무려 600페이지(번역본 기준)가 넘는 방대한 자료였지만 코리아게이트는 결국 두어 명의 미 하원의원과 보좌관, 한두 명의 행정부 관료들에게 뇌물을 주거나 주려고 시도했다는 내용이 전부였습니다.

말 그대로 "태산명동에 서일필"(泰山鳴動 鼠一匹) 격이었습니다. 코리아게이트의 핵심인 미국에 대한 불법로비보다는 오히려 우리 정보기관 직원과 부장이 한국 정권의 치부를 까발린 증언들이 더 큰 관심사가 되어버린 셈이었습니다.

결국 1979년 김형욱은 목숨을 잃었고 유신정권 역시 수명을 다하고 말았습니다. 저에게 청문회는 그런 전대미문의 역사와 관련 있고, 미국에서나 볼 수 있는 그런 제도로 머리에 남았습니다.

그런데 말입니다, 어느 날 그 청문회가 갑자기 우리 곁에 나타난 겁니다. 프레이저 청문회를 기억한 지 꼭 10년이 지난 1988년이었습니다. 김대중, 김영삼, 김종필 씨 등 이른바 3김 씨가 각각 이끄는 야당은 대통령 선거에서는 졌지만 국회에서 다수당이 되어 국정감사도 되살리고, 미국에서나 하던 청문회도 도입하기로 새로 법을 만든 겁니다.

당시 저는 김영삼 총재의 민주당을 출입하고 있었습니다. 저는 청문회 도입을 보고 '참 세상 좋아졌다'는 생각이 들었습니다. 말 그대로 상전벽해 같은 변화였습니다. 저는 청문회 개최가 5공 정권을 청산하는 데 크게 도움이 될 것이라는 믿음이 있었습니다.

게다가 청문회는 언론 중에서도 방송에 맞는 제도라는 생각이 들었습니다. 생방송을 하든 녹화방송을 하든 일단 청문회가 전파를 타면 국민들 반응은 폭발적일 것이라는 생각도 들었습니다.

그래서 가장 먼저 '5공 비리'를 다룰 청문회 위원장인 민주당 이기택 의원을 찾아가 인터뷰를 했습니다. 그리고 1988년 10월 30일 일요일 밤 〈뉴스데스크〉 시간에 11월 3일부터 시작하는 '5공 비리 청문회'와 7일부터 열리는 '광주청문회'를 소개하면서 크게 띄워주는 기획물을 보도했습니다.

그런데 그날 뉴스를 진행한 손석희 씨 덕에 큰 실수를 바로잡을 수 있었습니다. 제가 청문회를 처음 대대적으로 소개하는 기획기사를 쓰면서 시종 청문회 대신 공청회라고 썼기 때문입니다. 아마 손석희 씨가 물어오지 않았다면 저는 잘못을 의식하지 못한 채 그냥 청문회 대신 공청회라고 보도했을 겁니다.

우리나라에는 없는 제도였으니 제 머릿속에는 오랫동안 청문회라는 말 대신 영어 '히어링'(*hearing*)이 들어 있었고, 그걸 처음으로 소개하는 마당에 무심코 익숙한 공청회라는 말을 써버린 것 같습니다. 어쨌든 일일이 공청회라는 말을 청문회로 바꿨는데, 아마 예닐곱 차례 이상 고쳤던 것 같습니다. 단단히 벼르고 있던 저로서도 이런 어처구니없는 실수가 있었습니다.

그리고 11월 3일 '일해재단 비리'를 다룬 청문회가 처음으로 우리 국회에서 열렸습니다. 역사적인 일이었지만 그때는 생방송을 하지 못했습니다. 핑계는 일해재단 실무자들이 나오는 청문회라 별 관심이 없을 거라는 주장이었습니다만, 사실은 그때까지도 방송사가 제멋대로 중계하기 쉽지 않은 때였습니다. 어쨌든 당시 노태우 정부는 바로 5공 정권을 이어받은 정부 아니었습니까!

그날 하루 종일 청문회를 지켜본 저로서는 방송을 내보내지 못한 상황이 몹시 안타까웠습니다. 그래서 정치부장에게 건의를 했지요. 밤 12시 방송이 끝나는 시각부터 두 시간만 특별 편성을 하도록 해주면 그날 청문회 내용을 요약해서 방송해보겠다고요. 다행히 한번 해보자는 승낙을 얻었습니다.

그날 청문회를 지켜본 정치부 기자 서너 명을 편집실에 보내 '생선 토막 자르듯이' 인상 깊은 내용을 중심으로 두 시간짜리 청문회 요약본을 만들었습니다. 그리고 그날 밤 12시에 방송에 내보냈습니다. 다음 날 아침 예상대로 난리가 났습니다. 밤새 이를 지켜본 수많은 시청자들이 아침 출근에 늦었다는 불평 아닌 불평이 터져 나온 겁니다.

나중에 워싱턴 특파원 때 들은 얘기로는 당시 청문회 비디오테이프가 얼마나 교민사회에 인기가 있었던지, 이를 빌려보려면 한국슈퍼에 가서 신청하고 열흘 이상을 기다려야 했다고 합니다.

당장 그날 KBS 노조에서는 성명을 내서 "왜 우리는 그런 청문회 방송을 하지 않았는가"라고 자기비판을 했습니다. 결국 11월 7일 '광주청문회'부터는 모든 방송사가 생방송을 예고하고 나섰습니다. 그해 가을 우리는 정말 하루 종일 청문회 중계방송을 보면서 정신없이 하루하루를 보냈습니다.

처음 해보는 청문회라 왜 문제가 없었겠습니까! 증인들이 뻔뻔하거나 엉뚱한 대답을 할 때 국민들은 분통을 터뜨렸고, 이들을 제대로 다루지 못한 국회의원들에 대해서는 항의전화와 비난을 퍼붓기 일쑤였습니다. 방송사에는 "이런 청문회 뭐하러 하느냐"는 무용론까지 제기하는 전화가 걸려왔습니다.

그렇지만 저는 그때 청문회가 많은 문제를 해결했다고 생각했습니다. 무엇보다도 전 국민이 생방송을 통해 보는 데서 국회가 국민을 대신해 각종 국가범죄에 대한 진상을 규명하려 하였습니다.

제헌국회 때 이른바 반민특위가 힘을 쓰지 못한 이후 처음으로 국회가 국민들의 알 권리를 되찾아주고, 국가의 주인이 과연 누구인지를 새삼 확인해준 겁니다. 비록 진실을 밝히지는 못했다 하더라도 그 청문회 과정에서 수많은 국민들이 이른바 한풀이를 할 수 있었고, 결국 새로운 국민통합의 계기를 만들 수 있었으니까요.

1980년 광주항쟁 발포 명령자를 찾아내지는 못했지만, 당시 김인곤 의원(자민련 소속) 지적처럼 이런 참사가 결국 군부 쿠데타의 일부였다는 지적을 들을 수 있었습니다. 쿠데타로 규정하면 발포 책임자는 군사반란을 일으킨 정치군인들일 수밖에 없습니다.

2005년 문화방송이 제작한 드라마 〈제5공화국〉에서 광주 발포 장면을 어떻게 처리하는지 봤습니다. 바로 1980년 5월 20일 낮에 도청 앞 현장에서 장교 한 사람이 경비전화를 받고는 알았다고 대답하는 장면이 크게 나옵니다. 그러고 나서 군인들이 시민들에게 일제히 발포하는 장면이 나옵니다. 그때 저는 그런 생각이 들었습니다. '아! 기자보다 PD가 훨씬 진상에 가깝게 표현하는구나!' 무엇이 언론이고 정도인지 곰곰이 생각해보게 만든 장면이었습니다.

실제로 이 청문회를 보고 훗날 제주 4·3 사건을 비롯해 많은 국가범죄적 사건들에 대한 진상조사를 다시 했고, 사법살인 당한 피해자들이 무죄를 받는 일이 계속 일어났습니다.

1996년 대법원은 전두환 씨를 군사반란, 즉 쿠데타를 주도하고 광주에서 사실상 발포명령을 내린 책임자로 지목해 사형을 선고했습니다. 노태우 씨는 22년 징역형을 받았고, 나머지 정치군인들에게도 역시 군사반란의 책임을 물었습니다. 그전에 "성공한 쿠데타는 처벌할 수 없다"던 검찰 주장이 손바닥 뒤집히듯 뒤바뀐 겁니다. "모든 역사는 현대사"라는 크로체의 주장이 실감나는 대목입니다.

지금도 우리는 국무총리와 장관, 그리고 정부 요직에 임명된 사람들을 인사청문회에 세웁니다. 이들이 청문회 과정에서 낙마하는 경우를 우리는 종종 봅니다. 이것을 보고 많은 공직자들이 무슨 생각을 하겠습니까? 또 많은 국민들이 어떤 기분이 들겠습니까? 제도 하나가 얼마나 중요한가를 새삼 느끼게 해주는 경우라고 저는 생각합니다.

20년 전 청문회를 떠올리면서 지금까지도 곰곰이 생각해보게 만드는 인상 깊은 말씀 하나를 소개합니다. 현대 정주영 회장이 "왜 일해재단에 15억 원씩 세 차례나 기부를 했느냐"는 질문에 대답한 내용입니다. "처음에는 날아갈 듯이 냈고, 그 다음에는 내라고 해서 냈고, 마지막에는 편하게 살자고 냈다"는 겁니다.

워싱턴 특파원으로 있던 1992년에 정주영 대통령 후보를 만난 적이 있습니다. 저는 그때 정 후보가 청문회장에서 한 말씀이 떠올랐습니다. '혹 그래서 정치를 하게 되신 건 아닌지' 하는 생각이 들었기 때문입니다. '돈 내라고 해서, 또 편하게 살자고 돈 낼 바엔 차라리 그 돈으로 내가 직접 정치를 해보자' 한 게 아니었을까 하는 생각을 해본 겁니다.

국가원로자문회의 폐지

1988년 봄은 노태우 정부가 들어선 첫해입니다. 군부독재를 청산하고 어쨌든 민선정부를 출범시킨 해이기도 하지만, 또 한편으로는 헌정사상 처음으로 야 3당이 국회를 다수당으로 장악한 만만치 않은 정국이 시작된 해이기도 했습니다. 따라서 새로 출발한 정부로서는 이러한 야 3당의 정치적 공세를 효과적으로 막아내야 할 필요성이 있었습니다. 정부 초기에 가장 중요한 현안인 셈입니다.

관련해서 또 한 가지, 전 정부와 어느 정도 선 긋기를 해야 할 필요성이 있었습니다. 아무리 같은 편이었다 하더라도 체육관 선거를 통해 무력으로 출발한 전두환 정부와 선거에서 이긴 노태우 정부는 질적으로 완전히 다르다는 인상을 국민들에게 심어주고 싶었을 겁니다.

그 시절 전두환 씨가 과거 데리고 있던 사람 중 노태우 정부에서 일하는 몇몇을 가리켜 "손 볼 사람"이라는 표현을 썼다는 소리가 심심찮게 들렸습니다. 이런 갈등은 이미 언론에서 슬슬 불을 지르고 있었습니다.

그해 봄 〈조선일보〉가 '국가원로자문회의'는 현 정부 위에 존재하는 '상왕부'라고 비판하는 기사를 실었습니다. 오랜만에 그런 기사를 보면서 저는 '이제 시작하는구나' 하는 생각이 들었습니다. 권불십년, 권력 무상! 이런 말들이 떠올랐지요. 전두환 씨 측근들이 보면 몹시 기분 나빠할 기사였으니까요. 그때만 해도 그게 시작일 줄은 몰랐을 겁니다.

그해 4월 24일은 일요일이었습니다. 모처럼 쉬는 날이라 저는 아침에 집에서 아무 생각 없이 조간신문을 보고 있었습니다. 그런데 1단 기사인데도 노태우 대통령이 국가원로자문회의 안현태 사무총장과 김병훈 비서실장의 사표를 수리했다는 기사가 눈에 확 들어왔습니다. 이미 열흘 전에 전두환 씨가 기자회견을 통해 당연직인 국가원로자문회의 의장직에서 물러나겠다고 선언했기 때문입니다. 그런데 이 기사는 의장 밑에 있는 사무총장과 비서실장 두 사람 사표를 받았다고만 되어 있지 후속 인사에 대해 아무런 언급을 하지 않았습니다.

결국 국가원로자문회의는 헌법기구인데도 실제로는 의장과 사무총장, 그리고 비서실장 세 자리가 모두 공석으로 비어버린 겁니다. '아! 이거 없어지는 거구나' 하는 생각이 들었습니다. 권력의 생리로 봐서도 자연스런 흐름이었기 때문입니다.

오전에 회사에 출근해 몇 군데 보충 취재한 뒤에 복직 후 처음으로 단독기사를 작성해봤습니다. 정부가 국가원로자문회의를 사실상 없앤다는 내용으로 말입니다. 그때 드러난 사실만 봐도 이 회의는 사실상 없어졌기 때문입니다.

논리적 근거로는 이 회의가 헌법상 둘 수 있는 임의기구이기 때문에 없애도 상관없다는 내용을 들이댔습니다. 그런데 의장이 그만둔 데다 그 밑의 사무총장과 비서실장은 사표를 냈고 정부는 후임 인사를 하지 않았으니 사실상 없어진 게 아니냐는 식으로 기사를 썼습니다. 결국 파견된 공무원들만 원래 부서로 돌려보내면 된다는 내용으로 끝을 맺었습니다.

일요일 당직 데스크에 이 기사를 보여줬습니다. 정치부 출신인데도 첫마디가 "어디서 확인했어?"였습니다. 그래서 제가 "아니 기사를 그냥 읽어보시면 알 거 아닙니까?" 했지요. 그랬는데도 "그래도 어디서 확인해야지" 하는 겁니다. 그래서 제가 다시 "이런 기사를 확인해줄 사람이 지금 전·현직 대통령 빼고 누가 있습니까?" 하고 농담처럼 대꾸했습니다. 그래도 그 기사는 일단 유보됐습니다.

그날 오후 야간 데스크로 정치부장이 나왔습니다. 국장은 이 기사를 정치부장에게 보이라고 지시한 모양입니다. 그 부장이 다른 근무자들 보는 가운데 기사를 읽어봤습니다. 그것도 한 번 읽고 난 뒤 다시 한 번 읽는 겁니다. 저는 속으로 '아, 기사 나갈 수 있겠구나' 하는 생각이 들었습니다.

정치부장이 두 번 기사를 읽어본 뒤 첫마디가 "내가 책임질게"였습니다. 저는 다소 뜻밖의 반응이라 얼떨떨했습니다만 한편으로는 부장이 참 적절한 반응을 보이는구나 하는 생각도 들었습니다. 그러면서 부장은 말을 이었습니다. "기사가 말이 돼. 가서 제작해!"

그래서 그날 오후 정부종합청사에 나가 현장 제작을 마치고 〈뉴스데스크〉에 이 기사를 내보냈습니다. 그 다음 날 총리실에 나가자마자 총무처 국장들이 저를 찾는 겁니다. 어제 기사가 총무처에서 나간 게 아니라는 걸 확인해달라는 거였습니다. 저는 총무처 아니라고 확인해주었습니다. 그랬더니 "지금 청와대에서 전화가 오고 해서 난처하다"고 했습니다. 거듭 총무처와는 아무 관련이 없다고 했습니다.

상대사 방송기자는 전날 밤 뉴스가 나가자마자 회사에서 전화를 받았다고 했습니다. 야근자가 전화를 했는데, 문제는 그 기사를 보도한 기자가 누군지 잘 모르겠다고 하더라는 겁니다. 그래서 그 기자는 그렇다면 그 기사는 총리실 출입기자가 쓴 게 아니라고 대답했다고 합니다.

8년 만에 정치부에 돌아와 처음 느껴보는 괴리감이었습니다. 제가 당연하게 생각하는 기사라면 다른 기자들이 그런 생각을 안 했을 리가 없는데도 그들은 이런 기사를 먼저 쓰지는 않았을 겁니다. 결국 그 기사는 제 몫이었던 셈입니다.

1년 뒤 정부는 국가원로자문회의법 자체를 없애버렸습니다. 제 기사는 1년 뒤에 사실로 확인된 겁니다. 헌법에는 있으나 실체는 없는 유령 같은 존재로 떠버린 이 기구는 결국 직전 대통령 전두환 씨를 위해 만든 것임을 정부 스스로 인정한 셈이 됐습니다. 위인설관(爲人設官)! 사람 보고 기구를 만든 대표적 사례였지요.

돌이켜보면 국가원로자문회의란 이름을 쓰든 말든 전직 대통령이 모여 현직 대통령에게 국정에 대해 도움을 줄 수만 있다면 얼마든지 좋은 일입니다. 다만 우리나라는 그때까지 전직 대통령이 아예 없었다고 할 수 있기 때문에 이런 생각 자체가 나올 수 없었던 거지요.

이승만 독재가 10년에 무너졌고, 내각제 때 대통령 한 분만 군사 쿠데타로 물러났을 뿐, 그 다음 박정희 정권 역시 18년 동안 장기집권하다 무너졌기 때문에 사실상 전직 대통령 모임 자체가 불가능했던 겁니다. 그나마 전두환 씨가 전직 대통령으로 물러났기 때문에 이런 생각이나마 나올 수 있었던 겁니다. 물론 그것도 안 됐지만요.

작년에 사위가 미국 출장 가서 사온 《프레지던트 클럽》(*The President*

Club) 이란 책을 봤습니다. 우리 식으로 말하면 미국 원로자문회의인 셈인데, 이게 초대 대통령 조지 워싱턴이 1797년에 물러나면서 만든 것이라고 합니다. 종신 대통령을 할 수 있는데도 두 번 하고 물러나는 현명한 선택을 했기 때문에 이 클럽이 생겨났다는 거지요.

지금은 살아 있는 전직 대통령이 네댓 명씩 되는 데다 서로 당이 다르기 때문에 정치, 외교에 미치는 영향력이 엄청나다는 게 이 책의 골자입니다. 실제 우리와 직접 관련 있는 일로, 클린턴 대통령은 지난 1994년 북한 핵위기를 풀어가기 위해 카터 전 대통령을 평양에 특사로 보냈습니다.

클린턴 대통령은 또한 자신이 패배시킨 공화당 부시 대통령과도 원만한 사이였고, 닉슨 전 대통령에게는 소련 외교에 대한 특강을 들을 정도였습니다. 당과 상관없이 대통령을 해본 사람들끼리 이런 소통을 하고 있다는 얘기입니다.

역사와 문화가 다르니까 미국의 경우를 무조건 좋다고 할 수는 없겠지요. 그렇지만 대통령제에 관한 한 우리는 미국 역사를 참고하지 않을 수 없습니다. 대통령제가 바로 미국에서 수입한 제도이기 때문입니다.

물론 미국에서도 전직 대통령과 현직 대통령 사이에 적지 않은 마찰과 갈등이 있다고 합니다. 카터 전 대통령은 북한에 가서 김일성 주석이 핵문제에 대해 어떤 생각을 하고 있는지 알아보라는 임무만 받았는데, 실제로는 자신이 중재자 역할까지 하면서 지나치게 행동하자 클린턴 정부가 이를 매우 비난했다는 겁니다.

심지어 클린턴 참모들은 백악관을 방문한 카터에게 카터 고향(조지아주)에서 나오는 코카콜라를 주지 않고 대신 펩시콜라를 제공했다지요.

기자 식 표현으로 하면 펩시콜라를 줘 카터에게 물을 먹였다는 겁니다.

클린턴 전 대통령도 2009년 오바마 대통령 특사로 평양에 가서 미국 기자들을 석방시킨 적이 있습니다만, 역시 미국 공항에서 이들 기자와 같이 비행기에서 내려오지 말라는 압력을 받았다네요. 전직 대통령이 방송에 나가 '폼 잡지 말라'는 경고인 셈입니다. 이처럼 권력관계는 미국에서도 비정하긴 마찬가지입니다. 다만 정도 차이가 있을 뿐이지요.

우리도 민주화 이후 지난 30년 동안 여·야가 뒤바뀌는 정권교체도 해봤고 서로 상대방 처지에 대해 공감하고 이해하는 시간도 가져봤으니 이제야말로 프레지던트 클럽이든 국가원로자문회의든 한번 제대로 운영해봐야 할 때가 되지 않았나 하는 생각이 듭니다.

대통령이란 자리가 얼마나 중요하고 힘들며 또한 고독한 자리인지는 실제로 겪어본 사람만이 알 수 있을 겁니다. 따라서 이들 경험 있는 전직 대통령이 가까이서 조언하고 소통해주면 현직 대통령은 엄청난 우군을 옆에 두는 셈입니다. 무엇보다도 당이 다른 전·현직 대통령끼리 국가 중대사를 논의한다면 그만큼 우리 정치에서 그 지긋지긋한 정치보복도 줄어들 것입니다.

우리도 이제 이런 제도를 제대로 운영해야 할 때가 왔습니다. 전직 대통령이 점점 늘어나고 있기 때문입니다. 반대로 대통령이 가졌던 절대권력은 점점 줄어들고 있기 때문입니다. 아무리 위대한 지도자라도 혼자서는 독불장군에 불과한 세상이 됐습니다.

무엇보다도 세상은 점점 수직적 사회가 아닌 수평적 사회로 다양해지고 있습니다. 영국 액튼 경이 말했다는 "절대권력은 절대 부패한다"는 명언이 실감나는 세태가 됐습니다. 집단지성이란 말이 자리를 잡고 있는 세상입니다.

국가원로자문회의는 여전히 우리 헌법 90조에 규정한 헌법기구입니다. 이제 미래를 내다보고 우리 스스로 이런 모임을 다시 부활해야 할 때가 왔습니다.

30년 전 이 기구를 없앤다고 기사를 썼던 제 자신이 이제 이걸 되살리자고 주장하고 있습니다. 혹 세상은 그대로인데 제가 변해서 이런 주장을 하는 건 아니겠지요?

(1980년대에 과외를 없앤 적이 있습니다. 그때 교육개발원이 창설 10년 만에 가장 큰 업적을 이루었다는 소리가 있었습니다. 그러자 다음 10년은 과외를 되살리는 일이 가장 큰 업적이 될 것이라는 소리가 들렸습니다. 그리고 어쨌든 과외는 다시 살아났습니다.)

국가원로자문회의도 없어진 지 벌써 25년이 됐습니다.

CNN 방송과 계약하다

1990년 1월 여·야 3당이 통합한 뒤 저는 복직 후 약 2년 동안 일했던 정치부를 떠나게 됐습니다. 어느 날 국장이 부르더니 "이번 인사에 내근으로 뺀다"고 하면서 "국제부에 가서 부장을 도와 부를 잘 이끌어달라"고 했습니다. 저는 "미리 말씀해주셔서 고맙다"고 했습니다.

그때 국장이 이야기했습니다. "이제 좀 시간이 날 테니 미 국무부가 초청한 것도 다녀와라." '아! 그게 있었구나!' 저도 모르게 기분이 좋았습니다. 복직한 뒤 언젠가 미 문화원에 있던 후배가 주민등록번호 등 몇 가지를 전화로 물어와 대답해준 적이 있는데, 정말 어느 날 갑자기 미국에서 한 달 동안 여행할 수 있는 프로그램 초청장이 날아온 겁니다.

흔히들 미 국무부 초청 프로그램이라고 하지요. 1960년대에 희극배우 김희갑 씨가 이 프로그램에 초청을 받아 미국에 간다는 사실이 일간신문에 날 정도로 그때는 참 대단한 프로그램이었습니다. 실제로 많은 정치인, 학자, 기자들이 이 프로그램으로 미국을 다녀왔습니다.

그동안 정치부에 있었기 때문에 사실상 미국행을 포기하고 있었는데 뜻밖에 길이 열린 겁니다. 그것도 보도국장이 다녀오라고까지 허락한 일이었습니다. 그해 여름 저는 미 국무부 초청을 받아 한 달 일정으로 워싱턴에 갔습니다. 그리고 가보고 싶은 지역을 골라보라고 하길래 가장 먼저 조지아 주 애틀랜타 시를 지정했습니다.

애틀랜타는 《바람과 함께 사라지다》(Gone with the Wind) 라는 소설을 쓴 마가렛 미첼의 고향입니다. 남북전쟁 때 남부에 가담한 패전지역인 셈이지요. 노예해방이라는 링컨 대통령 정책에 쓴맛을 본 지역입니다만, 정작 소설을 보면 남부가 오히려 흑인들에게 더 인간적으로 잘해준 것 같은 느낌도 듭니다.

제가 애틀랜타를 지목한 이유는 다른 데 있었습니다. 바로 CNN 본사가 애틀랜타에 있었기 때문입니다. 애틀랜타로 떠나는 날 저를 안내하기로 한 교포 유지식 선생은 CNN 본사에 이미 방문신청을 해놨다고 했습니다.

저는 단순히 관광하러 간 게 아니기 때문에 CNN에 직접 전화를 걸어 제가 서울 MBC 국제부 차장이라는 사실을 밝히고 그쪽 책임자와 만나고 싶다는 의견을 전했습니다. 곧바로 반응이 와서 저는 관광코스로 방문하지 않고 국제부 담당 책임자를 방문할 수 있었습니다.

그날 대담 요지는 CNN과 업무협력관계를 맺고 싶다는 개인 희망을 마치 회사 의견인 것처럼 포장한 것이 전부였습니다. 그날 제가 얼마나 무식했는지 지금도 얼굴이 화끈한 일이 있었습니다. 그 간부가 당시 서울에서도 CNN을 시청하고 있다고 얘기했기 때문입니다.

위성방송이 뭔지 잘 모르는 저로서는 설마 하면서 미군 부대에서 본 게 아니냐고 반문했습니다. 그랬더니 '이태원 민간지역'에서 본인이 직접 봤다는 겁니다. 그때까지 저는 위성 하면 비디오 자료나 특파원 리포트를 수신하는 데 쓰는 시설 정도로만 알고 있었습니다. 후배들이 저를 '원시인'이라고 놀리는 이유를 새삼 깨달았지요.

모르면 용감해진다는 말이 있지만 때로는 모르면 좋아 보이는 경우도 있는 것 같습니다. 저는 그날 방문으로 CNN과 어떤 형태든 업무상 제휴가 필요하다는 생각을 굳혔습니다. 한 달 동안 미국 전역을 돌고 난 뒤 7월에 귀국한 저는 바로 이런 생각을 귀국보고서에 담아 'CNN과 뉴스계약'을 체결할 필요가 있다고 건의했습니다. 국장이나 이사에게서 즉각적인 반응은 없었습니다.

아마 한 달 동안 놀다 와서 미안하니까 형식적으로 귀국보고서라고 작성했으려니 생각했을지도 모르겠습니다. 그런데 몇 가지 변화가 생겼습니다. 바로 그해 8월에 이라크가 이웃나라 쿠웨이트를 침략한 것입니다. 중동지역 정세가 급변하기 시작한 셈입니다.

또 한 가지 변화는 우리와 계약관계에 있는 미국 CBS 방송이 일본에서는 후지 텔레비전과 계약을 맺고 있었는데, 이를 취소하고 다른 방송사와 계약을 맺기로 한 겁니다. 당시 문화방송은 후지와 계약을 맺은 사이였습니다. 그런데 CBS가 후지와 계약을 깨버렸으니 우리도 그래야 하는가 하는 문제가 생긴 겁니다.

그때 도쿄에는 김승한 특파원이 있었는데, 저하고는 입사 동기로 아주 친한 사이였습니다. 이런 사정을 설명했더니 김 특파원은 "일본사람과 맺은 계약은 신중하게 생각해야 한다"며 부정적인 반응을 보였습니다. 실제 후지 텔레비전은 뉴스는 좀 약하지만 드라마나 오락 프로그램은 강한 편이어서 프로듀서들은 도움을 많이 받는 편이었습니다. 기술국 직원들도 새로운 기계조작이나 기술연수는 대개 후지에 가서 받고 왔습니다.

저는 상부에 이런 정황을 보고하면서 현행대로 후지와 관계를 유지하는 한편 CNN과 업무협력관계를 맺는 문제를 다시 거론했습니다. 뉴스만 전담하는 케이블방송이니만큼 뉴스에 관해서만 CNN과 계약 맺으면 아무 문제가 없다는 식으로 주장했습니다.

그해 10월인지 11월인지 어느 날 정말 느닷없이 계약을 추진하라는 지시가 떨어졌습니다. 국제부 이인용 기자가 우선 홍콩에 있는 CNN 지사와 전화로 접촉을 시작했습니다. 그때 우리는 CNN이 다른 나라 방송사와 독점계약은 맺지 않는다는 사실을 알았습니다.

그러니 우리가 계약을 먼저 맺더라도 다른 방송사가 다시 계약을 맺자고 하면 CNN은 또 같은 계약을 맺을 수 있다는 것이었습니다. 우리 입장에서는 참 맹랑한 소리였지만 그때 우리는 갑·을 관계에서 을이었습니다. 그렇다면 사실상 독점계약으로 만들 필요가 있다고 생각했습니다. 그래서 로스앤젤레스에 있는 정동영 특파원을 애틀랜타 본사에 보내 CNN을 소개하는 뉴스를 별도로 제작하도록 주문해놨습니다.

1991년 워싱턴 특파원으로 갔을 때 그 전해 저를 안내해준 유지식 선생을 만났습니다. 바로 그해 3월 문화방송 사장과 정동영 특파원이 애틀랜타에 가서 CNN과 정식으로 뉴스공급 계약을 체결했는데요, 유 선생은 우연히 저녁식사를 하던 식당에서 문화방송 사장 일행이 왔다는 소리를 듣고 곧바로 CNN 계약을 위해 오신 분들임을 직감할 수 있었다고 회고했습니다. 그분은 자신이 저를 안내해 그런 계약으로 이어진 과정을 현장에서 보시면서 대단한 자부심을 느꼈다고 좋아했습니다.

연말이 다가오면서 중동지역 정세가 점점 전쟁 쪽으로 기울고 있어

1991년 1월 16일
〈뉴스데스크〉에 실시간으로
소개된 CNN 방송

CNN과 계약 건도 그만큼 중요하고 시급한 과제가 되었습니다. 당시 금산 위성지구국에서는 외국 방송사 뉴스를 실시간 수신하는 사례가 없었기 때문에 쉽게 일이 진행되지 않았습니다.

CNN 본사 측은 홍콩에 있는 CNN 아시아 지국과 먼저 접촉하라고 권했습니다. 우리는 아시아 지국과 팩스를 주고받으면서 두 방송사 사이에 뉴스를 교류할 수 있도록 절차를 밟았습니다.

한편 우리 기술국은 금산 위성지구국에 문화방송이 CNN과 뉴스 협정을 사실상 맺었으니 정식 절차를 밟기 전이라도 위성을 통해 방송을 받을 수 있게 해달라고 부탁했습니다.

이런 과정을 거쳐 1991년 1월 16일 〈뉴스데스크〉 시간에 사상 처음으로 CNN 방송을 실시간 그대로 동시통역을 통해 시청자들에게 소개했습니다. 당시 엄기영 앵커가 소개한 부분을 여기에 옮겨보겠습니다.

"지금 보시는 CNN 뉴스는 조금 전 오늘 밤 9시 20분부터 미국 애틀랜타 시에서 태평양 인공위성을 통해 금산 지국으로 전달된 것을 한국

통신을 통해서 MBC뉴스가 수신한 내용입니다. 그러면 여기서 CNN 뉴스를 직접 동시통역으로 함께 보시겠습니다."

이 소개와 함께 CNN 방송이 드디어 실시간 그대로 문화방송을 통해 시청자들에게 전달되기 시작했습니다. 갑자기 뉴스를 진행하던 주조정실에서 함성과 박수소리가 터져 나왔습니다. 뉴스를 진행하던 기술국 직원들이 기분이 좋아 내지르는 소리였습니다. 우리도 함께 박수를 치면서 기술국 직원들 노고에 감사하다는 말을 덧붙였습니다.

방송뉴스는 신문과 달리 여러 분야 사람들이 함께 힘을 합쳐야 하는 공동작업이라는 사실이 새삼 실감났습니다. 그날 우리는 긴 시간 뉴스를 마치고 간단한 뒤풀이를 했던 것 같습니다. 그리고 집에 늦게 들어갔습니다.

그 다음 날 아침 9시께 드디어 미국 공군이 바그다드를 공습했습니다. 우리가 CNN을 처음 소개한 날은 바로 유엔이 이라크 정부에 대해 쿠웨이트에서 군대를 철수하라고 정한 시한인 1월 16일이었던 겁니다.

일부러 맞추려고 해도 이렇게 앞뒤가 맞을 수는 없는 일입니다. 결국 우리가 CNN을 소개한 지 불과 12시간 만에 미국이 바그다드를 폭격한 겁니다. 그날 저는 아침 일찍 회사에 나가 곧바로 CNN을 통해 바그다드 전황을 소개하기 시작했습니다. 당시 바그다드 전황은 CNN이 가장 빠르게 전달했고, 나중엔 CNN만이 현지에서 방송하는 유일한 회사였습니다.

문화방송은 이 유일한 현지 생방송 회사인 CNN과 뉴스공급계약을 맺은 겁니다. 그리고 전쟁 하루 전날 우리 시청자들에게 이 사실을 알렸습니다. 그러니 미국과 이라크 전쟁 보도는 우리가 절대적으로 유리

할 수밖에 없는 조건을 갖춘 셈입니다.

실제로 상대사는 우리가 CNN 방송화면을 이용해서 방송하는 시간에 미군 방송에 나오는 CNN 화면을 빌려 쓰거나 일본 NHK 방송에 나오는 CNN 방송을 무단으로 내보내거나 했습니다.

그러다 보니 처음 전쟁이 터지고 며칠 동안 우리와 상대사가 똑같은 화면을 소개하면서 방송을 하게 됐는데, '미 CNN 방송'이라는 자막에 우리는 '아름다울 미'(美) 자를 썼고, 상대사 자막에는 일본 화면을 그대로 가져오다 보니 일본에서 쓰는 대로 '쌀 미'(米) 자가 나오게 됐습니다. 사정을 아는 시청자들은 왜 그런지 잘 이해했을 겁니다.

더 민망한 경우는 일본 방송에서 느닷없이 화면을 끊고 아나운서가 튀어나올 때였습니다. "하이" 하면서 일본 아나운서가 등장하면 상대사는 몇 초가 지나서야 화면을 바꾸기 일쑤였습니다. 우리끼리는 모니터 화면이 여러 개 있으니까 이런 경우를 동시에 볼 수 있었습니다. 우리는 "야, 비록 적군방송이지만 정말 안됐다!"는 소리를 하곤 했지요.

개인적으로 또 잊을 수 없는 일은 날마다 들어가는 편집회의였습니다. 당시 저는 차장이었지만 전쟁이 터지다 보니 부장과 맞교대로 아침 저녁 편집회의에 들어가는 일이 많았습니다. 보통 편집회의를 하면 시간을 절약하기 위해 기사 가치가 크다는 정치, 경제, 사회부 순서대로 보고와 지시를 주고받습니다만, 그때는 무조건 첫 번째가 국제부였습니다.

게다가 〈뉴스데스크〉 시간은 보통 한 시간 미만인데, 그때는 국제부가 정한 대로 제멋대로 늘어났습니다. 예를 들면 "오늘 국제부 한 시간 반 주십시오" 하면 거의 그대로 뉴스 시간이 정해졌습니다. 요새 〈무한

도전〉이라는 프로그램이 인기 최고라던데, 정말 그때 우리가 〈무한도전〉 뉴스였습니다.

몸은 무척 고단했습니다만 힘든 줄 몰랐습니다. 국제부 혼자서 〈뉴스데스크〉 시간보다 더 많은 시간을 통째로 얻어와 전쟁뉴스를 제작 방송하는 데도 그랬습니다. 중간중간 CNN 뉴스를 집어넣을 수 있어서 뉴스 모자랄 일이 없었으니까 가능한 일이었지요.

생방송을 하다 보니 몰랐던 일들이 많이 일어났습니다. 당장 전쟁상황을 설명해줄 전문가 섭외가 쉽지 않았습니다. 당시 국방대학원 교수로 있던 남주홍 박사를 사회부에서 추천해 방송에 출연시켰는데, 요샛말로 하면 대박이 터졌습니다. 국무회의 하다 말고 장관이 직접 전화를 걸어 전황을 묻는 일도 있었다고 합니다.

남 박사는 영문학자인 부인이 날마다 CNN 방송내용을 자세히 요약해주면 본인이 군사적 전문지식을 곁들여 방송했을 뿐이라고 겸손해 했습니다. 그렇지만 그때 CNN 이상으로 전쟁상황을 잘 알려주는 방송은 없었기 때문에, 사실상 가장 풍부한 뉴스 소스를 갖고 있던 셈입니다.

또 한 가지 문제는 동시통역자를 구하는 일이었습니다. 날마다 통역자가 필요하다 보니까 교대로 통역자를 구하는 일이 쉽지 않았습니다. 우리나라에 몇 분 안 되는 통역자들을 대상으로 상대사와 경쟁하면서 섭외해야 했기 때문입니다. 하도 애를 먹다 보니까 회사 간부 한 분이 당시 잘나가던 영어학원 원장을 소개해줬습니다.

그분은 영어방송 프로그램까지 진행한 베테랑이었습니다만 영어 잘하는 것과 동시통역 잘하는 것은 전혀 별개의 일이었습니다. 그래서였는지 그분은 그해 영어학원에서마저 크게 손해를 봤다는 뒷얘기도 들었습니다. 어떤 유학생들은 본인 스스로 한번 해보겠다고 찾아오는 경우도 있었습니다만 실제 해보라고 하면 대부분 얼굴이 벌게져서 돌아가곤 했습니다.

우리 사회가 엄청나게 발전했다고 하지만, 정작 큰일이 터지고 나서 꼭 필요한 전문가를 찾아보면 의외로 적임자가 별로 없다는 사실을 그때 새삼 느꼈습니다. 전쟁 전문가는 고사하고 우선 중동지역에 정통한 학자나 전문가가 아주 드물었습니다. 그중에 방송에 나올 수 있는 분을 섭외한다는 것은 정말 어려울 수밖에 없는 일입니다.

요새 케이블방송까지 여러 개 늘어나서 어떤 프로그램이든 이른바 전문가라는 이름으로 많은 분들이 출연하고 있습니다만 제 눈에는 전문가가 방송에 나오는 경우보다 방송에 나온 뒤 전문가가 되는 경우가 더 많아 보입니다.

제가 연수 중일 때 신문 사회부장이 심리학 교수 한 분을 〈경향신문〉에 소개하는데, 범죄기사였기 때문에 그냥 심리학 전공이라고 소개하기 뭐해서 '범죄심리학'이라고 초를 쳐서 소개했다는 얘길 들었습니다. 그 후 그 교수는 사회면에 등장할 때마다 전공과 관계없이 '범죄심리학자'로 소개되더랍니다.

우리 사회가 직업에 차별이 있어서 그런지 모르지만 교수들에게 전공을 물으면 대체로 사상, 철학, 역사 등 거창하게 자기소개를 하는 경우가 많습니다. 물론 학교에서 여러 강의를 맡길 수 있는 장점도 있겠지요. 그렇지만 우리가 방송에서 구하는 전문가는 이런 전공과는 별 관계가 없을 때가 많습니다. 뉴스는 어떤 사건이나 사고가 터질 때 이에 맞는 전문가를 요구하기 때문입니다.

중동지역에서 전쟁이 났는데 일반 정치학이나 군사학 전공자는 전문가가 될 수 없지요. 이른바 지역연구(*area study*)에 밝은 사람이 전문가 자격을 갖는 셈입니다만 우리 학계에 의외로 이런 전문가가 많지 않다는 점이 문제입니다.

그래서 방송에서는 흔히 그 지역에서 오래 살았거나 그 지역과 관련 있는 직업인들을 출연시키는 경우가 많습니다. 외교관이나 기업인 또는 종교인을 많이 섭외합니다. 그러면 학계에서는, 심지어 방송사 내부에서도 그분들이 학위가 있는지 여부를 따지면서 전문가로 대우하지 않으려 합니다. 이게 보통 반복되는 사회현상입니다.

우리 사회가 엄청나게 발전했다고 하지만 그 폭과 깊이를 따져보면 한숨이 나올 때가 한두 번이 아닙니다. 다 아는 이야기인데도 제도를 고치고 관행을 바꾸려 하지는 않습니다. 그나마 이런 걸 과감하게 바꿀 수 있는 조건을 가진 곳이 저는 방송과 언론계라고 생각합니다.

우리말에 "꿩 잡는 게 매"라는 소리가 있지요. 방송에서 전문가라고 소개하면 전문가가 되는 겁니다. 학위가 있고 없고는 학계나 취업 때 필요한 조건이지 세상 살아가는 데는 아무런 상관이 없습니다.

간혹 후배들이 해외연수를 갈 때도 지식보다는 학위에 더 신경을 쓰는 것 같습니다. 기자는 직업 자체가 무관의 제왕이라고 하지 않습니까? 그 직업에 필요한 전문적 식견과 경험이 가장 중요한 덕목이지 석사나 박사 학위가 중요한 조건은 아닙니다. 중동지역에 전쟁이 났을 때에는 그 지역에 오래 살면서 취재한 경험이 있는 특파원이 방송에 필요한 전문가이지 대학 박사학위가 있다고 해서 전문가는 아닌 겁니다.

1970년대에 매년 10만 명에 가까운 노동자들이 중동지역에 진출해 돈을 벌었습니다. 이들 중 제가 말씀드린 틀에서 그 지역 전문가를 찾는다면 적지 않은 분들이 있을 것이라고 저는 확신합니다. 그러나 학위를 따진다면 그분들은 방송에 출연할 수 있는 전문가가 못 될 겁니다.

CNN 계약 이야기를 하다 다소 빗나갔습니다만, 제가 걸프전 기간에 본 진짜 전문가들이 우리 기준으로는 전혀 전문가가 아닐 수도 있는 분들이라서 이런 말씀을 드리는 겁니다. 그때 바그다드에 혼자 남아 매일 CNN에 방송하던 기자가 있었습니다. '피터 아네트'(Peter Arnett) 기자입니다.

걸프전 취재와 방송과 관련해서 다시 소개하겠습니다만, 아네트 기자는 베트남전을 비롯해서 전쟁터만 30여 년 취재해온 전쟁보도 전문가입니다. 걸프전이 터지기 전날 CNN 워싱턴 지사에 그 유명한 월터 크롱카이트가 출연해 아네트 기자에게 위험한 바그다드 취재를 그만두라고 권유했습니다.

그때 아네트 기자는 자신의 롤 모델이라는 크롱카이트에게 이렇게 대답했답니다. "이곳은 지금 전 세계에서 가장 위대한 스토리가 나올 지역입니다. 저는 가능한 한 이 스토리를 취재하고 싶습니다."(Peter Arnett, *Live from the Battlefield*)

전문가란 바로 이런 기자가 아닐까요?

걸프전 회고

CNN과 뉴스공급계약을 맺고 〈뉴스데스크〉를 통해 이런 사실을 시청자들에게 알린 바로 다음 날 이른바 걸프전이 터졌습니다. 문화방송으로서는 참 좋은 조건에서 걸프전 방송을 시작할 수 있게 된 겁니다.

걸프전 앞에 '이른바'를 붙인 이유는 다소 궁색한 변명일 수 있습니다. 전쟁이 터진 첫날 우리는 페르시아 만에서 전쟁이 터졌다고 보도했습니다. 그 지역이 우리들에게 오랫동안 페르시아 만으로 알려졌기 때문입니다.

그런데 문제가 생겼습니다. 페르시아는 그 지역 국가인 이란의 옛 이름입니다. 그러니 페르시아 만 전쟁이라고 하면 마치 이란과 미국이 전쟁한다고 오해할 소지가 있다는 거지요. 실제로 외무부 쪽 요청도 이란이 항의할 가능성이 크다는 거였습니다. 더구나 이란은 1980년대 내내 바로 이라크와 전쟁을 벌인 당사국이었습니다. 그때 미국은 이란과 몹시 사이가 나빴기 때문에 이라크 편을 들었습니다.

1980년대 이란 수도 테헤란에서 젊은 대학생과 시민들이 미국 대사관을 점거해서 장기간 대치한 적이 있습니다. 당시 이란의 독재자 팔레비 왕을 미국이 지지했기 때문이지요. 그때 카터 대통령이 미국 특공대를 현지에 파견했다가 사고가 나서 실패한 일도 있었습니다. 카터 대통령은 이 사고 때문에라도 연임을 할 수 없었을 겁니다.

그래서 미국이 이라크를 공습하면서 벌어진 이 전쟁을 어떻게 불러야 하는가가 중요한 문제가 됐습니다. 정부 의견은 '걸프전'이라고 부르자는 것이었습니다만 따지고 보면 말이 안 되는 이름이었습니다. 걸프는 우선 영어로 우리가 '영일만'이라고 할 때 '만'에 해당하는 보통명사입니다. 번역한다면 '만 전쟁'이 되는 겁니다.

미국과 이라크가 벌이는 전쟁 이름이 보통명사를 딴 '만 전쟁'이라면 우습지 않습니까? 그래서 영어를 썼는지도 모르겠습니다. 그런데 우리가 제휴한 CNN도 계속 '걸프 워'(Gulf war)라는 제목으로 방송하고 있었습니다. 낯익을 수밖에 없는 상황인 겁니다.

결국 당장 대안은 없는데 정부 요청도 있고 CNN도 그렇게 보도하고 있다는 핑계로 '걸프전'이라는 이름으로 보도하기로 했습니다. 마음 한 구석이 찜찜한 상태로 말입니다. 나중에 알았습니다만 이라크 국민들은 이 전쟁을 부시전쟁(하르브 부시)이라고 했답니다.

돌이켜보면 전쟁이 터지던 날 MBC 〈뉴스데스크〉는 '페르시아 만 전쟁'이라는 자막을 썼습니다. 그리고 사나흘 지나 21일부터는 '걸프전'이라는 자막이 대신 등장했습니다. 시청자들에게 변경 사유를 자세히 설명하지도 않은 채 그냥 바꿔서 썼습니다. 지금까지도 그 전쟁을 국민들이 걸프전이라고 부르는 걸 보면 별로 마음이 편치는 않습니다. 불가피하다고 해서 잘못된 걸 그대로 써야 한다는 법은 없으니까요. 그때 우리 정부는 어떤 근거로 이런 이름을 붙였는지 지금도 궁금합니다. 만약 영어가 아니고 아랍어로 된 이름이었어도 우리가 썼을지는 알 수 없습니다.

그런데 제가 걸프전을 돌아보면서 가장 먼저 떠오르는 생각이 있습니다. 그건 큰일을 할 때는 치밀한 사전기획이 정말 필수적이라는 것이었습니다. 그때 국제부에 신병식이라는 후배기자가 있었습니다. 바둑을 아주 잘 두어 아마추어 3단인가 했습니다. 게다가 이 후배는 방송기자로서는 드문 서울대 공대 출신이었습니다. 고등학교 경력까지 합치면 이른바 'KS' 마크였습니다.

제 바로 밑에 후배라 걸프전 취재에 관해 가장 많은 이야기를 주고받는 사이였습니다. 당시 저는 1970년대 흑백방송 때 그만두고 1980년대 말에 복직했기 때문에 그동안 기술발전에 대해서는 완전 까막눈이었습니다.

그런데 신 기자는 바둑 수 내다보듯이 앞으로 예상되는 상황을 줄줄이 애기하는 것이었습니다. 처음 들어본 애기인 데다 제가 모르는 내용이 많아 저도 모르게 집중하면서 들었던 것 같습니다. 지금도 기억에 선한 대목은 전쟁이 터지면 당장 현장 지도모형이 필요하다는 것이었습니다.

중동지역을 모형으로 만들어 현장 상황을 생방송할 때 써야 한다는 주장이었습니다. 이 정도는 저도 그렇게 인상 깊게 받아들이지는 않았을 겁니다. 그런데 신 기자는 이 지역 모형물을 두 개 만들어야 한다는 것이었습니다. 하나는 바닥에 설치하고 또 하나는 세워서 설치하는 용도로 말이지요.

바닥에 설치한 모형은 기자가 군대 브리핑처럼 전황을 소개할 때 지휘봉으로 짚어가면서 설명할 수 있도록 해야 한다는 것이었습니다. 세워둔 모형은 보통 생방송할 때 배경으로 쓰도록 한다는 거고요. 그런데 신 기자는 이런 얘기를 하면서 제가 한 번도 생각해보지 못한 대목을 추가했습니다.

이걸 회사 미술부 같은 데 부탁하면 빨리 제작해줄 가능성이 적고 모형 자체도 무성의하게 만들 우려가 있으니 국장에게 부탁해 외주로 해야 한다는 주장이었습니다. 저는 정말 감탄했습니다. '아니, 바둑을 잘 두면 세상사도 저렇게 멀리 내다보는가?' 하는 생각마저 들었습니다.

저는 신 기자가 예상하고 하라는 대로 국장에게 가서 이 모형물을 외주로 주문할 수 있도록 부탁했습니다. 그리고 모형물 두 개를 전쟁이 터지기 직전 스튜디오 안에 설치했습니다.

신 기자는 전쟁이 터졌을 때 대비해야 할 여러 가지 일들을 이렇게 바둑 두듯이 미리미리 알려주는 것이었습니다. 당연히 전쟁이 터질 때 현지 취재를 위해 특별취재반을 보내야 한다고 했습니다. 전쟁 나기 일주일 전인 그해 1월 10일 우리는 이라크 특별취재반을 구성해 현지에 파견했고, 또 별도로 요르단에도 취재기자를 보냈습니다.

그 밖에도 신 기자는 제가 교대근무를 위해 오후에 출근하면 오전에 국제부장에게 떨어진 곤란한 문제가 어떤 것이 있다면서 부장 대신 차장인 제가 이를 미리 해결하도록 알려주는 경우도 많았습니다. 저는 거의 매일 신 기자 코치를 받아 움직이는 선수 같았습니다. 그런데 신통하게도 거의 모든 일들이 사전에 미리 포착돼 술술 잘 풀려나갔습니다. 국제부 기자들이 모두 한마음으로 움직여주었기 때문이지요.

그렇지만 무엇보다 먼저 이라크 현지에 파견한 특별취재반 얘기부터 해야 할 것 같습니다. 우리가 반드시 기억해야 할 방송 역사가 있기 때문입니다. 강성주 당시 국제부 기자와 이진숙 사회부 기자, 그리고 카메라 취재부의 서태경, 황성희 기자가 바로 그 역사의 주인공들입니다.

이들은 전쟁 일주일 전에 서울을 떠나 그해 1월 12일 바그다드에서 처음 현지상황을 리포트로 제작해 보내왔습니다. 그리고 15일 한국 대사관 직원들과 모든 취재기자들이 철수한 뒤에도 바그다드에 남았습니다. 강성주 기자는 그때 취재반 기자들과 사전회의를 갖고 서로 의견을 나눈 뒤 남기로 결정했다고 나중에 이야기했습니다.

참 겁 없는 결정인 셈입니다. 어쨌든 1월 17일 새벽 미국이 공습을 시작했을 때 이들은 바그다드 현지에서 유일하게 남아 취재한 한국 기자였습니다. 이땐 미국 기자들도 다 철수했고 오로지 CNN의 피터 아네트 기자만이 바그다드에 남아 있는 정도였습니다.

제가 역사적이라고 감히 말씀드린 이유는 바로 이들이 전쟁이 터졌을 때 현장에 남아 취재한 우리나라 최초의 기자들이기 때문입니다. 우리는 동족상잔의 비극인 6·25전쟁도 겪었고 1960~70년대에는 월남전에 참전한 경험도 있습니다만, 이른바 종군기자라고 말하기도 어려운 취재역사를 갖고 있을 뿐입니다.

1970년대에 저는 선배들에게 "우리는 6·25 때도 단 1명의 순직기자를 본 적이 없는 나라"라는 자조적인 얘기를 많이 들었습니다. 외신기자들이 수없이 죽은 한국전쟁인데도 우리는 단 1명도 희생된 기자가 없다는 겁니다. 월남전 때도 상황은 마찬가지였습니다. 우리가 그런 취재를 할 수 있는 처지가 아니었다는 이야기입니다.

그래서 제가 강성주, 이진숙, 서태경, 황성희 기자 이름을 방송역사에 올리는 겁니다. 그런데 전쟁이 터진 날 상황은 이들이 저를 몹시 화나게 만들었습니다. 미리 철수하라고 몇 번 얘기했는데도 말을 듣지 않더니 결국 전쟁이 터지면서 연락이 끊겨버렸기 때문입니다.

우리 모두 처음 당하는 상황인 데다 여러 사람 목숨이 걸린 문제니 편집회의에선들 좋은 소리가 나올 리 만무한 일이었습니다. 성질 급한 일부 부장들은 징계해야 한다는 주장까지 하면서 화를 냈습니다. 실제로 이들이 잘못됐으면 저는 물론 보도국장까지 여럿 책임을 져야 할 일이기도 했습니다.

전쟁이 터진 나라에 들어가 연락이 안 된다는 것은 참 견디기 어려운 상황이었습니다. 당장 강성주 기자 부인이 국제부로 전화를 걸어 울먹였다는 얘기를 당시 앵커였던 박영선 기자에게 전해 듣고 부인에게 전화를 걸었습니다.

좋은 뜻으로 거짓말하는 걸 영어로는 '화이트 라이'(white lie)라고 한다는데, 제가 바로 그걸 실감한 날이었습니다. 일단 걱정하지 말라고 말씀드렸습니다. 절대 대책 없이 남았을 리가 없다고 주장했지요. 이진숙 기자가 이라크와 잘 통하는 데다 강성주 기자는 MBC 노조위원장 출신인데 무슨 걱정이 있겠느냐고 큰소리쳤습니다.

실제로 하지도 않은 일을 한 것처럼 둘러대기도 했습니다. 미 CNN 본사와 연락해서 우리 취재반 소재 파악을 도와줄 것을 부탁했다고 했지요. 물론 나중에 실제로 국제전화를 하긴 했습니다만 미리 한 것처럼 사기 친 셈입니다. 저도 모르게 거짓말이 술술 나오는 것이 신통했습니다. 그렇지만 다른 기자들 집에는 전화할 생각조차 하지 못했습니다.

연락이 끊긴 다음 날 우리는 주한 이라크 대사와 통화를 한 뒤 〈뉴스데스크〉에 이 사실을 보도했습니다. 가잘 버라한 대사가 "MBC 취재반은 현재 안전한 것으로 알고 있으며 본국과 연락이 닿는 대로 안전 여부를 통보해주겠다"고 약속한 내용이었습니다. 일반 시청자들보다는 오히려 취재반 가족들이 보라고 낸 기사였습니다.

그렇게 하루 이틀이 또 지났습니다. 그리고 어느 날 아침 6시 뉴스에서 "우리 취재반이 무사히 요르단으로 철수했다"는 톱뉴스를 들었습니다. 아침뉴스는 기록으로 남지 않아 그 증거가 없는 것이 아쉽습니다만 저는 뉴스를 듣자마자 총알처럼 튀어나와 회사로 출근했습니다.

아침 편집회의에 들어가 우리 취재팀이 무사히 철수했으니 이제부터 그들이 취재한 내용을 대대적으로 보도하자는 의견을 낸 겁니다. 우리들 쓰는 말로 '크게 벌이자'고 주장한 겁니다. 그런데 반응이 의외였습니다. 이미 CNN 보도로 다 알고 있는 일인데 굳이 반복할 필요가 있겠느냐는 것이었습니다.

저로서는 참 납득하기 어려운 일이었지만 그렇다고 차장인 제가 여러 부장들을 설득할 수 있는 일도 아니었습니다. 너무 충격이 커서 회의가 끝난 뒤 다시 보도국장을 찾아갔습니다. 앞서 말씀드린 대로 이건 역사적인 일이다고 주장하면서 말입니다. 국장은 국제부 차원에서 별도 프로그램을 한번 만들어보라고 했습니다. 〈뉴스데스크〉에서는 안 된다는 얘기였지요. 할 수 없이 차선이라도 해보자고 요르단에 와 있던 정동영 특파원(당시 로스앤젤레스 특파원)을 시켜 현지에서 우리 취재반과 긴급대담을 하도록 했습니다. 사막 같은 배경에서 좌우에 2명씩 앉혀놓고 정 특파원이 제작한 그 프로그램은 결국 밤 11시 이후에 편성된 국제부 프로그램 대신 방영됐습니다.

1991년 1월 23일
〈뉴스데스크〉에 출연한
이라크 특별취재반.
배경과 바닥에 중동지역
지도모형이 설치되어 있다.

그리고 이들이 귀국한 1월 23일 밤 〈뉴스데스크〉에서 엄기영 앵커가 이들 취재반과 생방송으로 대담한 내용이 방송을 탔습니다. 그동안 고생한 이야기가 주로 방송돼, 이들이 취재한 내용보다는 이들을 취재한 내용이 주로 방송을 탔습니다.

저는 이들이 전쟁 터진 날 바그다드호텔 방공호에서 찍은 생생한 화면들을 지금도 기억하고 있습니다. 적절한 화면설명과 함께 방송을 탔으면 그것 자체만으로도 대단한 뉴스가치를 지닌 것인데 몹시 아쉽습니다. 만루홈런을 친 기자들을 안타로 처리한 셈이 됐습니다. 저 자신 능력이 모자란 탓도 있지만 큰 사건이 터졌을 때 보도국 조직 자체가 갖는 구조적 한계가 가장 큰 원인이라고 저는 생각했습니다.

전쟁이 터진 기간 내내 편집회의는 당연히 국제부부터 기사내용을 설명하는 게 관례처럼 되어버렸습니다. 초기 며칠은 정규 〈뉴스데스크〉 시간 자체를 무시하고 국제부가 달라는 시간대로 임시 편성하기가 일쑤였습니다. 보통 두 시간 이상씩 뉴스를 냈던 것 같습니다. 그중 한

시간 이상 국제부가 제작한 뉴스가 방송을 탔습니다. 특별히 인원이 더 늘어난 상황이 아닌데도 그랬습니다.

그러니 전쟁기간 내내 다른 부서는 상대적으로 하루 한두 명 뉴스에 출연하면 그만이었습니다. 나머지는 국제부 몫이었으니까요. 보도국 전체를 놓고 보면 이런 조직 운영은 대단히 잘못된 것이었습니다만 그 당시에는 어쩔 수 없는 일이었습니다.

당연히 특별취재반을 새로 구성해서 국장급이 총책임을 맡아 각 부서 기자들을 임의로 차출해 쓸 수 있도록 하는 유기적인 업무 협조체제를 체계적으로 만들어 걸프전을 취재, 보도 그리고 기획, 편집할 수 있었어야 했습니다. 정치, 경제, 사회, 국제부 등 재래식으로 나뉜 조직 체계 갖고는 나라 밖에서 일어난 전쟁을 제대로 보도하기엔 그 한계와 제약이 너무 컸습니다.

2000년에 보도국장이 돼 남북정상회담을 취재할 때 저는 이때 기억을 되살려 처음부터 기존 부서와는 전혀 다른 특별취재반을 따로 만들어 각 부서에서 유능한 기자들을 풀로 배치한 뒤 뉴스 기획과 취재 계획을 총괄해서 짜도록 했습니다. 이에 따라 각 부서는 필요한 취재 인원을 제공할 수 있었던 겁니다.

큰일이 일어났을 때 그에 맞게 조직을 새롭게 운영하는 것은 지극히 당연한 일이지만 실제로는 그리 쉬운 발상은 아니었습니다. 기존 조직 자체가 각 부서별로 일정한 기득권을 서로 오랫동안 인정해왔기 때문입니다. 일본말로 '나와바리'(세력권)를 인정하고 있었다는 말입니다. 올해 세월호가 침몰했을 때 정부 부처가 기존 조직대로 운영하면서 아무런 조치도 취할 수 없었던 현실이 이를 잘 보여줍니다. 형식적으로 대책본부를 만들어봐야 관료들이 기득권을 버리지 않기 때문에 실제 운영하기가 어려울 수밖에 없습니다.

남들은 국제부에 발령 나면 좀 쉰다고 하는데, 저로서는 쉬기는커녕 가장 바쁜 1년을 보낸 셈입니다. 그러면서 좀처럼 알기 힘든 여러 가지 일들을 체험을 통해 배울 수 있었습니다. 어쨌든 저는 그때 일에 맞게 사람을 맞춘다는 생각이 참으로 중요하다는 걸 깨달았습니다. 이때 체험이 나중에 부장이 된 뒤에도 정말 소중한 자산이 되었다는 것을 새삼 느낄 수 있었습니다.

고르바초프 실각

1991년 3월 말 제가 워싱턴 특파원으로 부임한다는 〈뉴스데스크〉 기사가 나갔습니다. 아마 제가 뉴스를 취재하는 기자가 아닌 취재대상으로 방송에 나간 게 처음 아닌가 싶습니다. 벌써 20년이 지난 일입니다만 생전 처음 낯선 나라에 가서 일하던 때라 지금도 기억이 생생합니다.

처음 가서는 적응하느라 애도 많이 먹었습니다만 그럭저럭 몇 달이 지나면서 조금 여유를 찾을 수 있었습니다. 그리고 그해 여름 드디어 휴가를 가게 됐습니다. 돌이켜보면 복직 이후 정치부 기자 시절엔 제대로 된 휴가 한 번 가보지 못했기 때문에 미국에서 맞는 첫 휴가는 나름대로 기대도 컸고 불안함도 있었습니다.

회사에 휴가원을 내고 남쪽 플로리다 주에 있는 디즈니월드에 어린 애들을 데리고 가기로 했습니다. 그때 저에게는 초등학교 2학년 다니는 딸 수진과 네 살 먹은 아들 규태가 있었습니다. 그러니 처음 휴가지로는 디즈니월드가 최고라는 선배들 추천에 따른 겁니다.

그해 8월 17일 토요일, 드디어 휴가를 떠났습니다. 개인적으로는 평생 처음으로 하루 종일 차를 몰고 가야 하는 일이라 스트레스도 많았지만 제 아내가 운전을 교대해줘 밤늦게 플로리다 주 접경까지 갈 수 있었습니다. 밤 9시쯤 조그만 모텔에 들어가 잠이 들었습니다.

그리고 다음 날 18일, 그날은 일요일이었습니다. 버릇처럼 아침 7시쯤 눈을 떠 텔레비전을 켰습니다. ABC 방송에 앵커맨 피터 제닝스가 나오는 것이었습니다. 무슨 특집인가 생각하면서 다시 CBS 방송을 켰습니다. 그런데 여기에도 앵커맨 댄 래더가 나오는 겁니다. 갑자기 정신이 번쩍 들었습니다. 일요일 아침에 방송사 앵커맨이 나란히 나온다는 건 보통 일이 아니었기 때문입니다.

자리에서 일어나 볼륨을 키웠습니다. 댄 래더가 방송하는 말 한마디가 귀에 들어왔습니다. "고르바초프 아우스티드!"(Gorbachev ousted!) 고르바초프가 쫓겨났다는 겁니다. 상황이 비상이라 워싱턴 지사에 전화를 하지 않고 서울 본사로 직접 전화했습니다. 전임자인 조정민 기자가 "애도의 뜻을 표한다"고 말했습니다. 그러지 않아도 로스앤젤레스에 있는 정동영 특파원을 지금 워싱턴으로 보낼까 하고 있다고 하면서 말입니다.

자고 있는 애들을 깨우고 제 아내에게 다시 워싱턴으로 가야 한다고 말했습니다. 제 아내는 일주일 먹을 것을 준비해왔는데 꼭 가야 하느냐고 물었습니다. 긴말이 필요 없는 상황이라 빨리 서두르라고 했습니다. 우리는 다시 어제와 똑같이 운전을 교대하면서 하루 종일 차를 몰아 밤늦게 워싱턴에 돌아왔습니다.

서울 〈뉴스데스크〉가 고르바초프 실각 뉴스를 특집으로 다룬 게 8월 19일이었는데 저는 그날 참여하지 못하고 노영일 워싱턴 지사장이 대신 방송했습니다. 역사적인 순간에 저는 기사를 빠뜨려 기자들 말처럼

'물을 먹은' 셈입니다. 물론 정식 휴가를 갔으니 굳이 따지자면 돌아오지 않아도 상관없을지 모르지만 이건 직업윤리에 관한 문제라 다른 생각을 할 수가 없었습니다. 아이들에게는 정말 미안했지만 말입니다.

그때 고르바초프는 정말 우리에게 그리고 문화방송에게 특별한 손님이었습니다. 1년 전인 1990년 3월 16일 문화방송 박노흥 기자는 고르바초프 대통령 당선 이후 처음인 내외신 기자회견 자리에서 정말 운 좋게 질문할 수 있는 기회를 얻었습니다.

당시엔 국교도 없는 사이였고, 소련은 어쨌든 대국이었기 때문에 내외신 기자회견 석상에서 질문할 수 있는 기회를 얻는다는 건 정말 어려운 일이었는데, 그런 행운을 잡은 겁니다. 물론 소련이 한국 기자 질문을 허용했기 때문에 가능한 일이었지만요.

그때 박노흥 기자는 한국과 소련의 수교 가능성을 물었습니다. 고르바초프는 딱 한마디 했습니다. 무슨 "하라쇼"라고 말이죠. 이게 소련 말로 "좋은 일이다"는 뜻이랍니다. 문화방송에서는 "매우 좋은 일로 평가한다"고 번역했지만 고르바초프 대답이 아주 짧은 걸로 미루어 약간 살을 붙인 게 아닌가 생각합니다.

그런데 이 짧은 답변이 그때만 해도 예사롭지 않은 일이었습니다. 당장 우리 외무부에서 비공식이지만 "양국 관계 진전을 위해 고무적인 것으로 평가한다"는 논평이 나왔습니다.

그리고 1년 뒤인 1991년 4월 20일 제주도에서 한국과 소련 사이에 역사적인 정상회담이 있었습니다. 반세기 적대관계를 사실상 청산하는 신호였습니다.

이런 인연을 알고 있는 저로서는 정말 뜻밖에도 고르바초프가 실각했다는 소식을 듣자 단순히 직업상의 의무감 때문만이 아니라 정말 그 이유가 무엇인지 개인적으로 몹시 궁금했습니다.

1960년대에 소련 수상이었던 흐루시초프가 역시 여름휴가 때 실각한 적이 있습니다. 흐루시초프는 스탈린 개인과 전체주의 체제를 통박한 사람입니다. 지금도 그때 《회고록》(흐루시초프 회고록)의 한 대목이 기억납니다. 스탈린이 당 간부들과 저녁 하는 자리에서 딸에게 노래를 시켰는데, 딸이 말을 듣지 않자 그 딸의 머리채를 잡아 벽에다 찧었다는 잔인한 대목 말입니다.

그때 흐루시초프도 소련 전체주의 체제를 민주적으로 바꿔보려고 노력하다가 결국 강경파들에게 쫓겨난 셈이 됐는데, 혹 고르바초프도 그런 정황에서 밀려난 게 아닌가 하는 생각도 얼핏 들었습니다. 그러니 궁금한 게 단순히 직업적인 이유만은 아니었던 셈입니다.

물론 제가 휴가를 계속 즐기는 경우도 생각해봤습니다만 그러면 두고두고 후회할 수밖에 없을 거라는 결론이 나왔습니다. 그전에 큰 사고 났을 때 휴가 갔던 선배들이 나중에 두고두고 후회하는 이야기를 종종 들었기 때문입니다. 아무튼 하루 늦었지만 저는 곧바로 소련 쿠데타 취재에 복귀했습니다.

쿠데타 다음 날인 8월 20일 저는 부시 미국 대통령이 소련 쿠데타를 인정할 수 없다고 한 내용을 서울에 보내는 것으로 다시 일과를 시작했습니다. 그리고 그날 러시아공화국 옐친 대통령이 탱크 위에 올라가 쿠데타 세력을 비난하면서 투쟁을 다짐하는 그 유명한 뉴스도 역시 방송을 탔습니다.

무엇보다도 소련에서 일반 시민들이 20만 명이나 모여 쿠데타를 비난하는 시위를 벌인 뉴스가 인상적이었습니다. 당과 비밀경찰에 꼼짝 못하던 소련사람들이 데모를 다 하다니 정말 놀라운 일이었습니다. 이게 결국 고르바초프의 개혁·개방정책의 결과가 아닌가 하는 생각도 들었습니다. 한마디로 세상이 변했다는 말이지요.

그래서였는지 쿠데타가 난 지 사흘째 되는 날 바로 고르바초프가 모스크바에 나타났습니다. 그리고 쿠데타를 저지한 소련 국민들에게 감사하다는 말과 함께 이 모든 것이 소련사회에 변화를 가져온 페레스트로이카의 승리라고 강조했습니다.

작년(2013년)에 나온 고르바초프 자서전 《선택》(*President Mikhail Gorbachev*)을 보면 쿠데타 당시 상황이 자세히 나와 있습니다. 요약해 보면 "일단의 당과 정부 관리들이 모든 통신수단을 차단하고 나를 포로스 별장에 연금시켰다. 그런 다음 그들은 나에게 최후통첩을 했다"는 것입니다.

국가비상사태를 선포하고 권력을 물려주든지 아니면 그냥 물러나든지 선택하라는 것이었는데, 고르바초프는 이런 요구를 단호히 거부했다고 합니다. 심지어 그는 쿠데타 관련자들을 '러시아식으로' 발로 차며 욕을 했다고까지 적어놨습니다.

그런데 쿠데타에 가담한 비밀경찰(KGB)이 고르바초프가 중병에 걸려 업무를 계속 수행할 수 없다는 증거를 제시하도록 의사들에게 비밀지령을 내렸다는 사실을 나중에 알았다고도 했습니다. 물론 의사들이 한 사람도 그런 압력에 굴복하지 않았다는 사실도 덧붙였습니다. 쿠데타가 사흘 만에 실패할 수밖에 없었던 정황을 설명해준 셈입니다.

고르바초프는 "내가 중용한 바로 그 사람들이 조국과 사회를 변혁한다는 역사적인 목표를 저버리고 민주적 목표와 이상을 배반한 것이다. 그들은 불법적인 범죄행위를 자행한 것은 물론이고 무력과 협박, 거짓말을 동원했다"고 밝혔습니다. 그러면서 "나는 소련공산당 서기장 사퇴라는 힘든 결정을 내릴 수밖에 없었다"고 회고했습니다.

그리고 마지막에 그는 옐친을 비난하면서 "미국 행정부는 옐친이 이끌 약화된 러시아가 고르바초프가 사력을 다해 만들어내려고 하는 새로운 소련보다 미국의 이익에 훨씬 부합된다고 판단한 것이다"고 끝을 맺습니다. 한이 많은 사람이 남긴 '패자의 변' 같다는 느낌이 들었습니다.

역사는 흔히 승자의 기록이라고 하지만 고르바초프의 이런 증언을 단순히 패자의 소리로 치부할 일은 아닌 것 같습니다. 비록 권력에서는 물러났지만 그가 주창해서 만들어낸 소련사회의 거대한 변화만큼은 움직일 수 없는 사실이고, 또 그런 면에서 그는 역사에서도 승자일 수 있기 때문입니다.

어쨌든 소련 쿠데타는 실패로 끝났고 제 첫 여름휴가 역시 불발로 끝나고 말았습니다. 솔직히 말해 이렇게 빨리 쉽게 끝날지 알았으면 그냥 휴가를 즐겼어도 되는 건 아니었을까 하는 아쉬움도 있었습니다. 그렇게 그해 여름은 싱겁게, 그리고 아쉽게 지나갔습니다.

다시 일상으로 돌아와 특파원 임무를 계속하던 그해 10월, 갑자기 서울에서 국제부장이 직접 전화를 해왔습니다. 10월 안에 휴가를 안 가면 무효가 되니까 빨리 서둘러 여름휴가를 다녀오라는 지시였습니다. 이미 포기하고 까맣게 잊어버린 여름휴가를 새삼 다시 일깨워준 셈입니다. 참 고마웠습니다. 정말 세상 좋아졌다는 생각도 들었습니다.

그날 저는 참으로 오랜만에 영어 편지를 썼습니다. 딸 수진이 담임선생님에게 말입니다. 약간 자랑스러운 기분으로 "제가 소련 쿠데타로 휴가를 가지 못해 지금 딸과 휴가를 가려 하니 수업에 빠지더라도 양해해 달라"는 내용을 적었습니다. 뜻밖에도 담임선생님 답신이 왔습니다. "수진에게 정말 좋은 기회이니 마음껏 휴가를 즐기고 오라"는 내용이었습니다.

그해 10월 중순 어느 날 저는 다시 가족들과 함께 하루 종일 자동차를 타고 뒤늦은 여름휴가를 떠났습니다. 그리고 딸과 아들이 디즈니월드에서 마음껏 노는 걸 보고 모처럼 행복함을 느꼈습니다. 게다가 '휴가를 반납하고 업무에 복귀한 특파원'이라고 회사에서 휴가를 가라고까지 하는 대우를 받았으니 그 뿌듯함 또한 말로 다할 수 없는 기분이었습니다.

그때 제 딸과 아들이 미키마우스와 함께 찍은 사진이 지금도 제 아들 책상 위에 놓여 있습니다. 간혹 쳐다볼 때가 있는데, 역시 그때 일들이 떠오르곤 합니다.

이 글을 쓰는 2014년 여름 우리나라에서는 국무총리 후보자가 고르바초프를 닮았다는 소리가 나오고 있습니다. 우리나라 국민들에게도 고르바초프는 그나마 인상적인 소련 지도자였던 모양입니다.

북·미 대사급 접촉 특종

소련에서 고르바초프가 실각하고 옐친이 새로운 지도자로 등장하면서 반세기 냉전체제는 사실상 무너지기 시작했습니다. 그래서인지 1991년 가을에는 유난히 국제정세에 새로운 변화의 조짐이 많았고 당연히 남북관계에도 극적인 변화와 진전이 있었습니다.

우선 9월 들어 부시 미국 대통령이 미국의 전술 핵무기를 일방적으로 감축하겠다고 선언했습니다. 저도 이 뉴스를 발표하는 부시 대통령 회견을 보면서 서울에 긴급 뉴스로 1보를 보냈습니다. 그런데 부시 대통령은 지상에서 발사하는 모든 전술 핵무기를 일방적으로 폐기하겠다고 했는데, 관련해서 AP통신은 한국을 포함한다는 기사를 내보냈습니다.

그래서 저는 일단 "한국을 포함해서"라는 대목을 뉴스 첫머리에 포함시켜 기사를 보냈습니다. 예상대로 서울에서 곧바로 연락이 왔습니다. '한국 포함'이라는 대목을 빼고 해달라는 요구였습니다. 그래서 그날 저녁 〈뉴스데스크〉에서는 "유럽 지역 등 모든 지상발사 핵무기를 일방 폐기한다"고 보도했습니다.

돌이켜보면 우리나라는 핵무기가 있다고 발표한 적이 없기 때문에 핵무기가 없다고 발표할 수도 없는 처지였습니다. 결국 그해 11월 노태우 대통령이 한반도 비핵화 선언을 발표하는 것으로 이 문제를 해결했습니다. 있다고 한 적은 없으나 이제 없다고 선언할 수 있게 된 겁니다. 또한 북한과도 그해 마지막 날 '한반도 비핵화 공동선언문'을 채택했습니다. 나중에 북한이 핵무장을 할 줄은 그땐 몰랐지요.

또한 한국은 소련과 정식으로 외교관계를 맺은 데 이어 그해 가을 북한과 함께 유엔에 동시 가입했습니다. 그리고 그해 마지막 달에 남·북 총리가 만나 남북기본합의서를 채택했습니다. 이제 서로 체제를 인정하고, 침략하지 말고 교류협력하자는 합의를 본 겁니다. 그해엔 정말 세상이 놀랄 만큼 바뀌고 있구나 하는 느낌을 가질 만했습니다.

그런 분위기에서 서울 본사에서 신년 연휴에 쓸 특집기사를 보내달라는 요청이 있었습니다. 당시에는 신년 1~3일은 연휴였습니다. 정부가 일을 안 하니까 당연히 뉴스도 부족한 때였습니다. 그래서 신문도 대개 새해엔 해외 특파원들에게 신년운세 비슷하게 그해 국제정세를 전망하는 특집기사를 받아 싣고는 했었지요.

그래서 저도 신년특집을 위해 남북관계를 주제로 1편 보낼 생각을 했습니다. 그만큼 그때 남북관계는 시의적절한 주제였습니다. 그래서 주미 한국대사관 외교관들을 상대로 세미나식 취재를 시작했습니다. 국제정세가 변하니 당연히 남북관계도 바뀔 수밖에 없고, 따라서 미국과 북한 사이의 관계도 변할 수밖에 없지 않느냐고요. 그러려면 미국과 북한 사이에 적어도 실무접촉 이상으로 격상된 대화가 있어야 하지 않겠느냐고요. 그게 제가 묻고자 하는 내용이었습니다. 그런데 주미 대사관 고위 외교관 한 분이 너무나 당연하다는 듯이 "그렇게 되게 되어 있다"고 단언하는 것이었습니다.

얼굴 표정을 보면서 무언가 있다는 생각이 들었습니다. 다른 외교관들에게도 질문 대신 개인 의견인 것처럼 말하면서 미국과 북한 사이도 이제는 대사급 정도로 격상된 대화가 있어야 할 때라고 강조했습니다. 반응이 대부분 적극적이고 긍정적이었습니다.

전반적인 상황 파악이 되자 이제는 당사자인 미국 쪽에 정식 취재를 해야 할 순서가 됐습니다. 당시 미국 국무부에서는 한국과 직원 한 사람이 우리 식으로 말하면 대변인 역할을 하고 있었습니다. 개인적으로 아쉬운 전화를 해야 할 일이 많았기 때문에 우리는 간혹 점심도 함께하고 대화도 나누는 사이였지요.

그래서 그 직원에게 전화를 걸었습니다. 현재 국제 정세와 미국 정세로 볼 때 북한과 대화 수준을 격상하는 게 필연적으로 보이는데 어떻게 생각하느냐고 물었습니다. 그랬더니 뜻밖의 대답이 나왔습니다. "나는 그 문제에 대해서는 말할 수가 없다"고요.

영어로 '컨스트레인드'(constrained) 라는 표현을 쓰는 게 특별히 귀에 들어왔습니다. 보통 외교관들이 곤란한 질문에 대답하는 직업적 표현은 "나는 그 문제를 이야기할 위치에 있지 않다"(I am not in a position to comment) 는 것이었습니다. 그런데 이 직원은 이런 외교적 답변이 아니라 잘 안 쓰는 '컨스트레인드'라는 수동형을 쓰는 것이었습니다. 즉감으로 '이게 사실이구나' 하는 생각이 들었습니다. 그러나 그렇다고 말해줄 수는 없다는 처지를 표현한 것으로 받아들였습니다.

그때 미국사람들 참 순진하다는 생각도 들었습니다. 우리 같으면 일단 아니라고 잡아떼는 게 보통인데 아마 미국 공무원들은 거짓말을 하면 안 되는 규정 같은 게 있는 거라는 생각이 들었습니다. 저로서는 상대방이 부인하지 않았으니까 기사에 "부인하지 않음으로써 사실상 인정했다"고 쓸 수 있는 여지가 생긴 셈입니다.

그래서 기사를 쓰기로 했습니다. 그런데 이 기사 취재원을 어떻게 쓸 것인가의 문제가 생겼습니다. 미국 국무부 직원 이름을 밝히면 곤란한 것은 물론이고 힌트만 줘도 누군지 금방 알게 되어 있기 때문에 그럴 수도 없는 처지였습니다.

결국 정도는 아니지만 가장 무책임한 '외교 소식통'이라는 표현을 쓰기로 했습니다. 그래야 남은 특파원 생활 동안 그 직원의 도움을 받을 수 있기 때문입니다. 그래서 외교 소식통을 인용해 미국이 북한과 대사급 접촉을 가지려고 하는 이유는 핵문제 등에 관해 미국 측 입장을 정확하게 전달하기 위해서라고 기사를 썼습니다.

또 한 가지, 만약 북한이 핵사찰을 거부하는 등 문제를 일으켰을 때 미국은 이 문제를 유엔에 가지고 갈 생각인데 그럴 때에도 북한과 대사급 접촉을 했다는 게 명분상 필요하다는 이유도 덧붙였습니다.

마지막으로 현재 남북관계가 아주 좋아지고 있는 데 비추어볼 때 미국이 북한과 대화 수준을 높이는 조치는 상당히 설득력 있다는 식으로 결론지었습니다. 요컨대 미국은 북한과 높은 수준의 대화를 가질 수밖에 없다는 논리였습니다.

기사 자체는 부실했지만 그 내용은 상당히 관심을 끌 만한 시의성이 있었습니다. 그래서인지 서울에서는 1992년 1월 2일 〈뉴스데스크〉 시간에 이 기사를 톱뉴스로 다루었습니다. 저는 연휴용으로 제작해 보냈기 때문에 이걸 톱뉴스로 다루리라고는 생각하지 않았는데 말입니다.

190

자연히 반응이 클 수밖에 없었습니다. 일부 동료들이 자기도 그런 기사를 준비하고 있었는데 아쉽게 됐다고 푸념하는 소리도 들었습니다.

그 기사는 며칠 뒤 부시 대통령이 한국을 방문해 노태우 대통령과 정상회담을 가짐으로써 사실로 확인되었습니다. 한·미 양국 정상이 서울에서 "미국과 북한이 … 단계적으로 접촉을 확대하는 방안을 협의했다"고 공식 확인했기 때문입니다. 물론 한국 처지를 고려하여 남북관계 진전을 보아가면서 하겠다는 단서를 붙였지만요.

그때서야 저는 주미 대사관 직원이 그전에 왜 그런 자신 있는 반응을 보였는지 이해가 갔습니다. 더구나 그건 한국이 아니라 미국 쪽 이야기라 별 부담이 없었을 수도 있었습니다. 서울에서 수고했다는 부장 전화도 받았습니다. 정초부터 기분이 나쁘지 않았습니다.

며칠 뒤 국제부 후배에게 연락이 왔습니다. 회사에서 특종상을 내리고 상금을 주었는데 어디로 보내면 되느냐고 물어왔습니다. 제가 한국 돈은 미국에서 안 쓰니까 그냥 한국에서 쓰라고 익살을 부렸지요. 후배는 "그러면 안 되는데" 하면서도 그렇게 하겠다고 했습니다. 서로 기분 좋은 대화를 나눈 셈입니다.

문득 특파원으로 부임한 지 얼마 안 돼 북한 기사 때문에 크게 물먹은 기억이 떠올랐습니다. 1991년 봄 북한 유엔 대표부의 한시해 대사가 워싱턴에 온다는 뉴스가 예고됐을 때였습니다. 저는 1960년대 후반 국제 정치를 전공한 대학 때부터 이미 한시해 대사 이름을 기억하고 있었습니다. 그래서 저는 한 대사가 초청받은 연구소 주변에 대기하고 있다가 인터뷰를 해볼 생각까지 하고 있었습니다. 그런데 상대사 특파원이 저에게 한 대사 워싱턴 방문기사를 다루지 말자고 제안하는 것이었습니다. 이미 뉴욕에서 다뤘기 때문이라는 거지요. 아쉬웠지만 전입고참인 상대사 특파원 제안을 따르기로 했습니다.

그런데 그 주 일요일 저녁 서울에서 전화가 와 조심스럽게 북한 대사 이야기를 묻는 것이었습니다. 그래서 아차 싶어 "한시해 기사 나갔어?" 하고 물었더니 그냥 나간 정도가 아니라 무려 7~8분 정도로 길게 한인 교회에서 인터뷰한 내용을 방송했다는 것이었습니다.

물론 저에게 제안한 특파원이 아니라 그 위 지사장이 보낸 리포트였다는 것이었습니다. 참 난감했습니다. 그 다음 날 뻔한 대답이 되돌아올 줄 알면서도 상대사 사무실에 찾아가 그 특파원에게 "어떻게 된 일이냐"고 물었습니다. 그랬더니 느닷없이 지사장이 안쪽에서 나오면서 저에게 "이 사람아, 그런 건 묻는 게 아니야!" 하면서 나무라는 거였습니다. 연배도 위고 학교도 선배라 더 이상 말도 못하고 대답도 못 들은 채 나왔습니다. 나중에 그 선배가 귀임할 때 자신이 잘 모르고 화를 냈다고 이야기했습니다만 이미 배 떠난 뒤 일이었습니다.

이미 저는 회사에 경위서를 보내 "다시는 상대사와 기사와 관련해 사전 담합하거나 어떤 약속이든 하지 않겠다"고 다짐하면서 "물먹은 데 대해 죄송하다"고 사과했기 때문입니다. 처음이라 그런지 그 문제는 더 이상 거론되지 않았습니다만 방송에서 7~8분이나 되는 특파원 기사를 빠뜨렸을 때 어떤 반응과 질책이 있을지 잘 아는 저로서는 그 문제가 오래 머리에 남을 수밖에 없었습니다.

그런데 북한 관련 기사로 특파원으로서는 처음 받는 특종상이라고 하니 새삼 기분이 묘해지는 것이었습니다. 그러면서도 한미정상회담에서 딱히 대사급 접촉이라고 못 박지는 않았는데 접촉을 확대한다는 언급 정도로 특종상을 받아도 되는가 하는 생각도 들었습니다. 혹시 그전 일에 대한 격려 차원의 배려는 아니었을까 하는 생각도 해봤습니다.

그런데 1992년 1월 말께 북한의 김용순 노동당 국제담당비서가 미국에 가서 아놀드 캔터 국무부 차관을 만나 주한미군 철수를 요구하지도 않으면서 북미수교를 주장한 겁니다. 제가 기사를 보낸 지 한 달 안에 일어난 변화였습니다. 그제야 저도 특종상 받은 게 정당하다는 느낌을 받았습니다.

그렇지만 미국과 북한 사이에 이루어진 대사급 접촉은 좋은 결실을 맺지 못했습니다. 일반적으로 대화 수준이 올라가면 좋은 결실을 맺는 게 이론상 맞는 일인데, 제가 특파원 마칠 때인 1994년까지 미국과 북한 사이는 계속 삐걱거렸습니다. 결국 미국이 북한 공격이라는 마지막 카드를 검토할 지경까지 이르고 말았으니 말입니다.

돌이켜보면 그때 북·미 대사급 접촉이라는 특종기사는 나중에는 본 뜻을 잃어버린 기사가 되고 말았습니다. 그리고 아직도 미국은 북한을 '불량국가'(rogue states)나 '악의 축'(axis of evil)으로 보고 있습니다. 우리도 이제는 북한과 다시 냉전시대 같은 긴장관계를 벗어나지 못하는 처지가 되고 말았지요.

미국과 북한의 접촉 수준이 새로운 기사가 되는 시절로 되돌아가버린 느낌입니다. 역사는 반복한다는 말이 실감나는 대목입니다. 언제 어떤 기자가 다시 이런 내용의 기사로 특종상을 받을지 문득 궁금해집니다.

클린턴 단독 인터뷰

미국에 온 지 1년이 지난 1992년은 미국 대통령 선거가 있는 해였습니다. 그러나 1년 전 걸프전 때문에 부시 대통령 인기가 엄청나게 치솟아 미국 국민들에겐 다가오는 대통령 선거가 별무 관심인 것처럼 보였습니다. 더구나 공화당 출신 대통령은 지난 50년 동안 단 1명도 재선에서 낙선한 일이 없을 정도였으니 선거에 더더욱 무관심할 수밖에 없어 보였습니다.

그래서 저도 그해 2월 뉴햄프셔 예비선거를 취재하러 갈 때만 해도 별로 신경을 쓰지 않았습니다. 개인적인 관심사나 좀 챙겨볼 생각마저 들었습니다. 그런데 선거는 정말 뚜껑 열어봐야 안다는 말이 맞는 것 같았습니다. 예비선거로 접어들 무렵 민주당 클린턴 후보에 대한 여자 문제가 드디어 지역 신문에서 터져 나왔습니다.

제니퍼 플라워스라는 나이트클럽 가수가 클린턴 후보와 12년 동안 불륜을 저지른 사이라는 내용이었습니다. 클린턴 후보는 민주당 내에서도 2~3등 하는 처지였는데, 이 스캔들로 도중하차해야 할지도 모를 상황이었습니다. 그때 클린턴 부부가 CBS의 〈60분〉이라는 프로에 나왔습니다.

당연히 그 가수와의 좋지 않은 관계가 화제가 됐는데, 이들 부부 대응이 퍽 인상적이었습니다. 클린턴은 자신이 완전한 사람이 못 되며 그동안 어려움이 닥칠 때는 부부간에 이를 극복하기 위해 많은 노력을 했다는 식으로 에둘러 대답했습니다.

그런데 힐러리 여사는 정면으로 대응하는 자세를 취했습니다. 자신은 남편을 사랑하고 존경한다고 전제하면서 만약 그럼에도 안 된다면 자기 남편에게 투표하지 말라고 단호한 표정으로 말하는 것이었습니다. 저도 좀 거북한 느낌을 받았습니다. 잘못했다고 사과해도 될까 말까 한 일인데 저렇게 당당하게 말해도 되는가 하고 말이죠.

그 다음 날 아침 조간신문을 봤더니 그게 아니었습니다. 힐러리 여사가 당당하게 해명했다는 식으로 보도하면서 그렇다면 별 문제가 아니지 않는가 하는 느낌을 갖게 하는 것이었습니다. '아! 문화가 다르구나' 하는 생각이 들었지요. 어쨌든 그는 당시 1등 후보가 아니었기 때문에 별개의 관심사로 치부했습니다.

그러나 스캔들까지 터지고 나니 정작 예비선거 취재가 맥이 빠지는 것이었습니다. 그래서 억지로라도 재미있게 관전하는 방법을 생각해봤지요. 우선 누가 야당인 민주당 후보가 될 것인가를 한번 따져보기로 했습니다. 그랬더니 비록 스캔들이 있긴 하지만 그래도 클린턴이 가장 젊고 비전 있어 보였습니다. 또 한 가지, 그는 방송기자들끼리 쓰는 말이지만 가장 '화면발이 좋은' 후보였습니다. 스캔들이 터지는 게 바로 그 사람의 화면발을 반증하는 게 아니냐고 접어줬습니다.

어차피 부시 대통령 재선이 확실시된다면 야당 후보가 누가 되든 무슨 상관이겠는가 하는 생각으로 저는 관전을 위해 일단 클린턴을 유력 후보로 점찍었습니다. 예비선거 전날 저는 카메라기자 팀과 함께 뉴햄 프셔 선거운동 현장을 찾아 나섰습니다.

그렇지만 우리와 제도도 다르고 낯선 점이 너무 많아 관심을 갖기가 어려웠습니다. 겉만 구경하는 셈치고 나오는 길에 미국 여기자가 말을 걸어왔습니다. 클린턴 단합대회를 하는데 같이 가지 않겠느냐는 것이 었습니다. 귀가 솔깃해 가자고 했더니 자기가 안내할 테니 대신 자기를 차에 태워달라는 거였습니다.

어딘지도 모르는 곳의 10층짜리 큰 건물 꼭대기에 클린턴 지지자들 이 수백 명 모여 있었습니다. 정말 한 번 보고 싶은 미국정치의 생생한 현장이었습니다. 그날 클린턴 후보는 그 넓은 대회장을 이리저리 돌아 다니면서 수십 명 지지자들 앞에서 간단한 연설과 함께 〈오, 대니 보 이〉(Oh, Danny Boy) 같은 노래를 한 곡 뽑았습니다. 그러자 앞에 서 있 던 수십 명 지지자들이 우르르 덤벼드는 것이었습니다. 물론 경호원들 이 막기 때문에 클린턴에게 접근하지는 못했고요.

그날 이런 장면을 저는 여러 차례 봤습니다. 그러면서 클린턴 후보가 적어도 민주당 후보가 되는 건 확실하겠다는 생각마저 들었습니다. 기 자는 역시 현장을 뛰어야 한다고 자부하면서 말이죠.

그날 또 잊지 못할 장면이 있었습니다. 바로 힐러리 여사와 제가 수 십 분 동안 마주보고 서 있었다는 사실입니다. 조금 어둡긴 했지만 저 는 힐러리 여사 앞에 서서 이분과 먼저 인터뷰를 하는 게 어떨까 생각해 봤습니다.

그때 정말 여러모로 생각해봤는데, 어떤 경우로든 힐러리 여사 인터

뷰는 별 쓸모가 없다는 결론이 나왔습니다. 그러니 괜히 인터뷰한다고 했다가 정작 클린턴 인터뷰마저 놓쳐서는 안 된다고 생각한 겁니다. 지금도 종종 그때 일을 생각합니다. 클린턴 여사는 지금 미국 국무장관인데다 유력한 차기 대통령 후보이기 때문입니다. 사람 생각이 그렇게 짧을 수 있다는 경우로 저는 그때 일을 떠올립니다.

그날 늦게 단합대회가 끝나고 주인공인 클린턴이 문 앞에 서서 지지자들과 악수하며 배웅을 시작했습니다. 저도 줄을 서서 차례를 기다리면서 카메라기자 팀에게 인터뷰 준비를 하도록 했습니다.

제 차례가 와서 미리 준비한 질문을 던졌습니다. "서울에서 왔는데, 당신의 한국 정책에 대해 말씀해주십시오" 하고 말입니다. 원래는 '한반도 정책'(Your policy on the Korean peninsula)을 물으려 했는데 순간 영어로 '반도'라는 단어가 적절하지 않은 것 같아 그냥 '코리언'이라고만 해버린 겁니다.

그랬더니 정말 대답이 청산유수였습니다. "내가 아칸소 주지사 때 한국에 두 번이나 가봤는데 한국의 경제발전이 대단하더라. 깊은 인상을 받았다. 또 노태우 대통령을 청와대로 예방해 아칸소 주와 한국과의 경제협력 방안 등을 논의했다"는 내용이었습니다. 시간으로는 1분 40여 초 정도였습니다.

나중에 서울에 들어와 당시 외무부에 있던 반기문 선배(현 유엔 사무총장)에게 그 얘기를 했더니, 당시 청와대에서 무슨 이름도 잘 모르는 아칸소 주지사냐 하면서 면담을 안 해주려고 해서 애를 먹은 적이 있다며 비사를 들려줬습니다. 그래서 미국 주지사면 언제 대통령 할지 모르는 사람이라고 설득했다고 합니다.

어쨌든 그날 저로서는 미국 대통령 후보와 인터뷰하는 첫 경험을 해본 겁니다. 그러나 그 인터뷰 내용은 쓰지 않고 간직하고 있었습니다. 뉴햄프셔 예비선거에서 클린턴이 1등을 하지 못했기 때문입니다.

나중에 7월경 뉴욕에서 열린 민주당 전당대회에서 클린턴이 정식으로 민주당 후보가 됐을 때도 그 인터뷰 내용을 쓸 수는 없었습니다. 오로지 그분이 대통령이나 되어야 쓸 수 있는 내용이었기 때문입니다. 그러니 클린턴 후보가 반드시 미국 대통령이 되어야 했습니다. 그래야 제가 단독으로 인터뷰한 기사가 빛을 볼 수 있었으니까요. 이제는 정말로 미국 대통령 선거를 취재하는 또 다른 이유가 생긴 셈입니다.

그런데 클린턴 후보에 대한 좋지 않은 스캔들이 계속 터져 나오는 겁니다. 여자 문제에 이어 군대 문제가 터져 나왔습니다. 베트남전이 한창일 때 클린턴은 군대 징집을 연기했고, 결국 군대를 가지 않은 채 영국으로 유학을 떠나버렸다는 내용이었습니다.

게다가 징집을 연기해달라고 해놓고 기자들에게는 그런 사실이 없다고 거짓말까지 했다는 겁니다. 그때는 몰랐는데 나중에 클린턴 회고록 《마이 라이프》(*My Life*)를 봤더니 뉴햄프셔 예비선거 일주일 전에 그 유명한 ABC 프로그램 〈나이트라인〉(*Nightline*)에서 당시 교관이 클린턴에게 받은 징집 관련 편지를 보도할 거라는 연락을 받았다고 합니다.

그때 일을 클린턴은 "나의 자질을 겨누고 두 개의 총신에서 총알이 날아오고 있었다"고 회고했습니다. 모든 텔레비전 논평가들이 클린턴은 이제 완전히 '죽은 목숨'이라고 말했다는 겁니다. 그때 참모였던 조지 스테파노풀로스는 울먹이면서 '사퇴하는 문제'를 생각해볼 때가 아니냐고 물었다고 합니다. 그러나 클린턴은 단호하게 "유권자들에게 결정을 맡기자"면서 일하러 나가자고 했다는 겁니다.

그때 저는 병역 문제까지는 신경을 쓰지 않았습니다. 여자 문제가 워낙 큰 데다 당시 여론조사에서 1등도 아닌 후보였기 때문이지요. 그런데 뉴햄프셔 예비선거에서 송거스 후보 다음으로 2등을 한 겁니다.

저로서는 송거스 1등보다 클린턴 2등이 더 뉴스가치가 있어 보였습니다. 실제로 그때 서울에 보낸 기사에도 이런 생각이 반영됐습니다. 마침 공화당에서도 뷰캐넌이라는 방송해설 하던 후보가 부시 대통령에게 도전장을 내밀어 뉴햄프셔에서 40퍼센트 가까운 지지를 얻었기 때문입니다.

그래서 저는 1992년 2월 19일 방송된 〈뉴스데스크〉 리포트에서 "뷰캐넌과 클린턴 등 차점자에게 미국 국민들 관심이 쏠리고 있다고" 주장했습니다. 실제로 뷰캐넌은 승자인 것처럼 기고만장해서 "미국에 혁명이 일어났다"고까지 호언장담했습니다. 그리고 클린턴 후보에 대해서는 그 전날 만났던 단합대회장 화면을 편집해서 사용했습니다. 방송기자들 말로 하자면 '그림특종'을 미리 살짝 쓴 겁니다. 인터뷰 내용은 빼고 말입니다.

그런데 시간이 지나면서 뷰캐넌은 점점 인기가 떨어지고 반대로 클린턴은 점점 인기가 올라가는 겁니다. 여자 문제, 군대 문제 등 이른바 후보 개인의 '자질'과 관련한 기사가 온 방송과 신문을 도배하는데도 그랬습니다. 저에게는 이런 현상 자체가 새로운 관심꺼리였습니다. 그래서 최소한 민주당 대통령 후보는 될 수 있겠다고 동료들에게 이야기했습니다.

그러나 클린턴 후보에 대한 '자질' 문제는 그 후로도 계속 터져 나왔습니다. 요새 우리 식으로 말하자면 마치 '종합선물세트'처럼 말입니다. 그런데도 인기는 떨어지기는커녕 점점 올라가면서 차츰 경쟁 후보들이 사퇴하기 시작하는 겁니다.

그때 미국 대통령 선거에서 새로운 점을 발견했습니다. 미국 전역을 대상으로 근 열 달 가까이 선거운동을 하는 제도인 만큼 매우 복잡하고 돈도 엄청나게 많이 들겠다는 첫인상이 그게 아니구나 하는 쪽으로 바뀐 겁니다.

미국은 우리처럼 후보 측이 내놓은 돈만으로는 선거운동 자체가 불가능하게 되어 있습니다. 그 넓은 대륙에 2억 명 가까운 유권자를 상대로 후보가 가진 자금만으로는 열 달 동안 선거운동을 할 수가 없는 겁니다. 지지자들이 후원금을 보내주고 자원봉사를 해주어야만 그나마 선거운동이라도 할 수가 있지요.

그러니 여론조사에서 인기가 올라가지 않으면 돈과 사람이 모두 모이지 않습니다. 현실적으로 선거운동 자체가 불가능해지는 거지요. 실제로 민주당의 많은 경쟁후보들이 선거운동 한두 달 사이에 사퇴하기 시작했습니다. 결국 전당대회까지 2~3명 정도만 남았습니다. 자동 정리가 되는 겁니다. 그런 과정을 거쳐 클린턴이 그해 7월 뉴욕 민주당 전당대회에서 대망의 대통령 후보가 됐습니다.

그동안에도 클린턴 자질과 관련한 기사들은 계속 터져 나왔습니다. 마리화나를 피워본 적이 있느냐는 질문에 클린턴이 피워는 봤지만 "들이마시지는 않았다"고 대답하자 온 방송, 신문에서 이를 조롱하는 토크쇼와 기사를 내보냈습니다.

또한 힐러리 여사가 전문직 여성이라는 점을 꼬집어 이를 문제 삼는 기사도 계속 이어졌습니다. 힐러리 여사가 자신도 "집에서 쿠키와 차를 만들고 싶다"고 말한 걸 문제 삼아 마치 가정주부들을 우습게 본 것처럼 비판하는 기사들도 많았습니다.

어쨌든 뉴욕 전당대회에서 클린턴은 미국 민주당 대통령 후보가 됐습니다. 이때쯤엔 미국 언론도 태도를 바꾸기 시작했습니다. 〈뉴욕타임스〉 같은 권위지가 클린턴 지지를 공개적으로 밝힌 겁니다.

심지어 〈뉴욕포스트〉는 사설에서 "개인문제 때문에 언론으로부터 미국 정치사상 유례없는 비난을 받았음에도 살아남았다는 것은 그의 자질이 훌륭하다는 것을 분명하게 보여준다"고 지지하고 나섰습니다.

그렇지만 이때까지는 당내 경선과정에서 일어난 일들이고, 여야가 정식으로 대통령 후보를 결정해서 맞붙게 되는 선거운동에서는 전혀 새로운 비방전이 기다리고 있었습니다. 아무튼 민주당 전당대회에서 클린턴 후보가 확정된 그날 뉴스에서도 저는 단독 인터뷰 내용을 방송하지 않았습니다.

누군가 "부담이 크면 소득도 크다"(*High Risk, High Return*)고 했다는데, 저는 그때 인터뷰 내용을 무용지물이 되는 부담을 무릅쓰고 보관하고 있었습니다. 결국 그에 상응하는 소득을 대박처럼 받았지만 말입니다. 11월에 클린턴이 미국 대통령에 당선된 겁니다. 그날 그 인터뷰는 단독기사로 모두 다 방송됐습니다.

미국 대통령 선거 보도

미국 대통령 선거 날 저는 평생 가장 바쁜 하루를 보냈습니다. 그날 워싱턴에서 하루에 열 번 방송을 한 기억이 아직도 생생합니다. 하루 종일 방송을 한 셈입니다. 그날 첫 방송은 텔레비전 자막에 내보내는 스폿뉴스(*spot news*)였습니다. "미국 대통령에 클린턴 후보 당선, 선거인단 확보 400석 육박"이라는 내용이었습니다.

그 시각 미국에서는 아무도 이런 뉴스를 내지 않았습니다. 그해 방송사끼리 회의를 갖고 미국 서부 쪽 선거가 끝날 때까지는 출구조사 내용을 보도하지 않기로 자체 결의를 했기 때문입니다. 보통 뉴욕에서 현지시각으로 저녁 6시에 전국 뉴스를 방송하는 게 관례입니다만 이렇게 되면 시차가 3시간이 나는 로스앤젤레스 같은 서부지역은 선거가 아직 끝나지 않은 채 선거결과를 보게 되기 때문에 불합리하다는 판단을 한 겁니다.

그래서 그해엔 미국 방송들이 저녁 6시에 선거결과를 보도하지 않았습니다. 그런데 그 비슷한 시각에 서울에서 미국 대통령 당선 스폿뉴스가 나간 겁니다. 미국보다 먼저인 셈이지요. 서울이 난리가 난 것을 알게 된 것은 곧바로 위성청약이 들어왔기 때문입니다. 그래서 워싱턴 시각으로 7시께, 서울 시각으로는 아침 9시경에 위성방송으로 대통령 선거방송을 시작했습니다. 그 시각까지도 미국 통신에서는 아무런 보도가 나오지 않았습니다.

사실 저는 그날 우연히 제가 있던 프레스센터 관리자로부터 오후 6시에 아메리칸대학 교수가 미국 대통령 선거 결과를 외신기자들 상대로 브리핑해준다는 사실을 알았습니다. 운이 좋았는지 그날 브리핑장에 올라가 보니 한국기자로는 저 혼자만 와 있었습니다. 지금 생각해보니 그때 취재한 내용은 자료로 남아 있지 않았습니다. 브리핑 듣자마자 서울에 스폿뉴스를 보냈으니까요.

그런데 선거 4일 전 아메리칸대학의 서보 교수가 브리핑한 내용이 서울에 보낸 〈뉴스데스크〉에 남아 있었습니다. 그때도 서보 교수는 클린턴 후보가 선거인단이 많은 캘리포니아, 뉴욕 등 10여 개 주에서 우세를 보이고 있어 당선될 것이라고 예언했습니다. 서보 교수는 조사결과 클린턴은 38개 주에서 409석을, 부시는 9개 주에서 65석을 확보했고 페로는 우세지역이 없다고 전망했습니다. 이쯤 되면 선거는 사실상 끝난 거나 다름없었습니다.

선거 당일 외신기자들에게 브리핑해준 교수가 바로 이 서보 교수인지 이젠 기억이 확실하지 않습니다만 일단 서보 교수로 추정하고 말씀을 드리겠습니다. 그날 서보 교수가 선거결과를 브리핑하면서 공화당이 "사상 최악의 참패를 당했다"는 표현을 쓴 게 머리에 남습니다.

그 이유는 뉴욕 등 동부지역은 클린턴 강세지역이고, 남부지역 역시 클린턴 강세지역으로 드러났으며, 텍사스 등 부시 강세지역은 무소속

페로 후보가 등장해 표를 빼앗아가고 있어 부시에게 불리한 상황이고, 캘리포니아 등 서부지역 역시 클린턴을 지지하고 있다고 전망한 것입니다. 그러니 공화당으로서는 대패할 수밖에 없다는 것이었습니다.

너무나 명쾌하게 분석 전망한 내용이라 길게 설명하지도 않았습니다. 채 10분도 안 한 것 같았습니다. 그러고 나서 질문 있느냐고 물었습니다. 제가 먼저 질문했습니다. 며칠 전 전망이 생각나서 "그럼 지금 선거인단 표로 계산하면 클린턴 후보가 몇 표나 확보할 것으로 보느냐"고 물었습니다. 그랬더니 그는 즉석에서 "380명에서 400명까지 내다본다"고 답했습니다. 전체 선거인단 수가 538명이니까 압승이라고 해도 과언은 아니었습니다.

곧바로 서울로 연락했습니다. 마침 국제부에 최명길 기자가 야근 중이었습니다. 같은 대학 같은 과 후배라 남다른 친근감이 있는 후배였습니다. 이 중요한 순간에 잘 아는 후배가 전화를 받았다는 건 정말 더더욱 행운이었습니다. 긴 얘기가 필요 없었기 때문입니다. 곧바로 "스폿 뉴스 하나 내라. 아침부터 뒤집어질 내용이다"고 농담까지 하면서 말입니다. 그 다음 상황은 저는 볼 수가 없었습니다만 아까 말씀처럼 서울에서 위성청약을 해온 것으로 미뤄 짐작할 수 있었습니다.

곧이어 서울과 위성으로 연결된 생방송 뉴스 시간에 나가 클린턴 당선 사실과 그 배경 등을 설명했습니다. 물론 서보 교수가 들려준 내용을 주축으로 해서 말입니다. 선거운동 내내 〈뉴욕타임스〉나 〈워싱턴포스트〉 등이 아메리칸대학 교수를 인용해 기사를 쓴 사실을 잘 알고 있었기 때문에 그 대학에 대한 신뢰가 상당히 높은 편이었습니다.

요새 자료를 보니까 미국 아메리칸대학이 선거 예측으로 꽤나 유명한 대학이었습니다. 그중 한 분이 서울에 초청받아 강의를 할 정도였으니 말입니다. 지난 몇십 년간 대통령 선거를 모두 맞힌 경력이 있다고 하네요. 저도 그때 그만큼 아메리칸대학 분석을 눈여겨보았습니다. 그러니 그분 외신기자회견장에 저 혼자 갈 수 있었던 거지요.

그날 서울 시각으로 말하자면 오전 11시, 12시에 이어 오후 2시에는 생방송에 출연하는 등 하루 종일 라디오와 텔레비전을 오가면서 방송을 했습니다. 그리고 가장 중요한 뉴스시간인 밤 9시 〈뉴스데스크〉 시간이 왔습니다. 이때도 물론 위성으로 생방송을 했습니다만 거기에 또 하나 새로운 빅뉴스가 추가됐습니다.

바로 클린턴 대통령 당선자와 단독 회견한 내용이었습니다. 제가 뉴햄프셔 예비선거 때 만났던 그 인터뷰 내용이었습니다. 흔한 정치인의 수사였지만 그날 하루 클린턴의 발언은 적어도 뉴스시간에는 천금 같은 무게가 있었습니다. 바로 대통령 당선자였기 때문입니다. 그리고 그 발언이 바로 MBC뉴스에만 나갔기 때문입니다. 물론 몇 달째 보관하고 있던 자료였지만 선거기간 중에 만났다고 소개했기 때문에 별 문제가 되지는 않았습니다.

그날 하루 방송이 상대사에게 커다란 충격을 주었던 모양입니다. 다음 날 우리 국제부장은 말 그대로 "입을 다물지 못하겠다"며 좋아했습니다. 상대사는 뉴욕 특파원을 아칸소에 보내 아침 조깅하던 클린턴 당선자를 쫓아가 인터뷰한 내용을 며칠 뒤 톱뉴스로 내보냈습니다.

그런데 조깅하던 사람을 멈춰 세워놨으니 옷차림이 짧은 바지에 러닝셔츠 차림인 데다 일부러 그랬는지 카메라 화면을 정면으로 쳐다보지도 않고 등을 돌린 채 한·미관계에 관한 정책을 말하고 있어서 보기에 좀 민망한 생각이 들었습니다. 그 다음 날 워싱턴 특파원들 점심시간에 이 뉴스가 도마에 올라 한 신문사 특파원이 기어코 한마디 했습니다. "아니, 자존심도 없나. 빤스 입고 뛰는 사람한테 그런 질문을 하다니!" 분위기가 어색해졌습니다. 저는 뭐라 말할 처지도 아니었고요.

물론 제가 잘했다는 칭찬도 없었습니다. 서로 말하지 않아도 알 것은 알고 지나가는 게 기자세계였으니까요. 나중에 그날 상대사에서 야근한 기자가 우연한 자리에 같이해서 그날 자신들이 겪은 참상을 스쳐가듯 말하는 걸 들었습니다. 더 이상 이야기할 것도 없고 그냥 이 정도로 전하는 게 적절한 것 같습니다. 기자 세계에서 누구나 한 번 이상 겪을 수밖에 없는 '빛과 그림자'이니까요.

2003년 SBS가 클린턴 전 대통령을 서울로 초대했습니다. 저는 문화방송 기획이사 자격으로 초청받아 참석했습니다. 멀리 국회의장, 대법원장과 같이 앉아 있는 그분을 보니까 반갑기도 하고 옛날 생각도 났습니다. 그래서 진행요원에게 쪽지를 써서 전해주라고 부탁했습니다.

10년 전 뉴햄프셔에서 인터뷰한 기자라고 하면서 클린턴 전 대통령의 리더십으로 남북 간에 화해하고 통일하는 일이 있었으면 좋겠다고 덕담을 썼습니다.

그가 저를 찾는 것 같았습니다. 그 자리에 가서 인사를 했습니다. 클린턴도 일어나서 반갑게 악수를 청했습니다. 누가 한 장 찍어줬으면 퍽 의미 있는 사진이었을 텐데 하는 생각이 스쳤습니다. 남의 회사 행사장인데 찍어줄 리 없는 일이었습니다. 간단한 인사말만 주고받은 채 자리로 돌아왔습니다.

그랬더니 여야 의원들이 일제히 클린턴에게 다가가 기념사진을 찍는 것이었습니다. 마치 제가 만난 게 신호라도 되는 것 같았습니다. 한동안 그쪽 좌석이 소란했습니다. 제 자리에 있던 SBS 이사가 "오늘 비용 절반은 MBC가 내시오" 하고 약간 짜증을 부렸습니다.

그날 제가 본 클린턴은 얼굴이 참 좋지 않아 보였습니다. 예전처럼 생기도 없고 갑자기 병원에서 나온 사람처럼 힘이 없어 보였습니다. 미국 대통령 자리라는 게 그렇게 힘든 자리인가 하는 생각이 들었습니다. 한편으로는 혹 여자 문제 때문인가 하는 주책없는 생각도 스쳤습니다.

그리고 뉴햄프셔 경선 당시 힐러리 여사와 마주보고 서 있었으면서 왜 인터뷰 한 번 하지 않았던가 하는 아쉬움이 다시 떠올랐습니다. 혼자서는 종종 생각하는 일입니다만, 사람이 왜 그렇게 앞을 내다볼 수 없었을까 하는 자책을 하게 되는 장면입니다.

그나마 클린턴 대통령을 일찍 점찍은 것만으로도 과분한 보상을 받은 셈입니다. 클린턴은 그렇게 말이 많은 대통령이었고 탄핵까지 갈 뻔했지만 미국 역사상 두고두고 이름을 남길 여러 가지 기록을 남겼습니다. 그리고 이제는 미국 역사상 처음으로 부부 대통령 기록에 도전하는 처지입니다.

저는 힐러리 여사가 방송에 나와 자기 남편에게 표를 주기 싫으면 안 줘도 좋다고 얘기한 대목이 눈에 선합니다. 또한 자신의 전기 《살아 있는 역사》(*Living History*)에서 클린턴이 르윈스키 사건에 대해 자신에게 사실을 처음 고백했을 때 딸 첼시에게 이 사실을 알려야 한다고 강조한 대목이 오래 머리에 남았습니다. 그때 클린턴은 눈물을 글썽거렸다고 합니다. 부모 자식 간에 정말 못할 말, 못할 일이었을 테니까요.

그런 힐러리 여사가 다음 대통령 후보가 될지 모르겠습니다만 제가 그때 바로 앞에서 본 그 조그마한 부인은 지금 생각해보면 정말 '작은 거인'이었습니다. 클린턴은 부인 힐러리 여사 도움이 아니었으면 대통령 자리에 오를 수 없었다는 생각을 강하게 하게 됩니다.

이번에는 부인 힐러리 여사의 대통령 후보 도전에 남편 클린턴이 어떻게 외조를 할 것인가가 관심사인데, 그가 힐러리 여사만큼 외조를 잘할 수 있을까에 좀 회의적인 생각이 듭니다.

세월이 제법 흘러 벌써 20년 가까이 됐습니다만 아직도 그분들 동정이 뉴스가 되는 것을 보면 저도 그분들과 맺은 인연이 참 좋았다는 생각을 떨쳐버릴 수 없습니다. 미국이라는 먼 나라와 맺은 인연과 함께 말입니다.

미국과 유럽의 만남 500주년

1992년은 미국과 유럽이 만난 지 500년이 되는 해입니다. 무슨 말인지 잘 모르시겠지요? 다시 말씀드리면 콜럼버스가 미국 대륙을 발견한 지 꼭 500년이 되는 해라는 이야기입니다. 1492년 콜럼버스가 미국 대륙에 처음 왔으니까요.

그런데 왜 콜럼버스가 미국을 발견했다고 하지 않고 미국과 유럽이 만났다고 하는지 궁금하실 겁니다.

미국 스미소니언박물관이 1992년을 기념하기 위해 전시회를 열면서 내세운 제목이 바로 미국과 유럽의 '역사적 만남'이었습니다. 흔히 생각하듯 콜럼버스가 미국 대륙을 발견했다는 식의 말투가 전혀 들어 있지 않은 제목인 겁니다. 그래서 이 전시회가 그해 미국 언론과 국민들 관심을 끌었고, 저도 이 전시회를 취재하러 간 겁니다.

중학교 때 처음 영어를 배운 이후 제가 가장 명확하게 기억하고 있는 문장이 바로 "콜럼버스는 1492년 미국을 발견했다"(*Columbus discovered America in 1492*)입니다. 이 문장이 수동태를 설명할 때 많이 쓰이기 때문입니다. 우리말로는 잘 안 쓰는 방식, "미국은 콜럼버스에 의해 발견됐다"(*America was discovered by Columbus in 1492*)고 쓰는 수동태 말입니다.

저는 이 문장을 외우면서 우연히 100년 뒤 이번에는 일본이 한국을 '발견'하려고 했는지 임진왜란을 일으켰다는 사실을 알았습니다. 그러니 임진왜란이 일어난 1592년은 자동으로 외우게 된 거지요. 그렇지만 콜럼버스가 미국을 발견했다는 문장이 사실은 '사실이 아니고 잘못된 역사를 담고 있다'는 걸 알게 되기까지는 수십 년이 걸렸습니다.

중학교 때 많이 본 서부영화에 영화배우 존 웨인이 나옵니다. 주로 미국 기병대원으로 나와 인디언들을 토벌하거나 그들과 싸우는 내용이 많았지요. 그런데 이 배우가 어려움 끝에 인디언들을 죽이거나 물리칠 때면 우리는 좋다고 박수를 치고는 했습니다. 그냥 아무 생각 없이 그랬던 겁니다.

나이가 들면서 세상 물정을 조금 알게 되자 저는 어렸을 때 일들을 입 밖에 내기에 좀 창피하다는 생각이 들었습니다. 따지고 보면 저는 피해자 대신 가해자 편을 들었던 셈이니까요. 미국 원주민인 인디언 처지에서 보면 콜럼버스가 아메리카 대륙을 발견했다는 주장은 정말 어처구니없는, 천불나는 소리였을 겁니다.

오랫동안 살고 있는 남의 땅에 들어가 그 땅을 처음 발견했다고 한다면 그게 말이 되겠습니까? 콜럼버스가 아메리카를 발견했다는 소리는 바로 이런 비극적인 역사를 덮고 있는 주장인 겁니다.

그해 스미소니언 전시회를 취재하러 간 저로서는 이런 때늦은 깨달음을 새삼 확인하고 싶은 개인적 동기도 있었습니다. 그때 전시회 부제가 바로 '변화를 가져온 씨앗들'(*seeds of change*)이었습니다. 콜럼버스가 미국에 온 지 500년이 된 시점에서 두 대륙이 겪은 여러 가지 변화를 다섯 가지 '씨앗'으로 설명해보겠다는 의도였습니다.

스미소니언 전시회가 내세운 다섯 가지 변화의 씨앗은 감자와 옥수수, 사탕수수, 말 그리고 병균이었습니다. 가장 먼저 눈에 들어온 씨앗은 역시 병균이었습니다. 미국 역사에 가장 결정적인 변화를 가져왔다고 볼 수 있는 씨앗이기 때문입니다. 아무리 역사가 승자의 기록이라고 하지만 미국 역사는 유례를 찾아볼 수 없을 정도입니다.

불과 500년 사이에 승자가 그 넓은 대륙을 완전히 차지했을 뿐 아니라 원래 주인인 패자들은 거의 멸족했기 때문입니다. 미국에 가면 인디언 보호구역이 있습니다. 〈인디언 레저베이션〉(*Indian Reservation*)이라는 노래도 있지요. 미국 원래 주인들을 보호해준다는 지역입니다. 그만큼 원래 주인들의 씨가 말라버렸기 때문입니다

특파원으로 가기 전인 1990년 미국 국무부 초청으로 미국에 갔을 때 인디언 보호구역에 가본 적이 있습니다. 저를 안내한 부인은 그 지역 유지로 대학교육을 받은 분이었습니다. 우선 우리는 모습이 무척 비슷했습니다. 자연히 처음인데도 왠지 친근한 느낌이 들었습니다.

소개를 하면서 그분이 하신 말씀이 있습니다. 어린아이들이 낮에는 미국 제도권 교육을 받고 저녁에 보호구역으로 돌아오기 때문에 정체성에 혼란을 겪고 산다는 것이었습니다. 또 미국 정부가 이 지역에 들어가는 모든 술과 담배에는 세금을 물리지 않아 엄청 싸다고 합니다.

정체성에 혼란이 와 머리가 복잡한 젊은이들이 집에 오면 무얼 하겠습니까? 자연히 술 마시게 되어 있고, 그래서 알코올 중독자가 많다고 했습니다. 그 지역에서 먹고 살려면 겨우 관광안내나 토산품 제조 이외

에는 할 일이 없다고 했습니다. 이는 그냥 먼 나라 이야기가 아니었습니다.

그해 전시회에서 병균을 씨앗으로 삼은 이유가 바로 이런 미국 초기 역사의 비극을 보여주려는 것이었습니다. 정복자의 총과 칼에 죽은 원주민들보다 병으로 죽은 원주민들이 훨씬 많았다는 사실을 강조하려고 한 것입니다. 유럽에서 건너온 천연두, 홍역 심지어 단순한 감기까지도 원주민들에게는 치명적인 피해를 주었다는 겁니다.

아무런 면역체도 없이 그냥 속수무책 당할 수밖에 없었다는 거지요. 정확한 통계는 없지만 학자들이 추정한 걸 보면, 원주민들이 50퍼센트에서 최고 90퍼센트까지 목숨을 잃어버렸다고 합니다. 말 그대로 전멸했다고 할 수 있겠지요. 실제로 미국 대륙에 흑인 노예들을 데려온 이유가 바로 원주민들이 몰살했기 때문이라는 겁니다.

최근 서울대 학생들이 도서관에서 가장 많이 빌려가는 책 중에 제러드 다이아몬드(Jared Diamond)가 쓴 《총, 균, 쇠》(*Guns, Germs, and Steel*)가 있습니다. 이 책에서는 세계문명을 온대지역에 거주하는 사람들이 지배하게 된 이유로 바로 이 병균을 꼽습니다. 온대 사람들은 가축을 집 주변에 키우면서 온갖 병균들이 몸에 옮았지만 오랜 세월 살아가면서 몸에 내성이 생겨 병에 걸리지 않게 되었다는 주장입니다.

그러니까 유럽이 먼저 짐승을 가축으로 키웠고, 따라서 짐승 몸에서 옮은 각종 병균에 대한 저항과 면역이 생긴 뒤에 아메리카로 건너갔다는 것입니다. 당연히 아메리카 원주민들은 그저 당할 수밖에 없었다는 것입니다. 반대로 아메리카에서 유럽으로 건너간 병균들이 별로 힘을 발휘하지 못한 것은 아메리카 원주민들은 유럽처럼 가축으로 키운 짐승도 별로 없고 그래서 몸에 익힌 병균도 별로 없었기 때문이라는 겁니다.

처음 듣는 참신한 주장입니다만, 정말 병균 때문에 그랬을까요? 유럽인들이 인디언들을 같은 인간으로 대우했는데도 그랬을까요? 미국 원주민들의 비극을 설명하는 좋은 이론일 수는 있지만 정말 그랬다고 믿는 데는 아직도 회의적입니다.

다이아몬드 스스로 "가령 미국 백인들은 호전적인 아메리카 원주민들을 몰살시킬 목적으로 천연두 환자가 쓰던 담요를 선물하기도 했다"(291쪽)고 쓰고 있습니다. 우연한 일만은 아니라는 거지요. 천재가 아니라 인재라는 뜻입니다.

또한 그는 "내가 어렸을 때만 하더라도 미국 어린이들은 원래 북아메리카에는 100만 명가량의 인디언밖에 없었다고 배웠다. … 그러나 고고학적 발굴과 … 유럽인 탐험가들 기록을 자세히 검토한 결과 인디언들이 처음에는 약 2천만 명에 달했다는 것을 알게 되었다"고 말합니다.

세계 선진국 미국도 지난 역사를 후세에게 왜곡해서 가르쳤다는 얘기입니다. 원주민 인구가 적었다고 해야 그나마 과거 잘못을 조금이라도 덮을 수 있었기 때문입니다. 정말 인구가 그 정도밖에 안 됐다면 승자의 역사에서는 흔적조차 찾을 수 없었을지 모릅니다. 아예 그런 사실 자체가 없는 것처럼 가르쳤겠지요.

그래서 1992년, 콜럼버스가 미국에 건너온 지 500년 되는 해를 기념하기 위해 미국 원주민들은 국가 애도의 날을 지정하자고 주장하기도 했고, 애도 표시로 팔에 만장을 차기로 했다는 뉴스도 있었습니다. 콜럼버스가 잔인한 약탈자고 정복자라는 비난 역시 당연히 나올 수밖에 없었습니다.

미국의 어느 평론가는 미국 이름을 콜럼버스 이름을 본 따지 않고 아메리고 베스푸치 이름을 본 따 아메리카라고 정한 것은 어쩌면 이런 업보 때문일지도 모른다고 주장했습니다. 미국에 처음 온 사람 대신 그 사실을 먼저 알린 사람 이름을 쓰는 현실을 그렇게 설명하는 겁니다.

저는 참 절묘한 주장이라는 생각이 들었습니다. 콜럼버스 이름을 딴 컬럼비아라는 이름은 지금 워싱턴 D. C. (District of Columbia)를 지칭할 때 쓰일 뿐입니다. 보이지 않는 손이 작용했다고 하는 편이 나아 보입니다.

이런 비극에 이어 또 하나 '씨앗'으로 꼽은 사탕수수 재배가 또다시 미국 대륙을 완전히 바꿔놓았습니다. 바로 흑인 노예들을 집단으로 이주시킨 겁니다. 사탕수수를 재배하려면 많은 노동력이 필요한데, 원주민인 인디언들이 없기 때문에 아프리카에서 흑인들을 납치해 노예로 부려먹은 겁니다.

대신 미국에서 난 그 많은 옥수수와 감자는 다시 유럽과 아프리카로 전파돼 그쪽 사람들 식량으로 요긴하게 쓰였다고 하니 너무 불공평한 역사가 아닐 수 없습니다. 감자가 건너간 이후 유럽에서는 기아상태가 거의 사라졌다고 합니다. 그날 저도 전시회에서 온갖 색깔의 옥수수를 처음 봤습니다. 새까만 옥수수가 지금도 기억이 납니다.

결국 변화의 씨앗 중에 그나마 미국에 도움을 준 게 '말'입니다. 인디언들은 말을 정말 좋아하고 즐겨 탔다고 합니다. 물론 그 때문에 부족간 싸움도 더 치열했겠지만 말입니다. 지금도 인디언들은 말타기 같은 민속은 자기네 고유의 것처럼 생각하고 있다고 합니다.

저는 스미소니언박물관이 이런 기획으로 콜럼버스가 미국에 온 지

500년 되는 해를 기념한 깊은 뜻을 알 수는 없었습니다만, 그래도 이런 전시회가 그나마 잘못 알려진 과거 역사를 바로잡는 계기가 될 수는 있지 않을까 하는 생각이 들었습니다.

콜럼버스가 미국을 발견했다고 배운 사람들이 여전히 우리나라에도 많이 있을 겁니다. 그래서 저는 이 전시회를 서울에 소개해야 한다고 생각했습니다. 그런데 참으로 유감스럽게도 저는 이 뉴스를 다룬 데이터 파일을 복원한 데이터에서 찾을 수 없었습니다.

그렇다면 이 뉴스가 저녁 〈뉴스데스크〉가 아닌 밤 마감뉴스나 아침 뉴스에 방송됐을 가능성이 있습니다. 저도 이 글을 쓰면서 이런 사실을 처음 알았습니다. 갑자기 컬럼비아와 아메리카의 이름 차이가 떠올랐습니다. 정말 저도 모르는 사이에 이 뉴스가 데이터 파일에서 사라진 이유를 알 수가 없습니다.

MBC 〈뉴스데스크〉를 지난 20여 년 동안 복원해낸 후배한테 물어봤더니, 일부 뉴스는 보존상태가 좋지 않아 복원되지 않은 것도 많다고 대답하는 것이었습니다. 그렇다 하더라도 하필이면 이런 뉴스가 사라지다니 아쉽기만 합니다. 지금도 영어 배우는 후배들은 '콜럼버스가 아메리카를 발견했다'고 알고 있을 텐데 하는 생각이 듭니다. 그리고 그런 생각을 굳혀서는 안 되는데 하는 생각도 듭니다.

미국을 무조건 우방으로 생각하고 미국을 반대하면 무조건 반미주의자로 낙인찍는 그런 일들은 이제 없었으면 좋겠습니다. 미국을 정말 우방으로 생각한다면 스미소니언박물관처럼 이런저런 비판 역시 자유롭게 할 수 있어야 하기 때문입니다.

미국은 언론의 자유를 훼손하는 그 어떤 법률도 만들 수 없도록 헌법에 규정한 나라입니다. 프랑스 철학자 볼테르가 했다는 유명한 말이 있지 않습니까! "나는 당신이 하는 말에 찬성하지는 않지만, 당신이 그렇게 말할 권리를 지켜주기 위해서라면 내 목숨이라도 기꺼이 내놓겠다." (*I do not agree with what you have to say, but I'll defend to the death your right to say it.*)

미국에는 '콜럼버스가 아메리카를 발견했다'고 생각하는 사람도 많지만 그에 못지않게 스미소니언박물관처럼 '발견' 대신 '만남'을 생각하는 사람도 많다는 사실을 미국 우방인 우리가 알았으면 좋겠습니다.

다시 20여 년이 흘렀습니다. 이제 저는 '만남'이라는 우리말이 참 좋다는 생각을 추억처럼 갖고 있습니다. "우리 만남은 우연이 아니야"라는 노래가사처럼 정말 저에게 '만남과의 만남'은 결코 우연이 아니었습니다.

《라이징 선》과 미국의 폭력

1992년 4월 말 미국 로스앤젤레스에서 흑인들이 대규모 폭동을 일으켰습니다. 그 전해 있었던 흑인 로드니 킹 구타사건에 대해 배심원들이 구타한 경찰을 무죄 평결하자 극도로 흥분한 흑인들이 거리로 뛰쳐나온 게 발단이었습니다.

저도 미국에 간 해 로드니 킹이 한밤중에 길에 엎드려 두 손을 뒤로한 채 경찰들에게 곤봉으로 맞는 장면을 방송에서 봤습니다. 한 시민이 이 장면을 찍어 방송에 제보하자 미국 국민들이 충격을 받은 겁니다.

그때 어느 방송인가 아침 프로그램에 미국 경찰이 나와 그 장면을 보여주면서 해명하는 모습을 봤습니다. 그 경찰에 따르면 피의자는 경찰 지시대로 가만있어야 하는데 로드니 킹은 계속 몸을 움직이고 머리를 들었다는 것입니다. 실제로 화면에 나오는 미국 경찰들은 곤봉을 들고 로드니 킹 주변에 서 있다가 킹이 머리를 들려고 하면 곤봉으로 때리는 것이었습니다.

당시 경찰들이 정당한 공무를 집행했다는 이야기입니다. 그렇지만 한밤중에 아무도 없는 대로 가에 흑인 시민을 엎어놓고 곤봉질하는 장면은 정당하다고 보기에는 거부감이 들었습니다. 만약 백인이었어도 그랬을까 하는 의심이 들 수밖에 없는 상황이었습니다.

그런데 미국 배심원들이 무죄 평결을 함으로써 미국 경찰 손을 들어 준 겁니다. 미국 사법제도는 우리와 달라 일반시민 중에서 뽑은 배심원들이 원고와 피고 측 주장을 들어보고 유죄와 무죄를 결정하도록 되어 있습니다. 만약 무죄를 결정하면 재판은 그것으로 끝나버립니다.

우리처럼 사법고시 합격한 법관들이 재판을 하는 게 아니라 그 전에 일반시민들이 먼저 죄가 있느냐 없느냐를 따지도록 하는 제도인 것입니다. 초기 미국 역사에 그런 제도가 있을 필요성이 있었겠지요. 좋게 보면 일반시민들 정서로 유죄냐 무죄냐를 판단하는 게 전문가들이 보는 것보다 현실적으로 더 맞는다고 할 수도 있을 겁니다.

어쨌든 배심원 평결이 무죄가 나자 흥분한 흑인들이 로스앤젤레스 거리로 모이기 시작했습니다. 결국 근 일주일 동안 폭도로 변한 흑인들이 시내를 완전히 무법천지로 만들어버린 겁니다. 나중에는 미국 연방 군까지 출동할 정도였습니다.

그런데 이 폭동으로 가장 극심한 피해를 입은 지역이 바로 우리 한인들이 살던 동네였습니다. 한인 가게 주인이 흑인 소녀를 총으로 쏴 죽인 이른바 두순자 여인 사건과 로드니 킹 사건이 시기적으로 겹쳐, 흑인들의 분노가 한인을 대상으로 폭발한 것입니다.

당시 코리아타운의 90퍼센트가 파괴되었고 5명의 가게 주인이 살해됐으며 피해액도 3억 달러 이상으로 전체 피해액의 거의 절반을 차지할 정도였습니다. 특히 한인들은 세금 때문에 영주권을 신청하지 않은 사람들이 많았고, 소득도 실제보다 낮춰서 신고한 경우가 많았기 때문에 제대로 보상조차 받기 힘들었다는 얘기도 들었습니다.

그때 가수 이장희 씨가 운영하는 라디오코리아 방송이 매일 생방송으로 한인사회 비상상황을 보도했고, 그래서 부시 대통령이 이 방송사를 찾아 이장희 씨와 기념사진을 찍은 일도 있었습니다.

당시 로스앤젤레스 특파원들이 따로 취재하고 있었기 때문에 저는 일로서는 관심을 크게 갖지 않아도 됐지만, 우리 한인사회가 크게 피해를 입었고 흑인들이 인종차별적 재판에 흥분해서 폭동을 일으켰다는 사실 때문에 개인적인 관심을 갖게 되었습니다.

특히 흑인들이 폭동을 일으켰다는 사실은 1970년대 뉴욕 정전 사태를 다시 떠올리게 만들었습니다. 이는 당시 뉴욕 시내에 8시간 동안 전기가 나가자 도시 전체가 약탈, 방화, 살인 등으로 무법천지가 되어버린 사건이었습니다. 오죽했으면 우리나라가 미국보다 치안이 더 좋은 나라라고 할 때 이 사건을 원용하기까지 했으니까요.

그해에 《주라기 공원》(*Jurassic Park*)으로 유명한 소설가 마이클 크라이튼이 일본을 지칭하는 《라이징 선》(*Rising Sun*)이라는 소설을 출판했습니다. 이 소설 내용은 일본을 비판적으로 다룬 것이었지만 줄거리상으로는 단순히 미국계 일본재벌 빌딩에서 젊은 미국여자가 살해당한 내용을 다루고 있어 곧바로 베스트셀러가 됐습니다. 〈로스앤젤레스타임스〉(*Los Angeles Times*) 보도로는 이 소설이 19주 동안 베스트셀러 목록에 올랐다고 합니다. 그래서 이 소설은 1993년 1월에 다시 페이퍼백으로 출간됐습니다.

저도 이 책이 미국과 일본 관계를 다루고 있는 데다 내용은 살인사건을 수사하는 것으로 되어 있다는 데 관심이 있어서 한 권 사보았습니다.

지금 이 책을 쓰려고 20년 만에 다시 이 소설을 찾아봤더니 73페이지 위에 종이쪽지가 붙어 있었습니다. 거기에는 "일본에서는 모든 범죄자들이 잡힌다"는 내용이 쓰여 있었습니다.

그 페이지 아래에는 붉은 색연필로 10여 줄을 그어둔 게 보였습니다. 그때 왜 그곳에 줄을 그었는지 소개하기 위해 내용을 먼저 소개하겠습니다. 일본에 정통하다는 수사관이 후배 형사에게 말하는 대목입니다.

일본에 비하면 우린 형편없어. 일본에서는 모든 범죄자들이 다 붙잡혀. 중범죄자의 경우 99퍼센트가 유죄판결을 받지.

그래서 일본의 범인들은 자신이 붙잡힐 것이라는 것을 미리 알고 있어. 그런데 미국에서는 유죄판결률이 고작 17퍼센트야. 범인 5명 중 1명꼴도 안 돼. 그러니 미국 범인들은 자신이 붙잡히지 않을 것임을 알고 있는 셈이지. 설혹 붙잡히더라도 미국 법 보호망을 통해 유죄를 받지 않는다는 말이야.

어떤 연구를 보면, 미국 경찰들이 사건발생 여섯 시간 안에 범인을 잡지 못하면 그 사건은 영구 미제가 돼버린다는 거야.

일본을 잘 안다는 미국 수사관 입을 통해 미국 경찰이 일본에 비해 얼마나 무능하고 뒤떨어져 있는가를 소개하고 있습니다. 그리고 이런 비교는 소설 전체의 핵심 내용으로 '일본 조심하고 미국 정신차려야 한다'는 메시지를 전하고 있는 겁니다.

그러나 저는 이 소설의 주제보다는 미국 경찰과 미국 폭력에 대한 대목에 더 관심이 갔습니다. 그래서 소설 내용과는 별로 관련이 없는 대목에 밑줄을 치고 종이쪽지를 붙여두었던 겁니다.

　이 소설을 보면 미국에서 얼마나 자주 범죄가 일어나는가를 설명해주는 이른바 '범죄시계'(crime clock) 통계를 인용하는 대목이 나옵니다. 역시 일본통 수사관 존 코너가 말하는 내용입니다. "미국에서 살인은 20분마다 일어나고, 강간은 7분마다 일어난다. 세계 어디에도 이런 수준의 폭력을 견디어내는 나라는 없다"고 개탄합니다.

　저는 범죄시계라는 개념을 처음 대했고 나중에 이게 미국 연방범죄수사국, 즉 FBI에서 만든 용어라는 사실을 알았습니다. 참 신선하다고 할까, 우리와는 많이 다르다는 느낌을 받았습니다. 1970년대 후반 경찰기자 때 우리 일선 경찰서에서 강도사건만 나도 악착같이 이를 숨기려고 했던 일들이 떠올랐기 때문입니다.

　그런데 미국 수사기관인 FBI는 오히려 범죄시계라는 통계를 만들어내서 미국 전역에서 평균 얼마 만에 각종 범죄가 일어나는지를 일반 국민들에게 알려주고 있는 것입니다. 특히 미국 의회에서 예산을 심사하는 때가 오면 FBI는 이 범죄시계를 대대적으로 홍보하기까지 한다고 합니다.

　미국 범죄상황이 이 정도로 심각하니 예산을 많이 달라는 뜻입니다. 우리 같으면 범죄가 그렇게 심하다면 당장 수사 책임자부터 바꾸자고 할 텐데 하는 생각이 들었습니다. 어쨌든 FBI는 지금도 인터넷에 각종 범죄를 시간별로 환산해 보여주는 범죄시계를 올려두고 있습니다.

　2010년 범죄시계를 보니 소설에 나오는 살인 통계는 35.6분마다, 그리고 강간은 6.2분마다 일어난다고 알려주고 있습니다. 소설 통계보다 살인은 많이 줄어들었고 강간은 약간 늘어난 셈입니다.

요사이 우리나라 경찰청에서도 범죄시계 통계를 내서 발표하고 있습니다. 얼마 전 방송에서 우리나라 살인에 대한 범죄시계 통계를 말하는데, 그전에는 10시간마다 일어났던 살인사건이 최근에는 7시간마다 일어난다고 문제 삼는 출연자를 봤습니다.

그런데 이 출연자는 성폭력을 비롯한 성범죄는 25분마다 1건이 일어난다고 말했습니다. 이제 강간이란 말은 아예 사라지고 대신 성폭력이란 말이 자리를 잡아가고 있음을 말해줍니다. 강간을 성폭력으로 부드럽게 바꾸어 부르면 그 범죄는 더욱 기승을 부릴 수밖에 없는데도 그렇습니다.

조지오웰이 소설 《1984》에서 "전쟁은 평화고 자유는 예속"이라고 주장하는 전체주의 국가를 그리고 있지만 그렇다고 전쟁이 평화가 되고 자유가 예속이 되는 것은 아니지 않습니까? 바로 그런 시도 자체가 그 나라가 그만큼 민주주의와는 거리가 멀다는 반증 아닙니까!

우리 방송이 이런 문제를 다시 취재하고 잘못된 현실을 바로잡아주면 좋겠습니다. 아무리 권력이 사슴을 말이라고 우겨도 사슴은 결국 사슴일 뿐입니다.

다시 미국 범죄시계로 돌아가겠습니다. 미국에서는 살인사건이 한 시간도 아니고 35분마다 1건씩 일어난다고 하니 우리나라에 비해서 얼마나 많은 살인사건이 일어나는지 쉽게 알 수 있습니다. 특히 FBI 통계를 보면 살인사건의 67퍼센트 이상이 총기사건입니다. 우리 같으면 상상이 안 가는 일인 것입니다.

미국은 헌법으로 총기를 휴대할 수 있는 권리를 인정하고 있습니다. 건국 초기에 자기보호를 위해 총이 필요하다고 판단한 것 같습니다만 이제는 사회적 흉기가 되어버린 셈입니다. 그래서 이제는 미국에서도 총기를 단속해야 한다는 여론이 종종 일어나고 있지만 현실적으로 불가능한 일이 되어버렸습니다.

총기의 완전한 규제를 위해서는 의원 3분의 2 이상 찬성을 얻어 개헌을 해야 하는데, 이게 현실적으로 어렵다는 얘기입니다. 미국총기협회의 로비가 그만큼 세기 때문입니다. 미국 수도 워싱턴에서 매년 400건 이상 살인사건이 일어나고 있습니다. 매일 1명씩 총에 맞아 죽는다는 얘기인데도 속수무책인 겁니다.

한마디로 미국은 마치 범죄천국 같다는 느낌마저 줍니다. FBI가 범죄시계를 계속 소개하지요, 방송 드라마는 온통 범죄수사 시리즈로 도배하지요, 방송뉴스는 수시로 범인 체포하는 현장을 헬리콥터까지 동원해서 생방송으로 보여주지요, 실제현실이 가상현실보다 더욱 범죄천국 같은 것입니다.

대통령이 암살되고 그런 내용이 영화 주제가 되는 나라가 미국입니다. 뉴욕 지하철을 타보면 대낮에도 몸이 으스스해지는 기분을 느낍니다. 실제로 이른 새벽이나 밤늦게 지하철을 탔다가 강간을 당하는 사건이 종종 일어납니다. 여기에 로스앤젤레스 폭동처럼 단순 사건이 아니라 민란 수준의 폭력사태도 이따금씩 일어나는 형편입니다. 이러니 대학생 데모대에 총을 쏘고 사람을 죽게 하는 일들도 일어나는 것입니다.

간혹 한국에서 데모가 과격시위로 번지면 미국의 경우를 예로 드는 사례를 봤습니다만 이건 비교할 대상이 아닙니다. 미국에서 총까지 쏘니 우리도 그렇게 해야 한다고 주장하는 건 바보짓입니다. 미국 대통령이 암살당한다고 우리도 그래야 한다고 주장한다면 말이 되겠습니까?

미국은 총을 들 수밖에 없었던 나름대로의 이유가 있을 것이지만 지금 돌이켜보면 이것이 업보처럼 미국사회를 괴롭히고 있습니다. 집안에 대개 총이 있으니 가족들 중 누군가 화가 나면 집안 식구 전체가 피해자가 되는 일들이 다반사로 일어나는 것입니다.

소설 《라이징 선》은 이런 미국사회를 배경으로 젊은 미국 콜걸이 일본 재벌회사 신축건물에서 살해되는 사건을 다루고 있습니다. 범인은 결국 일본 재벌회사 간부였고, 그 여자와 불륜을 저지른 미국 정치인은 총으로 자살하는 내용으로 되어 있습니다. 그리고 저자는 소설 등장인물의 입을 통해 "일본인은 세계에서 가장 인종차별 하는 국민이다"고 비판하고 있습니다.

이 소설은 곧바로 영화로 제작, 소개되었습니다. 우리가 잘 아는 007영화의 숀 코네리가 일본통 수사관 역할을 맡았습니다. 이 영화 역시 흥행에 성공했지만 미국에 사는 일본인들이 인종차별적인 영화라고 거세게 항의하는 소동이 있었습니다.

저도 이 영화를 봤습니다. 벌거벗은 백인 여자를 좌우에 낀 일본 재벌 2세가 역시 벌거벗고 누워 있는 백인 여자 앞에 앉아 있습니다. 좌우 백인 여자들이 앞에 누워 있는 여자 배 위에 차려진 생선회를 젓가락으로 집어 남자 입에 넣어주는 장면을 보면서 저도 좀 기분이 나빴습니다. 의도적으로 일본사람들이 나쁘게 보이도록 연출한 것 같은 인상을 받았기 때문입니다. 미국에서 일본사람들을 나쁘게 만들면 한국사람인들 좋게 보겠습니까?

결국 저자 주장처럼 일본사람들이 가장 인종차별적인 국민인지는 모르겠지만, 그 영화는 일본사람들을 인종차별 하는 내용을 분명히 담고 있었습니다.

영화를 본 며칠 뒤 평소 알고 지내던 〈교토통신〉 특파원을 만났습니다. 제가 영화 얘기를 꺼내면서 일본인들이 분개할 만하더라고 했더니 그 특파원이 "그 영화 엉터리야" 하는 것이었습니다. 그 기자는 서울에서 한국말을 배우고 특파원 생활을 했던 터라 우리말을 아주 잘했습니다. 제가 다시 맞장구를 쳤습니다.

그랬더니 그 특파원이 "일본에서는 벌거벗은 여자 위에 생선회를 놓고 먹지는 않는다"고 했습니다. 저도 바로 그 장면에서 모욕감을 느꼈다고 했습니다. 그랬더니 이런 말이 나왔습니다.

"일본에서는 벌거벗은 여자 위에 생선회가 아니라 초밥을 놓고 먹는다고!"

영상뉴스 만들기

특파원 생활 하면 좋은 점이 자신이 직접 기획해서 취재할 수 있다는 것입니다. 아무래도 데스크 지시와 간섭을 덜 받기 때문에 그만큼 자유롭다는 얘기입니다.

특파원 생활도 2년을 넘어 마지막 해가 되자 저는 이제는 무언가 새로운 시도를 해봐야 할 때라는 생각이 들었습니다.

그중 하나가 바로 영상뉴스를 만들어보는 거였습니다. 방송기자가 된 이후 늘 듣던 이야기가 바로 "방송뉴스는 영상이다"는 거였습니다. 실제로 화면이 없어 발을 동동 구르는 경우를 수없이 봤습니다. 반대로 화면 특종을 하면 온 회사가 들썩거릴 정도로 좋아했습니다.

그런데 실제로는 취재기자와 카메라기자 사이가 그리 좋은 편은 아니었습니다. 서로 취재하는 방식이 다르기 때문에 협조하지 않으면 안 되는 줄 알면서도 수시로 의견이 맞지 않는 경우가 많았습니다. 게다가 카메라기자를 인정하지 않고 미국처럼 그냥 카메라 크루(crew) 라고 부르는 경우도 많았습니다.

그러니 우리나라처럼 카메라기자를 인정하는 경우 직업상 갈등이 있을 수밖에 없는 것이 현실입니다. 겉으론 좋은 사이 같지만 속으로는 부글부글 끓는 경우가 적지 않았습니다.

제 초년 때 경험으로는, 당시 카메라기자들이 나이가 많았습니다. 제가 무엇을 부탁해도 일단 거절하면 저로서는 어찌할 도리가 없었습니다. 나이나 경력이 저보다 훨씬 많았기 때문입니다. 게다가 우리 사회는 직업적 편견이 극심한 편이어서 그 장벽을 깨기가 쉽지 않았습니다. 일반 국민들은 모르시겠지만 직업이 서로 달라 겉으로는 좋은 체하면서 속으로는 서로 우습게 아는 경우가 적지 않았습니다.

언젠가 방송을 잘하는 진행자를 뉴스 앵커로 기용하자는 의견이 보도국에서 있었습니다. 그때 초년 여자 앵커가 한 이야기가 오래 머리에 남았습니다. "아니, MC 하던 사람을 어떻게 앵커로 쓸 수가 있어요?" 저는 지금도 MC와 앵커 차이를 잘 모르겠습니다. 하물며 입사 몇 년도 안 된 그 앵커가 어떻게 그런 차이를 알 수 있었는지 정말 잘 모르겠습니다.

저는 우리 사회가 유독 사람 차별하는 데는 세계적이라고 생각하고 있습니다. 명색이 단일민족이라고 해서 그런지는 모르겠습니다만 헌법에 보장된 차별금지 조항 그대로 온갖 차별을 다 하는 나라 같습니다. 신분차별이나 지역차별, 남녀차별은 말할 것도 없고 나이, 직업, 지위, 학벌, 종교에 따라 온갖 차별이 다 있는 나라가 우리나라입니다. 요새는 전문용어처럼 갑을관계라고 해서 온갖 차별을 일반화해서 얘기하는 게 대세입니다.

월드컵 중계 때 모든 방송에는 중계 아나운서와 해설자가 등장합니다만 그 둘 사이에도 눈에 보이지 않는 갈등과 차별이 존재합니다. 방송 땐 서로 예하고 대우하지만 방송만 끝나면 상대방에 대해 온갖 험담을 퍼붓는 경우를 저도 알고 있습니다. 큰 차 타고가면 사모님 소리 듣고 작은 차 타고가면 아주머니 소리 듣는 게 우리 현실입니다.

심지어 워싱턴 특파원처럼 한 회사에서 2명 이상 나오는 경우 대부분 둘 사이가 좋지 않습니다. 카메라기자와는 물론이고 같은 취재기자끼리도 좋은 사이가 아닌 경우가 흔합니다. 저는 이게 사회풍조나 학교교육과 관련 있다고 생각합니다만 정확한 원인은 잘 모르겠습니다.

가장 문제가 되는 건 그 사람 자체가 아니라 간판이나 신분을 보고 평가하는 경우가 많다는 점입니다. 대표적인 게 학벌 따지는 경우입니다. 한번 좋은 고등학교, 대학교 나오면 평생 잘난 체하는 겁니다. 그 후 무슨 일을 했든 상관없이 말이지요.

한번 어떤 지역에서 태어나거나, 가난한 집에서 태어나거나, 여자로 태어나면 평생 차별받는 사회구조가 엄연히 존재합니다. 지역차별, 신분차별, 남녀차별이란 말이 존재한다는 사실이 이를 증명합니다. 오죽했으면 대통령이 취임사에서 차별이란 말을 쓸 정도였겠습니까!

차별은 차이와는 다릅니다. 상대방과 내가 다르다는 인식은 더불어 사는 데 도움을 주지만 상대방을 차별하는 경우는 망국적일 수 있습니다. 지금 우리사회가 보수네 진보네 하고 서로 비난하고 차별하는 경우도 그리 새로운 일은 아닌 것입니다. 그렇지만 그로 인한 국력낭비는 엄청날 수밖에 없습니다. 사람차별은 정말 망국병인 것입니다!

그런 면에서 방송기자라는 직업은 다른 직업에 모범을 보일 필요가 있습니다. 종합예술이라는 말처럼 방송은 서로 다른 직업인들이 힘을 합쳐 공동으로 만드는 작품이기 때문입니다. 이러한 점은 방송이 신문과 다른 결정적 이유이기도 합니다.

그러니 당연히 직업상 갈등이 있을 수밖에 없지만, 바로 그렇기 때문에 그런 갈등을 해소하려는 노력도 남다르게 기울일 수밖에 없지 않겠습니까! 서로 차이를 인정하고 차별하지 않으려고 노력하면 좋은 작품이 나올 수 있는 직업이 바로 방송기자인 것입니다.

제가 영상뉴스를 한번 시도해보겠다는 생각을 한 이유는 이것 말고도 또 있습니다. 바로 저와 같이 일하게 된 이문노 카메라기자가 너무나 훌륭했기 때문입니다.

제가 서울 아침뉴스에 대려고 급하게 워싱턴에서 오후에 기사를 작성할 때 이 특파원은 수시로 제 뒤를 서성이는 것이었습니다. 그땐 좀 신경이 쓰였지만 나중에 알고 봤더니 제가 기사 쓰는 내용을 미리 들여다보고 필요한 영상자료를 찾아다 편집을 해놓는 것이었습니다. 당연히 기사를 넘기면 불과 10~20분 안에 영상 편집이 끝나서 서울에 완제품으로 보낼 수 있었습니다. 그 이전에는 대개 영상 편집을 못한 상태로 서울에 부탁하는 일이 많았습니다.

게다가 카메라 보조를 뽑는데, 전임 지사장이 여자를 뽑아줘 무거운 장비를 들고 다닐 때 애로가 많았습니다. 그렇지만 이 특파원은 단 한번도 불평하는 모습을 보이지 않았습니다. 저로서는 미안한 생각은 들었지만 그렇다고 여자이기 때문에 바꾸자고 할 수는 없는 처지였습니다. 다행히 보조로 들어온 미스 김 역시 눈치가 빨라 정말 열심히 일하는 것이었습니다.

그런 카메라기자가 늘 직접 취재하지 못하고 남의 기사 편집만 한다는 것이 좀 불공평하다는 생각도 들었습니다. 그래서 카메라기자가 취재, 편집한 영상에 제가 보조 역할을 하는 영상뉴스를 한번 만들어보자는 생각을 하게 된 겁니다.

1993년 클린턴 미국 대통령 당선을 축하하는 전야제를 일단 영상뉴스 대상으로 골랐습니다. 미국 대통령 당선을 축하하는 쇼를 한국 국민들에게 보여주고 싶은 생각이 있는 반면 한편으로는 어쨌든 쇼를 일반 기사처럼 리포트 할 필요는 없지 않느냐는 생각도 들었기 때문입니다.

그때 마침 백지연 기자가 워싱턴에 와 있었습니다. 그래서 백지연 기자를 서울에 보여줄 필요가 있기도 해서 일석이조의 효과를 노린 셈이 됐습니다. 그때 저는 이 특파원이 편집한 영상뉴스 앞과 끝머리에 백지연 기자를 내보내자는 의견을 냈습니다만 이 특파원은 마지막에만 내자고 해서 그렇게 하기로 했습니다.

그래서 완성한 리포트를 서울에 위성으로 보내면서 저는 앵커가 읽을 원고(앵커멘트)에 "워싱턴 이문노 특파원의 편집 구성으로 보시겠습니다"라고 써서 보냈습니다. 물론 서울에서는 "왜 제 리포트가 없느냐", "왜 그림만 들어오느냐"는 등 질문이 많았습니다. 처음 하는 일이니 그대로 해달라고 했습니다. 그리고 지금까지 저는 당연히 그런 새로운 시도가 서울에서 방영됐을 것이라고 믿었습니다.

이번에 책을 쓰면서 다시 그때 방송뉴스를 되돌아봤더니 그게 아니었습니다. 엄기영 앵커가 읽은 멘트는 이문노 특파원 이름을 쏙 빼버리고 그냥 "영상 재구성으로 함께 보시겠습니다"라고 되어 있었습니다 (1993년 1월 20일 〈뉴스데스크〉). 지금까지 제가 잘못 알고 있었던 겁니다. 제 의도를 분명히 알고 있었을 텐데도 제가 작성한 멘트를 읽지 않은 것입니다. 물론 그건 앵커 마음입니다만 처음 해보는 시도가 그리

클린턴 미국 대통령
취임전야제를 다룬
영상뉴스 화면.
취재기자 이름은 생략하고
"편집·구성 이문노
특파원"이라고만 자막
처리되어 있다.

쉽지 않다는 사실을 새삼 실감했습니다.

또 한 가지 놀라운 사실은 영상뉴스를 만들겠다는 것이 제 생각이 아니라 이문노 특파원 생각이었다는 증언을 듣게 된 겁니다. 지금까지 저는 영상뉴스와 관련하여 한 번도 이문노 특파원의 의견을 들어 만들게 됐다는 생각을 해본 적이 없습니다만 이 특파원 주장은 달랐습니다.

결국 경험상으로 보면 영상뉴스에 관한 한 제 의견보다는 직접 이를 다루는 카메라 특파원 의견이 더 많았을 것이라는 생각이 들어 이 특파원 주장을 그대로 소개하기로 했습니다. 그렇지만 세 의견도 그대로 적는 이유는 아직까지도 저는 영상뉴스에 대한 제 생각이 있었다고 믿고 있기 때문입니다.

아직도 제대로 된 영상뉴스를 보여주지 못했다는 아쉬움은 남아 있습니다. 생각이 같은 후배 동료들의 작업을 기대하고 싶습니다. 여기 이문노 특파원이 저에게 보낸 회고담을 그대로 소개합니다. 다만 지나친 공대말은 제가 사전에 허락을 얻어 삭제했습니다.

▌⟨뉴스데스크⟩ 톱뉴스에 '영상구성'으로 보도된
"42대 클린턴 미국 대통령 취임전야제"

1993년 1월 20일 MBC ⟨뉴스데스크⟩의 엄기영 앵커는 시보와 함께 다음과 같은 앵커멘트를 다소 흥분된 목소리로 시청자에게 전한다. "여러분 안녕하십니까? 앞으로 5시간 뒤, 세계 유일의 초강대국 미국은 첫 전(戰) 후 세대의 지도자 46살의 빌 클린턴을 새 대통령으로 맞이합니다."(멘트 중략) 그리고 엄 앵커는 "먼저 국민과 대통령이 한데 어울린 오늘 클린턴 취임축하 전야제를 영상 재구성으로 함께 보시겠습니다"라고 전하고 첫 앵커 멘트를 마무리한다.

이렇게 해서 ⟨뉴스데스크⟩ 첫 꼭지는 2시간이 넘게 진행된 화려하고 역사적인 미국 대통령의 취임전야제 쇼를 보도기자의 리포트 없이 "현장 그림과 소리, 자막"으로 1분 45초(총 2분 35초: 앵커멘트 40초/영상구성 1분 45초/백지연 10초) 간 재구성하여 시청자에게 전달하였다. 지금 생각해도 1분 안팎의 '무채 썰듯 나누던' ⟨뉴스데스크⟩에서, 그것도 화면을 기사내용의 보조적 수단으로 생각했을 당시에 영상구성만으로 1분 45초를 배려해 톱뉴스로 보도했다는 것은 파격적인 뉴스 편집이면서 사건이 아닐 수 없었다.

그러나 20여 년이 지나 ⟨이제는 말할 수 있다⟩는 어느 방송 프로그램의 고백대로 사실을 토로한다면 그때 제작방식에는 매우 의미 있는 배경이 담겨 있었다. 먼저 당시 함께 특파원으로 근무한 김상균 선배(현 광주대 신방과 교수)의 TV매체 특성에 대한 깊은 이해가 밑바탕에 깔려 있었기 때문이다.

김 선배는 글을 쓰고 말로 전하는 보도기자였지만 'TV는 그림이다'라는 데 폭넓은 인식을 공유하고 있었다. 특파원 시절 그림 욕심 많았던 카메라기자인 내가 기사와 뉴스영상을 완제품으로 편집할 때, 기사보다 그림에 정보가치나 흥미가 있다고 의견을 드리면 과감히 그 부분 기사를 들어내곤 했다. 그러면 나는 뺀 기사 부분을 대신해 현장 그림과 소리를 살려 완제품으로 서울에 송출하곤 했다. TV뉴스에서 그림을 살린다는 것은 곧 활어와 같은 현장 느낌을 주어 내게는 취재와 영상편집의 맛, 그리고 제작의 보람까지 안겨주었다. 물론 제한된 뉴스 시간과 분초를 다투는 꼭지 뉴스를 모두 그렇게 제작할 수는 없었다. 다만 TV 특성에 맞는 아이템일 때는 과감히 그 화면을 살려야 한다는 것이 김 선배와 나의 'TV뉴스 제작방식'에 대한 일치된 생각이었다.

그날 클린턴 대통령 취임전야제 무대는 워싱턴에 위치한 캐피탈센터에서 2시간 넘게 진행되었으며, 이를 CBS가 미 전역에 중계했다. 팝의 제왕인 '마이클 잭슨', '바브라 스트라이샌드', 당시 인기 최고의 NBC 프로그램 〈코스비쇼〉의 주인공 '빌 코스비' 등 당대 최고의 월드 스타들이 총출연해 새 지도자 빌 클린턴 대통령 취임을 축하했다.

나와 김 선배 등 지사 식구들도 성대한 취임전야제 무대를 사무실에서 녹화를 하며 지켜봤다. 나는 새 대통령을 위해 마련된 화려하고도 경건하며 격조 있는 축하무대를 보면서 세심하게 준비된 미국의 정치, 사회, 예술 등 저변에 깔려 있는 '미국적 가치'와 '수준 높은 축제 문화'를 가슴깊이 느낄 수 있었다.

취임전야제 중계방송을 보며 TV 카메라기자로서 정말 백 마디의 말보다 품격 있는 축하행사를 한국의 시청자들에게 그대로 보여주었으면 좋겠다는 마음이 들었다. 그래서 김 선배께 이 행사를 기자의 리포트보다는 그림뉴스로 구성해 시청자가 '보고 느끼게' 하는 것이 어떻겠냐고 말씀을 드렸다. 김 선배는 즉각 동의했다. 그러나 공교롭게도 당시 앵커를 지냈던 백지연 씨가 미 국무부 초청으로 워싱턴을 방문 중이었다. 그녀는 이 첫 꼭지를 자신의 워싱턴 방문에 의미 있는(?) 리포트로 기록하고 싶어 했다. 논의 끝에 나의 주장대로 〈뉴스데스크〉에는 영상구성만으로 방송하기로 의견을 정리했다. 그 대신 서울 아침뉴스에 백지연 씨가 스탠드업(리포터가 마이크를 잡고 나오는 부분)과 리포트를 하기로 했다.

이러한 과정을 통해 '미국 대통령 취임전야제' 영상구성 편집이 시작되었다. 2시간이 넘는 감격적인 취임전야제 공연을 2분 안팎으로 재구성하는 것은 말처럼 쉬운 일이 아니었다. 그림뉴스답게 공연 장면, 젊은 클린턴 대통령과 고어 부통령, 힐러리 영부인 등의 감격과 기쁨의 표정 등 보여주고 싶은 것도 많았고, 출연진들의 덕담 등 들려주고 싶은 것 역시 한두 가지가 아니었다.

새벽녘 예약된 위성시간에 맞춰 밤을 새워 제작한 완제품은 1분 45초였다. 그것도 혹시나 서울에서 시간을 줄이면 안 된다는 생각에 〈뉴스데스크〉 15분 전에 데스크 완제품과 아침뉴스용(데스크로 나갈 구성 완제품 뒤에 백지연 씨의 클로징 스탠드업만 붙임)으로 두 꼭지를 송출하였다. 이어서 워싱턴 위성 송출회사인 피라미드 스튜디오에서는 곧바로 김상균 선배와 엄기영 앵커의 '새로 들어서는 클린턴 정부의 성격과 과제, 그리고 문제점들을 알아보는' 위성 생방송 대담이 '전야제 영상구성' 방송 후 두 번째 꼭지로 잡혀 있었다.

송출 후 나는 그 생방송 진행을 위해 같은 건물 안에 있는 주조정실로 달려가야 했다. 워싱턴에서는 늘 하는 생방송이었지만 미국 대통령 취임 톱 뉴스에 따른 긴장도로 인해 출연하는 김 선배나 미국인 스태프 모두에게 숨 막히는 시간이었다. 지금은 인터넷이나 스마트폰 등으로 TV생방송까지 모니터할 수 있는 시대가 되었지만 그때는 오로지 서울에서 방송 진행하는 PD와 전화선 하나만 달랑 연결돼 있었기에 화면은 고사하고 소리로 감을 잡기 위해 귀를 쫑긋 세워 들어야만 했다.

정신을 집중해 생방송 사인을 기다리는데 어수선한 서울 주조정실에서는 "MBC뉴스 백지연입니다"라는 소리와 함께 워싱턴 스튜디오 카메라로 방송이 넘어왔다. "스튜디오~스탠바이 Q!!"

"백지연입니다"라는 소리가 이상하다 싶었으나 워싱턴에서 진행되는 생방송이기에 그 소리에 신경을 쓸 수만은 없었다. 엄 앵커의 워싱턴 호출과 함께 곧바로 김 선배와의 대담이 시작되었다. 비교적 긴 5분간의 생방송이었지만 김 선배의 미국 정가에 대한 해박한 식견과 방송기자다운 달변으로 생방송은 잘 마무리되었다.

첫 꼭지였던 '취임전야제 영상구성' 방송 말미에 나온 "백지연입니다"가 다시 궁금해졌다. 방송 후 상황을 알아보니 뜻밖의 답변이 왔다. 워싱턴 이원방송 진행사고를 우려해 영상구성 내용이 같으면서 "MBC뉴스 백지연입니다"라는 마무리 사인이 들어 있는 아침뉴스용으로 바꿔 내보냈다는 것이었다.

참으로 어처구니없는 답변이었다. 영상구성을 위해 초를 자르며 밤을 새웠는데 … . 상한 마음이 쉽게 가시질 않았다. 그러나 커피 한 잔을 하며 조금 전 내가 경험한 생방송을 서울 상황에 접어보았다. 전쟁터와 같은 주조정실에서 '좋은 뉴스보다 사고 없는 뉴스'를 진행해야 하는 뉴스PD에게 다음 꼭지의 준비 사인과도 같은 "MBC뉴스 000입니다"라는 것은 어쩌면 안전장치와도 같다는 생각을 했다.

어쨌든 통상적인 제작방식에 따랐다면 세계적인 관심이 집중되는 미국 대통령 취임전야제 뉴스는 1분 20초짜리 '라디오 식 TV뉴스', 또는 '신문 식 TV뉴스'라는 따로국밥 뉴스가 되었으리라는 생각이 들었다. 밤새 난리를 치렀지만 그래도 김 선배의 응원으로 기존의 제작방식을 깨고 〈뉴스데스크〉 톱으로 조국 시청자들에게 미국 대통령 취임전야제의 스케일과 분위기를 '영상구성' 뉴스로 전할 수 있어서 그 의미가 더 컸던 시간이었다.

이렇게 TV뉴스라는 매체의 특성을 고려해 아이템과 제작방식에 따라 '영상정보'를 어떻게 구성할 것인가에 대해 보도기자와 카메라기자가 함께 고민했으면 싶다. 이러한 대화와 논의가 선행되지 않을 때 시청자를 위한 TV뉴스 제작품질의 고급화, 심층화라는 명제는 구호로만 남게 될 수도 있다는 생각이다.

홀로코스트 기념관 영상뉴스

1993년 4월 워싱턴에 홀로코스트 기념관(*Holocaust Memorial Museum*)이 새로 들어섰습니다. 제2차 세계대전 때의 그 악명 높은 유대인 대학살을 보여주는 기념관입니다. 장소는 워싱턴 들어서는 입구 쪽이어서 워싱턴에 자동차로 들어오는 사람은 누구나 쉽게 볼 수 있는 곳이었습니다.

이는 미국에서 유대인들이 가진 힘을 느끼게 해주는 일이었습니다. 기념관 준공을 기념하는 행사에서는 ABC 방송의 간판 프로그램 〈나이트라인〉의 유명 앵커 테드 코펠이 사회를 봤습니다.

이미 영화나 소설을 통해 수없이 들어온 야만적인 대학살이기 때문에 굳이 기사를 써서 방송하지 않아도 되겠다는 생각이 들었습니다. 그냥 영상으로 제대로만 보여줘도 시청자들이 무슨 의미인지 쉽게 알아들을 수 있을 것이라는 판단도 들었습니다.

그래서 이번엔 영상뉴스를 제대로 한번 만들어보자고 생각했습니다. 그해 클린턴 대통령 취임전야제를 영상뉴스로 만들어보기는 했지만 그건 남의 영상을 빌려다 편집만 한 경우였기 때문에 이번에는 우리가 직접 취재를 통해 제대로 만들어보자는 생각이 들었습니다.

이문노 특파원에게 그런 뜻을 얘기하자 곧바로 좋다는 반응이 왔습니다. 그래서 일단 이 특파원이 먼저 기념관에 가서 영상으로 취재한 뒤 그것을 방송에 내보낼 시간의 서너 배 분량으로 가편집해달라고 부탁했습니다. 그러면 제가 그 내용을 검토한 뒤 다시 기념관에 정식 취재를 가서 필요한 정보와 내용을 알아보겠다고 얘기했습니다.

뉴스 취재 면에서 보자면 이건 지금까지 해오던 방식과는 정반대로 시도해보는 경우였습니다. 보통은 취재기자가 먼저 취재하고 나면 카메라기자가 이에 필요한 영상을 취재하는 게 관례였기 때문입니다. 물론 사건 사고처럼 서로 동시에 취재하는 경우도 있지만요.

일반적으로는 기자가 먼저 기사를 작성하고 나면 카메라기자가 관련 영상을 입히기 때문에 아무래도 취재기자가 먼저 일하는 경우가 많았던 것입니다. 많다고 하기보다는 대부분 그랬다고 하는 게 맞을 겁니다. 그래서 카메라기자에게 먼저 취재한 뒤 취재기자인 저와 다시 취재를 가자고 하면 대부분 반대할 가능성이 높았습니다.

그런데 이 특파원은 좋다고 하면서 혼자 먼저 취재를 나갔습니다. 다녀온 뒤 상당히 오랜 시간 편집을 해서 저에게 보여주는 것이었습니다. 제가 아무 내용도 모른 채 보면 뭘 알겠습니까만 일단 영상을 통해 기삿감을 확정한다는 의미가 크다고 저는 당시 생각했습니다.

제가 기삿감을 정하지 않고 카메라기자가 먼저 정하도록 한다는 것은 일에 우선순위를 바꿔본다는 의미도 있고, 또한 후배인 카메라기자에게 취재기회를 제대로 준다는 의미도 있었습니다. 동시에 제가 보는 취재대상과 카메라기자가 보는 취재대상이 얼마나 다른가를 한번 확인해볼 수 있는 기회가 될 수도 있었습니다.

며칠 뒤 저는 이 특파원과 다시 그 기념관을 찾아갔습니다. 연극무대처럼 기념관 내부가 대체로 어두웠다는 느낌이 지금도 남아 있습니다. 그리고는 가스실에서 학살된 유대인들 신발이 어지럽게 진열된 장면 등이 아직도 생생하게 남아 있습니다.

유대인들 고난의 역사는 고등학교 때 읽은 소설 《엑소더스》(Exodus)에서 처음 절절하게 느꼈습니다. 이스라엘 건국을 앞두고 영국이 입국을 거절하자 타고 갔던 배 위에서 유대인들이 스스로 뛰어내려 자살함으로써 세계 여론을 뒤집은 대목이 아직도 눈에 선합니다.

대학에 들어가 에리히 프롬이 쓴 《자유로부터의 도피》(Escape from Freedom)를 보면서 나치 정권이 정말 그런 이유로 그 많은 유대인을 죽였을까 생각해보기도 했습니다. 그로부터 다시 50여 년이 흘렀습니다. 그 사이 이스라엘은 아랍 국가들과 여러 차례 전쟁을 치렀고 그때마다 미국은 사실상 이스라엘 편을 들었습니다.

제가 '사실상'이라고 한 것은 미국 정부가 공식적으로 이스라엘 편을 들었다기보다는 미국 신문과 방송이 이스라엘에 유리하도록 여론을 만들어줬다는 뜻입니다. 그만큼 미국 언론은 유대인 자본과 머리에 크게 의존하고 있습니다. 당장 〈뉴욕타임스〉, 〈워싱턴포스트〉가 유대계 소유이며, 미국 주요방송사인 ABC, CBS, NBC를 모두 유대계 자본이 장악하고 있습니다.

미국이 언론의 자유가 있는 나라라고 해서 언론사 소유자가 힘을 못 쓸 거라고 생각하면 오산입니다. 미국은 정말 자본이 제대로 힘을 발휘하는 나라입니다. 우리처럼 속보이게 기사에 간섭하지는 않지만 큰 흐름에서 어떤 방향으로 논조를 세울 것인지에 대해서는 언론사 소유자가 막강한 힘을 갖습니다.

그런 나라이기 때문에 유대인 학살기념관이 들어설 수 있었던 겁니다. 유대인 학살은 유럽에서 일어난 과거 일인데 굳이 역사적으로 관련이 없는 미국 수도에 그런 기념관이 새로 들어설 일은 없지 않습니까!

미국 언론을 대하다 보면 유대인이 가진 힘을 느낄 때가 종종 있습니다. 특히 우리와 관련 있는 북한에 대해 미국 언론이 의외로 강경하거나 비판적일 때가 많다는 느낌을 받은 적이 있습니다. 바로 북한이 아랍 국가들에게 무기를 팔고 있다는 사실 때문입니다. 당연히 이스라엘로서는 북한이 경계대상일 수밖에 없습니다.

때문에 그 막강한 유대 언론과 로비 능력이 동원돼 이른바 '북한 때리기'가 가능해지는 겁니다. 여기에 네오콘(신보수주의자)이 합세하고 무기업체들까지 뛰어들면 미국 여론은 하루아침에 뜨겁게 달아오를 수밖에 없습니다. 얼마 안 가서 그 대상은 곧바로 '악의 축'이 되는 겁니다. 그것이 이라크이든 이란이든 북한이든 말입니다. 모두 다 이스라엘과 불편한 관계라는 공통점이 있습니다.

앞서 저는 홀로코스트 기념관을 워싱턴에 만든 유대인들 힘이 대단하다고 말씀드렸습니다. 그러나 또 한편으로는 이 기념관이 좋지 않은 징조일 수도 있다는 불길한 생각도 들었습니다. 미국이 이스라엘 편을 드는 상황에서 아랍국가 국민들은 이 기념관을 어떻게 바라보고 있을까 하는 생각이 드는 겁니다.

또한 이 기념관이 북한을 바라보는 미국사람들에게 어떤 영향을 미칠 것인가 하는 생각도 들었습니다. 만약 북한이 이집트나 시리아에 미사일을 판매하여 이스라엘이 위협을 느낀다면 미국 언론은 이 거래를 어떻게 보도하겠습니까?

세월이 흘러 이스라엘이 오히려 팔레스타인인과 아랍인들을 공격하고 학살하는 일이 반복되고, 그래서 이스라엘이 과거 유대인들을 학살한 나치 독일을 바라보듯이, 지금 아랍인들이 이스라엘을 바라보고 원망한다면 그건 정말 악순환이 될 수밖에 없는 일입니다.

그런데 그런 이스라엘이 박해당한 역사를 기리는 건물이 미국 수도 초입에 세워졌으니, 아랍 사람들 눈에는 미국 역시 이스라엘과 한패라는 인상을 줄 수도 있을 것입니다. 특히 지난 20여 년 동안 이란이나 이라크 그리고 알카에다 같은 테러단체까지 미국과 끊임없이 싸우고 있는 상황을 염두에 둔다면 이건 문제가 심각해질 수도 있는 일입니다.

과거 잘못을 기억하고 다시는 이런 일이 일어나지 않도록 하자는 홀로코스트 기념관이 본 취지와는 달리 미국을 적대적으로 생각하도록 만드는 곳이 된다면 그건 유대인들에게도 좋지 않은 일일 것입니다. 유대인들이 미국에서 힘이 있어 그런 기념관을 만드는 것까지는 좋지만, 그 기념관이 아랍사람들 심기를 계속 거스른다면 그건 좋은 일이 아니라는 겁니다.

제가 영상뉴스를 취재하고 제작하면서 이런저런 생각이 들었던 건 그것이 단순히 유대인과 아랍인 사이의 문제가 아니고 다시 북한과 관련되면서 바로 우리 문제도 될 수 있기 때문이었습니다.

어쨌든 우리는 그런 생각을 담아 홀로코스트 기념관 영상뉴스를 힘들여 서울로 보냈습니다. 이번에는 아예 앵커 멘트에 "이문노 특파원의 취재, 편집으로 보시겠습니다"라는 내용을 적었습니다. 저는 리포트를

안 했으니 이름도 뺐습니다. 저는 다만 기념관 영상을 소개하는 자막 정도만 만들어 집어넣었을 뿐입니다.

그리고 20여 년이 지난 올해, 〈뉴스데스크〉 '20년 뉴스' 파일에서 그때 뉴스를 찾아보았습니다. 역시 "이문노 특파원의 취재, 편집"이란 소개는 간곳없고 앵커는 그냥 "대학살 추모관 영상으로 함께 보시겠습니다"라고만 언급하였습니다. 오히려 맨 마지막에 제가 한 클로징멘트 장면에 '김상균 특파원'이란 자막만 붙어 있었습니다. 실제로 열심히 취재하고 편집한 특파원 이름은 쏙 빠지고 엉뚱한 제 이름만 들어 있는 겁니다. 참 새로운 시도라는 게 이렇게 어려운가 하는 생각이 들었습니다. 그리고 이 특파원한테 또 한 번 미안한 생각이 들었습니다.

그래서 이번에도 기록을 위해 이문노 특파원이 저에게 보낸 당시 회고문을 다시 여기에 소개합니다. 우리들이 지금 남긴 이야기가 나중에라도 동료 후배들이 제대로 된 영상뉴스를 제작, 방송하는 데 참고가 됐으면 좋겠습니다.

▌홀로코스트 기념관 영상취재기

— 이문노 ((주)파루 부대표)

1993년 4월 22일 미국 워싱턴에 문을 연 홀로코스트 기념관은 나치 치하에서 희생된 600만 유대인에 대한 박해와 살육의 역사를 보여주고 있다. 기념관 설립위원회는 이 유례없는 비극을 인류 사회에 알리고 희생자들을 기념하며 방문한 세계인들에게 책임감과 도덕성을 상기시키기 위해 기념관을 설립했다고 한다.

국제정치와 한미 관련 뉴스가 매일 쏟아지는 워싱턴에서 '홀로코스트' 기념관 개관 소식은 낯설면서 신선한 뉴스 소재로 다가왔다. 우리 민족 또한 일제 36년의 암울한 역사를 갖고 있기 때문이었다.

김상균 선배와 나는 오랜만에 워싱턴 정가뉴스에서 벗어나 홀로코스트 기념관을 취재하기로 했다. TV미디어를 위한 사전 공개행사, 즉 'TV영상' 취재가 개관일 며칠 앞서 있어서 김 선배는 개관식 당일에 와서 기사를 취재하기로 했다. 나와 오디오맨 둘만이 포토맥 강변 인근 미국조폐공사 옆에 있는 기념관으로 향했다.

전시관 안으로 들이가는 입구에는 당시 유대인으로 지니고 있어야 했던 신분증명카드가 비치돼 있었다. 취재진은 마치 유대인처럼 남녀 성별로 구분된 신분증을 한 장씩 들고 입장했다. 그리고 수용소로 들어가는 듯한 분위기의 '녹슨 철문' 엘리베이터를 타고 4층 전시장으로 올라갔다.

연대기 순으로 진행된 전시장은 4층에서 2층까지 307평의 공간에 이야기 형식으로 꾸며져 있어, 1933년부터 제2차 세계대전 종전까지 유대인들이 소외당하고 박해받고 학살당한 것을 비롯하여 마침내 이를 어떻게 극복했는가를 보여준다.

매우 어두운 조명과 검은 톤의 전시관 내부에는 사진과 동영상, 약간의 문서 그리고 집단수용소의 생활용품인 죄수복, 밥그릇, 간이침대 등이 꾸며져 있었다. 시각적인 것에 익숙한 관람자가 증언자들의 목소리를 접하면서 상상하는 고통과 불안, 절망을 고스란히 체험하도록 한 것이다.

연대기 순 전시가 전쟁 막바지로 치닫는 부분에서 아우슈비츠 가스실이 나타난다. 미니어처로 제작되었지만 가스실 내부로 들어가는 유대인들과 목욕탕처럼 위장된 가스실과 생체실험실 등은 보고만 있어도 공포였다.

홀로코스트 기념관은 그들이 가진 수많은 기록물들을 욕심내어 모두 전시하려 하지 않았다. 또한 많은 설명으로 관람객들을 이해시키려고 하지도 않았다. 그럼에도 정확히 계산된 동선과 분위기, 적재적소에 배치된 전시물로 인하여 관람객들은 어두컴컴한 전시실을 나와 밝은 로비 계단을 내려오면 홀로코스트 기념관의 큰 뜻이 담겨 있는 '기억의 날'(Day of Remembrance)을 머리가 아닌 가슴으로 기억하고 기념관을 나서게 된다.

나는 이 모든 것을 카메라에 담아 사무실로 왔다. 김 선배는 현장 화면을 보며 메모를 시작했다. 기사를 작성하기 위한 사전작업이었다.

사실 TV뉴스에서 화면을 보며 기사를 쓰는 경우는 휴일스케치나 영상을 살리려는 심층 보도기획물에서나 볼 수 있는 것이었다. 물론 분초를 다투는 시간적인 제약도 큰 이유가 되겠지만, 시각적 전달보다는 라디오 식의 언어적 정보전달 방법에 따라 TV뉴스를 제작해온 관행이 더 큰 이유인 것이 사실이다. 필름시대처럼 보도영상을 '인용'과 '보충'설명을 위한 자료 정도로 인식해온 제작방식 때문이랄까.

그러나 김 선배는 달랐다. 아이템의 성격에 따라 보도기자의 주관적인 접근방식에서 벗어나 카메라기자의 눈을 통해 만든 현장 영상을 보며 직접적이고 객관적인 의미를 찾아내는 노력을 게을리하지 않았다. 김 선배의 말씀대로 TV뉴스는 말과 영상이 각각 제 기능을 발휘할 때 시청각 보도매체로서 신뢰도와 전달력을 높여가는 것이라는 생각이다.

오늘날 디지털 기술 발전에 힘입은 취재 카메라의 소형화와 스마트한 진화로 영상화질이 고급화됨은 물론 사실적 영상취재 능력이 놀랍게 발전하고 있다. 그럼에도 불구하고 TV뉴스가 획일적인 취재와 제작에 머물러 있는 이유는 무엇일까? 이제라도 보다 경쟁력 있는 TV뉴스를 서비스하기 위해서 어떤 제작방식과 인력정책들을 가져갈 것인지 기본적인 질문으로 돌아갈 수 있어야겠다.

미국 크리스토퍼 국무장관 단독 인터뷰

미국에서 한국 특파원이 국무장관과 단독으로 인터뷰하기는 쉽지 않은 일입니다. 개인 능력과 관계없이 어렵다는 겁니다. 우선 단독 인터뷰 했다는 얘기를 저는 들어본 적이 없었으니까요. 그런데 1993년 11월 제가 그런 미 국무장관 워런 크리스토퍼와 단독으로 인터뷰할 기회를 얻었습니다. 말 그대로 미 국무부가 그런 기회를 주었고, 저는 그저 받은 것뿐입니다.

미 국무부로서는 그럴 필요가 있었을 겁니다. 곧이어 열릴 APEC, 즉 아시아태평양 경제협력체 회의를 앞두고 미국 입장을 각국별로 좀더 자세히 밝힐 필요가 있었던 것 같습니다. 그래서 그들이 요구한 조건대로 인터뷰하기로 했습니다. 우리나라와 일본 등 4개국 기자들만 선정 했음을 알았습니다.

인터뷰 장소는 미국 국무부 산하기관인 미국 공보처(USIA) 건물이었습니다. 인터뷰 방식 또한 독특했습니다. 크리스토퍼 국무장관이 혼자 앉아 있고 각국 인터뷰 기자가 1명씩 들어가 30분씩 단독으로 회견하는 것이었습니다. 모든 녹화는 미국 측에서 담당했습니다. 미국 정부 마음대로 하는 회견이었습니다. 그러나 우리 입장에서는 단독회견이라는 명분을 가질 수 있는 방식이었습니다.

저는 북한 핵문제 등 세 가지 현안에 대해 질문했습니다. 미리 질문지를 작성해서 주었던 것 같습니다. 대답이 중요했기 때문입니다. 크리스토퍼 장관은 제가 묻는 질문에 전혀 막힘없이 그리고 미리 써온 답변 없이 술술 대답을 잘했습니다.

대답할 때 "미스터 김" 하면서 제 물음에 대답한다는 모양을 갖춰주는 것이 몹시 인상적이었습니다. 우리나라에서 기자회견 때 보통 기자들 이름을 거명하지 않는 것과는 대조적이었습니다. 문화 차이라 생각하면서도 당사자 입장에서는 기분 좋은 일이기도 했습니다.

당시 최대 현안은 북한 핵문제와 관련해 미국이 일괄협상을 할 것인지 여부였습니다. 그때 제가 크리스토퍼 장관에게 던진 질문에도 영어로 일괄협상을 의미하는 '포괄적 방안'(comprehensive solution) 이란 말이 들어 있었습니다. 당연히 크리스토퍼 장관도 이 단어(comprehensive)를 썼습니다. 한마디로 북한이 그해 여름 '핵확산금지조약'(NPT) 기구에서 탈퇴하겠다고 선언한 이상 미국은 이를 달래기 위해서라도 북미 간 직접 접촉에서 남북대화 그리고 북한이 가장 요구하는 팀스피리트 군사훈련 중지까지 여러 가지 당근들을 한꺼번에 테이블 위에 놓고 협상을 통해 주겠다는 말이었습니다.

언론에서는 '패키지 딜'이라는 표현도 썼습니다만 미국 당국자들은 이런 조치를 주로 영어의 '포괄적'(comprehensive) 이란 단어로 표현했습니다. 미국 당국자들이 그런 표현을 쓰기 시작했지만 외교 분야의 총책임자인 크리스토퍼 장관이 공식적으로 그런 표현을 쓴 것은 저와 인터

1993년 11월 크리스토퍼
미 국무장관과의
단독 인터뷰 장면

뷰할 때 처음 있었던 일입니다.

그러고 나서 며칠 뒤 시애틀에서 APEC 회의가 열렸습니다. 클린턴 대통령이 아시아 태평양 국가들과의 만남에 커다란 의미를 부여한 국제 회의였습니다. 훗날 클린턴은 자서전에서 "미국이 유럽을 대할 때와는 달리 이 지역에 대해서 이렇게 포괄적인 접근방식을 택한 적이 없었다"고 자랑할 정도였습니다.

그 회의에서 클린턴 대통령 역시 북한과의 협상에 대한 질문을 받고 바로 '포괄적'이라는 단어를 썼습니다. 옆에 크리스토퍼 국무장관을 세워둔 채 말입니다. 그날 저는 이 회견을 보도하면서 곧이어 워싱턴에서 열릴 한미정상회담은 북한 핵문제 해결을 위한 역사적 회담이 될 것이라고 예언했습니다.

당연히 북·미 간 일괄타결 방안을 한·미 두 나라 정상이 다시 확인할 줄 알았기 때문입니다. 그런데 그게 아니었습니다. 제가 역사적이라고 예언한 대목은 전혀 사실이 아닌 오보가 돼버렸습니다. 그날 시애틀 국제회의장에는 제가 크리스토퍼 장관과 했던 회견 내용이 복사되어 보도자료로 배포되기도 했는데 말입니다.

클린턴 전 대통령은 자신의 회고록에서 그때 한미정상회담을 "나는 한국의 김영삼 대통령을 위해 처음으로 국빈공식만찬을 주최했다"고만 적었습니다만, 두 사람 사이의 정상회담은 예상 밖의 수순을 밟아버렸습니다.

문제의 일괄타결을 의미하는 포괄적(comprehensive)이라는 단어 때문이었습니다. 대체로 정상회담이 끝나면 공동성명이 나오는데, 바로 이 단어가 뒤바뀐 겁니다. 그렇다고 무슨 정반대의 말로 바뀐 것도 아니고 그냥 '철저하고 광범한'(thorough and broad) 방식이라는 표현으로 바뀐 겁니다.

당시 북미협상단이었던 조엘 위트와 대니얼 포너먼이 쓴 《북핵위기의 전말》(Going Critical: The First North Korean Nuclear Crisis)은 이에 대해 "클린턴 대통령은 포괄적 접근방식을 옹호했지만 김 대통령은 이미 결심을 굳힌 상태였다. 아예 상대방의 말을 듣지도 않는 것처럼 보였다"고 전하고 있습니다.

한완상 당시 통일부총리는 훗날 그의 책 《한반도는 아프다》에서 이때 일을 이렇게 적었습니다. "미국은 단순히 표현의 문제로 보는 듯했지만 김 대통령, 박 실장(박관용), 유 대사(유종하) 쪽에서는 '철저한' 접근을 당근이 아닌 채찍의 상징으로 보았다."

그러면서 "김 대통령과 주변 참모들은 잠시 승리감에 도취했을지 모르지만 … 앞으로 문민정부에서는 남북관계의 진전이 없을 것 같은 불길한 예감에 사로잡혔다"고 소감을 밝혔습니다. 그리고 "그런데도 미국 대통령의 뜻을 꺾었다고 자랑하는 것 같은 김 대통령의 모습을 상상해 보며 마음이 한없이 울적해졌다"며 부총리 출신으로는 하기 힘든 말을 덧붙였습니다.

저는 이것은 당시 김영삼 대통령의 이른바 '뚝심'이 드러난 대목이라는 생각이 들었습니다. 야당시절 1년 정도 출입하면서 가까이서 본 김 대통령 특유의 '감'이 반영됐을지도 모른다는 생각도 해봤습니다. 상대가 미국 대통령인데 이런 정도의 주장은 문민정부 대통령으로서 할 수 있는 게 아니냐고 자부도 해봤습니다.

그 며칠 전 시애틀에서 열린 APEC 회의 때도 그분은 휴식시간에 클린턴 대통령을 우리 취재진 쪽으로 데리고 왔습니다. 그리고 포즈를 취해 달라는 카메라기자들 앞에서 한껏 웃는 얼굴을 하면서 클린턴에게 우리 기자들을 손짓하면서 "프레스" 하는 것이었습니다.

그 화면을 서울에 보낼까 생각도 해봤지만 아무래도 안 보내는 게 나을 것 같아 그만두었습니다. 그때 서울에서는 김 대통령과 관련해 이른바 개그가 유행했고, 그것도 영어와 관련된 일화가 많았기 때문입니다. '프레스' 다음에 '맨' 자만 하나 더 붙였어도 좋았을 텐데 아쉬웠습니다.

개인적으로는 최초로 미국 국무장관과 단독회견하고 국제회의장에 회견내용이 배포되는 기쁨을 누렸으면서도 결과적으로는 오보가 돼버린, 그것도 한·미 두 나라 대통령이 가진 정상회담에 의해서 오보가 돼버린 난처한 상황을 겪었습니다.

그리고 더 난감한 일은 모처럼 북한을 대화의 장으로 끌어낼 수 있었던 절호의 기회를 놓쳐버렸다는 사실입니다. 그것도 미국이 아닌 우리 정부가 강경책을 펴서 그렇게 되었다는 사실입니다. 클린턴 정부는 부시 정부에 비해서는 그나마 평화지향적인 정책을 펴고 있었습니다.

아시다시피 부시 정부는 미국 보수를 대변하는 공화당 정권으로, 1991년 이라크를 공격해서 미국을 다시 전쟁의 수렁으로 빠뜨렸습니다. 그래서 부시 대통령은 한때 인기가 90퍼센트까지 치솟았지만 결국 클린턴에게 지고 말았습니다. 미국 공화당 출신으로 재선에 실패한 대통령은 50년 만에 부시가 처음이었습니다.

클린턴은 젊었을 때 베트남전을 반대한 경력에다 상대적으로 진보에 가까운 민주당의 젊은 대통령이었습니다. 당연히 남북관계에서도 '채찍보다는 당근'을 선호할 가능성이 높았습니다. 김영삼 대통령 역시 오랜 군부독재에서 벗어나게 한 문민정부 대통령이었습니다. 취임사에서 "어느 동맹국도 민족보다 나을 수 없다"고 주장했고 장기 미전향수인 리인모 노인을 인도적으로 북한에 돌려보내는 파격적인 조치를 취한 야당 출신 대통령이었습니다.

한국과 미국 모두 오랜만에 '전쟁보다는 평화를' 더 추구할 수 있는 정권이 들어선 셈이었습니다. 잘만 하면 남북한 대치가 정말 눈처럼 녹아내릴 수도 있는 절호의 기회를 맞았던 겁니다. 그리고 1993년 비록 북한이 '벼랑 끝 전술'로 핵확산금지조약 기구를 탈퇴하겠다고 나와서 시작한 일이었지만, 미국이 북한과 일괄타결책을 협의하겠다고 나선 것은 남북대화를 위해서도 참으로 좋은 일이었습니다.

그런데 이런 좋은 기회가 그해 사라져버린 겁니다. 그리고 '찬스 뒤에 위기'라는 말처럼 정말 한반도에 위기가 찾아온 겁니다. 1994년 들어 남북관계와 북미관계는 정말 겨울처럼 얼어붙기 시작했습니다.

클린턴 대통령은 그해 연두교서에서 "한반도 비핵화를 추진하겠다"

고 강조했습니다. 그리고 그해 2월 미국이 팀스피리트 훈련을 재개할 준비를 하고 있다는 보도가 나왔습니다. 미국이 북한에 대해 당근 대신에 다시 채찍을 준비하고 있다는 인상을 주기에 충분했습니다. 그리고 그해 3월 북한이 국제원자력기구(IAEA)를 탈퇴하겠다고 선언했습니다. 사태는 걷잡을 수 없을 만큼 긴박하게 돌아갔습니다.

저는 그해 3월에 워싱턴 특파원 임기를 마치는 때였습니다. 그래서 그해 설날을 전후해 다른 특파원들과 함께 마지막 휴가 삼아 1박 2일 여행을 하고자 여행사에 예약을 했습니다. 그런데 갑자기 한승주 외무장관이 설 명절 때 미국에 온다는 것이었습니다. 결국 저는 여행을 취소하고 취재에 나설 수밖에 없었습니다.

그 무렵 미국 국무부 한국과에 근무하는 여직원과 어떤 리셉션에서 만난 적이 있습니다. 말끝에 제가 3월 말이면 귀국한다고 하자 그 직원이 깜짝 놀라면서 만류하는 것이었습니다. "지금 한반도에서 전쟁이 일어난다고 해서 미국 CNN 방송이 대규모 취재단을 보내려고 한다"는 것이었습니다.

불과 몇 달 전까지 미국과 북한이 새로운 타결방안을 합의하고 남북한 사이에도 새로운 대화가 가동될 것처럼 보도했던 저로서는 이와 같은 엄청난 사태변화에 놀랍기도 하고 한편 허탈하기도 했습니다.

그러나 이제 저는 이 문제에 직접 관심을 갖고 취재할 수 있는 기회가 없습니다. 훗날 한완상 전 통일부총리를 만나 들었던 얘기를 소개합니다. 1993년 말 한국에 부임한 제임스 레이니 주한 미국대사를 김영삼 대통령이 그렇게 냉대했다는 겁니다.

당장 청와대 예방 때부터 미국 성조기를 달고 오지 말라고 했다고 국내 언론이 보도한 일도 있었습니다. 한완상 전 부총리 입장에서는 같은 에모리대학 동문으로서 남다른 관계가 있는데도 그분 책에 나온 것처럼 환영행사에 참가하지도 못했습니다. 청와대에서 가지 말라고 전화가 계속 왔다는 것입니다.

김 대통령이 야당 총재 시절 당시 레이니 에모리대학 총장이 초청한 덕분에 미국에 한국 민주화 투쟁을 널리 알릴 수 있었음을 고마워했는데도 그랬다는 겁니다. 결국 그해 한미정상회담에서 보여준 김 대통령의 오기와 고집이 레이니 대사에게도 적용됐다고 볼 수밖에 없는 일입니다.

이에 대해 한완상 전 부총리는 자신의 책에서 "새삼 기억에 떠오른 또 하나는 레이니 대사가 에모리대학 총장시절 김 전 총재(김대중)에게만 명예박사 학위를 주고 김 대통령에게는 주지 않았다는 사실이다"고 밝혔습니다.

일국의 대통령이 설마 그런 일로 그렇게까지 했을까 하면서도 그 밑에서 부총리까지 지낸 분이 남긴 증언이니 이 또한 아니라고 하기도 어려운 일입니다. 어쨌든 저는 미국 국무장관과 단독회견했다는 추억 하나만 간직한 채 회견기사는 사실과 다른 오보를 내버린 꼴이 되고 말았습니다. 천금 같은 기회를 놓쳐버린 셈이었습니다.

CNN 방송에 리포트하다

1994년 3월 저는 워싱턴 특파원 3년 임기의 마지막 달을 맞았습니다. 그달 1일 국제원자력기구가 북한에 대한 핵사찰을 시작했습니다. 한 달 전 설날에는 한승주 외무장관이 갑자기 미국에 오는 사태가 벌어져 저도 미국에서 마지막 휴가를 포기한 적이 있었습니다. 그런데 다행스럽게 사태가 호전되는 느낌을 갖게 한 것입니다.

임기를 한 달 남기고 돌아본 지난 1년은 정말 다사다난한 한 해였다는 생각이 들었습니다. 1993년은 미국과 한국 모두 새로운 정권이 시작되는 첫해였습니다. 미국에서는 젊은 민주당 후보 클린턴이 공화당 12년 장기집권을 저지하고 새로운 정부를 출범시켰습니다. 한국에서도 역시 오랜 군부독재를 마감하고 김영삼 대통령이 새로운 문민정부를 출범시켰습니다.

한국과 미국 정부 모두 전쟁보다는 평화를 더 선호하는 정권으로 온 세계의 기대를 모았다고 해도 과언이 아닐 것입니다. 북한 역시 그런 기대를 걸 만도 했을 텐데 현실은 그렇지 못했습니다.

그해 1월 북한이 국제원자력기구가 요구한 핵폐기물에 대한 사찰을 거부한 것입니다. 군사시설이라는 이유로 말입니다. 결국 3월에 북한은 핵확산금지조약에서 탈퇴하겠다고 선언해버렸습니다. 그러자 유엔이 나섰습니다. 유엔 안전보장이사회는 북한이 핵확산금지조약에 다시돌아올 것과 미국이 북한과 대화할 것을 결의했습니다.

그래서 그해 6월 미국과 북한이 제네바에서 고위급 회담을 갖고 북한이 조약 탈퇴를 유보하기로 했지요. 그리고 미국과 북한은 그해 가을이른바 포괄적 방식으로 모든 문제를 한꺼번에 테이블에 놓고 해결해보자고 부지런히 만났습니다. 그리고 다시 11월 김영삼 대통령이 한미정상회담에서 포괄적 해결은 안 된다고 쐐기를 박아 '광범하고 철저하게'해결하자는 표현으로 바꾸는 일이 있었지요.

그리고 1994년이 되었습니다. 3월 1일 드디어 북한이 국제원자력기구 사찰을 받기로 했습니다. 한국은 팀스피리트 훈련을 취소했고요. 미국은 그달 21일에 북한과 제3단계 회담을 개최한다고 발표했습니다. 나중에 미국 당국자들은 이날 좋은 일이 겹쳤다고 해서 '슈퍼 화요일'이라는 표현까지 썼다는 걸 알았습니다.

그래서 마지막 한 달을 좀 의미 있게 보낼 방법은 없는가 하는 생각을했습니다. 그런데 마침 미국 CNN 방송에서 저에게 전화해서 자사 방송인 〈월드리포트〉(World Report)에 참여할 생각이 없느냐고 물어왔습니다. 미국을 떠나면서 미국 방송에 출연해 영어로 리포트 한 번 하는것도 괜찮겠다는 생각이 들었습니다.

그전에도 몇 차례 국내에서 외신에 나갈 뉴스가 터질 때면 CNN에서방송 출연을 섭외해오기도 했습니다만 그땐 생방송이고 해서 고사한 적이 있습니다. 그런데 이번 경우는 녹화방송이고 또 마지막 한 번이라는 점에서 욕심이 생겼습니다. 그래서 하겠다고 했습니다.

CNN 측은 소재는 무엇이든 해도 좋고, 리포트 길이는 3분이며, 방송에 참여할 경우 그 프로그램에 나오는 다른 리포트들은 모두 자유롭게 사용할 수 있다는 점을 알려줬습니다.

그래서 소재를 생각해봤습니다만 아무래도 북한 핵문제를 다뤄야 할 것 같았습니다. 미국에서 볼 때도 가장 큰 관심거리일 것이기 때문이었습니다. 또한 제 입장에서도 오래 다뤄온 소재라 익숙한 데다 솔직히 떠나면서 미국에다 대고 한마디 하고 싶은 속내도 있었습니다.

솔직히 말해서 미국은 핵무기를 실전에서 사용한 유일한 국가이며, 우리나라에도 오랫동안 몰래 핵무기를 배치한 적이 있음에도 불구하고 우리나라를 포함한 다른 나라 핵무기에는 한사코 반대하고 훼방 놓는 일이 논리적으로 과연 합당한가 하는 문제의식을 가졌습니다. 현실을 몰라서가 아니라 현실이 전부는 아니라는 생각이 들었기 때문입니다.

특히 미국 정부나 언론이 이스라엘의 핵무장에 대해서는 묵시적으로 동조하거나 인정하는 태도를 보이면서도 이라크나 다른 아랍 국가들이 핵무장 움직임을 보이면 한사코 방해하고 비판하는 태도를 보이는 식으로 이중적인 잣대를 적용하는 게 못마땅해보였습니다.

북한 핵개발 문제 역시 단순히 북한만의 문제가 아니라 만약 북한이 핵무기를 개발할 경우 이것이 아랍 국가 쪽으로 넘어갈 위험성이 있고, 그렇게 되면 이스라엘이 위험하다는 우려가 크게 작용하고 있다는 느낌을 미국 취재를 통해 여러 번 느꼈습니다.

그래서 북한 핵문제를 소재로 삼고 이런저런 속내를 행간에 실어보자고 생각해봤습니다. 마침 그때 서울에서는 핵무기 개발을 다룬《무궁화 꽃이 피었습니다》라는 소설이 폭발적인 인기몰이를 하고 있었습니다. 이 소설은 핵과학자 이휘소 박사와 박정희 대통령의 죽음을 소재로 삼아 남북한이 핵무기를 개발해 일본 침략에 대응한다는 내용이었습니다.

우리나라에서 핵무기 개발을 다룬 소설이 나온다는 사실 자체가 세상이 많이 좋아졌다는 반증인데, 그것도 베스트셀러가 되었다고 하니 미국 시청자들에게 이런 세태를 소개해주는 것도 나쁘지 않다는 생각이 들었습니다. 그래서 리포트 도입부를 이 소설 소개로 시작하는 계획을 세웠습니다.

그리고 기사 안에 삽입할 인터뷰를 시간을 고려해 일단 3명으로 잡았습니다. 우선 한국 정부 입장을 대변하기 위해 한승수 주미대사를 섭외했습니다. 한 대사는 그때까지 제가 본 정부관료 중 가장 영어를 잘하는 분이었습니다. 미국 프레스센터에서 외신기자를 상대로 기자회견을 하면서 원고도 없이 아주 자연스럽게 영어를 쓰는 모습을 봤기 때문입니다.

그 다음으로 제3자 입장에서 북한 핵문제를 언급해줄 사람으로는 일본 〈교도통신〉의 시게무라 특파원을 내정했습니다. 시게무라 특파원은 1980년대에 서울에서도 특파원 생활을 해서 우리말을 아주 잘하고 영어 또한 잘했습니다. 나중에 북한 문제를 다룬 책도 저술했습니다.

그리고 마지막으로 우리 국민들 처지를 잘 반영해줄 분으로 〈한겨레신문〉의 정연주 특파원을 모셨습니다. 정 특파원은 〈동아일보〉 해직기자 출신인 데다 미국 텍사스 주립대학 박사 출신이기 때문에 영어에 아무런 문제가 없었습니다. 정 특파원이 마지막에 "핵문제가 미국에서는 정책문제일지 모르지만 우리들에게는 생사문제"라고 언급한 대목이 지금까지도 생생하게 기억납니다.

인터뷰 취재가 끝나자 저는 곧 리포트 기사를 작성하기 시작했습니다. 평생 처음 영어로 쓰는 기사가 잘될 리가 없지요. 제 예상보다 훨씬 더 많은 시간이 들었습니다. 근 일주일 이상 걸렸던 것 같습니다. 도중에 괜한 짓을 하는구나 하는 생각도 들었습니다. 어쨌든 사전 보고 물어물어 겨우 기사를 완성했습니다.

시간을 재보니 4분 이상 분량이었습니다. 최소한 1분을 다시 줄여야 했습니다. 그런데 영어 기사를 줄인다는 게 정말 장난이 아니었습니다. 쓰는 것보다 훨씬 속을 썩였습니다. 마감시간이 다되도록 저는 기사 축소를 제대로 다 할 수 없었습니다. 할 수 없이 CNN 애틀랜타 본사 담당자에게 전화를 걸어 제 기사를 줄여달라고 부탁했습니다.

자존심 상하는 건 둘째 문제고 일단 기사를 제대로 보내는 게 급선무였기 때문입니다. 30분도 안 돼 수정한 기사가 팩스로 들어왔습니다. 시간을 재봤더니 3분 2초였습니다. 급하게 마지막 리포트를 한 뒤 영상을 편집해 CNN에 보냈습니다.

〈월드리포트〉 방송시간을 서울에 알려준 뒤 저도 그 방송을 봤습니다. 실제로 나갈 때는 제가 보낸 리포트 중에서 한승수 대사 인터뷰를 다시 일부 편집해서 내보내는 것이었습니다. 내용상 문제가 아니라 아마도 3분을 넘으면 안 된다는 기술적인 문제였던 것 같았습니다.

실제로 미국에서 아침 생방송을 보면 부통령이 인터뷰에 응해서 말하는 도중인데도 가차 없이 '자르고 들어가는' 경우를 여러 번 보았기 때문입니다. 전국을 네트워크로 구성해 방송하기 때문에 만약 시간 약속을 어기면 전국 지역방송 전체가 광고에 차질을 빚는다는 설명을 들은 적이 있습니다.

CBS 저녁뉴스를 직접 현장에서 본 적이 있습니다. 댄 래더가 진행하는 뉴스 프로그램입니다. 시그널 음악이 나가고 화면에 주요 뉴스 자막이 뜨면 앵커가 주요 뉴스를 읽습니다. 그리고 나면 화면은 다시 광고를 내보냅니다. 이때 보니까 서울과는 다른 모습들이 분주하게 여러 군데서 움직이기 시작했습니다.

우선 앵커 바로 옆에 앉아 있는 사람(편집자)이 앵커가 읽을 주요내용을 컴퓨터로 고치기 시작했습니다. 물론 이 사람은 화면에 나오지 않습니다. 분장사는 앵커 얼굴을 다시 고치고요.

뉴스 주조정실은 정말 가관이었습니다. 담배 피고 떠들고 100미터 단거리 선수처럼 뛰어다니는 스태프 모습이 정말 전쟁을 방불케 했습니다. 그리고 몇 분 뒤 "스탠바이!" 하는 진행자 한마디에 모든 사람들이 쥐죽은 듯 '동작 그만'이었습니다. 진행자만이 무슨 말인지 모를 농담 같은 걸 한두 마디 하는 게 전부였습니다. 그리고 다시 화면에 앵커 얼굴이 나오면서 뉴스가 시작되는 것이었습니다.

그때 비디오 자료들은 초 단위로 편집돼서 뉴스에 투입되는 걸 봤습니다. 그렇게 해야 진행자가 전체 뉴스를 시간별로 제대로 파악해서 정확한 시간 안에 뉴스를 마칠 수 있었을 겁니다. 저도 1970년대에 뉴스를 진행해본 적이 있는데, 매번 예정시간을 1, 2분씩 넘기는 것이었습니다. 옆에 앉은 편성 담당자에게 매번 싫은 소리를 들으면서도 당시에는 어쩔 수 없는 일로 되풀이했던 기억이 있습니다.

〈월드리포트〉는 여러 차례 재방송하는 프로그램이었습니다. 말 그대

로 전 세계 방송기자들이 누구든 참여해서 방송하고, 또 다른 기자들
방송을 무료로 활용하는 '기브 앤 테이크' 방식이라 뉴스 소재나 출연 기
자들 역시 다양했습니다. 일반 뉴스시간보다 긴장감이 떨어지는 건 어
쩔 수 없는 일이고요.

그날 저는 추억용으로 이 방송에 나오는 제 모습을 카메라에 담았습
니다. 인화해보니까 화면에서 나온 전파 때문인지 사진 좌우로 하얀 줄
이 두껍게 그어져 있었습니다. 추억용으로는 안 되겠다 싶었습니다.
나중에 서울에 귀국했더니 국제부 후배들이 별도로 사진을 뽑아내 하얀
줄 없는 말짱한 제 모습을 선물로 주는 것이었습니다.

그리고 그 방송을 끝으로 저는 귀국준비를 서둘렀습니다. 3월 15일
북한이 국제원자력기구 사찰단의 사찰을 방해했습니다. 그러자 국제원
자력기구 이사회는 이 사건을 유엔 안전보장이사회에 보고했습니다.

미국도 북한과 갖기로 한 3단계 회담을 취소했습니다. 그리고 패트
리어트 미사일을 한국에 배치하고 팀스피리트 훈련을 다시 하겠다고 발
표했습니다. 북한은 북한대로 핵 원자로를 폐쇄하고 연료봉을 교체하
겠다고 맞섰습니다. 이른바 북한 핵위기가 시작되고 있었습니다.

미국 CNN 방송은 한국에 대규모 취재팀을 보낼 계획을 짰으며 북한
핵위기는 점점 현실로 드러나기 시작할 조짐을 보였습니다. 그러나 저
는 일단 3월을 마지막으로 이 문제를 취재할 수 없게 되었습니다. 4월 1
일자로 서울 사회부장 발령을 받았기 때문입니다.

제가 직업적으로 관심을 갖든 말든 그해 여름 북한 핵위기는 모든 한
국사람들이 관심을 갖지 않을 수 없는 사태로 급변하고 말았습니다. 미
국 방송에 출연한다고 한가하게 시간 낭비할 시국이 아니었던 겁니다.

모르면 용감하다고 그땐 정말 아무것도 몰랐던 것 같습니다.

방송이 나간 뒤 저는 그걸 녹화해서 집에서 가족들에게 자랑스럽게 보여주었습니다. 그때 초등학교 4학년 다니는 딸 수진이 입을 삐죽거리며 한마디 했습니다. "아빠 재패니스가 뭐야! 줴패니스라고 해야지!" 참 어이가 없었습니다. 흔한 말로 쪽팔리는 순간이었습니다.

30년 넘게 영어를 쓴 제가 3년 영어 배운 딸에게 핀잔을 들은 겁니다. 우리 교육이 잘못된 건지 제가 무능한 건지 순간 생각이 복잡해졌습니다. 그로부터 다시 20년이 지났습니다. 그동안 제 딸은 영문학을 전공해서 지금은 제가 영어책 보다가 잘 모르는 게 나오면 한 수 배우는 처지가 됐습니다.

요새는 불치하문(不恥下問)이라는 공자님 말씀을 '공자말씀'으로 여기며 새로운 생활신조로 삼으려고 노력하고 있습니다.

기획 이야기

역사로 남는
방송

북한 정치범수용소의 고상문 교사

1994년 7월 30일, 그날은 토요일이었습니다. 사회부장인 저는 평소처럼 저녁 〈뉴스데스크〉 원고를 들여다보고 있었습니다. 국제사면위원회가 발표했다는 북한 정치범수용소 수감자에 관한 뉴스였습니다. 모두 49명의 명단이었는데, "고상문 씨 등"이라는 대목에 눈길이 멈췄습니다.

'고상문'. 저는 그 이름을 또렷이 기억하고 있습니다. 1979년 당시 외무부에 출입하던 저는 노르웨이에서 연수하던 수도여고 교사 고상문 씨가 북한에 납치된 사건을 알고 있었기 때문입니다. 더구나 당시 만삭이던 부인이 외무부 기자실에 찾아와 고 씨가 보낸 엽서와 편지를 내보이면서 울먹이던 장면이 생생했습니다.

15년 전 일이었지만 그 이름을 정확하게 기억하는 또 다른 이유가 있습니다. 1970년대에 우리나라에서 처음으로 에베레스트 등반에 성공한 산악인 이름이 고상돈이었기 때문입니다. 당시 뉴스 주역인 데다 성씨가 같고, 특히 가운데 이름자가 저하고 같은 '상' 자였기 때문에 쉽게 기억할 수 있었던 겁니다.

그래서 엠네스티가 배포한 자료 사본을 들여다봤습니다. 비고란에 다른 정치범 이름에는 없는 'Korean resident'(한국인)라는 영문이 적혀 있었습니다. 저는 그 사람이 바로 고상문 교사임이 틀림없다고 확신했습니다. 당시 사회부 경찰기자들은 모두 다 그해 수습기자로 들어온 신참이었고 기사를 쓴 윤도한 기자는 겨우 3년 차였으니, 15년 전 일어난 일을 알 턱이 없었지요.

저는 자료실을 뒤져 당시 자료를 찾아보라고 했습니다. 그리고 기억을 더듬어 대충 기사에 도움이 될 만한 내용을 추스르기 시작했습니다. 고참급 송기원 기자가 제 구술과 자료를 토대로 전혀 별도의 기사를 만들었습니다. 그리고 서울에 있는 부인을 취재하도록 했습니다.

당시 부인 조복희 씨를 취재한 김은혜 기자는 그후 《나는 감동을 전하는 기자이고 싶다》(2001)에서 당시 상황을 이렇게 기록했습니다. "나는 무작정 부인 조 씨를 붙잡고 차에 태웠다. '아니 무슨 일이 ….' '남편분이 어디 계신지 알아요.' '네? 정말요 … ?' 사진첩과 엽서들까지 방송에 도움이 될 만한 것들은 모두 회사로 가지고 가서 집중적으로 인터뷰하기 시작했다."

그날 저녁 우리는 두 시간 정도 바쁘게 뛰어 밤 9시 〈뉴스데스크〉 시간에 톱뉴스로 이 뉴스를 세 꼭지로 처리했습니다. 김은혜 기자가 인터뷰한 부인은 그 다음 날 뉴스를 탔습니다. 김 기자 표현처럼 '처절하리만큼 슬픈' 부인의 외침은 그날 이후 전국적인 반향을 일으켰습니다.

그날 저는 여름휴가를 신청해놓은 상태였습니다. 초반에 이미 기선을 잡은 뉴스였기 때문에 제가 특별히 남아 있을 필요는 없다고 판단했습니다. 다음 날 태풍이 온다는 제주도에서 저는 남다른 기분으로 뉴스를 지켜봤습니다. 예상대로 톱뉴스에 사건 속보가 줄줄이 나왔습니다.

고상문 교사가 보낸 엽서 사연과 부인 조복희 씨의 고난에 찬 세월 인터뷰, 그리고 고상문 씨가 납치당한 경위들을 상세하게 보도했습니다. 그리고 그 다음 날 "내각은 고상문 씨 등 납북된 사람들 송환에 총력을 다하라"는 김영삼 대통령의 지시가 방송을 탔습니다.

저는 휴가 때 매일 저녁뉴스를 보는 새로운 재미를 만끽했습니다. 대체로 기자들은 휴가를 가면 신문, 방송을 안 본다고 다짐하기 일쑤입니다만 그때 저는 방송뉴스 보는 재미가 쏠쏠했습니다. 저 없는 사회부 동료들이 매일 뉴스를 어떻게 만들어내는지 들여다보는 기분도 아주 좋았습니다.

특히 대통령 지시까지 내려진 상황인 만큼 관련기사는 계속 터져 나올 수밖에 없는 일이었습니다. 기사를 먼저 치고 나간 입장에서는 그 기사 속보가 계속 이어질 때만큼 신나는 일이 없습니다. 계속 자신의 기사를 뒷받침해주는 역할을 하기 때문이지요.

그날 이후 적십자사와 유엔을 통한 송환노력이 이어졌고 민간단체들도 사회운동으로 이를 뒷받침했지만 결과는 별무소득이었습니다. 1년이 지난 뒤 북한은 자필 편지를 들이대면서 고상문 씨가 평양에서 아들 딸 두고 잘 산다며 납치나 납북은 전혀 사실이 아니라고 주장했습니다. 분단국가의 비극이 그대로 드러나는 대목입니다.

사건발생 당시 김은혜 기자가 인터뷰한 부인 조복희 씨는 그 짧은 인터뷰에서도 정부 당국이 의심, 감시하고 주변 친구들은 멀리하고 부모들은 회사를 그만두거나 병원에 입원했다며 어려웠던 생활을 털어놨습니다. 정부에 대해 섭섭하다는 소리도 서슴지 않았습니다.

고상문 교사가 납북된 지 얼마 안 돼 외무부 주변에 고 씨가 북한 방송에 나왔다는 얘기가 돌았습니다. 북한 방송에 나왔다면 내용은 보나마나 '의거입북'이었을 겁니다. 1970년대 남북대치 상황에서 부인 조 씨가 얼마나 힘든 생활을 했을지는 보지 않아도 짐작이 가는 일입니다.

그나마 1990년대 들어와 이런 내용들이 전파를 탔다는 사실 자체가 그만큼 우리사회가 민주화됐다는 반증이기도 할 것입니다. 그해 8월 19일 윤도한, 김은혜 기자 등 당시 취재기자 6명은 한국기자협회가 주는 '이달의 기자상'을 받았습니다. 윤도한 기자가 수상소감에 '부장 언급'을 해준 게 기억에 남습니다.

… 그러나 김상균 사회부장을 필두로 한 경찰기자들의 확인작업이 시작된 뒤 곧바로 15년 전 납북된 전 수도여고 교사 고상문 씨와 동일인물이라는 사실이 밝혀졌고, 결국 전화번호부를 뒤져 고상문 씨 가족과 인터뷰까지 마친 순간 큰 기사를 하나 건졌다는 생각이 들었다. (중략)

고상문 씨의 북한 정치범수용소 감금 사실이 MBC 〈뉴스데스크〉에 보도된 이후 고 씨 등 납북자 관련기사가 연일 방송과 신문의 주요 기사로 다루어졌지만 이제까지 아무런 가시적 결과는 나타나지 않고 있다.

이번 보도가 그를 포함한 400여 명의 납북자 송환에 물꼬를 트는 계기가 됐으면 하는 것이 우리 취재팀의 바람이다. 100여 명의 비전향 장기수들에 대한 송환도 함께 추진돼 남북한 간의 긴장이 완화되고 새로운 화해 분위기가 이루어질 때 우리 취재팀은 이번 수상을 더욱 값지게 여길 수 있을 것 같다.

— 윤도한(MBC 분회)

그 사건은 그렇게 묻혀갔습니다. 아무리 송환노력을 해도 상대가 북한이니 될 리 없는 일이었고, 그런 일들이 비일비재하던 시절이라 고 씨 또한 시간이 지나면서 잊혀갔습니다. 그 사이 저는 사회부를 떠나 경제부와 통일부로 자리를 옮겨 다녔습니다. 그리고 1996년 7월 우연히 저는 고 씨 부인 조복희 씨가 아파트에서 뛰어내려 자살했다는 기사를 보게 됐습니다.

순간 직업에 회의가 들었습니다. '만약 그때 내가 그 이름을 모르고 지나갔으면 이런 비극이 일어나지 않았을 건 아닌가?', '아니, 어쨌든 그 이름은 누군가 기사로 쓸 수밖에 없었던 일 아닌가?', '그렇다면 우리 기자라는 직업은 결국 고생고생하며 사는 한 부인을 죽음으로 몰고 간 것 말고 한 일이 뭔가?' 하는 생각이 들었습니다.

당시 김은혜 기자는 부인 인터뷰하러 갔을 때 "기자들을 뿌리치고 싶어 했던 딸의 모습이 제일 먼저 떠올랐다"고 책에 썼습니다. " … 우리 아빠를 데려다줄 수 있다고요? 차라리 우리를 그냥 이대로 놔주세요. 조용히 살게 해달란 말이에요." 그리고 김 기자 역시 "그 부인은 나에게 기자로서의 성취감도 갖게 해주었지만 펜을 놓고 싶다는 마음도 처음 들게 했다", "아직도 나는 그 부인에게, 그리고 그 가족에게 빚진 것이 많다"고 썼습니다.

현장에서 직접 만나 취재한 기자 소회가 저보다 훨씬 절절할 수밖에 없는 것은 어찌 보면 당연한 일이지요. 그나마 저는 2선에 물러서 있었기 때문에 충격이 적었으리라 생각합니다.

그 사건이 난 지 올해로 벌써 20년이 지났습니다. 그동안 남북한은 정상회담도 두 차례나 가졌고, 이산가족 상봉과 금강산 관광도 성사시켰으며, 개성공단도 새로 가동하는 등 눈부신 변화와 발전이 있었습니다. 그렇지만 분단의 비극과 아픔은 여전히 우리 사회에 존재합니다.

눈에 띄게 변한 게 있다면, 전에는 납북자가 주요 뉴스 대상이었는데 요새는 탈북자가 주요 뉴스에 나온다는 것입니다. 남에서 북으로 가는 사람보다 북에서 남으로 오는 사람들이 훨씬 많다는 사실을 반증하는 것입니다. 최근에는 '탈북자가 간첩이네', '아니 그 간첩사건이 조작됐네' 하는 뉴스가 계속 터지고 있습니다.

북에서 의거입북이라고 선전한 사람이 정치범수용소에 수용돼 있는 현실과 탈북자가 남에 와서 간첩질을 했다고 주장하는 현실 사이에 무슨 차이가 있는지요. 모두 분단의 비극을 이모저모 드러내줄 뿐입니다.

분단 비용이 얼마나 많은지 많은 전문가들이 이런저런 수치를 들이대지만, 정작 이런 비극을 직접 겪고 당하는 수많은 사람들은 전 인생을 걸어야 하는 엄청난 비용을 물고 있는 셈입니다. 지금 고상문 씨는 어디서 어떻게 살고 있는지 다시 그 비극을 취재해야 하지 않을까 생각합니다.

수능 문제풀이 방송 폐지

"여름 보사, 겨울 문교." 1970년대 사회부 선배에게 들은 얘기입니다. 여름에는 보건사회부가 좋고 겨울에는 문교부(교육부)가 좋다는 말입니다. 그만큼 일도 많고 기사도 많은 부서인 데다 힘도 세지고 생기는 것도 많다는 뜻입니다.

1994년 가을에 들어가면서 사회부장인 저도 문교부 일이 점점 신경 쓰이게 다가온다는 느낌을 받았습니다. 그런데 그중 하나가 좀 느닷없는 일이었습니다. 11월에 있을 수능 문제풀이 방송에 어느 학원 강사를 선정할 것인지 빨리 결정해달라는 문교부 출입기자의 성화였습니다. 2~3일 잊어버리고 있으면 옆으로 와서 빨리 결정해야 한다고 재촉하는 것이었습니다.

처음 한두 번은 제가 잊어버려서 미안하다고 했습니다만 재촉하는 빈도가 점점 늘어나자 슬그머니 화가 나는 것이었습니다. 속으로는 '아니, 그게 뭐가 중요하다고 그렇게 자꾸 재촉을 하는가' 하는 생각이 들었습니다. 물론 제가 사회부장을 처음 해보기 때문에 상황을 잘 몰라서 그럴 수도 있으려니 하는 생각도 했습니다.

그러나 학원을 빨리 선정해달라는 요구는 잘은 모르지만 뭔가 학원 사이에 물밑 경쟁이 치열하구나 하는 직감이 들게 했고, 그렇다면 이 문제는 적당히 처리할 사안이 아니구나 하는 생각을 갖게 됐습니다. 저도 재수를 해봐서 우리나라 대학입시에서 재수학원이 갖는 엄청난 힘을 잘 알고 있었기 때문입니다.

새삼 우리나라 입학시험이 정말 문제라는 생각이 들었습니다. 저는 수능시험이 무엇인지도 모를 때였습니다. 누가 교육을 백년대계라고 했는지 모르지만 우리나라 입학시험은 정말 십년대계에도 못 미치는 누더기 그 자체였습니다. 정말 수십 번을 바꾸었습니다. 제가 개인적으로 겪은 입학시험만 갖고도 이를 증명할 수 있을 정도입니다.

제가 1960년 광주서중에 들어갈 때 입학시험은 지금과는 달리 학교마다 시험문제가 다른 이른바 단독출제였습니다. 시험 내용도 전부 주관식이었습니다. 시험에 해당하는 과목 교과서는 가지고 들어갈 수 있도록 허용됐습니다. 저보다 선배들은 초등학교 성적만으로 무시험 진학하는 경우도 있었고, 저보다 후배들 때는 공동출제로 제도가 바뀌기도 했습니다.

1964년 광주일고 진학 때는 갑자기 수험과목이 국어, 영어, 수학으로 줄어들었습니다. 수험생들 입시부담을 덜어준다는 취지였습니다. 그전에 전 과목 시험을 본 선배들은 입시부담이 그렇게 많았는지 저는 잘 모르겠습니다.

1968년 재수하고 대학시험을 보러 갔더니 영어가 온통 주관식이었습니다. 그 이전에는 선다형 문제가 대세였는데 말입니다. 그리고 저보다 한 해 후배 때는 예비고사라는 제도가 전국에 걸쳐 실시돼 입학시험

제도 자체를 완전히 바꿔놓았습니다.

그 후로도 기록을 보면 지금까지 수십 차례 입학시험과 관련한 제도들이 정말 널뛰듯이 바뀌었음을 알 수 있습니다. 급기야 1980년대에는 과외를 국가정책으로 없애버렸습니다만 '몰래바이트'라는 말이 새로 생겼고, 다시 세월이 흐르자 이번에는 과외를 부활한다고 호들갑을 떨기도 했습니다.

"인사가 만사"라는 말을 자주 쓰는데, 입학시험은 사람 뽑는 제도인데 이처럼 제멋대로 자주 바꾸면 인사가 '망사'가 될 수밖에 없습니다. 그럼에도 우리나라 교육을 미국 대통령이 부러워하는 걸 보면 한국 교육 당국자들은 정말 복을 타고난 사람들 같습니다. 실은 정부 정책이나 제도는 엉망인데 학부모들이 사교육비를 엄청나게 부담하고 있어 남들 보기에 잘하는 것처럼 보일 뿐이기 때문입니다.

김숙희 문교부장관이 우리 회사에 녹화하러 왔을 때 부장인 저하고 잠시 이야기할 기회가 있었습니다. 그때 제가 "장관님, 재직 중에 딱 한 가지만 하십시오" 했습니다. "그게 뭔데요?" 하시길래 제가 웃으면서 그랬습니다. "문교부를 없애버리십시오!" 장관이 멍하니 저를 쳐다보시는 것이었습니다.

저는 농담인 것처럼 말씀드렸지만 장관이 그걸 농담으로 받아들였을 리 만무합니다. 그만큼 제 개인으로도 우리 교육제도에 대해 깊은 불신과 불만을 갖고 있었습니다. 그런데 수능시험 문제풀이 담당 학원을 빨리 선정해달라니! 문제가 있다고 생각하니 정말 문제풀이 방송을 꼭 해야 하는가 하는 의문이 들었습니다.

1970년대 대학입시 당시 초년기자였던 저도 어김없이 일선 대학에 가서 하루 종일 학과별 경쟁률을 매시간 방송한 적이 있습니다. 그때는 그게 굉장히 중요한 정보이고 뉴스라고 생각했습니다. 그런데 나중에 알고 보니 일부 학교에서는 경쟁률을 마감 날 일부러 낮추어 조작하는 것이었습니다.

예를 들어 100명 지원한 학과를 10명 지원했다고 발표하면 저희가 그걸 방송으로 전달하고, 그러면 막판 눈치를 보던 수험생들이 적게 지원한 학과로 무더기로 몰려든다는 거지요. 입학시험 한 번 보는 데 꽤나 많은 돈이 들었는데, 학교 측은 이런 수험생들 돈으로 시험 경비를 다 빼고도 쏠쏠한 재미를 볼 수 있다는 것이었습니다.

결국 일부 대학은 경찰 수사까지 받았고 명문 대학들은 이런 작폐를 아예 하지 않도록 조치를 취하기도 했습니다. 결국 그때 저는 이런 장난질에 놀아난 꼴이 돼버린 겁니다. 그 추운 겨울에 하루 종일 방송해 주고 말입니다.

세상 모든 일에 원인 없는 결과는 없습니다. 1970년대 입시 취재 때 기억은 결국 1990년대 부장 때 제 판단에 영향을 줄 수밖에 없습니다. 그래서 저는 이 문제풀이 방송을 꼭 해야 하느냐고 출입기자에게 물었습니다. 그랬더니 아주 퉁명스러운 대답이 돌아왔습니다. "그럼 알아서 하십시오!"

이제 다른 선택의 여지가 없었습니다. 하거나 말거나 둘 중 하나였지요. 그래서 하기 전에 한번 시도나 해보자 하고 KBS 사회부장에게 전화를 했습니다. 저보다 선배였던 호 부장에게 제가 물었습니다. "호 선배, 제가 사회부 일을 잘 몰라서 그러는데요, 수능 문제풀이를 꼭 우리 방송이 해야 하는 겁니까?"

그랬더니 뜻밖의 대답이 나왔습니다. "아, MBC가 안 하면 우리도 안 할게!" 간단하지만 명쾌한 응답이었습니다. 순간 제가 좀 신이 났습니다. 그래서 이번엔 SBS 김진원 부장에게 전화를 걸었습니다. 김 부장은 저와 함께 문화방송에서 근무한 적이 있기 때문에 말하기가 편했습니다. KBS와 우리가 수능 문제풀이 방송을 안 하려고 하는데 SBS도 동참하라는 권유를 했지요. 당연히 좋다는 반응이 나왔습니다.

그래서 국장 방에 찾아가 올 가을 수능시험 문제풀이는 방송하지 않겠다고 보고했습니다. 국장단 반응은 역시 유보적이었습니다. 매년 수능시험에 대한 학부모들 관심이 크기 때문에 문제풀이는 중요한 정보라는 것이었습니다.

그래서 제가 다시 방송 3사 사회부장들이 올해는 하지 않기로 했다고 말씀드렸습니다. 그랬더니 "그걸 어떻게 믿느냐", "만약 한쪽이 약속을 어기면 그땐 어떻게 하겠느냐" 하는 반문이 쏟아졌습니다. 그래서 그렇다면 문서로 확인하겠다고 했습니다.

문안을 작성하고 그 밑에 방송 3사 사회부장 이름을 적은 합의문을 팩스로 3부 보냈습니다. 각각 서명한 뒤 한 장씩 갖도록 말입니다. 그걸 국장에게 보여드렸더니 미심쩍어 하면서도 할 수 없다는 표정을 지었습니다. 그렇게 해서 그해 수능 문제풀이 방송은 방송 3사 화면에서 사라진 겁니다.

수능 당일 저는 퇴근할 수가 없었습니다. 수능 문제풀이 시간에 시청자들이 어떤 반응을 보일지 알 수 없었기 때문입니다. 통상 저녁 8시쯤 방송을 했다고 들어 그때까지 퇴근하지 않고 시청자들 반응을 기다렸습니다. 만약 왜 문제풀이 방송을 하지 않느냐는 시청자들 항의전화가 빗

발치게 걸려오면 저는 망하는 겁니다.

그때 새삼 "가만있으면 중이나 간다"는 우리 옛말이 떠올랐습니다. 왜 "모난 돌이 정 맞는다"는 말이 있는지 실감이 났습니다. 그런데 전화 소리는 요란하게 들리지 않았습니다. 밤 9시 가까이 됐을 때 사회부로 걸려온 전화는 단 두 통이었습니다.

하나는 방송하느냐는 질문 전화였고, 또 하나는 왜 방송하지 않느냐는 의문 전화였습니다. 저는 방송하지 않는다는 답변과 함께 교육방송을 보시라고 권유하는 답변으로 친절하게 대응했습니다. 그리고 끝이었습니다. 오랫동안 해온 관행을 하루 사이에 중단했는데도 반응은 의외로 조용했습니다. 사실 은근히 신경을 많이 쓰고 있었는데 결과가 그렇게 나오니 약간 허탈하기도 했습니다. 그러면서 국민들 눈높이에 맞는 방송뉴스를 하려면 좀더 열린 자세로 많은 정보와 의견을 수렴해야 한다는 결론을 새삼 다짐했습니다.

그날 이후 방송 3사 사회부장은 이 문제로 다시 연락을 주고받은 적이 없습니다. 아주 대수롭지 않은 일처럼 받아들이도록 서로 묵시적 양해를 한 것으로 저는 생각했습니다. 그리고 그날 이후 어느 누구도 수능 문제풀이 방송과 관련해 저에게 문제제기를 하거나 질문을 하지 않았습니다.

그렇다면 결론은 뻔한 겁니다. 수험생이나 학부형들은 방송이 문제풀이 해주지 않아도 얼마든지 정답을 구해서 맞춰볼 수 있다는 얘기입니다. 학교에서든 학원에서든 아니면 과외선생으로부터든 말입니다. 시청자들은 별로 원하지도 않는 정보를 우리만 계속해서 중요하다고 강조하며 방송해 전파만 낭비한 셈입니다.

그때 체험은 부장 이후 뉴스를 다루면서 중요한 교훈을 느끼게 해주었습니다. 아무리 오래된 관행이라도 국민들 눈높이에서 다시 생각해보고, 별 도움이 되지 않는다는 판단이 서면 즉시 그 관행을 바꿔야 한다는 것입니다. 나중에 보니까 PD들은 우리 기자와는 달리 시청자들이 외면한다는 판단이 서면 아무리 인기 있는 프로그램이라 할지라도 서슴없이 막을 내린다는 것을 알았습니다.

시청자 요구를 가장 예민하게 받아들여야 할 방송기자가 어쩌면 시청자 요구를 가장 모르고 사는 건 아닌가 하는 자책이 들었습니다. 말로는 기자들이 역설적으로 가장 보수적이라는 자조적 소리를 들었지만 실제 상황에서 이를 실감할 기회는 그리 많지 않았던 겁니다.

지금 현업을 뛰고 있는 동료 후배들에게 권하고 싶습니다. 우리 입학시험만이라도 한번 빅데이터를 활용해 심층 취재해보십시오. 단기간 볼 때 보이지 않던 수많은 문제들이 멀리 길게 들여다보면 아주 뚜렷하게 보일 겁니다. 교육은 백년대계라고 했습니다. 그런 긴 계획이라면 우리도 몇 달 정도 시간을 가지고 한번 제대로 들여다보는 투자는 해야 하지 않겠습니까?

비단 입학시험만은 아니지요. 지금 교육 당국이 펼치는 수많은 정책들에 대해서도 긴 호흡으로 들여다보면 수많은 문제들이 불거질 것입니다. 아니, 세상에 봉급 절반 이상을 자식 교육에 퍼붓는 가장이 우리 빼고 세계 어디에 있습니까?

그러고도 지금 우리는 효도라는 개념조차 자식들에게 가르치지 못하고 있지 않습니까? 점점 고령화 사회가 되어 가는데 만약 자식들이 부모를 나 몰라라 한다면 우리 정부가 그런 분들 노후를 책임질 수 있겠습니까? 사회적으로 큰 문제가 터지면 우리는 교육이 잘못됐다고 합니다. 군대에서도 걸핏하면 교육시킨다는 소리를 잘합니다. 그런데 말입니다, 무엇이 교육입니까?

우리 방송이 관심을 갖고 심층 취재할 분야로 교육만큼 중요한 소재도 없는 것 같습니다. 수능시험 같은 것 말고도 말입니다.

추석 명절과 '교통예보'

해마다 민족 최대의 명절인 추석이 오면 방송은 그야말로 정신없이 바빠집니다. 기차역, 고속버스터미널, 시외버스터미널, 서울 외곽 톨게이트, 그리고 항구와 포구, 심지어 헬리콥터까지 동원해 사람이 드나드는 곳이면 어디든 기자들이 몰려가 하루 종일 방송에 매달립니다.

예전에는 추석은 신문마저 휴일이라 방송은 혼자 북 치고 장구 치는 격으로 바빴는데 그때 선배들은 이럴 때야말로 방송의 위력을 보여줄 기회라고 후배들을 다그쳤습니다. 그러나 해마다 똑같은 취재방식과 보도내용이 시청자들 마음에 와 닿을 리 없습니다. 도대체 아무런 정보도 주지 않는 교통방송을 누가 좋아하겠습니까?

방송이 바쁘다 해도 사실은 사회부 초년기자들만 홀로 바쁩니다. 고참급들은 관료조직 전체가 다 쉬기 때문에 아무런 기사가 나올 리 없어 덩달아 같이 쉽니다. 결국 추석 명절에 유일하게 가장 바쁜 교통 쪽에 젊은 기자들이 몰리게 되어 있는 겁니다. 게다가 명절이라 뉴스가 없으니 교통 쪽 뉴스를 늘릴 수밖에 없습니다.

돌이켜보면 방송기자들이 그나마 하루 정도 쉴 수 있었던 때가 바로 추석 명절이었습니다. 설날은 당시에는 휴일이 아니었기 때문에 쉴 수가 없었으니까요. 신정 연휴가 있긴 했지만 그건 명절이 아니었기 때문에 일반 국민들은 쉬지도 않았고 이동하지도 않았습니다.

그러니 추석만 유일하게 모든 국민들과 관료들이 함께 쉬는 명절이었던 셈입니다. 다만 이동하는 국민들을 위해 교통 분야 공무원들은 무척 바쁜 대목을 보냈습니다. 당연히 이에 상응해서 기자들도 교통 쪽에서 가장 바쁘게 하루를 보낼 수밖에 없었던 겁니다.

그래서 민족 최대의 명절 추석에 관료조직과 방송뉴스는 민족 최대의 이동에만 온통 신경을 쓰고 그쪽 뉴스에만 매달리는 일을 매년 되풀이할 수밖에 없습니다. 이런 뉴스를 저도 30년 이상 보고 있습니다. 추석 때 대형사고가 안 나면 뉴스는 올 추석은 조용히 지나갔다고 보도했습니다. 관료조직 생각을 그대로 반영하는 뉴스인 셈입니다.

그래서 매년 추석 뉴스는 보지 않아도 대충 그 내용과 순서를 짐작할 수 있습니다. 서울을 중심으로 명절날 몇십만 명이 서울을 빠져나갔는지를 집중 보도합니다. 서울역과 고속버스터미널에서 현장보도를 통해 인파 흐름을 전하고 다시 서울 외곽 톨게이트에서 폐쇄회로 화면을 통해 실시간 교통 이동상황을 전합니다.

다시 헬리콥터나 경비행기를 타고 서울 중심의 교통 체증을 상공에서 생방송하거나 촬영해서 녹화 방송합니다. 지방은 대도시는 빼고 오히려 목포나 인천 등 부두가 있는 곳에서 역시 사람들이 이동하는 뉴스를 다룹니다. 바다가 보이기 때문에 화면발이 좋다는 이유에서입니다.

그리고 나면 대체로 뉴스시간 절반 이상이 채워집니다. 다음으로 정부 대책이나 장관 또는 대통령 당부나 지시사항이 뉴스에 나옵니다. 그리고 다른 나라 뉴스를 국제부에서 종합해서 전해줍니다. 사람이 수백만 명 움직이다 보면 사건, 사고가 없을 리 없습니다. 그런 뉴스 한두 개 처리하고 나면 대충 뉴스는 어느덧 휴일 날씨로 넘어갑니다. 이게 수십 년 반복되어온 추석 명절 뉴스 시나리오입니다.

이런 뉴스는 명절뉴스가 아니라 교통뉴스인 셈입니다. 그렇다면 일반 지상파 방송과 교통전문 방송이 무슨 차이가 있습니까? 그냥 교통방송 수중계를 받으면 전파낭비, 인력낭비라도 막을 수 있을 것 아닙니까! 똑같은 내용과 상황을 포장만 바꿔서 경쟁하듯 방송하는 일은 실제로 방송뉴스의 격을 떨어뜨리는 자해행위나 다름없습니다.

저는 늘 우리 명절 방송에 불만이 많았습니다. 아니 명절뉴스에 하다 못해 그 흔한 세시풍속 하나 보여주지 않는다는 게 말이 됩니까? 2천 년 전에 중국 사람들이 《위지 동이전》(魏志 東夷傳)이란 책에 기록해놓은 걸 보면 우리 조상들은 밤새 술 마시고 노래하고 춤추면서 명절을 보냈다고 되어 있습니다.

우리 속담에 "더도 덜도 말고 한가위만 같아라"라는 말이 있지 않습니까! 그만큼 흥겹고 풍요로운 초가을 명절이 우리 방송뉴스에서 사라진 지는 꽤 오래됐습니다. 아무도 관심이 없고 그래서 고쳐지지도 않습니다. 민족 최대의 명절이라는 말은 방송뉴스에서는 써서는 안 되는 말인 것입니다.

민족 최대의 명절이면 온 민족이 다 같이 즐기는 명절이란 뜻일 겁니다. 그런 명절에 방송뉴스가 명절에 관한 뉴스를 제공하지 않는 것은 명백한 직무유기입니다. 또한 비민주적입니다. 방송은 국민이 주인이기 때문입니다.

명절날 방송이 교통뉴스나 제공하면 그건 관료적 프레임에 놀아나는 겁니다. 국민을 주인이 아니라 교통수단이나 제공하면 그만인 객으로 보는 것입니다. 그러다 보니 서울에서 서너 시간 거리에 있는 지역까지 가는 데 열몇 시간씩 걸려도 현상만 있는 그대로 보도하면 그만입니다. 수백만 국민들이 서너 시간 거리를 매년 열몇 시간씩 걸려서 이동한다면 그건 명절이 아니라 국가재난상황입니다.

만약 명절날 대통령이나 장관 등 고위층 인사들이 그런 교통지옥에 시달렸다고 한번 생각해보십시오. 매년 그런 상황을 강 건너 불구경하듯 하겠습니까? 제가 50년이 넘도록 지금까지 잊지 않고 기억하는 것은 명절날 기차표 사러갔다가 몰려드는 사람들 질서 잡는다고 휘두르는 대나무 장대에 머리를 맞은 일입니다.

세월이 흘러 세상이 좋아지면서 저는 지금도 관료들은 왜 표를 사러 간 소비자를 그렇게 짐짝 취급하듯이 팼을까 하는 생각을 합니다. 그만큼 국민들을 우습게 봤다는 이야기지요. 그때는 '군·관·민'이라고 말할 때였습니다. 요새 말하는 '민·관·군'과는 천지차이가 나는 때였지요. 그런데 요새도 '군·관·민' 하던 시절 잔재가 남아 있고, 그런 잔재를 은연중 따라하는 곳이 우리 방송인 셈입니다.

1994년 사회부장으로 맞는 첫 번째 추석에 저는 정말 명절다운 기운을 느낄 수 있도록 국민들이 즐거워하는 모습이 뉴스에 나와야 한다는 점을 강조했습니다. 그래서 기자들이 명절 전날 고향에 가는 시민들을 동행해서 취재하는 방식으로 뉴스를 만들어봤습니다.

우선 고향 가는 식구들이라 부모, 자식이 화면에 가득하고 선물꾸러미와 웃음보따리가 쉼 없이 화면에 나타나니까 명절 기분이 나는 뉴스가 되었습니다. 추석 이틀 전부터 우리는 기차로 가는 귀성객과 중형차로 가는 귀성객들을 각각 기자들이 동행 취재한 이런 뉴스를 방송에 내보냈습니다. 모처럼 명절다운 뉴스라는 생각에 저는 기분이 좋았습니다. 추석 당일에도 이처럼 명절 기운이 가득한 뉴스를 만들어보자는 생각으로 이런저런 궁리를 해봤습니다.

교통상황은 빠뜨릴 수 없는 정보이기 때문에 다루되 이왕이면 시청자들에게 도움을 주는 정보를 제공할 수 있도록 머리를 짰습니다. 하동근 사회부 차장이 이 일을 도맡아 우리는 방송 역사상 처음으로 '교통예보'라는 표현을 쓰면서 서울과 지역 간에 예상되는 이동시간을 도표와 함께 매시간 방송에 내보냈습니다.

물론 기본 분석은 교통 전문가 박용훈 씨를 초빙해 맡겼습니다. 말하자면 남의 머리를 빌린 겁니다. 이 통에 하동근 차장은 추석 연휴를 완전 반납할 수밖에 없었습니다. 뿐만 아니라 하루 종일 교통분석에 따라 방송에 내보내는 일에 몰두했습니다. 요즘은 모두들 "서울에서 부산까지 몇 시간 걸린다"는 표현을 쉽게 하지만 그때만 해도 문화방송만이 박용훈 씨 분석에 따라 매번 걸리는 시간을 뉴스에 내보낼 수 있었습니다. 그래서 우리는 다른 방송이 '교통정보'라고 쓰던 것과 차별화하여 '교통예보'라는 표현을 쓴 겁니다. 하동근 차장이 20여 년 지나 그때 일을 정리해서 보내주었습니다. 이 글 말미에 소개해드리겠습니다.

그리고 명절 당일 새벽 두 시쯤 저는 윤도한 기자 전화를 받았습니다. 엽기적인 살인을 저지른 범죄집단을 검거한 기사를 특종 취재했다는 내용이었습니다. 그런데 추석날 아침뉴스 시간이 없어졌으니 이걸 복원해달라는 것이었습니다. 새벽부터 국장에게 전화하고 한바탕 난리를 친 끝에 아침뉴스를 10분 정도 배당받았습니다.

　새벽에 출근해서 기사를 봤더니 정말 엽기적인 뉴스였습니다. 사람을 죽인 것도 모자라 인육을 먹었다는 끔찍한 내용이 들어 있었습니다. 그런데 우리 특종이라 세 꼭지 정도로 해서 톱뉴스로 내보냈습니다. 예상 밖으로 난감한 반응이 회사 선배들로부터 나왔습니다. 아침 차례 지내는데 '인육'이 다 뭐냐는 비판이었습니다. 저는 차례 지내면서 왜 뉴스는 보느냐고 항변했습니다.

　정작 아침 편집회의 때 분위기는 달라졌습니다. 엽기적인 사건인 데다 특종이라고 하니까 부장들이 키우자는 것이었습니다. 집중 보도하자는 뜻입니다. 이번에는 제가 반대했습니다. 뭐든지 과하면 좋지 않다는 주장을 폈습니다. 이미 아침에 특종 보도했으니 저녁에는 차분하게 나가자고 했지요. 그래서 우리는 추석날 저녁에 5명 연쇄살인범 일당 검거 소식에 이어 이들의 엽기적인 범행수법과 범행동기, 그리고 경찰 수사의 허점 등을 4꼭지 정도로 간추려 톱뉴스로 내보냈습니다.

　그런데 다음 날 아침 난리가 났습니다. 상대사가 집중 보도하는 바람에 시청률이 곤두박질쳤다는 것이었습니다. 아침 회의에서 사회부가 집중 성토를 당했습니다. 명절날 새벽부터 나와 특종 보도한 것은 아무 소용도 없게 돼버렸습니다. 방송의 공익성을 생각해 금도를 지킨 저녁 뉴스는 완전히 패잔병 취급을 받았습니다.

　혼자서는 어쩔 도리가 없었습니다. 개인적으로는 어제 새벽부터 특종 보도한 신참 후배들 사기가 꺾일까봐 그것이 걱정스러웠습니다. 그러니 다음 선택은 맞불 놓는 일밖에는 없었습니다. 매일 '지존파' 속보로 방송을 도배하다시피 며칠을 보냈습니다.

사회 여론이 적지 않게 나빠졌습니다. 방송이 너무 심하다는 지적이 정치권에서까지 나오기 시작했습니다. 1년 차 사회부장인 저로서는 이런 비난을 감수할 수밖에 없었습니다. 그야말로 상대사와 전쟁을 하다시피 했으니까요. 결국 이기지도 못한 싸움 끝에 상처뿐인 영광만 안은 채 특종보도는 사라져버리고 말았습니다.

당시 사회부 인적 구조는 상대사보다 훨씬 불리했습니다. 우리가 신입사원 9명에 고참급 3명이 전부인 데 반해 상대사는 3년 차가 20명인데다 신입사원 열댓 명이 추가로 배속됐다는 것이었습니다. 어린애들 데리고 훨씬 숫자가 많은 어른 패거리와 맞붙은 셈이었습니다. 그러나 경쟁에서 밀리면 변명을 하지 않는 게 언론사 풍토요 관행이었습니다. 일단 부장이 책임을 져야 할 일이었지요.

저는 마음속으로는 그렇지 않은데 현실은 잘못하고 있다는 비판을 면할 수 없게 됐습니다. 다시 지존파 사건이 주는 문제들을 잘 살펴 대안을 만들어보자고 생각했습니다. 그래서 '강간'이란 단어를 다시 쓰겠다는 의도로 우리나라 성범죄가 얼마나 심각한가를 취재하도록 했습니다. 이들 역시 강간범이 주범이었고, 실제로 납치한 여자를 상대로 집단으로 욕을 보였기 때문입니다.

언제부터인가 우리 사회에서는 강간을 성폭력이나 성폭행으로 완곡하게 표현하는 방식이 대세를 이루었습니다. 그러다 보니 국민들은 끔찍한 범죄를 별거 아닌 것으로 착각하게 되었고, 경찰 역시 사회적 파문이 크지 않은 사건이라 수사도 별로 하지 않는 악순환이 계속되어온 겁니다.

따라서 이번과 같이 끔찍한 사건을 계기로 문화방송에서는 이런 범죄를 예방하기 위해 '강간'이라는 단어를 다시 쓰겠다는 선언을 기획기사 말미에 붙이기로 했습니다.

우선 이번 사건의 피해자이면서 신고자인 이모 양을 집중 인터뷰했습니다. 강간범죄가 얼마나 끔찍한가를 실감나게 전하기 위해서였습니다. 그리고 강간이란 단어를 쓰지 않아 생기는 여러 가지 문제점도 짚도록 했습니다. 실제로 얼마나 강간이 늘었는지 그 실상도 알아보도록 했습니다.

기획기사는 국장을 통해 사장에게 보고됐습니다. 그런데 보류 지시가 떨어졌습니다. 사회 분위기가 지존파 사건으로 좋지 않은데 거기에 다시 강간범죄까지 들이대면 좋아할 사람이 별로 없다는 식이었습니다. 또 한 번 물을 먹었습니다. 일부에서는 미국 특파원 하고 들어오자마자 사회부장을 하는 것 자체가 문제라는 지적도 나온 것 같았습니다. 일리 있는 소리였습니다. 그러나 인사는 제가 하는 게 아니라 어쩔 도리가 없는 일이었습니다.

결국 그해 가을 저는 생각만 요란하고 실속은 하나 없는 무능한 부장 신세가 됐습니다. 추석 명절답게 활기찬 뉴스를 만들어보자는 것도 엽기적인 사건 하나로 다 덮여버렸습니다. 정말 세상 일이 뜻한다고 되는 것도 아니고 노력한다고 되는 것도 아닌가 하는 생각이 들었습니다.

명절 뉴스 잘 만들려다 한참 이야기가 돌았습니다. 실제로 방송은 여러 분야 사람들이 서로 협력해야 가능한 종합예술입니다. 그러니 혼자 독불장군 해봐야 아무 쓸모가 없습니다. 1994년 사회부장 때 저는 그런 독불장군이었던 것 같습니다.

▎귀향길 교통예보와 만드는 뉴스에 대한 기억

— 하동근 (전 iMBC 사장)

1994년 추석을 3주 정도 앞둔 시점으로 기억하고 있다. "우리 뉴스가 왜 꼭 발생하는 뉴스밖에 없을까? 있는 것만 취재해서 전달하는 뉴스가 아니라 우리가 어젠다를 갖고 정보를 만들어서 시청자들 생활에 도움이 될 수 있는 뉴스를 제공할 수는 없는 것인가? 사회부 기사라는 게 물론 늘 사건 사고에다 출입처 관급기사 또는 기획기사 등 현장 중심의 기사가 기본이긴 하겠지만, 이런 것을 초월해 우리가 필요하다면 경비를 들여서라도 정보를 수집하고 가공해서 만든 뉴스를 제공하는 시도를 해봐야 할 시점에 온 것은 아닌가? 또 그런 시도를 사회부가 하지 않으면 누가 할 수 있겠는가?" 당시 김상균 사회부장이 매주 금요일 오후 퇴근 직전에 갖던 사회부 주간회의에서 다소 강한 톤과 상기된 표정으로 사회부원들에게 불쑥 던진 화두는 이른바 '만드는 뉴스'에 대한 이슈 제기였다.

돈이 들어도 좋으니까 만드는 뉴스를 해보자. 당시 사회부 차장으로서 행정담당 데스크를 맡고 있던 필자의 입장에서는 부장의 사회부원에 대한 질책을 겸한 새로운 뉴스 개발 요청에 내심 당혹함을 느꼈다. 그렇지 않아도 워싱턴 특파원을 하다가 보도국장의 호출로 곧바로 사회부장을 맡게 된 선배 부장의 감각은 유달랐다. 아직도 이른바 해외파의 시각으로 사회부 뉴스를 바라보는 경향이 있었고, 1980년대 해직이라는 공백기간도 있어서인지, 그동안 사회부 바닥에서 잔뼈가 굵었고 같은 동양권 지역에서 특파원을 지낸 필자의 입장에서는 부장의 한 말씀 한 말씀에서 예사롭지 않은 구석을 느꼈다. 뉴스를 바라보는 시각이 좀 색다르다고 할까?

"이화여대 학생들이 결혼하면 왜 중퇴를 해야 하느냐? 이 문제를 그냥 두고 넘어갈 것이냐?", "종군 위안부를 광고 모델로 써서 되겠느냐? 죽은 사람의 피 묻은 의복을 광고 소재로 잡은 베네통의 파격적인 광고 시도는 좋지만 종군 위안부는 문제가 있다", "〈플레이보이〉 잡지는 왜 한국에서는 허용이 되지 않느냐?" 등 1990년대 중반 당시로서는 파격적이라고 할 수 있는 이슈를 제기했고, 그래서인지 〈뉴스데스크〉의 사회부 리포트는 경쟁사와 비교해 신선하다는 평가를 받고 있던 시기이기도 했다.

돈이 들어도 좋으니까 뉴스를 만들어보라? 당시 돈을 들여서 만드는 뉴스는 여론조사를 통해 나타난 결과를 뉴스로 만들어 제공하는 것이 유일했다. 그것도 갤럽 등 일부 여론조사회사가 제공하는 보도자료가 대부분이었고, 보도국이 자체적으로 경비를 들여서 여론조사를 하는 경우는 선거 관련 지지율 조사 외에는 전무한 상황이었다. 돈을 들여서 만드는 뉴스라면 어떤 것을 만들 수 있을까? 머리가 좀 복잡해졌다.

부장의 문제제기가 있었던 며칠 후, 당시 교통부를 출입하던 필자는 불과 몇 주 앞으로 다가온 추석 귀향길 교통 체증과 관련한 뉴스를 취재하기 위해 인력 배치와 취재 계획을 작성하고 있었다. 계획을 세우던 도중, 문득 도쿄 특파원 근무 당시 늘 보았던 일본 텔레비전 뉴스의 교통상황 리포트가 생각났다. NHK가 아침저녁 뉴스에서 빠짐없이 전하는 도쿄를 중심으로 하는 순환도로를 비롯한 주요 간선도로의 교통 진행과 정체 상황이 그것이었다.

당시 일본 텔레비전 뉴스는 전체적인 교통상황을 일목요연하게 그래픽으로 정리해 환상 몇 호선은 어디에서 어디까지 밀리고 여기를 통과하는 데 시간이 얼마 정도 걸릴지, 출근길이나 퇴근길 집으로 가는 데 어느 정도 시간이 걸릴지 예측이 어느 정도 가능한 교통정보를 아침저녁으로 상세하게, 그것도 실시간으로 제공하고 있었다.

추석 귀향길 취재 계획을 세우던 중, 생각이 일본의 그래픽 교통정보에 미치면서 우리의 귀향길 교통정보에도 이 같은 예보정보를 접목하면 어떨까 하는 아이디어가 떠올랐다. 당시 텔레비전 귀향길 교통뉴스라는 것은 이 시각 현재 경부고속도로 어디가 밀리고 서울에서 부산까지 16시간이 걸렸으며 어디에서 어디까지 가는 데 몇 시간 걸렸다는 등, 현상과 결과를 중심으로 현장 중계차 앞에서 기자가 보도하는 패턴이 통상적이었다.

이 같은 방식의 뉴스는 이해관계가 없는 시청자들은 그렇구나 하고 넘어가겠지만, 정작 지금 당장 고향으로 출발하려는 시청자 입장에서는 기본적인 도움이야 되겠지만 결정적으로 출발해서 도착할 때까지 얼마나 걸릴까에 대해서는 아무런 도움을 줄 수 없겠다는 생각이 들었다. 그래서 '일본에서 본 것처럼 귀향길 교통에 대해 소요시간을 예상하는 뉴스를 만들어 제공하면 어떨까?', '이게 가능하면 사회부장이 말하는 이른바 만들어 제공하는 뉴스가 가능하겠다'는 생각이 미쳤다. 물론 제작비는 당연히 들어갈 수밖에 없는 것이고.

정작 문제는 '어떻게 이 뉴스를 만들 것이냐'였다. 과연 예측이 가능할 정도의 실시간 교통정보가 수집 가능할지? 그리고 이것을 토대로 얼마나 예측이 가능할지? 또 예측이 어느 정도 정확할지? 그리고 이 정보를 어떤 방식으로 수집, 가공하고 누가 어떤 방식으로 전달할지? 그리고 아무도 해보지 않은 이 작업을 누가 맡아서 하고 몇 명이나 동원되어야 할지? 시도와 용기는 좋았지만 인력이 부족한 상황에서 어디서부터 손을 대야 할지 사실 막연했다.

결국은 사회부 전통방식으로 몸으로 때우고 발로 뛰는 수밖에 없었다. 먼저 찾아간 곳이 교통부였다. 당시 기획관리실장으로 있던 이헌석 전 인천경제청장은 귀향길 교통예보 시스템에 대한 얘기를 듣더니 정부에서 하려고 하는 일을 MBC가 먼저 하려고 한다면서 절반은 놀람, 절반은 질투 섞인 농담을 하면서 적극 환영했다. 그리고 그 자리에서 관계 직원들을 불러 MBC 예보 시스템 구축에 최대한 협조해줄 것을 지시했다. 다시 말해 전국 고속도로망 실시간 상황을 보여주는 고속도로 교통통제상황실 월 맵을 TV 화면에 그대로 넣어서 여기에 소요시간까지 예상해보자는 시도인데, 매우 좋은 발상이고 자기들로서는 실제 준비를 하고 있다면서 교통부 하청을 받아 시스템을 구축하고 있던 장우정보통신이라는 개발업체를 소개해주고, 이들에게도 관련 시스템 구축에 필요한 협조를 지시했다.

당시 확인한 바로는 서울에서 대전 구간까지는 고속도로에 전자감응 센서가 부설되어 있어서 진행 속도를 확인할 수 있지만 나머지 구간은 실시간 교통운행정보 수집이 불가능한 상황이었다. 이 문제를 어떻게 해결할 것이냐가 관건이었다. 결국 각 고속도로 톨게이트를 통과하는 티켓의 진출입 시간 정보를 교통부가 수집해주기로 했다. 교통부의 전폭적인 지원과 협조가 이루어지면서 이른바 귀향길 교통예보방송 준비는 급물살을 타기 시작했다.

상황이 여기까지 진전되면서 방송사가 해야 할 일은 교통부가 제공하는 실시간 고속도로 교통상황을 입력해 우선 각 고속도로의 해당 구간별 거리와 속도를 체크해 소요시간을 산출하고 판단하는 시스템과 추출된 정보를 텔레비전 방송화면에 자동으로 구현될 수 있도록 하는 컴퓨터 그래픽 시스템을 구축하고 이와 연동하는 작업을 하는 것이었다. 또 궁내동 도로

공사 상황실과 교통부 상황실에서 핫라인을 통해 건너오는 전국 도로상황을 종합하는 방송사 상황실, 그리고 각 구간마다 설치되어 있는 CCTV 화면을 방송용으로 전환하는 네트워크 구축과 화면 컨버팅 작업이 필요했다. 그리고 이렇게 취합된 교통정보와 영상을 분석해 실제 서울 톨게이트에서 목적지까지 예상되는 소요시간을 산출한 뒤 이를 매 뉴스 시간마다 내보낼 기사를 작성하는 일과 캐스트를 스튜디오에 출연시키는 일 등 해야 할 일이 한두 가지가 아니었지만, 누구에게도 맡길 수 없는 상황에서 말 그대로 혼자서 북 치고 장구 치며 날밤을 새워야 했다. 시간은 점차 다가오고 작업은 더디게 진행됐지만, 그래도 회사 전산실과 보도국 컴퓨터 그래픽팀에서 어느 정도 작업을 마무리해주면서 이른바 전대미문의 귀향길 교통예보 시스템의 실체가 드러났다. 며칠 날밤을 새운 결과였다.

다음 문제는 추석 연휴기간 동안 이것을 누가 예보할 것인가 하는 것이었다. 몇 사람을 놓고 이리저리 접촉했으나 모두 추석 연휴라는 이유로 거절하고 당시 교통문제 전문가로 활동하던 박용훈 씨를 어렵게 섭외에 성공했다. 개인적인 친분도 좀 있었던 덕분에 흔쾌히 귀향길 교통예보라는 엉뚱한(?) 작업에 공범으로 동참해준 박용훈 씨는 결국 추석 연휴 그리고 다음 해 구정 연휴기간 동안 가족들과 즐기는 시간을 멀리한 채 며칠을 모두 필자와 방송사에서 보내게 되었다. 물론 제사와 차례도 불참이었다.

사회부 사건기자들이 연휴기간 동안 귀향길 교통상황에 대해서 중계차 앞에서 현장상황만 전달하는 것과는 별도로 준비된 귀향길 교통예보 시스템, 김상균 부장이 강조한 만드는 뉴스, 이른바 신개념 뉴스의 발칙한 시도는 이렇게 준비됐다. 상대사와 완전히 차별화된 뉴스, 그것도 지금까지 전혀 볼 수 없었던 교통정보 뉴스는 추석 연휴기간 내내 안방의 화제가 되었고 상대사를 괴롭혔다. 못 보던 뉴스가 나오니까 상대사 보도국에는 비상이 걸렸고, 상대사들은 결국 다음 해 구정연휴부터 비슷한 포맷으로 귀향길 교통상황 코너를 만들어서 우리를 따라왔다. 물론 예보는 빠진 채 교통부가 제공하는 실시간 정보를 그래픽화해서 아나운서를 내세웠다.

지금 생각하면 당시 시도한 귀향길 교통예보 시스템은 요즘 스마트폰에서 제공되는 다양한 교통정보 앱의 원형이 아니었나 하는 생각이 든다. 지금도 가끔씩 스마트폰을 이용해 교통정보를 활용하지만 당시 제공했던 기본 골격, 즉 각 고속도로별 정체소통상황, 예상소요시간, 그리고 해당 구간의 CCTV 화면이 지금도 스마트폰에서 그대로인 것을 보면 더욱 그렇다. 물론 휴대폰을 통해 제공되는 서울 시내 교통상황과 고속도로 상황의 정확성을 생각하면 사실 별로 할 말이 없는, 정말 배짱 하나로 추진해낸 얼굴 뜨겁고 부실한 교통예보 시스템이긴 했지만 가끔 흐뭇한 생각이 들때가 있다. 교통부는 이후 꾸준하게 교통정보 시스템을 발전시켜 나갔다. 우리를 도와주었던 장우정보통신은 그 후 몇 번이고 MBC 교통예보 시스템 알고리즘에 대한 정보를 요청했다.

귀향길 교통예보 방송은 추석과 구정 명절에 세 차례 정도 더 계속되었고 필자가 사회부를 떠나면서 중단되었다. 지금 생각하면 당시로서는 획기적인 발상에 차별화된 뉴스, 그리고 돈을 들여 정보를 수집하고 가공해 '만드는 뉴스'를 만들어보자는 김상균 부장의 아이디어에 동감했고 또 개인적으로 그런 뉴스를 시도한다는 데 나름대로 보람과 희열을 느꼈기 때문에 연휴기간 동안 다른 사람들은 모두 교대로 쉬는 데도 불구하고 몇 날며칠 동안 날밤을 지새우며 프로그램 제작과 송출에 매달렸는지 모른다. 또 그런 정열이 있었기 때문에 MBC뉴스는 상대사와의 경쟁에서 우위를 지킬 수 있었고 MBC 보도국 기자로서 보람과 자긍심을 가질 수 있었다고 생각한다.

상사이자 선배였던 김상균 부장이 제기한 새로운 개념의 이른바 '만드는 뉴스'를 실현하기 위해 함께 노력했다는 점은 개인적으로 김 선배와의 인연이 이후 기획실장과 기획실 특보, 계열사 사장과 사장 관계로, 그리고 지금은 아무런 가식이 없는 선후배 관계로 끈끈하게 이어지는 데 강력한 촉매제 역할을 한 것이 아닌가 생각한다.

설 명절에 대한 두 가지 견해

1998년 12월 1일 당시 국무회의는 신정 연휴를 없애고 1월 1일 하루만 쉬기로 의결했습니다. 그날 이 기사는 당연히 저녁 〈뉴스데스크〉에서 "신정 하루 쉰다"는 제목으로 정치부 기자가 보도했습니다. 정치부장인 저는 이 기사가 문제 될지 전혀 몰랐습니다. 그런데 다음 날 노조 간사가 저를 찾아온 겁니다.

그때 일이 너무 생생해서, 그리고 그때 논의가 정말 의미 있다고 생각해서 먼저 당시 〈뉴스데스크〉 원고를 원문 그대로 소개하겠습니다.

◆ 이인용 앵커: 신정 따로 구정 따로, 우리는 1년에 설을 두 번 쉬어왔지만 이제 신정 연휴는 사라지게 됐습니다. 정부는 오늘 국무회의에서 내년부터 1월 1일 하루만 쉬기로 했습니다. 김동섭 기자입니다.

◆ 김동섭 기자: 일제 치하에서 마음 졸이며 쉬어야 했던 우리 고유의 설은 정부 수립 이후에도 인정을 받지 못했습니다. 1949년 6월 정부는 신정 연휴를 사흘만 인정한다고 대통령령으로 못 박았습니다. 대신 우리의 설에 대해서는 일제 때처럼 구정이라고 몰아붙이며 이중 과세는 안 된다는

논리를 폈지만 대대손손 이어져온 민간의 설 풍속을 바꾸는 데는 실패했습니다. 그러다가 5공 때인 1985년 1월 정부는 신정 연휴 사흘은 그대로 둔 상태에서 국민여론을 수용하겠다며 설에다 민속의 날이란 엉뚱한 이름을 붙여 하루를 쉬도록 허용했습니다. 당시의 설날이라는 명칭은 이중 과세가 되므로 안 된다고 했던 걸 보면 군사정권이 민심을 사기 위해서 어정쩡한 타협책을 내놓은 것으로 보입니다. 정부가 출범한 지 40년도 넘은 지난 1989년 6공 정부는 아예 사이좋게 신정 이틀, 설날 사흘로 이중과세를 공식 인정해 지금까지 내려오고 있습니다. 이에 대해 김대중 대통령은 오늘 국민의 80% 이상이 고유의 설을 쉬기를 바라는 만큼 신정은 없애는 게 옳다고 말했습니다.

◆ 김종대 박사(국립민속박물관): 신정은 일제 침략기에 일본인들에 의해서 우리 고유명절인 설의 의미를 퇴색시키고자 정한 날입니다. 이번 조치로써 설을 바로잡는 의미 있는 일이라고 생각됩니다.

◆ 김동섭 기자: 정부는 오늘 국무회의에서 내년부터 신정 연휴는 1월 1일 하루만 쉬기로 하고 다음 회의 때 이를 최종 확정하기로 했습니다. 정부가 수립된 지 무려 50년의 세월이 지나고서야 비로소 우리 국민들이 설을 되찾게 된 셈입니다.

　MBC뉴스 김동섭입니다.

저를 찾아온 노조간사는 먼저 뉴스 마지막 부분에 설 명절을 되찾는데 50년이 걸렸다는 대목은 사실이 아니라고 했습니다. 이미 그전부터 설을 쇠고 있었기 때문이라는 것이었습니다. 그래서 그때도 설을 몇십년 만에 되찾았다고 보도했다는 겁니다. 제 느낌엔 혹시 마지막 대목을 부장인 제가 집어넣은 게 아닌가 의심하는 것 같았습니다.

저는 사실 그 기사를 제대로 들여다본 기억도 없었습니다. 평기자도 아니고 차장급 기자가 쓴 기사였고, 국무회의가 의결한 내용을 다룬 것인 만큼 문제될 소지가 전혀 없다고 봤기 때문입니다. 다만 기사 내용이 제 생각과 맞아 잘 썼다는 느낌은 있었습니다.

저도 설 명절에 대해서는 아주 어렸을 때부터 어른이 된 뒤까지 참 많은 생각을 해봤기 때문에 정말 하고 싶은 얘기도 많았습니다. 그래서 저는 "그렇다면 민속의 날을 쇠는 것도 설 명절을 쇠는 것이냐"고 묻고 "남의 자식을 내 자식이라고 하면서 내 자식을 내팽개치다가 나중에 와서 남의 자식도 내 자식이고 내 자식도 내 자식이라고 하면 그게 과연 내 자식을 제대로 인정하는 것이 되겠느냐"고 반문했습니다.

어렸을 때 저는 어머니로부터 "일제 때 순사들 몰래 방앗간에 가서 떡을 만들어 쇠던 설을 왜 광복한 나라에서 못 쇠게 말리는지 알 수가 없다"는 소리를 수도 없이 들었습니다. 초등학교 때 이중과세 쇠지 말라는 억지 작문을 강요당했던 기억도 지금까지 상흔처럼 남아 있습니다. 정부가 그렇게 못하게 온갖 수단을 다 썼는데도 국민들이 이를 무시한다면 그건 정부가 잘못한 겁니다. 그것도 하루 이틀이 아니라 수십 년을 강요했는데도 안 됐다면 말입니다.

윤극영 선생이 작사 작곡했다는 동요가 있지요. "까치 까치 설날은 어저께고요. 우리 우리 설날은 오늘이래요." 저는 이 동요 말을 일제 때 신정을 어제 까치설로 빗대고 진짜 우리 설은 바로 오늘이라는 의미로 해석하는 견해를 들은 적이 있습니다. 작사자가 실제 그런 뜻으로 글을 썼다는 소리를 들어본 적이 없으므로 누군가 그럴싸하게 해몽을 했을지도 모르겠습니다.

아무 힘이 없는 백성들로서야 지푸라기라도 잡아야 할 처지일 텐데 이런 동요에 의지하는 일인들 왜 안 했겠습니까? 그런 해석이라면 이 동요는 엄청나게 반일적인 노래가 되는 겁니다. 그리고 해방 이후엔 엄청나게 반정부적인 노래가 되는 셈입니다. 그런데도 저희들은 이 노래를 배우고 불렀습니다.

제가 설에 관해 관심을 갖는 또 다른 대목은 바로 일제가 신정을 쇠면서 우리 설을 구정이라고 이름 지었다는 사실입니다. 새것과 헌것으로 우리 설을 대비시키는 일제의 교활한 수법이 놀랍기도 하지만, 해방 이후 수십 년 동안 우리 설을 그냥 구정이라고 불렀던 사실이 더욱 놀랍기만 합니다.

우리 술 중 막걸리라고 있습니다. 참 정겨운 이름입니다. 막 걸러냈다는 뜻도 느껴지고요. 그런데 이걸 탁주라고 불러서 지금도 탁주협회라는 단체가 있습니다. 일본 술 정종을 청주, 우리 술을 탁주라고 이름 지으면 이번엔 청·탁으로 대비가 되는 것입니다. 세상 어느 누가 맑은 것 놔두고 흐린 것 좋아하겠습니까? 막걸리는 탁주와는 아무 상관이 없는 좋은 우리말일 뿐입니다. 그리고 한자 이름이 없는 걸로 미루어 아마도 양반들은 드시지 않은 술이었던 것 같습니다. 적어도 공식적으로는 말입니다.

우리가 지금도 일제 잔재를 청산하지 못한 이유는 바로 일제가 우리 말에까지 문화적인 침략을 해버렸기 때문이라는 게 제 생각입니다. 심지어 역사 시간에도 저희는 '한일합방'으로 분명히 배웠습니다. 나라가 망한 역사를 두 나라가 합쳤다고 가르친 겁니다. 강간당한 아녀자에게

296

서로 좋아 화간했다고 주장하는 꼴입니다. 만약 지금 우리가 독도를 옛 이름 그대로 독섬, 즉 돌로 된 섬이라는 우리말로 불렀다면 일본이 이를 죽도(다께시마)로 바꾸고 자기네 섬이라고 우길 수 있었을까 하는 생각마저 드는 겁니다.

저는 설 명절이야말로 그 엄한 일제도, 그 엄청난 독재권력도 이기지 못한 우리 민족의 들풀 같은 저력 때문에 지금까지 살아남을 수 있었다고 생각합니다. 1970년대 그렇게 못 쇠게 하는 설인데도 서울 구로공단이 텅텅 비는 현상을 보면서 힘없는 국민들의 무서운 힘을 느꼈는데, 그때 힘 있는 권력집단은 무슨 생각을 했는지 지금도 궁금합니다.

새로 들어선 정부가 일제가 그런 장난을 친 우리 명절을 똑같이 못 쇠게 하고, 그렇게 말려도 기어코 국민들이 설을 쇠니까 무슨 민속의 날이네, 휴일 지정이네 해서 지난 50년 동안 얼빠진 세월로 허송한 그 무책임을 누가 책임질 것입니까? 그동안 온갖 감언이설로 어린 학생부터 어른에 이르기까지 이중과세 하지 말라고 공갈친 그 죄는 누가 책임질 일입니까? 명색이 정부라는 게 그렇게 어물쩍 넘어가도 되는지 알 수가 없습니다.

제가 이런 생각을 갖고 있었기 때문에 노조간사에 맞서서 열변을 토한 겁니다. 그 후배기자는 갑자기 난감한 표정을 지었습니다. 그러면서도 계속 이런저런 질문을 던지면서 따지고 들었습니다. 저는 왜 그 후배가 난감한 표정을 지었는지 금방 알았습니다.

이미 노보에 이른바 조지는 내용으로 기사를 올려놓았기 때문일 것입니다. 그날 저를 찾아온 것은 이른바 반론권 보장 차원에서 흔히 하는 의례적인 확인을 위한 것이었을 겁니다. 그리고 제가 기사에 무슨 명분으로 손을 댔다던가 하는 변명을 들을 것으로 기대했을 겁니다. 앞서 말씀드린 대로 저는 그 기사에 손을 대지 않았기 때문에 그런 변명을 할 필요도 없었지요.

제가 마지막으로 얘기했습니다. 만약 1980년대 민속의 날 제정 때도 몇십 년 만에 설이 부활했다고 보도했다면 그건 정말 잘못된 왜곡인데 그때 따졌어야 할 일 아니냐고 말입니다. 아예 불가능한 소리를 한 겁니다. 노조는 그 독재시절을 거친 뒤 1989년에 생겼기 때문입니다.

그 후배는 더 이상 따지지 않고 나갔습니다. 저는 그 다음 날 노보가 나올지 안 나올지 궁금했습니다. 노보는 다음 날 어김없이 나왔습니다. 그런데 제목이 희한한 것이었습니다. "설 명절에 대한 두 가지 견해". 지금 기억이 맞는다면 이런 제목으로 톱뉴스를 편집한 겁니다.

그때까지 노보란 결국 회사 측 잘못을 비판하는 매체이기 때문에 일방적으로 비판하는 내용을 톱뉴스로 내보내는 게 보통이었습니다. 그러니 그날 노보 제목은 양쪽 의견을 다 실어줬다는 의미에서 아주 이례적인 편집이었던 셈입니다. 내용이야 그 전날 제가 말한 것을 한쪽에 신고 다른 한쪽에는 원래 비판하려던 주장을 실어 대비시킨 것이었습니다. 그러니 제목도 그렇게 뽑을 수밖에 없었겠지요.

저는 내심 그 후배기자가 고마웠습니다. 아무리 제가 말해도 노조 입장만 생각해서 노보를 내버리면 저로서는 아무 대책이 없는 시절이었기 때문입니다. 제가 물어보진 않았지만 아마 그 노보 내고 나서 다른 노조원들에게 꽤나 시달렸을 것입니다.

이번에 책을 쓰면서 저는 아직도 현업에 있는 그 후배에게 전화를 걸어 만나자고 했습니다. 그때 일을 꺼내면서 혹시 그때 노보를 한 부 구할 수 없는지 물었습니다. 며칠 뒤 그 후배는 아무리 찾아봐도 그 노보를 찾을 수 없다고 전했습니다. 당시 노보는 공식 매체이고, 따로 민실위 간사가 주관하는 특보 형식의 노보도 많이 있었기 때문입니다.

저는 참 아쉬웠습니다. 그게 있었으면 지금쯤 참 좋은 역사적 자료가 될 텐데 하면서 말이죠. 그래서 제가 이런 내용으로 기억하고 있는데 맞느냐고 확인해봤습니다. 그랬더니 그런 내용을 쓴 기억은 있다고 대답했습니다. 저보다 그때 일에 더 관심이 없는 것 같았습니다.

또 당시 리포트를 한 김동섭 기자에게도 제 원고를 보내 의견을 구했습니다. 김 기자는 저에게 보낸 메일에서 그때 일을 간단하게 회고했습니다. 여기 김 기자 메일을 일부 소개합니다.

보내주신 원고 재미있게 잘 읽었습니다.

설의 민족사적 의미를 일제의 문화적 침탈과 연결시켜 고찰하면서 아직까지도 우리의 언어와 의식 속에 남아 있는 일제 잔재를 짚어주신 점이 인상적이었습니다. 특히 방송기자 생활을 30년 가까이 해온 저로서는 아차 싶은 생각도 들었습니다. 기자 초년병 시절 설 연휴가 되면 으레 중계차를 타면서 귀성길이 막히느니 안 막히느니 하는 수준에서 기계적으로 설 관련 보도를 한 게 사실상 전부였기 때문입니다. 식민 지배의 그림자가 끈질기게 이어지면서 민족의 축제로서의 설에 대한 언론의 자각이 그만큼 부족했던 탓이라고 생각합니다. (중략)

저는 뭐 솔직히 설에 대해 그렇게 심각하게 생각해본 적은 없습니다. 다만 저도 1970년대 초·중반을 중·고등학생으로 보내면서 이중과세 하지 말라는 말을 귀에 못이 박히도록 들었습니다. '신정'은 선진적이고 효율성이 높고 새로운 산업화 시대에 맞는 명절이고 '구정'은 뭔가 구시대적이고 낭비적이며 못 배우고 게으른 무지렁이들의 명절이라는 느낌이 들게끔 교육을 받은 기억이 있습니다.

물론 사춘기적 반항심까지 더해져 "너 나 할 것 없이 다들 설 쇠는데 무슨 헛소리야? 누가 이중과세하래? 설 한 번 쇠면 되지. 미친놈들!" 하고 혼자 중얼거린 적은 있는 것 같습니다. 잠재의식 속에 그런 생각이 깔려 있어서인지 당시 리포트가 맡겨졌을 때 저는 사실 즐거운 마음으로 기사를 썼고, 방송이 나가는 걸 모니터하면서 흡족해했습니다. 정치적 감각이 부족해서인지는 몰라도 설의 민족사적 의미만 생각하고 기사를 썼습니다. 근 20년이 지난 지금에 와서 당시 원고를 봐도 딱히 문제될 만한 내용은 없는 듯합니다.

당시 노조 간사의 이야긴즉슨 노태우 정부 때도 신정 연휴 이틀, 설날 연휴 사흘로 정했는데 왜 50년 만에 설을 되찾았다고 했느냐는 뜻인데, 어차피 이중과세인 만큼 온전한 설을 되찾았다고 말하기는 어렵다는 생각이 듭니다. 지금 와서 다시 리포트하라면 설 앞에 '명실상부한', '온전한'이란 관형어를 붙여 더 명료하게 했을 텐데 하는 아쉬움도 있습니다.

두서없이 몇 줄 끄적거렸습니다. 건강하게 지내십시오.

— 김동섭, 2014. 8. 24.

요즘 후배들은 제가 하는 이야기가 무슨 소린지 잘 모를 겁니다. 당연히 아무 관심도 없을지 모르겠습니다. 하지만 그렇지 않습니다. 예를 들지요. 매년 설날 뉴스에서 무슨 내용을 방송하는지 한번 유심히 보십시오. 거의 대부분 뉴스가 민족 대이동에 머물러 있을 겁니다. 이게 아직 방송에 남아 있는 구시대 잔재입니다. 예전 정부가 설을 못 쇠게 할 때 정부가 관심 갖는 일은 오로지 귀성객 수송대책이었던 겁니다. 그러니 그에 따라 방송도 그 대책과 실상 보도에만 매달렸고요.

설 명절에 연출한 것 같은 세배 장면과 만원을 이룬 극장 장면 정도를 빼면 진정한 명절 뉴스는 찾아보기 힘들 겁니다. 50년 만에 제대로 찾은 우리 명절이라면 정부도 대대적인 축제 프로그램을 준비해야 하고 방송 역시 명절 분위기 가득 찬 뉴스를 내보내야 할 것입니다.

그런 면에서 내년 설 명절을 한번 바라보십시오. 정말 그렇게 하는가를! 아직도 고속버스터미널이나 서울역, 그리고 톨게이트에 기자들을 배치하는 방식으로 방송뉴스를 준비한다면 그건 정말 시대에 뒤처진 뉴스입니다.

예전 세시풍속이라는 표현이 있지요. 정말 설 명절이면, 그리고 정월 대보름까지 이어지는 잔칫날이라면 방송이 무엇을 뉴스에 내보내야 할지 자명하지 않습니까? 바로 모처럼 온가족이 모여 한 해를 맞으면서 정말 즐거워하는 명절뉴스를 방송해야 할 것 아닙니까?

칼국수에 칼이 없다고 명절뉴스에 명절이 없는 게 당연한 일은 아닙니다. 내년부터라도 설 명절 뉴스가 민족대이동 못지않게 민족대동제를 온 화면 가득히 채워주었으면 좋겠습니다. 밤하늘에 폭죽 터뜨리듯 온 화면이 대낮처럼 환한 그런 뉴스를 보고 싶습니다. 더 늦기 전에!

남북정상회담 발표와 카터 전 미국 대통령

1994년 6월 15일 카터 전 미국 대통령이 판문점을 통해 북한에 들어갔습니다. 제가 사회부장 맡은 지 석 달이 지난 때였습니다. 그 전날 톱뉴스는 국제원자력기구를 탈퇴하겠다고 선언한 북한 외교부 성명이었습니다. 당연히 그날은 벌써 서울에서 사재기가 시작됐다는 기사가 톱뉴스가 됐습니다.

그러나 정부는 북한을 격퇴할 자신이 있다는 소리만 반복하고 있었습니다. 민심은 불안을 느끼기 시작했습니다. 심지어 집안 식구들마저 저에게 전화를 해서 어떻게 돌아가는지를 묻던 때였습니다. 아침 편집회의에 들어갔습니다.

사회부장이긴 해도 가장 신참이라 말을 조심하던 때였습니다. 회의 보고는 대체로 정치, 경제, 사회부장 순으로 이어졌습니다. 그날 거의 마지막 무렵 국제부장 보고가 있었습니다. 카터 전 미국 대통령이 평양에 가 있는데 단신 처리하겠다는 것이었습니다. 국장도 별 말 없이 동의했습니다.

저는 정말 깜짝 놀랐습니다. 미국에서 북한 핵위기 상황을 보고 와서

만이 아닙니다. 카터 전 대통령이 평양에 들어갔다는 사실은 엄청난 뉴스가치가 있는 '사건'이었기 때문입니다. 말 그대로 당시 전 세계가 주목하고 있는 뉴스였기 때문입니다.

순간 난감했습니다. 제 소관도 아닌데 선배인 국제부장이 그렇게 하겠다고 판단해 보고하고 국장이 이에 동의한 사안에 제가 토를 달고 나서는 게 여러모로 좋지 않았기 때문입니다. 적어도 당시 편집회의 분위기는 그랬습니다. 말이 회의지 실상은 각 부별로 보고하고 국장단 동의를 얻는 게 일이었기 때문입니다.

게다가 가장 신참부장인 제가 고참부장 업무에 대해 나서는 것은 일단 잘난 체한다는 개인적 비난을 자초하는 일이었습니다. 더구나 국장이 좋다고 지나간 뒤에 문제를 제기하는 것은 국장 권위에 도전하는 일이기도 했지요. 여러 생각이 들었지만 결론은 도저히 이대로 가면 안된다는 거였습니다. 순간 신참인 데다 미국서 돌아온 지 얼마 안 된 때라 뭘 모르고 한 소리였다고 둘러댈 수도 있지 않을까 하는 자기합리화가 이뤄졌습니다.

회의가 끝나기 직전 결국 입을 열었습니다. 우선 제가 부장한 지 얼마 안 돼 잘 모르고, 또 귀국한 지 몇 달 안 돼 국내 상황에도 어둡지만 카터 전 미국 대통령 북한방문 기사는 다시 한 번 재고했으면 좋겠다고 조심스럽게 말을 이어갔습니다. 특히 카터는 지난 1976년 미국 대통령 선거 당시 주한미군 철수를 공약으로 내걸어 당선됐다는 사실까지 들추면서 북한이 가장 환영하는 특사일 텐데 하는 소리까지 덧붙였습니다. 따라서 지금과 같은 북한 핵위기 상황에서 카터가 평양에 들어갔다는 사실은 그 자체만으로도 충분히 기자 리포트로 전달해야 할 뉴스라고 주장했습니다. 그랬는데도 국장은 "단신!" 하고 재차 결론지었습니다.

저로서는 더 이상 어찌할 수 없었습니다. 재차 문제를 제기한다면 회의 차원을 떠나 인간적으로 매도 대상이 되기 십상이었기 때문입니다. 회의를 주재하는 국장이 한 번도 아니고 두 번 결정한 사안에 또다시 문제를 제기하는 것은 국장 권위에 대한 정면 도전이기 때문입니다. 제가 입장을 바꿔 생각해도 이건 문제가 있다는 생각이 들었습니다. 결국 저로서는 할 일 다 했다는 자기합리화를 떠올리고 입을 다물었습니다.

다음 날 평양에서 남북정상회담이 합의됐다는 뉴스가 터져 나왔습니다. 아침 편집회의가 무척 바빠졌습니다. 그날은 남북정상회담 기사로 도배할 분위기였습니다. 뉴스 자체가 엄청나게 충격적이었기 때문이지요. 카터 특사가 단단히 한 건 한 셈이 됐습니다. 당연히 카터 방문기사도 어제와는 완전히 다른 대우를 받을 수밖에 없게 됐습니다.

나중에 알았지만 그날 남북정상회담 합의는 한반도 전쟁을 막는 마지막 '신의 한 수'였습니다. 미국이 실제로 북한을 공격하려고 만반의 준비를 다하고 있었기 때문입니다. 저도 그땐 그 정도로 심각한 상황인지는 몰랐습니다. 정말 어이없는 일이었습니다. 명색이 워싱턴 특파원을 마치고 사회부장이란 자리에 있으면서 제 나라에 전쟁이 나도록 되어 있었다는 사실을 몰랐다니 말입니다.

클린턴 대통령은 이와 관련하여 나중에 회고록에서 다음과 같이 밝혔습니다. "나는 전쟁 위험을 무릅쓰고라도 북한의 핵무기 개발을 막기로 결심하고 있었다. 우리가 이 사태를 매우 심각하게 생각한다는 것을 북한에 확실하게 보여주기 위해 페리(국방장관)는 이후 사흘 동안 강경한 발언을 계속했으며, 심지어 선제 군사공격을 배제하지 않는다는 말도 했다. … "

그리고 한반도에서 전쟁에 났을 때 예상되는 피해에 대해서도 이미
보고를 받았다고 합니다. "나는 전쟁이 발발할 경우 양측이 입게 될 엄
청난 손실에 대한 평가서를 받고 정신이 번쩍 든 적이 있다." 2012년 출
간된 《대통령클럽》(The Presidents Club)에서 낸시 깁스와 마이클 더피
는 카터가 서울에 왔을 때 상황을 이렇게 적고 있습니다.

"미 대사관은 한반도에서 미국인 8만 명을 철수시키는 계획안을 작성
하고 있었다. 현지 한국인들은 시장에서 쌀, 양초, 우동, 보관음료 등
을 닥치는 대로 샀으며, 임시 대피소를 만들었다. 주가는 48시간 동안
25% 떨어졌다. 주한 미 대사는 가족들을 비행기로 피난시키는 방안을
강구 중이었다."

심지어 하버드대학에서는 그 다음 해에 한 학기 동안 북한 핵위기를
세미나 주제로 강의한 적이 있습니다. 당시 이 세미나에 참여한 언론인
출신 서재경 전 대우 사장은 《한반도, 운명에 관한 보고서》(Carrots,
Sticks, and Question Marks)를 번역 출간하면서 이렇게 말했습니다. "가
장 커다란 충격은 지난 1994년 남북 핵협상 과정에서 사실상 미국이 한
반도 전쟁을 결정하였다는 사실이었다. … 한반도에서의 전쟁 결정이
우리 손에 있지 않고 남의 손에 있다는 사실을 실감하였기에 그 커다란
충격에서 쉽게 벗어나기 어려웠다." 그래서 이 세미나 자료를 "한국에
소개하기로 결심했다"고 합니다.

클린턴은 당시 카터 전 대통령의 노력에 감사한다고 했지만 실상은
미국 안에서도 카터의 중재에 대해 꽤나 말이 많았던 모양입니다. 앞서
말씀드린 《대통령클럽》이란 책은 실제 역대 대통령들이 회원인 모임에

서 대통령들 사이에 얽힌 이런저런 얘기를 취재한 논픽션입니다. 여기에 카터 전 대통령의 평양 방문 전후 내용이 상세히 소개되어 있습니다.

카터 전 대통령이 둘째 날 회담에서 김일성 주석과 핵위기 해결에 합의한 뒤 곧바로 백악관에 전화를 걸었다는 겁니다. 이때 상황을 《대통령클럽》은 다음과 같이 전하고 있습니다.

"그때 클린턴과 안보보좌관들은 유엔 안보리에서 더 강한 제재안을 제안하고 한국에 추가로 미 육군 1사단을 파견하는 방안을 손질 중. / 갈루치가 카터 전화 받음. / 카터는 김일성이 국제원자력기구 사찰단을 다시 받아들이며 핵무기 프로그램을 동결한다는 / 조금 뒤에 CNN에 이런 내용을 방송하겠다는 카터 전화를 들었음."(번역 요약)

당시 백악관 회의 참석자들은 "북한이 미국 전직 대통령을 대변인으로 기용했다"고 비난하면서 카터 전 대통령이 CNN에 나와 북한과 합의한 내용을 일방적으로 방송에 내보내자 경악했다는 것입니다. 심지어 어떤 각료는 카터를 가리켜 '역적'(*treasonous prick*)이라고 욕을 해댔다고 합니다.

백악관 측은 카터 대통령이 제멋대로 하는 성향이 있음을 알고 사전 브리핑 때부터 평양 방문 목적은 김일성 주석 의중을 알아보는 것이라고 못 박고 절대 어떤 협상이나 실질적인 언급을 하지 말아달라고 당부했다고 합니다. 그런데 카터 대통령은 그때도 짜증을 내더니만 결국 평양에 가서 방송에 나와 "현직 대통령에게 명령하는 전직 대통령이 됐다"는 겁니다.

결국 카터 대통령은 미국에 돌아가 우여곡절 끝에 6월 19일 백악관을 방문할 수 있었습니다. 그때 상황을 《대통령클럽》은 다음과 같이 묘사하고 있습니다.

"레이크 방에 들어가 작성한 보고서를 읽어줌. 강의하듯이. / 그러고 나서 이 보고서를 클린턴, 고어, 크리스토퍼 국무장관과 자신의 메일에 있는 지지자들에게만 보내겠다고 주장."(번역 요약)

남북정상회담은 7월 25일에 열리기로 되어 있었습니다. 그런데 7월 8일 김일성 주석이 돌연 사망했습니다. 한완상 당시 통일부총리는 나중에 《한반도는 아프다》에서 이때 "모든 꿈은 사라지고 말았다"고 썼습니다. 그분은 남북정상회담이 열리면 "코리안 독트린을 만들어 … 남북 정상이 함께 냉전 해체를 선언하는 … 그런 세계사적 기념비를 김(영삼) 대통령이 세울 수 있기를 '타는 목마름'으로 갈망했다"는 겁니다.

당시 제네바에서 북한과 회담 중이던 갈루치 미국 대표는 북한 공관을 찾아 정중하게 조의를 표했고 클린턴 대통령도 '심심한 애도'를 표했습니다만, 우리는 정반대의 반응을 보였습니다. 국회에서 이부영 의원의 '조문촉구 발언'이 일파만파로 파문을 일으켜 한동안 국내정국을 얼어붙게 해버렸지요.

이때 한완상 전 부총리는 "나는 우리 정부도 훗날의 정상회담을 위해서라도 조문사절을 보내는 것이 좋겠다고 생각했다"면서 "북한 당국은 조문한 클린턴과 조문을 거부한 김 대통령의 차이를 깊게 유의하는 듯했다"고 기록했습니다.

2002∼2003년 기획이사 시절에 저는 평양에 두 번 가본 적이 있습니다. 한 번은 '이미자 공연'을 교섭할 때, 또 한 번은 남북 방송교류와 협력을 위한 방송위원회 행사 때였습니다. 그때 평양에서는 《영생》이라는 소설이 상당히 인기가 있다고 해서 한번 구해봤습니다.

뜻밖에도 카터 전 대통령이 평양을 방문한 1994년 여름이 배경이었습니다. 이른바 선상회담이라고 해서 김일성 주석과 카터 전 대통령이 대동강 선상에서 3시간 동안 부부 동반으로 회담한 때를 배경으로 삼은 겁니다. 그런데 김일성 주석이 갑자기 배 물살이 일어 낚시꾼들을 방해하지 않도록 하라는 지시를 했다는 겁니다. 그걸 보고 카터 전 대통령이 감탄하는 대목이 아직도 기억에 생생합니다. 미국 전 대통령의 입을 빌려 김 주석을 띄우는 수법이 신선했기 때문입니다. "어떻게 전 세계 이목이 집중되어 있는 선상회담을 하면서 저런 낚시꾼에게까지 신경을 쓰는가", "나는 인민을 통치했는데 김 주석은 인민을 받들고 있다"는 식으로 말입니다.

북한도 이제 '초치는 솜씨'가 조금씩 세련돼가는구나 하는 느낌을 받았습니다. 그전 같으면 "강철의 영장이시며 …" 하고 나오는 천편일률적인 수사가 보통이었는데 그사이 많이 변했다고 생각했습니다. 실제 텔레비전 인터뷰에 나오는 사람들도 당시 김정일 위원장에 대한 찬사를 다양하게 표현하고 있었습니다.

어쨌든 그해 한반도 전쟁위기는 그렇게 지나갔지만 역사적인 남북정상회담은 열리지 못하고 말았습니다. 모든 게 다 되는 것처럼 보였는데도 안 되는 걸 보면서 저는 천운이란 말이 생각났습니다. '진인사대천명'(盡人事待天命)이란 말이 실감나게 다가오는 순간이었습니다.

생방송 추진하다

2000년 보도국장 때 저는 〈뉴스데스크〉 시간에 생방송으로 출연하는 기자들 수를 늘리고 싶었습니다. 이미 저는 미국에서 거의 모든 기자들이 생방송으로 뉴스를 전달하는 모습을 보았습니다. 생방송은 물론 실수할 위험도 있고, 기자 쪽에서는 귀찮기 짝이 없는 일이기도 했습니다. 그렇지만 다른 한편으로 그건 그만큼 민주주의가 자리를 잡았다는 반증이기도 한 겁니다.

생방송으로 뉴스를 하려면 일단 데스크 보는 걸 생략해야 합니다. 기자가 자기 마음대로 방송할 수 있다는 얘기입니다. 물론 금도는 지켜야겠지만 그것까지도 기자가 굳이 어긴다면 할 수 없는 일입니다. 그러니 정치적 민주화는 물론이고 회사 내 민주화가 어느 정도 이루어지지 않은 상황에서는 생방송 자체가 현실적으로 불가능한 일입니다!

1978년 야당인 신민당 전당대회에서 모든 예상을 뒤엎고 김영삼 의원이 총재로 당선됐습니다. 그날 저녁 저는 숙직이어서 7시 라디오 뉴스를 모니터하고 있었습니다. 동아방송에서 김 총재 육성이 생생하게 들리는 것이었습니다. 당시 현장에서 기자가 리포트하면서 김 총재 당선소감을 그대로 방송에 내보낸 것입니다. 우리 같은 경우는 미리 머리말만 녹음을 따 편집한 걸 방송했다는데 말입니다.

그때는 긴급조치가 있어서 위법인 내용을 방송하면 방송사도 책임을 지는 시대였습니다. 당연히 국가원수나 체제를 비판하는 건 긴급조치 위반이고, 따라서 그걸 방송하는 기자나 간부도 처벌받았습니다. 그러니 야당 총재가 당선 인사를 하는 모습을 생방송으로 중계하면 당연히 처벌받을 가능성이 높았습니다.

나중에 동아방송 친구에게 들었더니 그때 퇴근하던 보도국장이 뉴스를 듣고 기겁해서 회사로 돌아오더라는 것입니다. 그만큼 방송기자에게 생방송은 당시만 해도 목숨을 걸어야 할 일이었던 겁니다. 게다가 여러모로 번거롭기 때문에 이런저런 이유를 들어 생방송을 포기하는 자기기만을 서슴지 않을 때였습니다.

우리 사회에서 독재는 몇 차례 포장만 바뀌었을 뿐 참 오랫동안 지속되었습니다. 그러니 방송이 제대로 자리 잡을 리 없고, 방송뉴스 또한 제대로 발전할 수가 없었습니다. 저는 1980년대에 나온 '땡전뉴스'라는 소리를 방송기자로서 가장 치욕적인 말로 아프게 생각하고 있습니다. 요새는 '기레기'라는 소리까지 나왔지만 말입니다.

돌이켜보면 법도 아닌 긴급조치로 언론을 막으니까 결국 국민들이 그 언론을 믿지 않고 온갖 유언비어가 판을 치는 세상이 돼버렸고, 정부는 국민들에게 콩으로 메주를 쑨다고 해도 믿음을 얻지 못하는 불신의 대상이 돼버린 겁니다. 국민들이 정부를 불신하면 그 결과가 어떤 것인지는 역사를 보면 물으나 마나 한 일입니다. 고기가 물을 잃어버리는 결과나 마찬가지입니다. 그냥 망하는 겁니다.

결국 긴급조치를 만든 사람들은 자신들 부귀영화에는 도움이 됐을지 모르지만 나중에 정부나 체제 전체를 완전히 망하게 만든 원흉이 된 셈입니다. 세상에 그렇게 단기로 되는 일은 별로 없는 법입니다. 군대시절 군의관이 성병 예방교육을 하면서 한 말이 생각납니다. 가장 좋은 방법은 '안 하는 것'이라는 거지요. 세상 일이 그렇게 쉽게 조치할 수만 있다면 무슨 걱정이 있겠습니까?

방송이 좋은 뉴스만 내보낸다고 실제 세상이 다 좋아지는 것은 결코 아닙니다. 일시적인 마약효과만 있을 뿐 시간이 지나면 결국 파멸할 수밖에 없습니다. 저는 2000년대 우리 사회가 이제는 생방송으로 뉴스를 봐야 할 때라고 생각했습니다.

당장 보도국 안에서 볼멘소리들이 터져 나왔습니다. 무슨 현장 상황이 있는 것도 아닌데 한밤중까지 기자들을 붙잡아놓고 생방송을 시킨다는 게 말이 되느냐는 것이었습니다. 노동 강도가 심해진다는 이유로 노조까지 나설 기미를 보였습니다.

그때까지 생방송은 현장 생중계할 때 하는 현장방송을 말하는 것으로 통용되고 있었습니다. 그런데 현장방송(*real place broadcast*)이 아니고 현재방송(*real time broadcast*)을 하자고 하니까 문제가 된 겁니다. 똑같은 생방송인데도 말입니다. 기자들이 한번 고정관념을 갖게 되면 그건 쉽게 깨뜨릴 수 있는 게 아닙니다.

그래서 저는 편집회의에서 일종의 수정안을 냈습니다. 일단 주요 뉴스를 제작하는 부서에서 매일 2~3명씩만 생방송으로 뉴스를 전달하도록 해보자는 것이었습니다. 그러니까 실제로는 각 부서에서 돌아가면서 1명 정도만 출연시키면 된다는 얘기였습니다. 일단 그렇게 생방송

2000년 〈미디어오늘〉
인터뷰 기사 "뉴스의
생방송화 추진하겠다"

이 시작됐습니다.

이번에는 누구는 하고 누구는 못하느냐로 불만이 일었습니다. 당장 표출되지는 않았지만 보도국 안에 내연하는 분위기였습니다. 정작 생방송을 해본 기자들은 불만이 없었습니다. 해본 사람만 알 수 있는 보상이 따르기 때문입니다. 당장 시청자들 반응이 좋을 수밖에 없습니다.

제가 그때 〈미디어오늘〉과 인터뷰하면서 한 말이 있습니다. 생방송을 하게 되면 녹화방송은 맛이 간다는 뜻으로 "생선회를 먹어본 사람이 생선구이나 매운탕을 즐겨 찾겠느냐"고 하는 비유를 들었습니다. 당시에 오락 프로그램은 점점 생방송이 늘어났고 그럴 때는 반드시 생방송이라는 자막을 넣어 그 사실을 자랑했습니다.

제가 쇼 PD들에게 들은 얘기인데요, 1970년대에는 당시 최고 인기 가수였던 남진, 나훈아도 쇼 프로그램에 출연하려면 2~3차례 사전 오디션을 거쳐 녹화를 한다는 것이었습니다.

그런데 유독 녹화하지 않고 생방송을 고집하는 가수가 있었다고 합니다. 바로 패티 김입니다. 그분은 녹화방송을 거부한 것입니다. 아마도 제 생각으로는 녹화할 때는 노래할 맛이 안 났을 것입니다. 그만큼 자신의 노래에 대해 자신감도 있었을 것입니다. 펑크 내지 않는다는 자부심도 있었을 거고요.

하기야 대통령 신년 기자회견도 사전 녹화해서 방송하던 1980년대 못난 시절도 있었습니다. 신년 벽두부터 국민들을 상대로 사기를 친 거나 마찬가지입니다. 그러니 생방송과 녹화방송 차이를 느끼게 되면 그때부터는 녹화방송을 할 수가 없게 되는 겁니다.

저는 일단 시작하면 기자들이 서서히 따라와 줄 것을 확신했습니다. 이미 미국, 유럽, 일본에서 그렇게 한 지 오래됐기 때문입니다. 한 수 위인 나라에서 이미 하고 있는데 우리만 못한다면 우리가 하수라는 이야기밖에 더 되겠습니까? 그때 우리는 이미 OECD 선진국 대열에 들어간 뒤였습니다.

그런데도 이런저런 소리가 계속 들렸습니다. 일부 간부급 사원들이 항의하는 경우도 있었습니다. 이유는 생방송으로 하다 보니 전달력도 떨어지고, 자막도 제대로 제작할 수 없고, 기자들도 밤늦게 기다려야 한다는 것이었습니다. 제가 느끼기에는 자막 핑계는 오히려 본말이 뒤집힌 소리처럼 들렸습니다. 말로 하는 방송인데 문자로 전달하겠다는 소리처럼 들렸다는 거지요.

할 수 없이 실시간 생방송에 대한 홍보자료를 제작해보도록 저와 워싱턴에서 함께 근무한 이문노 기자에게 부탁했습니다. 이 기자는 미국 방송자료를 뒤져 전시용 테이프를 제작해왔습니다. 저는 그걸 편집회의 때 틀면서 같이 보자고 했습니다. 조금씩 긍정적인 변화가 감지되기도 했습니다.

그런데 말입니다, 노조 민주방송실천위원회 주무간사가 저를 찾아왔습니다. 그는 제가 사회부장 할 때 경찰 출입기자였습니다. 얼굴에는 곤혹스러운 표정이 역력했지만 일단 말투는 단호했습니다. 생방송에 대한 노조원 항의가 많아 이걸 노보에 보도하겠다는 것이었습니다.

그래서 저는 "당신 처지는 이해한다. 그러니 쓰되 생방송은 안 된다는 식으로 제목을 달지는 말라"고 했습니다. 노보는 기록이라 나중에 그걸 보면 후회하게 될 거라고 하면서 말이지요. 그냥 "생방송 이대로 좋은가" 정도로 나오면 좋겠다고 했습니다. 그 다음 날 노보가 그런 톤으로 나왔던 것으로 기억합니다.

훗날 그 기자가 바로 워싱턴 특파원으로 갔습니다. 저는 속으로 그때 제가 한 말을 되새겨봤을까 하는 생각을 해봤습니다. 당연히 어떤 생각이 들었을 겁니다. 미국에서는 특파원 리포트나 특별 리포트가 아니면 거의 대부분 뉴스를 실시간으로 내보내기 때문입니다.

제가 좋아하는 손석희 씨가 올해 밤 9시 뉴스 진행을 맡았습니다. 저도 첫날부터 유심히 그 방송뉴스를 봤습니다. 그리고 깜짝 놀랐습니다. 뉴스 대부분을 기자와 담당 부장을 출연시켜 실시간 생방송으로 전달했기 때문입니다. 그때 저는 그 뉴스 프로그램이 시청자들에게 좋은 반응을 얻을 것이라고 직감했습니다. 나중에 그건 사실로 확인되었습니다.

문제는 제가 몸담았던 지상파 방송 후배들까지 아직 그 뉴스가 지닌 장점을 잘 모른다는 데 있습니다. 이들은 그 프로그램에 대한 반응이 단순히 손석희 앵커의 개인 인기나 지상파가 제대로 다루지 않는 뉴스를 과감하게 방송에 내보낸 사실 때문이라고 생각하고 있습니다.

그러나 지상파가 제대로 다룬 뉴스를 내보낸다 하더라도 이제 녹화방송만으로는 시청자들 호응을 얻을 수 없습니다. 이미 시청자들은 '생선회'와 같은 맛을 실시간 생방송을 통해 맛보았는데, 어떻게 생선구이 같은 녹화방송으로 변한 그분들 입맛을 사로잡겠느냐는 것이지요.

또 한 가지 지적할 점은 일단 생방송으로 뉴스를 제작하기 시작하면 기자들 개인 역량 또한 엄청나게 향상된다는 사실입니다. 우선 기사 작성부터 모든 게 달라집니다. 생방송으로 시청자들에게 직접 전달할 뉴스 원고는 녹화를 위해 작성하는 원고와는 형식과 내용 면에서 달라질 수밖에 없는 일이니까요.

다음으로 가장 중요한 역량인데, 화면 앞에 서서 때로는 원고 없이 방송하는 능력이 엄청나게 늘게 되어 있습니다. 물론 원고를 보는 경우도 있겠지만 생방송을 해본 기자라면 가능한 한 원고 없이 방송하려고 노력하기 때문에, 일정한 시간만 지나면 원고 들고 하라고 해도 안 할 것입니다.

마지막으로 실시간 방송을 하다 보면 자연스럽게 앵커와 말을 주고받는 형식을 취하게 되는데, 이러한 주고받기 식 뉴스 전달은 실상 우리에게 가장 익숙하고 자연스러운 정보 전달방식입니다. 우리는 매일 누군가에게 어떤 말을 들어 정보를 전달받고, 또 어떤 말인지 물어서 그 정보의 가치를 확인하고 확대하면서 살고 있습니다. 물론 요새는 텔레비전이나 인터넷을 보고 대부분 정보를 얻지만 그렇다 하더라도 우리가 물어볼 수는 없는 한계가 있지요.

제가 주목한 점은 말을 주고받으면서 실시간으로 뉴스를 전달하면 시청자들은 바로 그 시간에 뉴스 진행자 옆에서 듣고 있는 듯한 생생함을 느끼게 된다는 것이었습니다. 그러니 방송기자 뉴스 원고도 그런 방향으로 형식 면에서부터 완전히 바뀔 수밖에 없습니다. 계속 시청자들을 위한 선순환이 반복된다는 것입니다. 일정한 시간이 지나면 후발 방송사들이 따라잡기 힘들 정도로 멀리 앞서가게 되는 겁니다.

저는 손석희 앵커가 자신이 수십 년간 터득한 생방송 노하우를 그대로 방송에 반영했다고 생각합니다. 그렇게 본다면 지금 현재 손석희 앵커만큼 실시간 생방송을 제대로 진행할 사람은 없습니다. 방송계에서 흔히 생방송을 피를 말리는 시간이라고 표현합니다. 그런데 손 앵커는 이처럼 피 말리는 생방송을 라디오와 텔레비전을 통해 거의 매일 수십 년간 해온 사람인 것입니다.

지금쯤이면 손 앵커에 대한 비방과 비난이 안팎에서 제법 일어날 시간입니다만, 그에 앞서 그가 보여준 실시간 생방송 방식을 하루라도 빨리 도입하는 것이 급합니다. 특히 지상파 방송들은 지금 빨리 생방송을 도입하지 않으면 시청자들에게 정말 치욕적인 대우를 받게 된다는 점을 유념했으면 좋겠습니다. 그리고 생방송을 하면 뉴스 선택에 있어서도 일선 기자 발언권이 강해진다는 점을 강조하고 싶습니다. 생방송을 하면 데스크 지시나 간섭이 그만큼 줄어들기 때문입니다.

자신에게도 좋고 시청자들에게는 더욱 좋고 나라발전에는 정말 좋은 일이 있다면 그걸 따라하는 게 정도가 아닐까 싶습니다. 문화방송이 맨 처음 〈뉴스데스크〉라는 이름으로 기자들이 직접 리포트하는 방식을 도입했을 때 다른 방송에서는 기자들이 사투리에다 매끄럽지 못한 방송을 한다고 비웃었다고 합니다. 하지만 나중에는 그러한 방식을 모두 따라갔습니다.

모든 게 처음에는 다소 어색하고 서툴게 마련입니다. 그래서 개혁이 어렵다는 겁니다만 일단 가속이 붙고 나면 사정은 완전히 정반대가 되고 맙니다. 생선회도 처음 먹는 사람이 대만족할 리가 없지 않습니까! 왠지 기분도 좋지 않고 위생상태도 걱정이고 입맛도 스물스물했을 겁니다. 그러나 일단 맛이 들면 생선구이보다 몇 배 더 많은 돈을 지불하고서라도 생선회를 찾지 않습니까!

비록 실패했지만 저는 지금도 실시간 생방송으로 뉴스를 전달해야 한다는 생각에 변함이 없습니다. 무엇보다도 그게 가장 자연스런 방식이기 때문입니다. 그리고 그럴 만한 여건을 이제 우리도 갖추었기 때문입니다. 처음 생방송을 주문할 때 제가 프롬프터 도입을 지시해 그걸 주문해왔다는 증언을 이문노 씨가 해주었습니다. 지금 기자들 역량이면 프롬프터 없이 방송하는 데 아무 지장이 없을 겁니다. 문제는 의지요 실천입니다.

천하 없는 대포를 가졌으면서도 항상 신문 볼펜에 깨진 방송기자 시절 생각이 납니다. 지금은 그때보다 엄청나게 발전한 디지털 시대입니다. 방송기자는 이제는 다연발, 다탄두 대포를 가진 셈입니다. 그런데 왜 요즘도 '기레기' 같은 소리를 듣고 사는지 알 수가 없습니다.

쓰레기 같은 뉴스를 버리는 방법의 하나로 실시간 생방송 방식을 진지하게 한번 고려해보십시오. 선진국에서는 이미 검증이 끝난 상황이고, 우리나라에서도 지금 손석희 앵커가 하고 있습니다. 시청자들 평가를 지금 들어보면 어떤 길을 선택할 것인가는 너무나 자명합니다. 방송은 결국 국민이 주인이기 때문입니다.

보도기사 가이드북 발간

2000년 보도국장 때 저는 오래전부터 생각해온 일 하나를 추진하고자 했습니다. 흔히 매뉴얼이라고 부르는 방송뉴스에 관한 책을 하나 만들어보자는 생각이었습니다. 그 책에는 방송뉴스의 모범답안이 아니라 그런 답안을 만들어내기 위한 모범사례를 담아보고자 했습니다.

1976년 경찰 출입기자 시절 저는 사회부에서 신문기사와는 다른 방송기사 작성법을 배웠습니다. 내용이 그리 많지 않았기 때문에 거의 금과옥조로 외우고 또 실제로 써온 것들이었습니다. 예를 들면 신문에서 '상오', '하오' 할 때 방송은 '오전', '오후'로 표현한다는 것, 신문은 '하다'로 끝내지만 방송은 '했습니다'라고 존칭을 써야 한다는 것 등이었습니다.

그 밖에도 말로 하기 때문에 기사를 짧고 쉽게 써야 하고, 듣기 거북한 말은 쓰지 않는다는 내용도 있었습니다. 당시에 어떤 책자가 있었던 것은 아니고 그냥 선배들이 말로 지시한 내용에 따라 기사를 작성하는데 활용했습니다. 나중에 사회부장에게 들은 바로는 사회부에서 방송기사에 맞는 표현방식을 한 달 정도 연구해서 그런 방안을 만들었다고

318

합니다.

회사 차원에서 거창하게 준비한 게 아니라는 얘기였습니다. 처음에는 좀 엉성하다고 생각했지만 나중에 보니 그나마 그게 전부였습니다. 그 후 저는 기자생활을 하면서 방송기사 쓸 때 참고가 될 만한 그 어떤 얘기도 다시 들어본 적이 없기 때문입니다.

제가 복직해서 정치부 차장 때 '정가 이모저모'라는 코너를 만들어 후배들과 매일 기사 표현에 관해 논의한 적이 있는데, 그때 후배들 역시 제가 배운 이상의 어떤 교육도 받은 적이 없었습니다. 그냥 말하기 좋게 도제식으로, 다시 말해서 선배가 가르쳐준 대로 아니면 부장이 고쳐준 대로 그때그때 현장에서 배우는 식이었습니다. 그러니 부장과 선배에 따라 방송기사 작성이 서로 다를 수도 있고, 어떤 후배들은 아예 기사를 어떻게 쓰는지도 모르고 현업에 투입되는 경우도 있었습니다.

제가 방송뉴스에 특히 관심을 가진 이유는 당시 우리 회사는 문화방송과 〈경향신문〉을 모두 갖고 있었기 때문입니다. 당연히 방송으로 간 처지에서는 신문과는 다른 뉴스를 제공해야 할 텐데 실상은 꼭 그렇지도 않다는 생각이 들었습니다. 특히 수습기간에 만난 신문기자들은 제가 보기에도 눈에 띄게 일이 숙달되는 것처럼 보이는 데 반해 저는 별로 배운 게 없다는 생각이 들었습니다.

수습 열흘쯤 됐을까 처음으로 시경 캡(출입기자)이 저녁을 사는 자리에서 그런 불안함을 꺼낸 적이 있습니다. 그런데 갑자기 눈에 불이 나고 눈앞이 캄캄해지는 겁니다. 시경 캡이 제 얼굴을 때려 안경이 바닥으로 떨어졌기 때문입니다. 한마디로 건방지다는 겁니다. 꼼짝없이 건방진 놈이 되어버렸습니다.

그때 조간신문에 근무하는 대학동문인 4년 차 기자에게 부탁해서 하룻밤을 꼬박 새면서 기사취재, 기사작성에 관해 이른바 족집게 과외를 받았던 것도 다른 방법이 없었기 때문입니다. 그러고 나서 정치부로 가면서 뉴스 작성에 대한 관심은 사라져버렸습니다. 그런 문제를 거론하는 선배가 아무도 없었기 때문입니다.

1990년대에 워싱턴 특파원으로 가면서 저는 미국 방송은 어떻게 하는지, 미국 대학에서는 방송기사를 어떻게 가르치는지 다시 궁금해졌습니다. 그래서 현지 고용한 미스 김을 시켜 미국 주요 방송, 통신사와 주요 대학 저널리즘 스쿨에 관련 서적을 사고 싶다는 편지를 보내게 했습니다.

10여 군데에서 답장이 왔고, 저는 그중에 마음에 드는 책들을 골라 10여 권 구입했습니다. 그중 하나가 AP통신이 만든 《방송뉴스 핸드북》(*AP Broadcast News Handbook*)입니다. 아쉽게도 방송사에는 그런 책자가 아무 데도 없었는지 구할 수가 없었습니다. 그때 들여다본 《방송뉴스 핸드북》은 지금 우리가 봐도 방송뉴스 작성에 도움이 될 만한 내용을 담고 있었습니다.

예를 들면 방송기사를 쓸 때 주의할 점을 열 개 정도 나열해놓고 이를 일일이 설명하는 대목이 있습니다. '간단하게 쓰고 잘난 체하지 마라', '단순한 평서문을 써라', '항상 시청자 귀를 염두에 두라', '출처를 밝혀라', '자연스런 말을 쓰라', 그밖에도 '약자를 쓰고 속어는 쓰지 말 것', '문법에 맞도록 할 것', 그리고 '적절한 말을 사용할 것' 등의 내용이 나와 있습니다.

이 책에는 물론 예문도 일부 들어 있고 이를 고친 문장도 예시되어 있습니다만 영어로 된 데다 방송기자가 참고로 하기에는 부족한 점이 너무 많았습니다.

그때 산 책 중에는 미국 탐사기자편집인협회가 발간한 *The Reporter's Handbook*(1990)도 들어 있었습니다. 이 책은 이용식 기자(관훈클럽 총무)가 2000년에 《미국기자들, 이렇게 취재한다》는 제목으로 번역 출판했습니다. 그렇지만 이 책은 탐사보도에 관한 핸드북이라 방송뉴스와는 거리가 멀었습니다.

그 후 사회부장을 거치면서 저는 방송기사 작성에 다시 관심이 생기기 시작했습니다. 갓 입사한 경찰기자 10명이 작성한 기사를 매일 제가 직접 고쳐줘야 했기 때문입니다. 물론 사건담당 차장이 손본 것을 다시 제가 보는 것이었습니다. 처음 기자생활 시작하는 후배들이기 때문에 제대로 가르쳐줘야 한다는 생각에서였습니다. 예전 제 경험도 작용했고요.

그때 후배들하고 같이 논의할 근거로 기사작성에 관한 매뉴얼이 있으면 좋겠다는 생각이 매일 들었습니다. 필요한 줄 알았지만 당시 사회부장 처지로서는 매일 몰려드는 기사 봐주기에도 정신없던 때라 매뉴얼 만드는 일은 엄두도 내지 못했습니다.

1970년대에 사회부장을 지낸 노성대 선배(훗날 문화방송 사장)가 선구적인 일을 했음을 뒤늦게 깨달았습니다. 그리고 그렇게 엉성할 수밖에 없었던 정황도 충분히 이해가 갔습니다. 저는 그보다 훨씬 좋은 여건인 1990년대에 부장을 하면서도 그나마 아무것도 더하지 못했기 때문입니다.

2000년 보도국장이 되면서 저는 방송뉴스에 관한 책을 만들어야겠다고 작심했습니다. 당장 보도국 중견기자 몇 사람을 불러 취지를 설명하고 팀을 짜서 문화방송 뉴스 매뉴얼을 만들어보라고 지시했습니다.

그때 제가 사온 AP통신 《방송뉴스 핸드북》을 보여준 기억이 있습니다. 제 부탁은 교재처럼 완제품을 만들려고 하지 말고 일단 논의를 위한 자료로 활용할 수 있도록 만들어보라는 것이었습니다. 부담을 좀 더는 면도 있고, 실제로 방송기사의 모범을 만들자는 취지는 아니었기 때문입니다.

중견기자들 열대여섯 명으로 실무팀이 구성됐고 박광온(현 국회위원) 기자가 실무간사를 맡았습니다. 저는 한 번 실무회의에 참석한 기억이 전부입니다. 보도국장을 그만두었기 때문입니다. 저로서는 시작만 보고 떠난 셈이 됐습니다. 그리고 다시 그 문제를 잊어버렸습니다. 간혹 떠오르는 궁금함 빼고는 말입니다.

그런데 기획이사가 되던 2002년 누군가 저에게 책 한 권을 가져다주었습니다. 제목이 《MBC 보도기사 가이드북》이었습니다. 크기는 조금 작았지만 600페이지가 넘는 두툼한 책이었습니다. 저는 금방 무슨 책인지 직감했습니다. 책을 열어봤습니다. 당시 김중배 사장이 "MBC 저널리즘의 새 길잡이"라는 제목으로 쓴 발간사가 눈에 들어왔습니다.

본인이 직접 쓴 글이었습니다. 신문에서 명칼럼을 썼던 분답게 글이 좋았습니다. " … 보도종사자들은 나날의 맥을 짚어내고 길을 찾아가는 작업이 얼마나 어려운 것인가를 뼈저리게 실감하며 살아가고 있습니다. 따라서 날이면 날마다 맥을 짚고 길을 묻는 것입니다. … 그 뼈저린 성찰이 불 지핀 모색의 열매가 바로 이번에 펴내는 《MBC 보도기사 가이드북》임을 믿어 의심치 않습니다"고 쓰면서 편찬위원들을 치하했습니다.

그리고 마지막에 "우리의 가이드북도 완결판일 수 없습니다. 끝없는 보완과 변환을 숙명으로 타고난 첫걸음의 열매일 뿐입니다. … 《MBC 보도기사 가이드북》의 탄생은, 바로 그런 뜻에서 감히 무게를 자부할 수 있는 고뇌의 열매입니다"고 썼습니다.

그 다음 페이지에는 책을 소개하는 일러두기가 편찬위원회 이름으로 쓰여 있었습니다. 책 구성과 각 장에 대한 설명, 그리고 외부 협조에 대한 사의 등이 들어 있었습니다. 그리고 맨 마지막에 "특히 보도기사 가이드북 발간의 '발의자'인 김상균 전 보도국장과 끝까지 독려와 지원을 아끼지 않은 김승한 전 보도국장, 김택곤 보도국장께 감사드립니다"고 적어놓았습니다. 참 감개무량했습니다.

그 책은 제가 예상한 것보다 훨씬 자세하고 내용이 풍부한 것이었습니다. 첫 부분에서는 "MBC 보도의 기본"이란 제목으로 방송뉴스가 가야할 방향을 제시하였습니다. '정확한 보도', '불편부당한 보도', '인권을 지키는 보도', '책임 있는 보도'. 지금 들어도 모두 금쪽같은 원칙이고 기준이었습니다.

그리고 본론에 해당하는 "방송기사 문장론"에서는 각 부처별로 정치, 경제, 사회, 문화, 과학, 스포츠에 이르기까지 실제 기사를 소개하고 있습니다. 제가 원했던 바로 그 대목이 아주 광범하게 간단한 해설을 곁들여 들어 있는 것이었습니다. 정말 후배들이 고마웠습니다.

게다가 저는 생각지도 않았던 "보도와 소송", "재해방송 매뉴얼"까지 추가로 담고 있었습니다. 이 정도면 신입사원 교육용으로는 충분하다는 생각이 들었습니다. 저야 바람 잡는 일을 한 것에 불과했지만 막상 2

년 가까이 시간이 지난 뒤에 이렇게 훌륭한 책으로 나타난 걸 보니 정말 기쁘고 보람 있다는 생각이 들었습니다.

다만 아쉬운 건 이 책을 사내 대외비로 분류해놓은 점이었습니다. 무슨 말인지는 알겠지만 그걸 대외비로 해야 하는지 좀 안타까웠습니다. 그러나 그건 제가 왈가왈부할 일이 아닌 상황이 돼버렸습니다. 저는 이제 다른 일에 신경 써야 할 기획 분야로 자리를 옮겼기 때문입니다.

저는 그 후 이 핸드북을 후배들이 어떻게 이용하는지 알 수 없었습니다. 그리고 이젠 회사를 완전히 떠났으니 더더욱 알 길이 없습니다. 그럼에도 저는 그 책자가 제대로 활용되고 있다는 느낌을 받지 못하고 있습니다. 이미 대학 때부터 이른바 언론고시반 등에서 수없이 많은 정보와 조언을 들었을 것이기 때문입니다.

제가 보도국에 있을 때도 수습기자 한 사람이 대학후배 고시반에 가서 가르치고 집에 가던 길에 교통사고로 목숨을 잃은 일이 있었습니다. 저는 그때 처음으로 언론고시반이 어떻게 운영되는지 자세히 알게 되었습니다. 제가 입사할 때와는 아예 비교가 안 되는, 전쟁 준비 같은 치열한 상황이었습니다.

지금 와서 보면 그 가이드북은 무용지물일지 모르겠습니다. 그렇다면 지금이라도 현재 상황에 맞는 새로운 가이드북을 만들어내야 할 텐데 그런 노력이 있는지 역시 잘 모르겠습니다. 오히려 지금은 다른 데 신경을 더 써야 할 만큼 우리 때보다 상황이 나빠진 게 아닌가 하는 느낌을 받습니다. 뉴스를 보면 그런 게 드러나기 때문입니다. 때로는 뉴스를 보기 싫을 때가 있습니다.

아무리 세상이 변해도 변하지 않는 게 있습니다. 방송뉴스는 그 변하지 않는 '보도의 기본'을 지켜야 합니다. 그 기본의 핵심은 바로 방송뉴스는 '진실을 추구해야 한다'는 것입니다. 뉴스를 어떻게 잘 쓸 것인가 하는 문제는 그 다음 일입니다.

남북정상회담과 '새천년의 만남' 특집방송

2000년 3월 당시 보도국장이던 저는 아침 출근길에 남북관계에 새로운 전기가 될 이른바 '베를린 선언'을 뉴스를 통해 들었습니다. 남북 경제 협력과 지원을 위해 당국 간에 대화하고, 이를 위해 특사를 교환하자는 아주 구체적인 내용을 담았습니다. 당장 '올해 남북 간에 일 터지겠구나' 하는 생각이 들었습니다. 그리고 곧바로 든 생각은 김현경 기자의 인사발령을 막아야 한다는 것이었습니다. 김 기자는 당시 북한문제에 관해서는 방송기자 중 가장 정통한 실력을 갖춘 후배였습니다.

그 무렵 문화방송은 기자와 PD를 포함한 시사제작국을 신설했습니다. 신임 국장은 저와 입사동기인 김승한이었습니다. 저는 신설한 조직 책임을 맡은 김 국장에게 미안하기도 하고 해서 보도국에서 누구든 차출해가라고 했습니다. 그런데 그 10여 명 기자 중에 김현경 기자가 포함되어 있었던 겁니다.

출근하자마자 김 국장에게 전화를 걸어 김 기자를 빼달라고 부탁했습니다. 김 국장은 속이야 어떻든 순순히 응해주었습니다. 그리고 남북관계가 햇볕에 눈 녹듯이 슬슬 풀리기 시작했습니다. 그해 4월 10일은 남북정상회담이 공식 발표된 날이었습니다.

그날 새벽에 저는 숙직근무자로부터 전화를 받았습니다. 국방부에 출입하는 임정환 기자가 간밤에 남북정상회담에 대한 상세한 일정을 취재했다는 보고였습니다. 곧바로 출근을 서두르면서 저는 사장에게 이러한 내용을 전화로 보고했습니다. 그랬더니 사장은 이미 청와대로부터 들어서 알고 있다고 했습니다. 상대사도 마찬가지로 알고 있다면서 말입니다. 중계차 동원 등 사전조치가 필요하기 때문에 미리 알려줬다는 것이었습니다.

문제는 그날 남북정상회담 발표가 있다는 사실만 알려줬지 언제, 어디서, 어떻게 한다는 구체적인 내용은 알려주지 않았다는 것입니다. 아침 출근길 차 속에서 저는 별별 생각을 다 했습니다. 이미 양사 사장에게 정상회담 발표를 사전 통보했다면 그건 취재경쟁 대상은 아니라는 생각이 들었고, 한편으로는 구체적 내용은 알려주지 않았기 때문에 우리가 취재한 내용을 먼저 방송해도 된다는 생각도 들었습니다.

5공 시절 독립기념관에 불이 났을 때 당시 보도관제 부탁을 받은 방송사가 이를 뉴스에 내지 않았다가 두고두고 비난을 샀던 이야기도 떠올랐습니다. 어찌할 줄 모르는 상태에서 회사에 도착했습니다. 그런데 마침 숙직근무자가 바로 북한문제 전문인 김현경 기자였습니다.

김 기자에게 아침 중대발표 기사를 작성하라고 지시하면서 임정환 기자가 보내온 내용을 어떤 수준으로 반영할지를 물었습니다. 임 기자는 그때 기사를 보내온 게 아니라 그냥 정보보고를 해온 상태였습니다. 그런데 김 기자 말이, 만약 정상회담 시간과 장소 등을 정부 발표 전에 정확하게 보도할 경우 북한이 약속 위반을 이유로 회담을 거부할 수도 있다고 겁을 주는 것이었습니다.

제가 더 이상 고민할 필요는 없었습니다. 그냥 전문가에게 맡기면 되는 일이었습니다. 그날 우리는 사실상 남북정상회담 발표 기사를 내보내면서 가능성이 있다는 식으로 약간 물을 타서 보도했습니다. 상대사는 그보다도 못한 내용이었습니다. 그쪽엔 임정환 기자의 제보가 없었던 것입니다.

남북정상회담 발표가 나자 당장 후속 취재경쟁에 대비해야 했습니다. 그런데 정말 몇십 년 만에 한 번 있을까 말까 한 일이라 이를 어떻게 대비할지 막막했습니다. 저는 그때 1990년 걸프전 상황을 떠올렸습니다. 당시 편집회의는 국제부 혼자 북 치고 장구 치는 격이었습니다. 해외에서 일어난 전쟁이라 정치, 경제, 사회부는 사실상 할 일이 없었기 때문입니다.

그때 저는 처음으로 보도국 편집회의 체제에 문제가 있다는 생각을 하게 됐습니다. 말이 회의체지 실제는 각 부별로 보고만 하고 국장 지시를 받는 체제였던 겁니다. 그러니 걸프전 때와 마찬가지로 남북정상회담도 그냥 편집회의에 부칠 경우 제대로 된 뉴스취재가 어렵다는 판단을 하게 됐습니다.

그래서 특별취재반을 구성하기로 하고 이런 일에 경험이 많은 정치부 김원태 차장에게 실무를 맡겼습니다. 김 차장은 당시 보도국에 머리 좋은 여우가 3명 있다면서 이들을 모두 취재반에 배치해달라고 요구했습니다. 당연히 그렇게 해주었습니다. 이들 취재반은 정말 불철주야 열심히 일했습니다. 제가 봐도 든든했습니다. 편집회의 부담도 훨씬 줄어들었습니다. 실무안에 대한 검토만 하면 됐으니까요. 나중에 정상회담이 끝나고 뒤풀이 하는 자리에서 김 차장이 정말 펑펑 울던 장면이 지금까지 오래 머리에 남아 있습니다. 그만큼 스트레스가 엄청난 일이 었던 겁니다. 당시 저는 암 수술 후라 술 한 잔 입에 대지 못하는 처지였습니다. 김 차장에게 정말 미안했고 정말 고마웠습니다.

남북정상회담을 효과적으로 보도하기 위한 어깨걸이를 생각해보게 됐습니다. 당시는 2000년이기 때문에 '새천년'이라는 말이 유행하던 때였습니다. 그때 저는 워싱턴 특파원 때인 1992년에 스미소니언박물관이 콜럼버스 대륙 발견 500주년 기념전시회를 열면서 '발견'이라는 말 대신에 '만남'(encounter)이라는 말을 썼던 사실을 떠올렸습니다. 그래서 남북정상회담 특집 뉴스에 '새천년의 만남'이라는 우리말 타이틀을 사용하기 시작했습니다.

그랬더니 PD들도 특집에 이 타이틀을 쓰겠다고 해서 결국 그해 문화방송은 남북정상회담과 관련한 모든 뉴스와 특집에 이 '만남'이라는 타이틀을 쓰게 됐습니다. 저로서는 매우 기분 좋은 일이었습니다. 특히 순 우리말로 제목을 내걸어 방송기자로서 더욱 가슴 뿌듯한 기분을 느낄 수 있었습니다.

6월 13일 남북정상회담을 위해 우리 측 대표단이 평양으로 떠나던 날 아침부터 김현경 기자가 마이크를 잡았습니다. 당시 전문가로는 유네스코에서 저와 같이 근무했던 고 서동만 박사가 출연했습니다. 서 박사는 도쿄대학에서 와다 하루키 교수 지도 아래 박사학위를 받고 당시 외교안보원에 근무 중이었습니다. 이들은 평양 순안공항에서 북한 주민들이 열렬하게 환영하는 모습을 보고 김정일 위원장이 공항에 나왔다는 사실을 가장 먼저 방송에 특종 보도했습니다.

평양 순안공항에서 최초로
이루어진 남북 정상의 만남.
당시 문화방송이 가장 먼저
특종 보도하였다.

　회담 기간 중에 《나의 문화유산 답사기》로 유명한 유홍준 교수를 섭
외해 대담 특집을 방송한 일이 오래 머리에 남아 있습니다. 그때 담당
기자 말이, 유 교수가 대담자로 당시 드라마 〈대장금〉에 나온 탤런트
이영애 씨를 지목했다는 겁니다. 제가 놀라 "아니, 그 유명한 탤런트가
이런 대담 프로에 당일에 연락해서 나오겠느냐?" 하면서 왜 하필이면
이영애 씨냐고 물었습니다.

　그랬더니 유 교수가 언젠가 이영애 씨가 자신의 저서를 보고 독후감
을 쓴 기사를 본 적이 있다면서 부탁하면 나올 것이라고 자신 있게 말했
다는 것이었습니다. 정말 그날 오후 이영애 씨가 보도국에 나왔습니다.
그리고 두 사람은 단 한 번도 NG 없이 한 시간 대담을 마쳤다는 소리를
들었습니다.

　그해 남북정상회담은 역사적인 6·15 공동선언을 채택하고 남북 화
해와 교류를 위한 '새천년의 만남'을 끝냈습니다. 제가 역사적이라고 말
씀드린 건 그 내용이 아니라 형식 면에서 남북 정상이 분단 이후 처음으

로 직접 서명한 합의문이기 때문입니다.

그 이전에 '7 · 4 남북공동성명'이 있었습니다만, 이때는 남북 최고책임자가 아닌 이후락, 김영주 두 대리인이 서명한 것이었습니다. 나중에 안 일이지만, 6 · 15 공동선언 때도 김정일 국방위원장은 시종 '상부의 뜻을 받들어' 아랫사람이 서명하자고 주장했다는 것입니다. 최고책임자가 직접 서명한 선언인 만큼 6 · 15 공동선언이 그 후 남북관계에 미친 영향은 그야말로 눈부신 것이었습니다.

당장 그해 7월 남북 장관급 회담이 열렸고, 8월에는 남쪽 언론사 사장단이 북한을 방문했습니다. 그리고 광복절에는 이산가족 상봉이 있었습니다. 북쪽에서 송이가 내려왔고, 남쪽에서는 비전향 장기수들이 북으로 올라갔습니다. 9월에는 호주 시드니올림픽에서 남북한 선수단이 공동 입장했고, 그달 18일에는 서울과 신의주를 잇는 경의선 연결 기공식까지 있었습니다.

심지어 그해 10월에 북한 조명록 국방위 제1부위원장이 미국을 방문해서 클린턴 대통령을 예방하고 올브라이트 국무장관과 함께 '북미공동성명'을 발표하기까지 했습니다. 그리고 김대중 대통령은 그달 노벨평화상을 받았습니다.

저는 그때 국제부 요청을 받아들여 스웨덴 한림원 노벨평화상 발표장에 위성방송을 청약해두었습니다. 당장 노조가 이를 철회하라고 압력을 가해왔습니다. 만약 노벨평화상을 못 받았을 경우 책임지겠느냐고까지 물었습니다. 저는 그런 건 책임질 일이 아니라고 일축해버렸습니다. 만약 그때 CNN 방송이 긴급뉴스로 내보내지 않았다면 우리는 완전히 현지중계방송으로 한국 대통령 노벨평화상 발표 소식을 특종으로 전달할 뻔했습니다.

그리고 남북관계가 좋아지면서 저도 임원이 되던 2002년 북한을 처음 방문할 수 있게 됐습니다. 가수 이미자 평양공연을 전후해서 김중배 문화방송 사장과 김정일 국방위원장 면담을 성사시키기 위해서였습니다. 공연방문 마지막 날 북한 고위급 인사가 김 사장을 찾아와 이미자 공연을 한 번 더 하자면서 하루 더 있다 가라는 제안을 내놨습니다. 김 사장은 그 제안을 거절함으로써 김정일 위원장과 만나는 일도 없던 일이 되어버렸습니다. 나중에 다시 평양에 갔을 때 북쪽 방송위원회 간부한 분이 저에게 "문화방송은 지난번 우리 제안을 거부함으로써 손해 많이 봤다"고 귀띔해주었습니다.

그래서였는지 제가 임원 때 마지막으로 추진한 가수 나훈아 평양공연은 교섭 도중에 북쪽 요구가 너무 커서 제가 중단시키고 말았습니다. 그 일 이후 평양에 갔을 때 제 테이블에 당시 교섭 실무대표가 앉아 있었습니다. 저는 모른 척하면서 말끝에 한마디 내쏘았습니다. "남이나 북이나 꼭 남북통일사업 방해하는 사람들이 있습니다!"

그럼에도 그 시절에는 우리 쪽 박영선 앵커가 평양에서 방송한 내용을 서울에서 내보낼 수 있었습니다. 저도 평양에 몇 번 올라갔다 오면서 북한 노래도 한두 개 배울 수 있었습니다. 그때 만난 평양 실무자가 부산 아시안게임 때 내려와 우리 당국자 휴대폰으로 저에게 전화를 걸었습니다. 저는 깜짝 놀랐지만 그래도 반가워서 박영선 앵커와 함께 부산에 내려가 그에게 저녁을 대접했습니다. 그런 식으로 저도 다시 북한에 갈 줄 알았습니다만 그게 마지막이었습니다.

광주 문화방송 사장 때인 2006년에 북한 초청을 받은 적이 있습니다.

형식은 우리민족돕기운동본부 이름으로 말이지요. 하지만 그때는 북한이 미사일을 발사해 나라 안팎이 온통 시끄러울 때였습니다. 저는 방북을 포기하고 취재기자만 보내고 말았습니다.

이것이 제가 남북정상회담을 겪으면서 느꼈던 이런저런 일들의 전부입니다. 그 후 남북관계는 제가 가보고 싶어도 갈 수 없을 만큼 다시 나빠졌습니다. 그래도 남북관계가 예전처럼 좋아졌으면 하는 생각을 늘 하고 있습니다.

그때 일들을 현장에서 직접 체험한 김현경 기자에게 전화를 걸었습니다. 제가 쓰고 있는 책에 당시 일들을 정리해줄 수 없느냐고 물었습니다. 이제는 문화방송에서 통일방송연구소장을 맡고 있는 김현경 기자는 바쁜 와중에도 해주겠다고 했습니다. 그리고 저에게 장문의 원고를 보내왔습니다. 1997년 통일외교부장 때부터 저와 같이 일한 사이라 그랬는지 이른바 북풍 때 이야기도 포함해서 보내왔습니다만, 본인에게 양해를 구해 그 대목은 뺐습니다. 여기에 남북정상회담을 생생하게 취재하고 지켜본 당시 김현경 기자의 체험기록을 소개합니다.

■ 김상균 선배가 아니었다면 …
— 김현경 (MBC 통일방송연구소장/MBC TV 〈통일전망대〉 진행자)

참 희한한 운명, 질긴 인연이다. 내가 북한뉴스를 맡게 된 건 25년 전인 1989년 12월이었다. 4년 차 아나운서이던 나는 동기의 결혼으로 공석이 된 〈통일전망대〉의 진행자가 되었다. 베를린 장벽이 무너진 직후 한반도가 통일에 대한 기대감으로 들썩이던 때였다. 그로부터 5년 뒤, 김일성의 사망과 함께 북한 뉴스가 폭주하면서 아예 아나운서에서 북한담당 기자로 전직하게 되었다. 그렇게 통일부 출입기자가 된 후 6년 내내 나는 북한 핵과 미사일, 식량난, 김정일 정권과 씨름해야 했다. 그런 내게 북한 붙박이에서 벗어날 기회가 주어졌다. 2000년 조직개편으로 신설된 시사제작국으로 인사이동이 결정된 것이었다.

하지만 북한과의 질긴 인연은 쉽게 끊어지지 않았다. 하필이면 바로 그때 김대중 대통령이 독일 순방 중 대북 중대제안을 한 것이다. 2000년 3월 9일 베를린 선언은 전면적인 남북 경제협력과 당국 간 회담, 그리고 특사교환을 촉구하는 내용이었다. 김상균 신임 보도국장은 이것이 곧 남북정상회담으로 이어질 것임을 간파했다. 그리고 통일부 붙박이였던 나의 인사발령을 원점으로 되돌림으로써 나의 탈북(?)을 무산시켰다.

사실 2000년 3월 베를린 선언이 정상회담으로 곧바로 이어질 것이라고는 아무도 예상하지 못했다. 김대중 대통령이 1998년 2월 취임과 동시에 과감한 대북 접근을 시도했지만 번번이 정상회담을 성사시키는 데는 실패했기 때문이었다. 1998년 3월 정부는 베이징에서 남북차관급 회담을 열고 비료 지원과 이산가족 상봉으로 남북관계의 물꼬를 트려 했지만 성과 없이 결렬됐다. 이후 같은 해 고 정주영 현대 명예회장의 소떼 방북과 금강산 관광으로 남북관계가 급진전됐지만 1999년 6월 제 1차 서해교전이 발발하면서 당국관계는 단절됐다.

그런 우여곡절의 경험 때문에 정상회담은 쉽지 않다는 것이 일반적인 관측이었지만 김상균 국장의 감은 정확했다. 워싱턴 특파원 생활과 외교안보 분야의 취재 경험이 가져온 내공이었다. 3년 뒤에야 밝혀진 사실이

지만 남북은 베를린 선언이 있던 바로 그때 싱가포르에서 정상회담 물밑
접촉을 갖고 있었다. 김상균 국장이 지휘하는 MBC 보도국은 싱가포르
비밀접촉과 동시에 남북정상회담 체제를 갖추기 시작한 셈이다.

한 달 뒤 남북정상회담이 합의되면서 곧바로 정상회담 방송기획단이 가
동되었다. 6월 12일 예정일(북한의 요구로 실제 정상회담은 하루 연기된 6
월 13일에 개최되었다)까지는 불과 2달, 방송 3사의 불꽃 튀는 경쟁이 시
작됐다. 경쟁사는 회사 전체가 동원돼 대형 기획 다큐멘터리를 준비한다
고 했다. 특급 전략이 필요했다.

김상균 국장은 기동성과 돌파력이 뛰어난 김원태 차장을 팀장으로 임명
했다. 우리의 승부수는 '현장'이었다. 상대사의 대형 기획물이 그럴 듯하
고 의미도 있을지 모르지만 뉴스가 '현장'을 놓쳐서는 안 된다는 판단이었
다. 하지만 그것은 도박이었다. 북한에서 과연 화면이 올 수 있을까? 북한
에 특파된 현장 취재기자들이 제 시간에 송고를 해줄 수 있을까? 만일 화
면과 기사가 제 시간에 오지 않는다면? 생각하기도 싫은 재앙이었다.

하지만 분단 이후 최초인 역사적 남북정상회담 방송에서 우리의 전략은
멋지게 들어맞았다. 태극기가 선명히 새겨진 대한민국 대통령 전용기가
평양 순안공항에 착륙하는 순간부터 2박 3일의 전 과정이 남쪽으로 시시
각각 전송된 것이다. 사전 제작된 기획특집이 아닌 현장 상황을 얼마나 잘
전달하느냐가 관건이었다. 공은 스튜디오의 방송팀에게 넘어왔다.

그 시각 임진각 특별스튜디오에서는 황희만, 박영선 앵커와 서동만 박
사(당시 외교안보연구원 연구위원), 그리고 나, 이렇게 네 사람이 평양에
서 실시간 전송되는 화면을 보며 눈을 의심했다. 김정일이 공항에 나와 있
었다. 가능성은 있었지만 이렇게 실제로 공항 영접을 나올지는 알 수 없었

다. 원래 평양 순안공항 도착 첫 방송은 공동취재단의 풀(pool) 기자가 중계하기로 돼 있었다. 하필이면 풀 기자는 경쟁사 기자였다. 하지만 그는 준비된 원고를 소화하느라 남북 정상이 만나는 생생한 역사의 현장을 제대로 묘사하지 못했다.

제작진은 곧바로 풀 기자의 리포트 오디오를 끊고 우리 방송을 시작했다. MBC뉴스특보가 김정일 국방위원장이 현장에 나왔다는 소식을 가장 먼저 전했다. 10년 넘게 북한 텔레비전을 분석해오던 나는 어렵지 않게 김정일 위원장과 함께 순안공항에 도열해 있던 북한 고위인사들의 이름을 줄줄이 읊어가며 설명할 수 있었다. 마치 사전 시나리오라도 있었던 듯 평양 순안공항에서의 남북 정상 상봉과 그들이 지나간 평양의 거리와 명소들, 그리고 이후 진행된 모든 일정들을 정확하게 전달하고 해설할 수 있었다.

그 순간 서울 롯데호텔 프레스센터에 설치된 텔레비전 채널이 MBC로 맞춰졌다. 범정부 홍보지원단에서 일하던 지인은 MBC에서 호명하는 화면 속 인물들의 이름을 받아 적으며 기사를 쓰는 언론사도 있었다고 전해왔다. 실제로 두 정상이 첫 악수를 하던 오전 10시 38분 MBC 시청률은 12.6%로 경쟁사의 시청률 8.2%를 크게 앞섰다.

김상균 보도국장이 인사발령까지 취소하며 붙들어 앉혀준 덕에 나는 북한 전문기자로서 이름을 세상에 알릴 수 있었다. 그 역사적 순간을 함께 전한 고 서동만 박사(2009년 별세)도 김상균 국장이 발굴한 인재였다. 김 국장은 해직기자 시절 유네스코에서 만난 서동만의 재능을 한눈에 알아봤다. 서동만은 이후 도쿄대학에서 북한 노동당 연구로 박사학위를 받았다. 그의 논문은 지금도 북한학도들에게는 둘도 없는 교과서로 평가되고 있다. 남북정상회담 방송 이후 서동만 박사는 외교안보연구원에서 상지대 교수로 자리를 옮겼고, 이후 국가정보원 기조실장을 역임했다.

베를린 장벽 붕괴와 함께 시작된 북한과 나의 질긴 인연은 25년째로 접어든다. 김일성 사망과 함께 시작된 기자생활도 올해로 꼭 20년이 지났다. 그 사이 북한에서는 김정일도 사망하고 김정은 3대 정권이 들어섰으며, 3차례의 핵실험을 했다. 남북은 2차례 정상회담을 했고 스무 번 가까운 이산가족 상봉도 했다. 나는 평양 취재만 10여 차례, 금강산, 개성을 모두 합쳐 25회의 방북취재 경험을 갖게 됐다. 몇 년간 남북관계가 꽉 막힌 지금, 돌이켜보면 내가 역사의 순간, 역사의 현장들을 전할 수 있었던 것은 기자로서 엄청난 행운이 아닐 수 없다.

나의 행운은 후배들에게 뭔가 말하고픈 다변(多辯)의 김 선배, 고정관념이 깃들지 않은 열린 귀로 현장의 목소리에 귀 기울여준 김 부장, 소통으로 조직의 에너지를 만들어내고 후배들이 잘할 수 있는 일을 찾아 기회를 준 김 국장이 있었기에 가능한 일이었음을 고백한다.

우리말연구소 설립 차질

2002년 기획실장으로 인사가 나서 생전 처음 해보는 일을 하게 됐습니다. 평생 처음으로 인사문제에 대해 제 의견을 밝혔지만 사장 의중 또한 이미 결정하신 듯해서 더 이상 버티지 못하고 동의하였습니다. 자리를 옮기고 보니 도저히 같은 회사라고 할 수 없을 만큼 하는 일이 너무나 달랐습니다.

저는 기사 취재와 방송이 세상에서 가장 힘든 일인 줄 알고 살아온 사람인데, 기획실 일 또한 기자 못지않게 골치 아픈 일이 한두 가지가 아니었습니다. 가장 싫었던 게 매달 한두 차례 열리는 노사협의회 자리였습니다. 애매한 문제나 사장과 관련된 문제는 모두 다 기획이사 차지였습니다.

보통 서너 시간 하는데, 어떤 때는 혼자서 8명 노조간부들과 입씨름하기도 했습니다. 따지고 보면 다 후배사원들인데 무척 힘들었습니다. 특히 보도국 후배들, 그중에서도 입사 초년 때 사회부에서 일한 후배들과 맞서게 돼 더욱 힘들었습니다.

그래도 기자 할 때보다 편한 일도 많았습니다. 시도 때도 없이 신경 쓰거나 걱정하지 않고 일과시간 안에만 걱정하면 되는 일들이 대부분이었기 때문입니다. 또 휴일은 어김없이 쉴 수 있었던 게 꿈만 같았습니다. 저희 연배는 사실상 기자생활 하면서 제대로 된 휴가 한 번 찾아 쉬지 못했습니다. 길어야 3박4일 정도가 고작이었으니까요.

그래도 한 1년 지나니 나름대로 요령도 생기고 여유도 조금 되찾을 수 있었습니다. 뭔가 보람 있는 일을 해보자 하는 생각이 강하게 들었습니다. 사실 그 전해 망년회 때 대학후배인 부장이 한 말이 약간 충격적이었기 때문입니다. 기획실 일은 1년 내내 열심히 해도 연말이 되면 '내가 한 게 아무것도 없다'는 허탈한 생각이 든다는 겁니다.

저도 금방 이해가 갔습니다. 명색은 기획업무이지만 실제로는 현업을 뒷받침하는 일이었기 때문입니다. 잘해도 표 안 나고 잘못하면 엄청난 비난을 사는 그런 일이었습니다. 그래서 정말 제대로 된 기획업무를 한번 해보자고 작심했습니다. 가장 먼저 떠오른 생각이 바로 '우리말연구소'를 만들어야겠다는 것이었습니다.

방송은 우리말로 먹고사는 직업인데 그동안 우리말에 대한 연구나 대비가 너무 없었다는 아쉬움이 현업 때부터 오랫동안 남아 있었기 때문입니다. 곧바로 김중배 사장에게 보고했습니다. 당대의 논객 출신이 거절할 리가 없었습니다. 저는 이 연구소를 사장 직속으로 만들겠다고 했습니다. 그래야만 기자, PD가 모두 동참할 것이라고 생각했기 때문입니다.

우선 거사적인 연구소라는 취지를 살리고 사내 관심을 끌기 위해 해외 벤치마킹 출장이란 당근을 내걸었습니다. 그리고 출장자들을 각 부문별로 1명씩 선발하기로 했습니다. 그래서 기자, PD, 아나운서와 함께 경영과 기획실 직원 등 모두 5명을 선발해 출장팀을 짰습니다.

대상지역으로는 일단 일본과 영국을 골랐습니다. 개인적으로는 일본 NHK 방송과 영국 BBC 방송이 어떻게 하는지가 가장 궁금했기 때문입니다. 이들 두 방송사는 모두 KBS가 국가 기간방송이라고 주장할 때마다 같이 거론하는 공영방송입니다.

세세한 일정은 출장팀이 스스로 짜도록 하면서, 저는 이들 외국 방송사가 매일 쏟아지는 수많은 방송말들을 어떻게 정리하고 교정해서 방송에 내보내는지를 유념해서 보고 오도록 부탁했습니다. 그래서 그해 1월 7일 5명의 출장팀은 열흘 남짓 일정으로 일본과 영국 방문을 위해 출국했습니다.

그리고 귀국한 뒤 1월 20일 "선진방송의 방송언어, 콘텐츠 전략"이란 제목으로 귀국보고서를 제출했습니다. 저는 우선 제 관심사항부터 들여다봤습니다. 예상대로 NHK와 BBC 두 방송사는 모두 나름대로 방송말에 대한 연구조직을 갖고 있었습니다.

BBC는 언어팀(Language Unit)을 구성하고 외국계 음성학자 3명을 영입해 '영어를 어떻게 정확하게 말할 것인가'를 목표로 삼아 방송을 매일 모니터하면서 필요한 지적사항들을 '스피크이지'(Speakeasy)라는 데이터베이스를 활용해 현업자들에게 권고하고 있었습니다. 일단 강요하지는 않는다는 것이었습니다. 그럼에도 우리 팀이 방문한 이틀 사이에 BBC 사내질문 전화가 130통이나 왔다고 보고서는 소개했습니다. 그만큼 현업자와 의견 소통이 잘된다는 뜻이었습니다.

일본 NHK의 경우 역시 전무 직속으로 방송문화연구소를 두고 그 산하에 방송용어위원회를 운영하고 있었습니다. 위원회는 내부 인원 11

명, 외부 학자, 소설가 등 8명으로 구성해 'NHK를 보면 일본어는 충분하다'는 자부심으로 운영하고 있었습니다.

그리고 이 방송사에서는 일단 위원회가 결정한 내용은 현업자들이 그대로 따라야 한다는 강제성이 있었습니다. 또한 이 위원회는 방송말에 대한 여론조사를 매년 서너 차례 실시하고 있었습니다. 한국의 비빔밥을 어떻게 발음할 것인가를 놓고 여론조사를 했다는데, 78퍼센트가 '비빔바'로 발음한다고 응답해서 원래 표현인 '피빈빠' 대신 이를 채택할 것이라는 내용이 인상적이었습니다.

그때는 우리 방송에서는 '짜장면'이나 '히로뽕'이란 말을 쓰지 못할 때였습니다. 그 대신 '자장면'과 '필로폰'을 써야 했습니다. 전문가 의견이 그렇고, 일본말이라 안 되고, 이유는 다 있었지만 저는 그런 억지를 이해하기 힘들었습니다. 대한민국 사람이 모두 다 쓴다면 그게 형편없는 쌍말이나 금기어가 아닌 이상 방송은 일단 그대로 쓰는 게 원칙이라고 저는 생각합니다.

흔히 우리말에 '시정잡배나 쓰는 말'이란 표현이 있습니다. 쉽게 말해 시정에서 쓰는 말은 함부로 쓰지 말라는 경고입니다. 그러나 한편으로 그런 말에는 일반 국민들을 얕잡아보는 엘리트 의식이 배어 있습니다. 방송이 깨주지 않으면 이러한 엘리트 의식은 사라지기 힘들고, 그렇게 되면 일반 국민들은 말하기 더 힘들어질 수밖에 없습니다.

만약 그럴 때 전문가 집단인 연구소가 있어서 우리 주장을 뒷받침해 준다면 국민들이 매일 쓰는 말 그대로 자신 있게 방송할 수 있다는 생각을 한 겁니다. 혹시 그 반대 경우가 있다 하더라도 역시 충분한 토의를 거쳐 결정한 내용이기 때문에 우리가 방송에서 쓰더라도 그만큼 부담이

적을 것이라는 생각도 했습니다.

모처럼 보람 있는 일을 신년 벽두부터 했다는 자부심이 들어 우리말 연구소 조직안을 만들도록 했습니다. 그리고 이 연구소가 활발한 활동을 펼칠 때쯤이면 우리는 방송말에 대해서 가장 선구적인 역할을 할 수 있을 것이라고 생각했습니다.

그렇게 되면 입사시험 때부터 우리말에 대한 소양을 테스트하는 과정을 추가할 생각이었습니다. 이럴 경우 우선 각 대학 언론고시반들이 우리말 공부를 하지 않을 수 없을 것이고, 대학은 대학대로 취업을 위한 강의에 우리말 교육을 보강하지 않을 수 없을 것이라는 생각까지 한 겁니다.

결국 우리말연구소 활동에 따라 우리말에 대한 완전히 새로운 인식과 교육이 전국에 번져갈 수 있다는 생각을 한 것이지요. 지금 생각해 보면 꿈만 같은 일이었습니다. 연구소 설치 자체가 안 돼버렸으니까요.

우리말연구소 설치안은 정례 노사협의회에서 조직개편과 관련해 희생양이 되고 말았습니다. 현업에서 요구한 조직개편안을 들어주다 보니 노조를 설득할 양보안으로 연구소 신설 계획을 포기한 겁니다. 제 처지에서는 포기를 강요당한 것이나 마찬가지였습니다.

저는 정말 이해할 수가 없었습니다. 그 다음 해 마산 사장 발령이 나서 노조에 이별인사를 하러 갔을 때 저는 당시 최승호 노조위원장에게 "우리말연구소는 노조가 먼저 요구해야 할 조직이다. 내가 떠나더라도 관심을 갖고 이 연구소를 만들어주라"는 부탁을 따로 했습니다. 그런 다음 저는 이 문제에 관심을 가질 기회가 없었습니다.

나중에 광주대에서 강의를 하면서 궁금하기도 해서 알아봤더니 아나운서국 안에 우리말위원회를 만들어 내규와 함께 운영하고 있었습니다. 구성을 보면 편성, 보도, 예능, 시사교양, 아나운서국장 등이 모두 참여하고 외부인사 6명을 영입하는 것으로 되어 있습니다. 모양 상으로는 기자, PD, 아나운서 등 현업자들이 모두 위원으로 들어가 있는 조직입니다만, 저는 이 조직의 한계를 잘 알고 있습니다.

아나운서국이 실무를 운영하는 위원회 조직이 어떤 결정을 하든 보도국이나 편성국 등 다른 직종 현업자들이 말을 들을 리 만무하기 때문입니다. 실제 운영에 회사에서 어느 정도 지원해주는지 묻지는 않았지만, 아마 특별사업 위주로 지원해주면 모를까 정규 예산에 반영해서 지원해주기는 쉽지 않을 겁니다. 예산도 어차피 각 부문별 경쟁 대상이기 때문입니다.

저는 우리말위원회 식구들이 자랑스러워 한두 번 밥을 샀습니다. 그게 제가 할 수 있는 감사 표시의 전부였습니다. 그 후 저는 문화방송이 전혀 다른 문제로 뉴스 표적이 되는 걸 보면서 이런저런 생각들을 접었습니다. 혹 이 글을 읽는 어느 동료 후배들이 다시 한 번 관심을 보여준다면 그건 저로서는 마지막 기대로 간직하고 싶습니다.

돌이켜보니 꼭 해야 할 일을 못 하고 지나가버린 경우가 너무 많았습니다. 그렇지만 그중 꼭 하나만 다시 기회를 준다면 저는 서슴지 않고 '우리말연구소'를 만들어 방송말을 보다 친근하고 세련되게 다듬는 일을 해보고 싶습니다.

요즘 문화방송 강재형 아나운서가 〈한겨레〉에 우리말에 대한 고정 칼럼을 쓰고 있습니다. 정말 반갑고도 고마운 일입니다. 강재형 아나운서는 10여 년 전 제가 해외 출장팀을 구성했을 때 그 소속 사원이었습니다. 다른 신문사에서 주는 기회를 왜 소속 방송사에서는 주지 않는지 알 수가 없었습니다.

참 오랜만에 강재형 씨에게 전화를 걸어 요새 어디에서 일하는지 물어봤습니다. 편성 MD를 한다고 했습니다. 방송 프로그램이 정해진 시간대로 잘 나가도록 진행하고 확인하는 자리입니다. 아나운서로 들어와 마이크를 놓는다는 것이 무슨 뜻인지 저는 잘 알고 있습니다.

저는 그러면 우리말위원회는 어떻게 되느냐고 묻지 않았습니다. 제 경험으로 보면 강재형 씨가 우리말위원회에 예전처럼 관심을 갖는다는 것은 이제 꿈같은 이야기일 것이기 때문입니다. 신문에 그런 칼럼을 쓰는 이유를 이제야 조금 알 것 같습니다. 마음이 참 무겁습니다.

그런데 강재형 씨가 뜻밖에도 우리말위원회에 대한 약사를 보내왔습니다. 그 열악한 여건 속에서도 열심히 일한 흔적이 도처에 배어 있었습니다. 여기 그 약사를 일부 소개합니다. 강재형 씨가 자랑스럽습니다. 그리고 마음이 한결 편해졌습니다.

▌우리말위원회 약사(略史)

— 강재형 (문화방송 아나운서)

한글 반포 557돌을 맞는 서기 2003년 10월 9일 한글날 오전 11시, 우리말위원회가 돛을 올렸다. 2002~2003년 당시 본사 기획이사(김상균 전 광주문화방송 사장)의 구상이 현실로 이뤄진 때이기도 하다. 방송언어 실무연구를 위한 기구 설립추진 업무는 기획실이 주무부서를 맡고 아나운서국 실무자가 지원하는 형태로 진행되었다.

우리말위원회는 위원 12명과 위원회 실무를 맡은 아나운서국 우리말연구팀원 및 아나운서부장, 전문위원이 참가한 가운데 문화방송 본사 경영센터 대회의실에서 발족식을 열고 힘찬 첫 항해를 시작했다. 우리말연구팀은 아나운서 2부 아나운서 6명과 전문위원 2명으로 구성되었다.

우리말위원회는 분기마다 한 차례씩 연간 4번의 정례회의와 임시회의를 통해 바람직한 방송언어를 위한 표현과 어휘, 표기 및 기타 방송언어에 관한 사항을 심의하고 자문, 제안하며 방송언어 관련 사업의 지향점을 제시하는 몫을 맡았다.

우리말위원회는 첫해 사업으로 〈주간 방송언어보고서〉, 〈분기 연구보고서〉 및 〈방송언어 논문집〉 등의 자료를 발간하였으며, 보도-제작 실무자의 방송언어 재교육을 위한 '우리말대학'을 운영하였다. 텔레비전 프로그램 〈우리말나들이〉는 라디오로 그 영역을 확대하였으며 '장소원의 우리말보고서'를 〈TV속의 TV〉에 고정 편성하였다. 국내방송으로는 처음으로 제작과 보도 프로그램 전반에 '맞춤법교정기'를 도입하는 등 방송언어 관련 사업에 전방위로 영향을 미치며 공영방송의 역할을 수행하였다.

2004년 1월 30일 오후 4시 본사 경영센터 대회의실에서 2004년 첫 회의를 개최했다. 우리말위원회는 프로그램 자막과 보도문장 개선을 2004년 중점 점검과제로 선정해 연구와 교육을 병행하기로 했다. 이를 위해 방송실무자 재교육을 위한 우리말대학 개강과 텔레비전 자막의 오류를 바로잡기 위한 맞춤법교정기 도입 방안을 제시했다.

위원회는 첫 분기 보고서로 역점사업 시행의 토대를 다지기 위해 "자막 오용 실태와 극복방안"을 담은 연구결과를 엮어 발행했다(이현주 전문위원). 〈주간 방송언어보고서〉는 사내 통신망 게시와 유관부서 배포를 통해 자리를 잡아가기 시작했다. 방송 프로그램을 통한 언어순화를 위해 '장소원의 우리말보고서'(〈TV속의 TV〉)가 고정 편성되었다(3월 13일~).

우리말위원회 2분기 정례회의는 5월 6일 오후 4시 본사 경영센터 대회의실에서 열렸다. 본격적인 체제를 갖추기 시작한 우리말연구팀은 업무보고에서 프로그램 자막의 오류를 바로잡기 위한 '맞춤법교정기 도입' 방안을 밝히고 '우리말 청정 프로그램'으로 명명한 〈사람, 사진으로 쓰는 이야기〉(5월 10일 첫 방송, 월~금 오전 10시 50분~11시, 낭독 조일수 아나운서, 대본 감수 우리말연구팀 전문위원) 제작 편성을 비롯한 사업 현황을 보고하고 2분기 주력 사업으로 '우리말대학 운영'에 나설 것을 밝혔다.

1분기 보고서의 자막 연구를 심화한 2분기 보고서("자막의 효율적 방안에 대한 연구", 한성우 전문위원)가 발표되었다. 신조어나 외래어를 비롯한 용어 심의도 안건으로 삼는 방안의 하나로, '살처분'과 '룽천'에 대한 심의도 했으나 자료 보강과 관련부처의 견해 청취를 위해 심의 결정은 보류했다.

〈우리말나들이〉 프로그램 제작진이 개편된 것도 2분기였다(CP 강재형, PD 정혜정·이재용, MC 유수민, 5월 3일~). 제작진 개편과 함께 시청자가 직접 프로그램 기획과 제작에 참여하는 '시청자 우리말지기'를 공개 모집하여 시청자 주권에 한 발 다가서는 시도를 하기도 했다(5명, 4월 20일~5월 3일/총 10편). 〈우리말나들이〉가 지상파와 인터넷을 넘어 철도방송 서비스로 영역을 넓혔으며(서울 지하철 1·3·4호선/'코모넷' 제공) 라디오 〈우리말나들이〉가 신규 제작 편성되었다. 본사 방송권역을 대상으로 제작한 라디오 〈우리말나들이〉는 지방 계열사의 제공 요청에 따라

지역별 송출로 확대되었다.

무엇보다 주목할 만한 사업은 우리말대학이다. 우리말위원인 장소원 교수(서울대, 국어학)와 신지영 교수(고려대, 국어학), 한성우 전문위원 (가톨릭대 교수, 국어학)이 강사로 나선 우리말대학은 라디오 DJ, MC 및 작가, PD를 대상으로 한 1, 2차(5월 11일, 19일) 강의를 시작으로 연예 오락, 시사 교양 프로그램 외부 진행자와 제작진을 대상으로 진행한 3차 (6월 3일)와 4차(6월 9일) 강의로 1기를 마무리했다.

우리말위원회 3분기 정례회의는 8월 2일 본사 경영센터 대회의실에서 열렸다. 사내 우리말대학 1기 운영에 대한 평가와 7월 1일부터 시험 가동 에 들어간 맞춤법교정기 도입 방안 및 현황에 대한 실무진의 발표와 이에 대한 토론이 이어졌다.

맞춤법교정기는 부산대 권혁철 교수팀의 엔진을 기반으로 본사 기술연 구소의 개발과정을 거쳐 자막작성기(ForCG)에 처음으로 도입했는데, 보 도CG팀의 운용 결과 합격점을 줄 수 있다는 결론을 내렸다. 맞춤법교정 기 도입을 위한 TFT도 구성되었다. '자막 맞춤법 개선 TFT'는 7차례에 거 친 실무회의와 기술검토를 거쳐 보도CG팀을 시작으로 단계적인 부서별 시험운용에 들어갔다. 본사가 도입하는 맞춤법교정기는 어문 규정에 따 른 맞춤법 오류뿐 아니라 신조어, 외래어 표기도 바로잡을 수 있는 기능을 담은 제품으로, 설치 대상은 포시지(ForCG)와 디지에프엑스(DigiFX)를 비롯한 본사 자막-그래픽 입력 장비이다.

3분기 정례위원회에서는 '용어 심의'도 안건으로 상정되었다. 일본 투 전문용어인 '살처분'과 북한 고유명사 표기 및 발음의 원칙을 정하기 위한 '룡천'을 놓고 격론을 벌인 위원들은 '살처분'은 '도살처리'로 표현하는 것이 바람직하다는 데 의견을 모았다. 북한 고유명사에 두음법칙을 적용하는 문제인 '룡천' 용어 심의에 대해서는 포괄적 논의를 위한 자료 보강과 주무부처 의견 청취를 전제로 심의 결정을 보류했다.

우리말위원회 실무를 뒷받침하는 우리말연구팀 워크숍도 3분기에 열렸다. 본사 양주 연수원에서 연구팀 소속 아나운서와 전문위원이 참석한 가운데 열린 워크숍에서는 1기 우리말대학의 평가와 대안을 제시하고 〈우리말나들이〉 프로그램 북한말 특집에 관한 사항을 주로 논의하였다. 또한 주간보고서의 개선방안과 우리말 데이터베이스, 평가지표 구축에 대한 사업도 제시되었다.

우리말위원회의 한 해 사업을 되돌아보고 앞으로 사업 계획을 전망하는 2004년도 마지막 정례위원회가 10월 19일 오후 4시 여의도 63빌딩 클로버홀에서 열렸다. 4분기 위원회는 연내 중점 추진사업인 사내 우리말대학과 맞춤법교정기에 대한 진행상황과 계획 논의를 중심으로 진행되었다. 우리말연구팀은 방송문화진흥회와 문화방송이 공동으로 기획한 '〈우리말나들이〉 북한말 특집'의 진행상황을 보고하였다. 북한말 특집은 6월 15일부터 매주 금요일 고정편성으로 제작 방송하고 있으며 방북 취재 이전 단계로 연변 현지취재(9월 9일~9월 16일, 강재형·한준호, 연변 YBRT 협조)를 하기도 했다.

사내 우리말대학 2기는 보도부문(5년 차 이하 기자)을 대상으로 11월 9일~11일(화, 수, 목)과 12월 1일(수) 네 차례에 걸쳐 진행하였다(강사: 한성우 전문위원, 가톨릭대 교수). 우리말대학 교재도 편찬하였다. 보도부문을 대상으로 1차 제작한 우리말대학 교재와 함께, 프로그램 전 부문은 물론 고정출연자가 아닌 일반인을 위한 교재도 내년에 별도 편찬할 예정이다. 보도부문 기자들을 위한 보도문장 오류 빈발 사례와 장단음 실무 편람도 제작 예정이다.

11월 12일 본사 경영센터 대회의실에서 편성-보도-제작 및 기술부문의 실무자 20여 명이 참가한 가운데 맞춤법교정기 시연회가 열렸다. 2004년도에 정식 도입해 운영하기로 확정한 맞춤법교정기 시연회에서는 부산대 인공지능연구소(소장: 권혁철 부산대 교수)의 '교정엔진' 시연에 이어 본사 기술연구소가 개발한 맞춤법교정기 시험판의 설명도 마련되었다. 맞춤법교정기는 아나운서국 우리말연구팀과 기술연구소, 정보시스템팀 및 보도 편집부 실무자로 구성된 '자막 맞춤법 개선 TFT'의 8차례에 걸친 실무회의와 이번 시연회를 통한 기술 검토를 거쳐 개발되었다. 맞춤법교정기는 보도국 기사출력 시스템(데스크용)을 비롯한 기사작성기에도 설치될 예정이다.

우리말위원회 4분기 정례회의에서는 국어실태지수 조사에 대한 논의가 있었으나 제반 여건을 감안하여 내년 사업으로 이월하여 진행하자는 결론을 내렸다. 위원장은 이 자리에서 방송화법을 내년의 중점 연구과제로 추진하겠다는 뜻을 밝혔다.

박경리 대담 특집

1
—

2004년 봄 어느 일요일, 마산에서 신문을 보다가 소설가 공지영 씨가 인터뷰한 박경리 선생 기사가 눈에 띄었습니다. 그날 저는 박경리 선생 고향이 경남 통영이라는 것과 연세가 팔순이 다 됐다는 사실을 처음 알았습니다.

다음 날 마산 문화방송에 출근한 저는 사내 인터넷 게시판에 박경리 선생에 관한 글을 올렸습니다. 그리고 말미에 선생 고향이 통영이고 연세가 무척 많으시다는 점을 들면서 경남 지역방송으로서 우리는 그분에 대해 어떤 자료가 있는지 물어봤습니다. 별 것 없으리란 생각을 하면서 없으면 빨리 서두르라는 뜻이었지요.

저는 어떻게든 박경리 선생과의 대담을 성사시키고 싶었지만 당시 편성국에서는 '이분이 워낙 언론에 출연하기 싫어하시기 때문에 섭외가 어렵다는 점'과 '현실적으로 원주에 살기 때문에 우리 권역이 아니라는 점'을 들어 난색을 표했습니다.

곧바로 원주 문화방송 사장인 입사동기에게 전화를 걸어 물어봤습니다. "박경리 씨 자료가 혹 있는지?" 없다고 했습니다. "그러면 뉴스에 나온 얼굴이라도 있는지?" 역시 없다고 했습니다. 그래서 "정말 아무것도 없어?" 했더니 그렇다는 것이었습니다. 처음으로 그분 섭외가 어렵다는 말뜻을 알 것도 같았습니다.

그래서 혹시나 하고 당시 라디오 제작 일을 하고 있었지만 통영국제음악제를 처음 총괄 기획했던 김일태 PD에게 실무를 맡겨보라고 일렀습니다. 그로부터 3주 뒤 김 PD로부터 박경리 선생이 직접 만나겠다고 해서 약속을 잡았다는 보고를 받았습니다. 김 PD는 박경리 선생이 방송출연을 허락한다면 우선 주제를 '생명과 고향'으로 하여 선생의 삶과 문학세계를 담아내겠다고 거창하게 말씀드렸다고 합니다.

김 PD는 그 과정에서 참으로 다양한 방식과 별의별 인맥을 다 동원해 설득하고 떼를 썼다고 합니다. 박경리 선생과 각별한 친분을 가진 통영 출신 언론인 김성우 선생, 통영 출신 부산대 국문과 김정자 교수, 박경리 선생을 가까이서 모셨던 연세대 국문과 정현기 교수, 사위인 김지하 시인과 딸 김영주 토지문화관장 등과 수없이 전화통화를 했다고 합니다.

또한 과거 방송사로서는 처음으로 박경리 선생을 취재한 바 있는 서울 문화방송의 권문혁 PD(당시 〈이제는 말할 수 있다〉 담당)와 많은 의견을 나누었는데, 박경리 선생에게 접근하는 데만 6개월이 걸렸고 생명환경운동 외 작품과 삶에 대해서는 일체 카메라에 담아내지 못했다는 얘기를 들었다고 합니다. 그러니 비록 면담 약속은 받아냈지만 정말 방송에 출연할지 여부는 알 수가 없다는 것이었습니다. 그렇지만 저는 진의장 통영시장이 박경리 선생을 누님이라고 부르는 것을 보고 방송이 가능할 것이라는 확신을 가졌습니다. 박경리 선생은 진 시장 큰누나와 친구사이였고, 이번 면담 역시 진 시장 역할이 매우 컸기 때문입니다.

그런 가운데 저는 박경리 선생 《토지》를 한 질 구했습니다. 이유는 잘 모르겠지만 그때 제가 구한 《토지》는 청소년용이었습니다. 열 권이 안 됐으니까 축약판이었는지도 모르겠습니다. 그때까지 제가 본 박경리 소설은 대학 때 본 《김약국의 딸들》이 전부였습니다. 큰일을 앞두고 마음가짐을 새롭게 한다는 뜻으로 저는 《토지》를 열심히 독파했습니다.

그해 7월 17일, 선생을 만나러 가는 김일태 PD에게 꼭 성사시키고 오라고 부탁했습니다. 약속시간이었던 오후 2시부터는 더욱 초조하게 기다렸는데, 4시경 김 PD로부터 박경리 선생이 방송에 출연하겠다고 하였으며, 제작일정과 장소도 우리에게 모두 맡겼다는 연락이 왔습니다. "아, 브라보!"

김 PD는 박경리 선생에게 "고향 통영과 경남이 어려움을 겪고 있다. 이런 때 선생님과 같은 어른이 나서서 꿈과 희망을 주어야 한다"면서 "방송 형식과 진행자 등은 선생님이 원하는 방향으로 할 것이며, 30분이 되었건 2시간이 되었건 편성시간 제약을 두지 않고 절대 사전 허락 없이 편집하지도 않겠다"는 말로 선생을 설득했다고 했습니다.

박경리 선생이 언론 노출을 극도로 피한 이유가 기자나 PD들이 찾아와 자기네들이 알고 싶은 것만 질문하고 정작 선생께서 말하고 싶은 건 배제해버리기 때문이었다는 후문이고 보면 '선생 뜻대로 하는 대담 제안'은 아주 적절했던 셈입니다.

저는 고혈압과 시력저하 등 선생의 건강과 심경 변화가 걱정스러워 김 PD에게 가급적 빠른 시일 내 제작일정을 잡게 하고, 편성국장에게 제작팀을 구성하도록 했습니다. 김 PD가 박경리 선생이 추천한 서울대 송호근 교수를 대담 사회자로 섭외해내면서 전체 제작일정과 스태프 구성이 일사천리로 확정되었습니다. 곧바로 회사 확대간부회의에서 대담 기획안이 발표됐습니다.

녹화제작일은 8월 4일 오후 6시, 장소는 원주 토지문화관, 대담 사회자는 송호근 서울대 사회학과 교수, 제작담당은 〈대장경〉 다큐멘터리 제작으로 역량을 크게 인정받은 안관수 PD가 맡도록 했습니다. 그리고 출연료는 당시 지역방송 수준으로는 파격적인 액수로 결정했다는 보고를 들었습니다.

저는 제 마음을 알아준다는 생각에서 그랬는지 그날 한 수 더 떴습니다. 기왕에 박경리 선생이 어렵게 허락해준 대담인데 우리가 그분을 정말 제대로 모시면 어떻겠느냐면서 "선생이 '백'보다는 '천' 소리를 듣게 하는 게 어떻겠느냐" 하고 물었습니다. 다들 별 반대가 없었습니다. 저는 제 의도를 제대로 반영해준 편성국 식구들이 고마웠습니다.

당시까지 가장 많은 출연료를 받은 사람은 미국 국무장관이었던 헨리 키신저였습니다. 공교롭게도 문화방송이 1970년대 후반 키신저를 초청할 때 저는 외무부 출입기자였고, 그분이 출국할 때 김포공항에 취재 간 인연이 있었습니다. 김 PD가 그걸 알아본 뒤에 박경리 선생 출연료는 그보다 만 원 높게 책정했다고 했습니다. 김 PD는 그 사실도 전해드렸는데 박경리 선생은 웃으면서 좋아하더라고 전해주었습니다.

나중에 제가 서울대 송호근 교수는 전공이 사회학인데 왜 박경리 선생이 대담자로 정했는지를 물었습니다. 김일태 PD는 송 교수 장모가 박경리 선생 '왕팬'인 데다 본인 역시 박 선생을 좋아해서 신혼여행을 통영으로 갔을 정도라고 설명해주었습니다. 갑자기 송 교수가 달리 느껴졌습니다. 그리고 단순한 대담은 아니겠구나 하는 생각이 들었습니다. 송 교수가 사회과학자였기 때문입니다.

제작진은 선생이 달변인 데다 작품과 개인사적 삶에 대한 언급을 극도로 조심한다는 점을 알고, 대본은 일체 사전에 전달하지 않고 최대한 선생의 삶과 예술정신 그리고 철학을 담아내려 송 교수와 치밀한 작전을 세웠습니다. 그 무렵 원주에서 들리는 얘기는 박경리 선생이 우리 대담 녹화날짜가 잡히자 일주일 전부터 모든 일정을 취소하고 '우황청심환을 드시면서 몸을 추스린다'는 것이었습니다. 뭔가 교감한다는 느낌이 들었습니다.

녹화 당일 아침 일찍 중계차가 출발한 뒤 아무래도 원주 사장에게는 양해를 구해야 할 것 같았습니다. 전화를 했더니 뜻밖에도 휴가 중이라는 것이었습니다. 차라리 잘됐다는 생각이 들었습니다. 그래서 경영국장에게 전화를 걸어 양해를 구했습니다. 경영국장은 제가 기획이사로 있을 때 원주에 문제가 생겨 여러 번 찾아가 만난 사이였습니다. 당연히 좋다는 소리를 들었지요. 이쪽 상황은 모르니 그럴 수밖에 없었을 겁니다. 녹화 날에 음료수까지 사들고 와서 주고 갔다는 겁니다.

당초의 제작목표는 한 시간 편성 분량이었습니다. 그러나 다음 날 녹화시간이 무려 네 시간 반이란 소리를 들었습니다. 사전에 계획된 송호근 교수의 자연스런 질문에 박경리 선생은 그 오랜 시간 자신의 다양한 삶의 철학과 문학관 등 속마음을 털어놓았습니다. 제작을 마치고는 거의 기진한 모습으로 숙소에 드셨다고 합니다.

저는 정말 깜짝 놀랐습니다. 박경리 선생이 오히려 쉬었다 하자면서 계속 말씀을 하셨다고 합니다. 결국 자정이 넘어서야 겨우 녹화를 끝냈다는 거지요. 녹화테이프가 온 뒤, 날을 잡아 국장들과 점심을 같이한 뒤에 편성국에 찾아가 녹화 테이프를 한번 보자고 했습니다. 그날 저는 네 시간 반 분량의 대담을 처음부터 끝까지 다 보았습니다. 국장들과 함께 말입니다. 그리고 소감 삼아 분량이 많기 때문에 사전에 소제목처럼 타이틀을 붙여주는 게 좋겠다는 의견을 냈습니다.

그해 가을 박경리 대담 특집은 〈창사 35주년 기념 《토지》 완간 10주년 특별대담 - 작가 박경리〉라는 거창한 이름으로 3부작으로 나뉘어 9월 3일과 4일 연달아 경남지역에 방영됐습니다. 3일에는 1부 '통영, 박경리 문학의 은근한 지렛대'와 2부 '지성의 빛, 인간 박경리' 편이 80분 동안 방송됐고, 4일에는 3부 '《토지》의 작가 박경리' 편이 70분 동안 방송됐습니다. 안관수 PD가 연출한 이 세 시간 반짜리 프로그램은 원주에서 네 시간 반 동안 녹화해온 대담을 짜임새 있게 압축한 프로그램이었습니다.

대담 첫머리부터 우리 국악 아쟁소리가 흐르면서 해설자가 등장하고, 권영민, 강만길 교수 같은 분들의 인터뷰 내용이 초반부터 이번 대담의 무게를 더없이 올려주었습니다. 그리고 사회자 송호근 교수는 사회학자인지 문학자인지 알 수 없을 정도로 박경리 선생의 작품세계와 등장인물에 대한 거의 완벽한 이해를 바탕으로 아주 짧고 예리한 질문들을 편안하게 던짐으로써 선생의 대담을 이끌어냈습니다. 제가 보기엔 부모와 자식 간의 정감 같은 것도 느낄 정도였습니다.

대담 중인 박경리 선생.
이날 박경리 선생은 네 시간
반여에 걸쳐 자신의 철학과
작품세계를 풀어냈다.

　방송 후 전국에서 프로그램 비디오(DVD) 구입문의가 들어왔고, 본
사에서도 지역방송 이후 서둘러 전국방송을 했습니다. 이 프로그램은
이듬해 영어로 번역해 아리랑TV 등을 통해 위성으로 전 세계에 방송되
었으며, 딱딱한 형식인 대담 프로그램으로는 드물게 2003년, 2004년
방송관련 큰 상들을 휩쓸었습니다.

　방송이 나가자 방송위원회는 10월 '이달의 좋은 프로그램'으로 이 대
담을 선정해주었으며, 그 다음 해 방송대상 최우수상으로 이 프로그램
을 다시 선정해주었습니다. 시상 이유는 "쉽고 간결한 질의응답 형식으
로 박경리 세계를 치밀하게 조명해냈으며, 한국 근현대사와 우주, 생
명사상에 대한 깊이 있고 진지한 성찰을 이끌어냈다"는 것이었습니다.
저로서는 한마디로 꿈도 좋고 해몽도 좋았습니다!

　안관수 PD는 결국 이 프로를 연출한 공으로 무려 예닐곱 개의 상을
휩쓸었고 해외여행이라는 부상까지 누렸습니다. 제가 "이봐, 무슨 재
방을 그렇게 여러 번 하는 거야!" 하는 농담을 할 정도였습니다. 그런데

정작 이 어려운 대담을 성사시킨 김일태 PD는 아무런 상도, 부상도 없었습니다. 결국 다음 해 저는 창사기념일에 김 PD를 유공사원으로 표창해주었습니다.

제가 박경리 선생을 직접 찾아뵌 것은 방송이 나간 후 추석 직후인 10월 8일이었습니다. 처음에는 제작할 때 같이 찾아뵐까 했습니다만 제작에 집중하게 해드리는 것이 좋겠다는 스태프 의견에 따라 그날로 정했습니다. 서울 출장길에 김일태 PD와 함께 통영산 전복을 비롯한 해산물을 들고 원주 토지문화관을 찾아갔습니다.

오래전부터 존경해오던 분인 데다가 정말 어렵게 허락해주신 방송출연, 또 선생 스스로 생전 처음이자 마지막 방송이라 언급했듯이 마산 문화방송에 당신의 모든 얘기를 털어 놓았던 터라 저도 모르게 시멘트 바닥에 엎드려 큰절을 올렸습니다. 선생은 마산 문화방송의 프로그램 제작과 방송에 매우 흡족해하셨고 전국 각지에서 방송과 관련해 많은 전화를 받았다고 했습니다.

그리고 선생은 그해 발행한 《생명의 아픔》이란 수상집을 시작으로 생명의 중요성에 대해서, 또 우리나라의 전통적 '한'에 대해서 다양한 사례를 들어가며 말씀해주셨습니다. 고향 통영에 대해서 얘기할 때는 '통영'을 '토영'이라고 발음하셨습니다. '통영'이라고 발음이 잘 안 되시냐고 물었더니 "원래 우리는 모두 토영이라고 불렀는데 타 지역 사람들만 '통영'으로 불렀지요. 충무로 이름이 바뀔 때 통영사람들은 참 많이 반대를 했지요" 하셨습니다.

그날 젊은 남자가 갓을 쓰고 서 있으면 얼굴이 보일 듯 말 듯하여 정말 수려하다고 말씀하신 게 머리에 강하게 남았습니다. 원주를 다녀온 뒤 곧바로 통영에 갓 만드는 분이 계신가 알아봤는데, 마지막 한 분이 서울로 올라가버렸다고 했습니다. 파리 패션쇼에 갓이 나오는 모습을 보고는 더욱 아쉬웠습니다.

2
—

박경리 선생과의 긴 데이트 끝에 저는 정중하게 고향 통영 방문을 제안하며 문화방송에서 잘 모시겠다고 했습니다. 선생은 웃으며 직답은 안 하셨지만 부인하지 않으신 걸로 봐서 어쩌면 가능하겠다는 느낌을 받았습니다. 그때까지 선생은 당신의 고향 통영에 근 40여 년 동안 한 번도 가신 적이 없었습니다.

선생은 만남의 정표로 늘 싫어하시던 사진도 같이 찍어 주시고 《생명의 아픔》이란 신간 서적에 사인도 해주셨습니다. 저는 나중에 이 사진을 표구해서 책상머리에 올려놨습니다. 엄청나게 귀한 사진이라는 걸 잘 알게 되었기 때문입니다.

결국 박경리 선생의 고향 통영 방문은 2004년 11월 4일에야 이루어졌습니다. 김일태 PD를 추석인사차 원주로 보냈는데, 선생이 11월 4일부터 3일간 일정으로 방문하겠다고 하셨다는 것입니다. 나는 이 고향방문 프로젝트도 김일태 PD가 종합기획을 하도록 했습니다.

그리고 통영시장이 자가용을 보낸다는 얘기를 듣고 우리가 차는 제공하겠다고 하라고 시켰습니다. 그리고 스타크래프트라는 9인승 중형차를 빌려 PD, 카메라기자들을 태워 원주로 보냈습니다. 우리만 단독 취재할 수 있다는 생각이 든 겁니다. 선생이 편하게 내려오시도록 큰

차를 빌렸다는 소리도 전했을 겁니다.

11월 4일 아침 9시에 토지문화관에서 출발한 차량은 평소 차멀미가 심한 선생의 컨디션을 감안해 최저속도로 이동했고, 현동 할매곰탕집에서 점심을 한 후 오후 4시경 충무관광호텔에 도착했습니다. 호텔 앞 잔디광장은 전국의 수많은 언론사 기자들과 시민대표, 공무원들로 북새통을 이루었습니다.

선생은 간단한 소감 한마디 하고는 기자들의 질문에 일절 대꾸하지 않고 다음 날 제승당에서 얘기하자면서 피로하다고 숙소로 들어갔고, 그날 밤 통영시장이 오광대 등 작은 공연과 함께 모시는 저녁을 들었습니다. 다음 날 아침식사는 선생이 어렸을 때 추억이 서려 있으며 소설 《시장과 전쟁》, 《김약국의 딸들》에 나오는 서호시장 분소식당에서 했습니다.

다음 날인 11월 5일에는 통영시가 시민문화회관에서 박경리 선생 환영식을 열었습니다. 저는 이 행사를 생방송으로 지역에 중계하도록 지시했습니다. 김일태 PD가 '통영시민들과의 만남'이라는 이벤트를 기획했기 때문입니다. 아마 정부 고위관료가 아닌 민간인이 고향 방문한 행사를 생방송으로 중계한 경우는 박경리 선생이 처음이었을 것입니다.

그런데 이 행사 후에 선생은 제승당 방문을 돌연 취소해 버렸습니다. 너무 피곤하다는 것이었습니다. 선생 일행은 연명에 있는 사업가 한 분의 별장으로 가 해물요리로 식사를 하고 오후에는 편하게 쉬시도록 했습니다.

그러나 통영시청은 무척 바빴습니다. 전국의 언론사 기자들이 엄청나게 항의를 해왔기 때문입니다. 멀리 서울, 부산, 광주 등에서 취재하러온 기자들은 한 컷도 찍지 못하고 철수해야 했습니다. 일부는 마산 문화방송의 횡포라고 항의했다는 소리도 들었습니다.

그날 저녁은 미수동 회원횟집에서 박 선생 모녀와 통영시장, 의회 의장, 기자 출신인 김성우 선생, 그리고 저와 김일태 PD가 함께했습니다. 중간에 이수성 전 총리가 선생의 고향방문 소식을 부산에서 듣고 예정에 없던 불청객이 되었습니다.

선생은 그날 여러 사람들 앞에서 마산 문화방송이 최고라면서 김일태 PD를 '품격이 있는 사람'이라고 추켜세웠습니다. 그런가 하면 "이번 마산 MBC 땡잡았다. 나 죽으면 원 없이 쓸 거 아이가!" 하면서 의미심장한 여운을 남겼습니다. 결국 제승당 방문도 선생이 원주로 떠나는 마지막 날 오전에 이루어졌고, 모든 취재진들이 철수한 뒤라 자연히 마산 문화방송이 단독으로 취재했습니다.

선생은 가시기 전에 충무공기념사업을 위해 써달라며 통영시에 1천만 원을 기탁하고, 통영시에서 준비한 충무김밥을 가지고 출발했다고 김 PD에게 전해 들었습니다. 고향 통영이 박경리 선생을 마지막으로 배웅한 날이었습니다.

그로부터 3년 뒤에 박경리 선생이 돌아가셨습니다. 그날 저는 서울 한 식당에서 점심을 하고 있었는데, 전임 윤건호 사장이 전화를 걸어 MBC를 틀어보라는 거였습니다. 박경리 선생 대담이 지금 방송 중이라고 말입니다. 정말 추모특집이라는 이름으로 선생의 대담이 방송되고 있었습니다.

제가 그분과 맺은 인연은 여기까지입니다. 이번에 자료를 찾다가 우연히 발견한 메일인데, 당시 경남스틸 최충경 회장이 이 대담을 칭찬한 내용을 읽게 됐습니다. 당시 우리 시청자위원장을 맡고 계시던 최 회장은 "근자에 보기 드문 지방방송사의 걸작"이라고 쓰셨는데, 저는 이걸 까맣게 모르고 있었습니다. 그분이 지금도 매년 저를 마산으로 초청해 주시는데, 혹 이런 칭찬이 관련 있었을지 모르겠습니다. 고마운 일입니다.

최 회장은 기업인이지만 색소폰 연주자로 1년에 한 번 정도 동호인 연주회를 열 실력이고, 경남 오페라단을 비롯해 여러 문화사업에 거액을 후원해온 분이기도 합니다. 경남 상공회의소 회장과 전국 상공회의소 부회장을 맡았습니다.

또한 출판을 위해 만난 나남출판 조상호 회장이 쓴 책(《언론의병장의 꿈》)에 선생이 남겨주신 유산을 언급한 부분이 있습니다. "이 무렵 《토지》는 통산 100만 권 돌파를 기웃거렸다. … 이 책의 수익은 1천여 권의 쉽게 팔리지 않는 인문 사회과학 출판을 가능하게 한 물적 토대가 되었음은 물론이다."(136쪽) "나중에 통산 200만 부의 책이 독자들 손에 안겼다"고 이 책은 기록하고 있습니다.

여담입니다만 대담 첫머리에 원주 토지문화관을 만들 때 이야기가 나오는데, 방송에 나오지 않은 일화를 하나 소개하겠습니다. 당시 원주 단구동 선생 집이 토지계획에 걸려 철거해야 한다는 소리에 선생이 분노한 것까지는 방송에 나왔지요. 그때 대통령은 감옥에서 《토지》를 읽었다는 분이었습니다. 당연히 토지개발공사에 비상이 걸려 간부들이 박경리 선생을 찾아와 문학상을 만드네 뭐네 하면서 사과를 했지만 쉽게 화를 진정시키지는 못했다는 겁니다.

이때 한 임원이 "선생님, 따지고 보면 선생님이나 저희나 토지 갖고 먹고 살기는 마찬가지 아닌가요?" 하자 갑자기 선생이 웃으시면서 화를 풀었다는 얘기입니다. 김 PD 말로는 그 후 토지개발공사 이름이 그냥 토지공사로 바뀌었다는데, 그래서인지 방송에서도 선생은 토지공사라고 이름을 불렀습니다.

처음 만났을 때 "늙어서 참 편안하다. 죽음 자체는 아무런 의미가 없고 인생은 너무나 아름답다" 하던 선생은 고향을 첫 방문한 3년 뒤인 2008년 5월 5일 어린이날에 훌훌 세상을 떠났습니다. 생전 "통영 땅 양지바른 곳에 묻히고 싶다"고 하신 선생의 희망에 따라 통영바다가 굽어보이는 통영시 산양읍 미륵산 자락 양지바른 언덕에 그분을 모셨다고 들었습니다.

저는 박경리 선생이 고향을 '통영'이라 하지 않고 '토영'이라고 하신 대목이 너무 좋아, 통영국제음악제 이름을 토영국제음악제로 바꿔보려고 했습니다. 발음 법칙상으로도 좋고 실제 그렇게 발음하고 있다면 언론사가 나서서 한번 고쳐보자는 생각에서였습니다. 그런데 마산에서 1년 근무했을 때 인사가 났습니다. 저는 그걸 실행하지 못한 점을 지금도 늘 아쉽게 생각하고 있습니다. 박경리 선생의 뜻을 또 하나 살릴 수 있었는데 말입니다.

청소년 토론 프로그램 〈고등어〉 방송

2004년 마산에 있을 때 청소년들이 직접 자유롭게 말하는 프로그램을 만들어보자고 한 적이 있습니다. 당시 청소년들은 우리 어른보다 훨씬 좋은 세상을 살아서 정보의 양이나 질에서 단연 어른들을 압도하는 사실상 '단군 이래 가장 우수한 젊은이'들이라고 판단했기 때문입니다. 물론 이제는 세상이 민주화돼서 젊은이들도 발언할 수 있는 여건이 만들어졌다는 전제가 있었습니다.

그런 생각을 사내 게시판에 비쳤더니 곧바로 반응이 왔습니다. 결국 〈고등어〉라는 생선 이름의 신선한 프로그램이 탄생한 겁니다. 저는 '고등어'가 '고등학생들이 등교해서 하는 말'을 줄인 것으로 들었습니다. 기발하다고 생각했습니다. 한편으로는 우리 세대 같으면 상상도 하기 힘든 조어법이라고 생각했지요.

10년이 지나 이 프로그램 탄생이 생각나 당시 기획을 맡았던 김사숙 PD(현 MBC 경남 편성제작국장)에게 그때 일들을 적어달라고 부탁했습니다. 그런데 그 내용이 너무 자세하고 좋아서 여기 거의 전문을 소개합니다. 저는 더 이상 붙일 말이 없을 정도이니까요. 김 국장의 지원이 너무 고마웠다는 말씀을 드립니다.

▋ 최초의 청소년 토론 배틀 프로그램 〈고등어〉

— 김사숙 (MBC 경남 편성제작국장)

2005년 8월, 후배 PD로부터 전화를 받았다. "부장님, 〈고등어〉가 한국
방송대상을 받게 됐습니다. 정보 공익 분야 대상입니다." 좀체 흥분하지
않던 후배 PD가 수상소식을 전하며 다소 들떠 있었다. 지역방송이 대상
을 받기란 흔치 않은 일이기에 그해 한국방송대상에서 〈고등어〉는 단연
미디어의 집중 조명을 받게 되었다. 프로그램을 방송한 지 4회 정도밖에
되지 않은 시점이었다.

청소년 토론 프로그램 〈고등어〉는 당시 마산(현재 MBC 경남), 부산,
울산, 진주(현재 MBC 경남) 등 영남 4사가 공동 제작하는 4개의 프로그
램 중 마산 MBC가 제작한 프로그램이다. 영남지역 방송사들은 악화되는
재정난을 극복하고 콘텐츠의 품질을 높일 수 있는 방안으로 전국에서 가
장 먼저 공동제작에 나섰다.

당시 영남 4사가 제작한 공동 프로그램은 1개 프로그램당 제작비가
1,500~1,600만 원이었는데, 10년이 지난 지금 주간 프로그램 제작비가
500~600만 원 선을 크게 넘지 않는 걸로 봤을 때 그 당시만 해도 제작환
경이 괜찮았다는 생각이 든다.

서울과 비교되진 않지만 단일지역 방송사에서는 엄두도 낼 수 없는 제
작비 투입과 함께 공익적이고 질적으로 진일보한 〈고등어〉 같은 공익프

로그램 제작이 가능했던 것은 영남지역 방송사들이 시대적 요구에 맞게 한발 앞서갔기 때문이다.

〈고등어〉를 기획하게 된 가장 직접적인 계기는 전 마산 MBC 대표이사였던 김상균 사장이 제공한 셈이다. 김 사장은 2004년 3월에 부임하자 곧바로 회사 인트라넷 게시판을 통해 사원들과 적극적 소통을 시도했다. 인생선배로서 경험담과 취재경험을 공유하고 기자들이 타성적으로 쓰는 단어들이 갖는 의미로 인해 뉴스의 리얼리티가 얼마나 떨어지는지를 사례로 들어 제시했다.

예를 들면 '강간'을 '성폭행'으로 썼을 때 가해자의 폭력성이 실제보다 미화되거나 포장되는 상황이라든지 원자력발전소와 핵발전소의 차이 같은, 방송현장에서 무비판적으로 수용하는 방송언어들에 대해 묻고 대답하는 쌍방향 소통방식이었다. 이러한 소통방식은 당시 사원들에게 꽤나 신선한 변화로 다가왔다. 진심을 다한 말은 힘을 가지며 그 말의 힘은 확대 재생산을 통해 세상을 바꿀 수도 있다.

김상균 사장이 사내 게시판에 올린 글 중에 내게 가장 큰 공감을 불러일으킨 것은 '말하기의 중요성'과 '말하기 프로그램의 필요성'에 관한 의견이었다.

"우리 사회 전반에 퍼진 온갖 편견과 차별로 사회갈등이 심해지고 지역, 조직, 세대, 학력, 남녀, 인종 간 갈등이 해결될 기미조차 보이지 않고 있다. 이러한 갈등구조는 서로의 차이를 인정하지 않고 타협할 줄 모르는 독선과 아집, 소통 부재에서 오는 것이며, 소통 부재는 말하기 학습의 부족에서 오는 것"이라는 내용으로 기억된다. 말하기가 최근 트렌드라는 것과 함께.

나 역시 유사한 현실적 문제로 고민하고 있던 터라 공감의 크기가 훨씬 증폭되었는지도 모른다. 사춘기 중학생 딸과의 소통문제로 매일매일 에너지가 방전되고 있던 터였다. 자녀와의 소통문제는 아마도 모든 어른들이 안고 있는 과제이자 자녀들의 문제일 것이라는 생각이 들었다. 그렇다면 누구나 공감할 수 있는 자녀와의 소통부터 시도해보자, 일방적 강요가 아니라 청소년들의 생각을 어른들이 들어주는 시간을 만들어보자 라는 출발선상에서 청소년들만이 출연하는 토론 프로그램으로 기획안을 좁혀보았다.

우리 청소년들은 왜 의사표현에 약한 것일까? 첫째는 본질을 떠나 부모나 교사에게 말대꾸를 해서는 안 된다는 전통적 도덕관과 교육의 문제였고, 둘째는 암기 중심의 교육으로 인한 분석력과 통찰력 부족, 셋째는 듣기와 발표력, 이해력 부족이었다.

우선 '아이들에게 말할 기회를 주자', '가르치려고 하지 말자', '제작진의 관여를 최대한 줄이자'는 것으로 기본 원칙을 세웠다. 그 다음 형식에 관한 문제에서 일반적인 토론 프로그램과의 차별성을 두기 위해 당시 커뮤니케이션학회를 중심으로 오프라인에서 성행했던 배틀(battle) 형식을 방송토론에 도입하기로 했다. 나중에 알았지만 토론 경연 프로그램의 첫 시도였던 셈이다.

기본 기획안을 수립한 후 김 사장의 게시글에 대한 리액션으로 이러한 프로그램을 기획 중이라고 말씀드렸다. 그의 반응은 청소년들에게 이런 프로그램이 반드시 필요하다는 것이었다. 왜냐하면 말하기의 기본은 청소년기에 형성되기 때문이다.

이 기획이 구체화될 무렵 김상균 사장은 뜻밖에 광주 MBC 대표이사로 발령 났다. 결국 이 기획안은 추진 동력을 잃어버린 셈이다. 당시 제작 PD로 기획의 결정권이 없었던 나는 이 기획안을 파일로 묻어둘 수밖에 없었다.

그러나 곧바로 기회는 찾아왔다. 새로운 대표이사가 선임되면서 제작 부장직을 맡게 되었고 이 기획안을 후배들에게 넘겨주었다. 기획이 아무리 좋아도 제작하는 PD들이 먼저 가슴에 와 닿지 않으면 시청자를 감동시킬 수 없고 결국 좋은 프로그램이 될 수 없다. 후배 지재동(현 MBC 경남 제작부장), 박상길 PD(현 서울 MBC 특보)가 아니었다면 이 프로그램이 결코 성공할 수 없었을 것이다.

하지만 기획안을 처음 넘겨주었을 때 반응을 지금도 잊을 수가 없다. 황당함이 역력했다. EBS 청소년 원탁토론도 얼마 못 가 폐지되었는데 경상도에서 청소년 토론을? 더구나 경연 형식으로?

'전문가들이 출연하는 잘 짜인 토론 프로그램에 익숙한 시청자들이 논리적으로 미숙한 청소년 토론을 인내심을 갖고 보지 않는 이상 시청률은 담보할 수 없다', '뿐만 아니라 의사표현에 인색한 경상도 사람의 지역 특성상 실패가 불 보듯 뻔하다'는 것이 이들이 주저한 이유였다. 우여곡절 끝에 지재동, 박상길 두 PD에 의해 〈고등어〉는 생명력을 갖게 되었다.

〈고등어〉. 제목부터 유니크하다. 지재동 PD의 작명으로 탄생한 〈고등어〉는 고등학생을 당시 유행하던 '고딩'이라는 은어 대신 싱싱하고 청정한 고등어에 비유해 생생하고 솔직한 청소년들이란 의미를 담고 있다. 이 기발한 제목은 이후 타사 프로그램에서도 많이 활용되었다.

무엇보다 〈고등어〉는 청소년 스스로 만드는 방송이라는 데 큰 의미가 있다. 당시 10만 명 가까운 청소년들이 회원으로 가입되어 있던 청소년 포털 사이트 '아이두'(www. idoo. net)와의 연대는 〈고등어〉가 지역적 한계를 벗어나 전국화하는 데 큰 역할을 하였다.

'아이두'는 고등학생이 직접 운영하고 관리하는 사이트로, 방송내용을 올리고 설문조사를 하고 프로그램 동영상도 올려 타 지역 학생들도 인터넷을 통해 보고 피드백 작용을 할 수 있도록 했다. 또한 이 설문결과를 중심으로 차트를 만들어 방송에 활용하고 온라인으로 토론에 참여하는 형식을 추가했다.

사전 설문조사를 통해 인터넷으로 참여를 유도하고 매주 주제와 관련 있는 학생들의 고민 한 가지를 선정해 인터넷에 공개, 청소년들 스스로 고민상담을 해주고 이를 방송에 활용하기도 했다.

주제 선정이나 토론 구성을 위해 청소년단을 만들어 사전 작업에 최대한 이용하고 패널은 청소년 문제 전문가 집단으로 구성했다.

ENG를 활용해 학생들이 생각하는 달변의 대가(가제: 우리들의 말짱)가 '말 잘하는 비법'도 공개하고 단조로움을 보완하기 위해 각 항목의 주제 및 다양한 자료로 화면 구성을 보강했다.

방송 특성상 익명성이 보장되지 않을 것을 우려해 민감한 주제의 토론이 어려울 것을 고려, 방송 전 주제에 대한 방청 학생들의 솔직한 생각들을 끌어내기도 하고, 열린 방청석으로 매 순간 지지의견을 발언할 수도 있게 했다.

토론 프로그램에서 가장 중요한 MC는 대중적 인기와 지적인 이미지를 동시에 갖춘 개그맨 서경석을 캐스팅하는 데 누구도 이견이 없었다. 그는 이 프로그램의 중요성과 필요성을 가장 잘 이해한 사회자로 기억한다.

진행은 100명의 고등학생과 50명의 대학생이 방청객이 되고 각 학교 2

〈고등어〉 방송 장면.
4명의 학생들이 좌우로
나뉘어 찬반토론을 벌인다.

명씩 4명의 학생들이 찬반으로 나뉘어 주제 토론을 벌인다. 마지막으로 최종 우승자 판별은 학생들의 라운드별 토론을 듣고 생각의 변이를 방청객들이 통계버튼을 눌러 모니터로 직접 확인하도록 하는 시스템으로, 당시에는 토론 프로그램의 실험적 포맷을 선보였다.

2005년 4월 30일, 〈고등어〉는 우여곡절과 많은 우려를 뒤로 하고 부산 삼성여자고등학교와 진주고등학교의 '폰, 너는 누구냐?' 토론을 시작으로 첫 전파를 탔다.

'전화기야? 문자기야? MP3? 게임기? 휴대전화 넌 도대체 누구냐?', '청소년폰, 노예인가 친구인가?', '학교에서 휴대폰 사용을 규제해야 하는가?' 등 휴대전화를 둘러싼 뜨거운 공방전이 벌어져 첫 방송부터 입소문이나 청소년들 사이에 화제가 되었다.

제작진도 출연진도 첫 방송은 긴장감이 역력했다. 출연 학생들이 준비된 원고를 암기해 문답형으로 하는 바람에 열띤 토론을 기대했던 시청자들에게 실망감을 주었다.

하지만 이러한 시도에 지역언론과 학부모, 각급 학교, 시민단체 그리고 당사자인 학생들은 '신선하다', '필요하다'면서 긍정적 반응을 보였고, 제작진 역시 앞으로 다듬어나가면 되겠다는 확신과 자신감을 가졌다. 회를 거듭할수록 〈고등어〉는 힘찬 몸짓으로 뛰어올랐다.

인터넷 중독을 주제로 한 '인터넷 바다? 늪?', 교원평가제를 주제로 한 '우리 쌤은요', '과목? 감옥? 공공의 적, 내신등급', '청소년 이성교제', '두발 잔혹사 110년, 두발규제', '선택인가? 필수인가? 야간자율학습' 등 방송 주제는 청소년들의 삶에서 중요한 부분이면서 규제와 자율의 적정선에서 힘들어 하는 문제들, 어른들이 만들어놓은 틀에 갇혀 자율성과 인권을 유린당하는 현실적 문제들까지 청소년들의 목소리를 담아보려 애썼다.

학생뿐 아니라 교사와 학부모들이 더 찾아보는 프로그램이 되면서 제작진은 방송원고와 설문, 통계차트, 방송 출연후기 등을 모아 한 권의 백서로 만들어 각 학교에 배부했다.

회를 거듭할수록 정치, 경제, 사회, 역사 등 청소년들이 다루기엔 어려운 주제들까지 재치 있는 토론이 이루어졌다. 부산, 경남에 있는 350여 개 학교에는 토론반이나 토론 동아리가 속속 생기고 그 여세를 몰아 이듬해 2월 17~18일 이틀간 경남대와 공동으로 전국 토론대회를 개최했다.

토론내용이 실시간으로 대형 스크린에 전사되어 참석한 심사위원, 교육 관계자, 학생들에게 큰 반향을 불러 일으켰다. 이 토론 축제는 포털 사이트에서도 화제가 되어 실시간 검색순위에 오르는 등 전국적으로 관심을 모았다.

김상균 사장은 광주 MBC 대표이사로 자리를 옮긴 후에도 또 한 번 영호남 소통을 주제로 공동제작 특집을 제안했다. 즉각 수용했고 실무팀이 광주와 마산을 오가며 기획회의를 하면서 의견을 좁혔다.

의사소통의 기본 수단인 언어(사투리)를 통해 서로의 지역성을 인정하고 더 나아가 하나 되기 위한 대안으로서 표준어 사용을 주제로 8·15특집을 전국방송으로 편성하였다. 이 역시 영호남 청소년들이 참여한 최초 토론방송인 셈이다.

전남 광주에서 온 50여 명의 여학생들과 부산에서 온 50명의 학생들. 토론 내용을 떠나 거칠고 투박하지만 영호남 사투리만으로도 충분히 인상 깊고 재미있었다. 우리말이 이렇게 표현이 다양하고 정겨웠던가.

이날의 주제는 '사투리'. 광주 조선대학교여자고등학교(김여란·이수연)와 부산 예문여자고등학교(김소현·김정희) 학생들은 학교나 지역 대항이 아닌 본인의 생각에 따라 자연스럽게 어울려 자리를 잡고 토론을 시작했다.

고질적인 지역감정의 벽을 넘어 서로를 더욱 이해할 수 있는 매개체로서의 사투리의 역할에 대한 학생들의 의견들이 오가는 동안 이런 자리가 왜 진작 만들어지지 않았을까 반문하게 되었다. 흑과 백의 명백함보다 회색의 중용이 있어 값질 수 있다는 것을 영호남의 학생들을 통해 배우는 의미 있는 만남이었다.

김상균 사장의 예상은 적중했다. 유사 이래 가장 똑똑한 젊은이들이었다. 아이들은 성숙하고 어른들은 편견이라는 인큐베이터에 갇혀 있었던 건 아닐까. 〈고등어〉는 세대 차이를 실감하면서 세대 간에 벽을 무너뜨리는 '소통창'이었다.

김상균 사장의 사내 게시글에서 점화한 불씨가 전국 청소년들에게 토론 열풍을 몰고 온 셈이다. 리더십과 소통의 힘이라 생각한다. 청소년 토론 프로그램 〈고등어〉는 조직의 상하 간 리더십과 소통에서 탄생해 세대 간 소통을 넘어 지역 간 소통을 실현한 소통의 아이콘이었다.

최근 케이블방송 티브이엔(tvN)에서 〈대학 토론 배틀〉이 방송되는 것을 보았다. 토론 배틀 프로그램의 시작이 〈고등어〉였다는 데 나는 뿌듯한 자부심을 느낀다.

타이거 우즈와 만나다

2004년 11월 저는 제주도에서 열리는 타이거 우즈 초청 골프시합에 초
대받았습니다. 공식명칭이 'MBC 라온건설 인비테이셔널'이라고 되어
있는 이 대회는 타이거 우즈 외에도 콜린 몽고메리 선수와 우리나라 최
경주, 박세리 선수를 초청해서 같이 시합을 하도록 예정되었습니다.

저는 이 시합 전날 프로암대회(프로와 아마추어가 함께하는 대회)에 초
청받았는데, 초청자는 문화방송이 아니라 라온건설 손천수 회장이었습
니다. 손 회장은 마산에서 사업을 해온 건설사 사장이라 마산지역 유지
들을 초청한 것이었습니다. 저는 마산 문화방송 사장으로 초청받았으
니 사실은 대회 주최 측 양쪽에 다 관련이 있는 셈이었습니다.

저는 서울에서 내려온 기업인 2명, 여자 프로선수와 함께 골프를 쳤
습니다. 그날 오후 리셉션이 있었는데, 그 자리에서 처음으로 타이거
우즈 선수를 봤습니다. 물론 박세리 선수, 최경주 선수, 몽고메리 선수
도 같이 있었습니다. 타이거 우즈 선수 주변에 수많은 팬들이 몰려들어
사진 찍는 걸 보면서 저도 처음으로 스마트폰으로 이들 모습과 함께 타
이거 우즈 사진을 찍어봤습니다. 옆으로 몽고메리, 박세리 선수를 함

께 포함해서 말입니다(그런데 그만 전화기를 물에 빠뜨려 귀한 사진을 잃어
버리고 말았습니다).

　그날 리셉션에서 저는 미리 준비한 선물을 주기 위해 타이거 우즈를
찾았습니다. 주변에 경호원들이 따라다녀 그냥 만나기가 쉽지 않았습
니다. 그렇다고 명색이 언론사 사장인데 그들을 졸졸 따라다닐 수도 없
는 일이었습니다. 로마에 가면 로마식으로 하라는 말이 생각나서 타이
거 우즈 선수에게 손짓을 했습니다.

　뜻밖에도 저와 눈이 마주치자 타이거 우즈 선수가 저한테 오는 것이
었습니다. 전혀 미국 프로선수답지 않은 부드러운 매너였습니다. 그날
오전 저는 문화방송 예능 PD들에게 타이거 우즈 선수가 녹화하면서 너
무 말을 잘 들어서 감탄했다는 얘기를 이미 들었습니다. 만나보니 정말
그랬습니다. 느낌으로만 말하자면, 얼굴만 약간 검은 우리나라 키 큰
선수나 다름이 없었습니다.

　그때 저는 환경운동연합이 친환경제품으로 만든 무동력 전등을 선물
로 주었습니다. 뭐라고 한마디 해야 하는데 말이 생각나지 않아 그냥
"빛이 있어라"(*Let there be light*)라고만 하면 된다고 했습니다. 전등을
수동으로 돌리면서 말입니다. 타이거 우즈가 공손한 태도로 그 전등을
받았습니다. 그가 뭐라고 했는지 지금은 기억에 없습니다. 혹 대답을
안 했을지도 모르겠습니다.

　그 전등은 제가 평양에 갈 때 일부러 환경운동연합 최열 대표에게 돈
을 주고 구입한 제품이었습니다. 평양 전기 사정이 나쁜지 알고 있었으
므로 배터리가 없는 전등이면 분명히 좋은 선물이 될 것이라고 생각했
기 때문입니다. 실제로 평양 고려호텔에서 그쪽 방송위원회 간부에게

선물로 전하면서 제가 수동으로 돌려 불을 켠 적이 있습니다. 정말 감탄사가 튀어나오는 소리를 들었습니다. 어둑한 평양에서 그 전등불은 정말 밝았습니다.

리셉션이 끝나갈 무렵 박재규 경남대 총장이 오셨습니다. 박 총장은 그날 오전에 타이거 우즈와 대회 주최 측인 라온건설 회장, 문화방송 보도이사와 함께 프로암대회에서 같이 운동을 한 뒤였습니다. 박 총장은 저를 보자 저녁 먹자고 하면서 다짜고짜 지하 일식당으로 데리고 들어갔습니다. 카운터에 자리 잡은 박 총장은 아주 맛있는 생선회를 달라고 했습니다. 그때서야 저는 이분이 무언가 하고 싶은 말이 있구나 하는 생각이 들었습니다.

예상대로 박 총장은 그날 오전 타이거 우즈와 함께한 운동 애기를 꺼냈습니다. 우선 그와 함께 운동하면서 당신이 롱 홀에서 이글 퍼터를 한 사실부터 자랑했습니다. 처음 타이거 우즈가 장타를 날리고 라온건설 회장이 두 번째 샷을 날린 게 그린에 올라갔다고 했습니다. 꽤 먼 거리에 떨어진 볼을 당신이 퍼터로 홀에 집어넣었다는 것이었습니다.

이글은 독수리라는 뜻인데, 골프에서는 규정타수보다 두 타 적게 치는 경우를 말합니다. 골프 치는 사람들은 이글 한 번 하면 기념패를 만들 정도로 기뻐하는 기록입니다. 그날 박 총장은 규정타수가 5인 긴 홀에서 세 번 만에 집어넣은 셈입니다. 정말 기분 좋을 수밖에 없는 날이었을 겁니다.

그냥 기록해도 좋은 일을 세계적인 골프선수와 함께 치다가 했으니 박 총장이 저한테 그날 일을 자랑할 만한 이유가 충분했습니다. 옆에서 보기에도 정말 말하고 싶어 한다는 기분을 느낄 정도였습니다. 게다가 박 총장은 시종 타이거 우즈와 영어로 대화하면서 운동을 즐겼다고 합니다. 미국 유학 때 배운 골프 이야기를 하면서 말이지요.

본인이 그날 이글 한 홀에 타이거 우즈라는 이름을 붙이자고 제안해 허락을 받았다고 즐거워하기도 했습니다. 제가 듣기에도 정말 축하하고 같이 즐거워해야 할 일이었습니다.

당시 마산 문화방송의 2대 주주였던 박 총장은 현직 대통령 탄핵안이 가결된 날 저한테 전화를 했습니다. 저는 서울에서 있었던 신임사장 연수회에 참석했다가 뉴스를 듣고 김포공항으로 가던 중이었습니다.

박 총장은 제가 어디에 있는지 물었습니다. 제가 자초지종을 설명하면서 지금 공항으로 가고 있다고 하자 그때서야 "이럴 땐 사장이 자리를 지키고 있어야 한다"고 충고하는 것이었습니다. 이미 회사에 전화해보고 제가 없는 줄 알고 전화한 것으로 느꼈습니다. 그때 새삼 박 총장이 우리 주주임을 실감했습니다.

그날 늦게 박 총장과 헤어지면서 저는 그날 경기를 문화방송에서 중계했다면 박 총장이 이글 한 장면 역시 녹화됐을 가능성이 있다고 생각했습니다. 마침 서울에서 온 기술국 부장을 만나 그 장면이 녹화되어 있는지, 그리고 녹화됐다면 마산으로 보내줄 수 있는지를 물었습니다.

마산에 온 뒤 저는 그 장면이 녹화되어 있고 그걸 서울로 보내 다시 마산으로 송출해주겠다는 전화를 받았습니다. 그날은 일요일이었습니다. 회사가 아닌 사택에서 보도국장에게 전화를 했습니다. 그때 우리 방송에서는 골프 이야기가 약간 조심스러울 때였습니다. 그래서 박 총장이 그 전날 타이거 우즈와 함께 운동하다가 이글 한 사실을 자세히 설명했습니다.

그리고 경남지역 대학총장이 세계적 선수와 함께 운동하다가 좋은 기록을 얻은 것은 적어도 경남지역 시청자들에게는 화제가 될 만한 뉴스라고 주장하면서, 그 장면을 어렵게 구해서 보내라고 했으니 〈뉴스데스크〉 시간에 '그림뉴스'로 소화하는 게 좋겠다고 말했습니다. 물론 박 총장이 우리 주주라는 사실도 곁들였습니다.

제가 그림뉴스라고 말한 건 뉴스가치가 약하더라도 화면이 좋을 경우 방송에 낼 수 있다는 뜻이었습니다. 그럴 정도로 골프 관련 사항은 젊은 기자들에게는 좋지 않은 소재였습니다. 저도 젊었을 때 그랬기 때문에 아주 조심스럽게 보도국장에게 그런 부탁을 한 겁니다. 사실상 지시였음에도 말이지요.

그런데 그날 저녁 뉴스를 보면서 저는 깜짝 놀랐습니다. 뉴스는 분명 박 총장이 이글 한 내용인데 화면이 없는 겁니다. 그럼에도 그 뉴스는 생각보다 아주 길게 늘인 느낌을 줄 정도로 오래 나갔습니다. 마치 사장 물먹이는 뉴스처럼 들려서 일종의 모욕감까지 느낄 정도였습니다.

다음 날 아침 회의 때 그 뉴스를 지적하면서 왜 화면이 없는지를 따졌습니다. 보도국장은 일요근무자가 화면을 받은 적이 없다고 해서 그대로 나갔다는 대답을 했습니다. 그래서 화면이 없다면 차라리 뉴스를 내지 말아야지 그게 뭐냐고 말했습니다. 그러면서 화면이 들어오지 않은 경위를 알아서 보고하라고 지시했습니다. 그 전날 저는 분명히 기술국 부장한테 마산에 보냈다는 얘기를 들었기 때문입니다.

나중에 보도국장이 다시 들어와 말한 내용은 화면은 이미 들어와 있었는데 일요근무자들이 인수인계하는 과정에서 오해가 있었다는 것이었습니다. 그림뉴스가 아니라 그냥 뉴스로 박 총장 이글 소식을 전하라는 것으로 잘못 생각했다는 겁니다. 박 총장이 주주니까 일종의 홍보성 뉴스로 판단했다는 얘기입니다.

이미 지나간 일이라 돌이킬 수도 없는 일이고 해서 더 이상 문제 삼지 않았습니다. 기분은 몹시 안 좋았지만 속으로 삭이기로 했습니다. 그런데 나중에 노사협의회에서 이 문제가 다시 거론되는 겁니다. 왜 그런 뉴스를 냈느냐는 거지요. 저는 정말 화가 났습니다. 그래서 자초지종을 설명하면서 정작 화난 사람은 바로 사장이라고 했습니다.

사장 지시가 그렇게 엉터리로 뉴스에 반영되는 게 말이 되느냐고 역으로 따졌습니다. 노조는 뉴스도 안 되는 걸 사장이 지시했다고 판단하는 것 같았습니다. 다행스럽게도 노조위원장이 이 문제를 더 거론하지 않고 매듭지었습니다.

어쨌든 저는 마산에서 근무한 덕에 라온건설 손 회장 초청을 받아 타이거 우즈를 만나는 행운을 누렸습니다. 아쉬웠던 건 그날 타이거 우즈를 찍은 스마트폰을 물에 빠뜨려 그날 찍은 사진을 잃어버렸다는 점입니다. 처음으로 찍어본 사진이라 별도로 보관할 줄 몰랐기 때문이지요.

제가 손 회장에게 중소기업 수준으로 왜 이런 골프대회를 주관하게 됐느냐고 물었습니다. 대답이 걸작이었습니다. 서울 스포츠국장이 하라고 해서 그냥 했다는 겁니다. 그래서 손해 보지 않았느냐고 물었습니다. 그랬더니 처음엔 손해 볼 걸 각오하고 했는데 나중에 보니까 홍보가 매우 잘돼 회원권 가격이 1억 원 이상 올라 손해 보지 않았다고 했습니다. 3대 거짓말 중 하나가 장사가 손해 본다는 거라는 말이 생각났습니다.

손 회장은 마산에서는 다른 이름으로 건설사를 운영하고 있었습니다. 그러다가 제주도 라온골프장을 인수해 그해 골프시합을 주최했는데, 라온골프장 홍보가 전국적으로 잘되자 아예 모기업인 건설회사 이름도 라온건설로 바꿔버렸습니다.

여담입니다만, 제가 워싱턴 특파원일 때인 1990년대 초 타이거 우즈가 정말 혜성처럼 나타나 골프대회를 휩쓸었습니다. 당연히 모든 언론의 취재대상이 됐는데, 그때 봤던 기사 하나가 머리에 남아 있습니다. 타이거 우즈가 자메이카 출신 흑인 아버지와 아시아 출신 어머니 사이에서 난 아들이라는 것이었습니다.

그냥 흑인 아버지라고 하지 않고 굳이 자메이카 출신임을 강조한 이유는 백인들이 오랫동안 흑인들은 골프를 못 친다는 인종차별적 신화를 만들어놨기 때문입니다. 그런데 흑인인 타이거 우즈가 너무나 골프를 잘 쳐 이 신화가 무너질 수밖에 없게 되자, 이 기사는 굳이 자메이카라는 대목을 추가한 겁니다. 백인들은 아프리카 흑인들을 열등하다고 했는데, 타이거 우즈는 그쪽 후손이 아니더라는 궁색한 변명인 겁니다.

실제로 타이거 우즈가 골프계를 평정함으로써 이런 인종차별적인 생각을 많이 없앴다는 기사도 나중에 나왔습니다. 미국 백인사회가 얼마나 무서운지 새삼 느끼게 해주는 사례입니다. 미국은 골프장을 회원제로 운영합니다. 영어로 골프클럽이라고 할 때 클럽이 바로 회원제를 뜻하는 겁니다.

골프클럽은 회원들 동의 없이 다른 회원을 받아주지 않습니다. 당연히 골프클럽에서 흑인들은 받아주지 않는 겁니다. 그러니 예전에 흑인들은 골프를 치고 싶어도 구조적으로 칠 수가 없었습니다. 칠 수 없게 만들어놓고 흑인들은 미련해서 골프처럼 머리 쓰는 운동은 잘 못한다고 소문을 낸 겁니다.

지금은 많이 변했지만 아직도 백인 전유물처럼 남아 있는 운동종목이 있습니다. 수영, 승마, 펜싱 같은 운동에서 흑인 선수를 보신 적이 있습니까? 이런 운동은 역사적으로 흑인들이 즐길 수 없는 종목이었던 겁니다. 골프도 그중 하나였는데 타이거 우즈가 아주 보기 좋게 그 엉터리 신화를 깨버린 겁니다.

만약 타이거 우즈가 백인과 결혼하지 않고 자신의 정체성을 더욱 확실하게 인식했다면 지금까지 여전히 골프 영웅으로 활동하고 있지 않을까 하고 혼자 아쉬워한 적이 있습니다. 그렇지만 오랫동안 백인 전용처럼 내려온 골프 신화를 깨뜨려버렸다는 사실 하나만으로도 그는 영웅 대접을 받을 만한 충분한 자격이 있습니다.

제주 출신 양용은 선수가 타이거 우즈와 같이한 시합에서 우승한 장면이 눈에 선합니다. 골프백을 들고 환호하던 그 모습 말입니다. 타이거 우즈는 어머니가 태국 출신이라 아시아 선수들에게도 좋은 영향을 주었을 가능성이 높습니다. 저는 타이거 우즈와 만났을 때 그 공손한 태도와 웃는 모습이 정말 우리 이웃 같다는 느낌을 오래 기억하고 있습니다.

타이거 우즈가 돌아온 장고가 되었으면 좋겠습니다. 세상에 널린 잘못된 편견과 차별을 깨뜨리기 위해서라도 말입니다. 같은 이유로 저는 우리나라 선수들이 세계대회에서 새로운 영웅으로 떠오르기를 기원하고 싶습니다. 이미 여자 골프에서는 우리 선수들이 계속 새로운 역사를 쓰고 있지 않습니까!

아름다운가게, 마산에 열다

2004년 마산에 있을 때 일입니다. 사장으로 일한 지 6개월 남짓 된 그해 여름, 우연히 시청자위원회 위원들과 이야기하던 도중에 제가 서울에서 경험한 아름다운가게 이야기를 꺼냈습니다.

서울 가게에서 만났던 자원봉사자들의 모습이 너무 맑고 좋아 보여 왜 자원봉사를 하는지 이해가 갔다고 이야기하고, 당시 대표였던 박원순 변호사(현 서울시장)와의 인연에 대해서도 이야기했습니다.

박 변호사는 제가 워싱턴에 근무할 때 우연히 저희 워싱턴지사에 친구 안병욱 교수(당시 가톨릭대)와 함께 찾아와 처음 만났습니다. 저는 이미 박 변호사가 쓴 국가보안법 관련 책을 보고 국회 청문회 취재 때 많은 도움을 받은 기억이 있어 반가웠습니다.

제가 기획이사로 있을 때 매년 가을이 되면 다음 해 기획안을 각 부서로부터 받도록 되어 있었습니다. 그런데 이 기획안이라는 게 부실하기 그지없습니다. 기자들이 있는 보도국이나 PD가 있는 제작국이 가장 큰 조직인데, 매일 일에 치여서 그런지 기획안 제출에 전혀 성의가 없었습니다. 오히려 사람이 적은 시사교양국이나 보도제작국에서 성의 있는 기획안이 더 많이 나왔습니다.

저도 보도국에서 일해 봤기 때문에 그런 분위기를 알고 있어서 한번 외부의견을 들어보고 싶었습니다. 그래서 박원순 변호사에게 전화해 새해 방송에서 하면 좋을 사업안을 알아보고 싶다고 했습니다. 한 열흘도 안 돼 그쪽 사업안이 저에게 왔습니다. 무려 200페이지가 넘는 분량에 각종 사업안이 수백 개 실려 있었습니다. 그것도 컬러로 인쇄된 보고서에 말입니다.

제가 정말 부끄러웠습니다. 자원봉사자들이 운영하는 조직인데도 이런 방대한 사업안을 그 짧은 시간 안에 보고서로 만들어내는데 우린 도대체 뭐하고 있는가 하는 생각이 들었습니다. 그 보고서를 수십 부 복사하라고 했습니다. 문화방송 국장 이상은 다 한 번씩 보라는 뜻이었습니다.

그랬더니 PD들이 있는 시사교양국에서 그중 한 사업을 실제로 해보겠다고 나섰습니다. 회사에서는 그들을 교양 PD라고 합니다. 드라마나 쇼 제작을 하지 않는 PD라는 뜻입니다. 잠실 올림픽경기장을 빌려 이른바 벼룩시장을 주말에 공개방송으로 열겠다는 것이었습니다. 매일 두 시간씩 생방송으로 중계하는 사업이었습니다. 토요일 첫날은 비가 와서 별 호응을 얻지 못했지만 다음 날인 일요일에는 정말 대성황이었습니다. 저는 그나마 순발력 있게 사업을 채택한 교양 PD들이 고마웠습니다.

그리고 아름다운가게를 직접 찾아가봤습니다. 저도 봉급 일부를 후원하겠다고 약속했습니다. 또 자원봉사자들에게 저녁을 대접하면서 이야기도 나눠봤습니다. 그중에는 유명한 회사를 다니다 말고 그곳에 와서 자원봉사 하는 분들도 있었습니다. 굳이 이유를 묻지 않아도 그분들 평온한 표정을 보면서 제 나름대로 감을 잡을 수 있었습니다. 사는 게 돈이 전부는 아니라는 평범한 진리를 새삼 실감하는 기회였습니다.

당시 저도 암 투병을 끝내고 건강을 회복하는 단계였기 때문에 더 그분들 얼굴표정을 예민하게 느꼈을지도 모르겠습니다. 언제부터인지 저도 남에 대해 찰색하는 버릇이 생기기 시작할 때였으니까요. 건강을 잃으면 세상 보는 눈이 달라진다는 것을 이미 느끼고 있었습니다. 그리고 건강에 가장 해로운 것은 스트레스고, 스트레스는 욕심에서 오는 것이라고 터득하고 있을 때였습니다.

그래서 마산에 가서도 그런 얘기를 했을 겁니다. 그런데 불과 며칠 안 돼 시청자위원들이 마산에 아름다운가게를 새로 열기로 했다는 소리가 들려왔습니다. 제가 어떻게 된 일인지 물었더니 당시 시청자위원 중에 무학소주 사장이 사업용 트럭을 기증하고 경남 장애인연대 대표가 운영을 책임지기로 했고, 매장은 당시 대우백화점 지점장인 위원이 제공하기로 했다는 것이었습니다. 정말 놀라운 일이었습니다.

그래서 마산 문화방송은 뭐 할 거냐 물었더니 가게 문 열 때 대우백화점에서 공개방송으로 홍보해주겠다는 것이었습니다. 당시 대우백화점 정 지점장은 겉에 드러나지 않게 마산 시민들 마음을 사로잡는 재주가 있는 분이었습니다. 서울에서 유명한 백화점들이 다 내려와 있는데도 마산에서는 유독 대우백화점을 따라가지 못했습니다.

심지어 마산에 해일이 일어 해안가에 있던 대우백화점이 3층까지 물에 잠기는 참사가 있었을 때도 인근 아파트 주민들이 힘을 합쳐 백화점 청소를 도왔다는 얘기도 들었습니다. 대우는 마산에서 시작해 백화점

사업을 북상시키려고 했는데, 그룹 자체가 분해되는 바람에 백화점은 마산에만 있다는 소리도 들었습니다.

저도 백화점 한복판에 그런 가게를 내는 것이 괜찮을까 하는 생각이 들었습니다만 생각하기에 따라서는 더 좋을 수도 있겠다 싶었습니다. 정 지점장이 정말 대단하다는 생각도 들었습니다.

그리고 정말 그해 9월 21일 마산에 아름다운가게가 농담처럼 문을 연 겁니다. 가게는 대우백화점 5층 한구석에 자리를 잡았습니다. 그날은 박원순 변호사도 개점을 축하하기 위해 서울에서 내려왔습니다. 마산 문화방송은 그날 개점식 실황을 라디오로 중계방송 해주었습니다. 그리고 축하방송도 해주었습니다.

저는 그날 박 변호사와 정 지점장 그리고 경남 장애인연대 대표와 새로 문을 연 가게를 둘러봤습니다. 백화점 안에 있어서 그런지 서울 매장보다 오히려 더 활기차고 좋았습니다. 그날 제가 참석한 개점식은 그후 대우백화점 광고지에 등장했습니다. 저는 생전 처음 백화점 광고모델이 된 겁니다.

마산 가게에 영향을 받았는지 아니면 단순히 우연인지 알 수는 없지만 그해 전라남도 여수, 순천 등 광역시가 아닌 도시에 잇달아 아름다운가게가 문을 열었다고 들었습니다.

그해 연말 마산 가게는 수익금 천만 원을 사회에 환원했고, 1년이 지나서는 모두 6만 5천 점의 기증품을 받아 8천만 원 이상의 수익을 올렸다고 〈경남신문〉이 보도했습니다.

이번에 자료를 찾아보니까 2011년 대우백화점이 매장을 비워달라고 해서 시민 모금운동을 통해 그해 9월에 마산 자산점을 새로 열었다는

2004년 9월 21일
마산에 문을 연
아름다운가게

사실을 알았습니다. 〈경남도민일보〉는 그해 5월 23일자 기사에서 마산 가게는 그때까지 7년 동안 매년 5천만 원 이상, 모두 3억 원 이상을 사회복지를 위해 나누어주었다고 보도했습니다.

이 신문 기사는 마산 가게가 경남지역에서 원조라는 사실을 지적하면서 "2004년 문을 열어 지금까지 지역에 기증과 나눔에 대한 새로운 틀과 가치관을 제시, 금액과 물품만으로는 가늠할 수 없는 공이다"고 평가했습니다. 저는 정말 기분 좋았습니다.

그리고 지금은 경남지역에만 마산 이외에 진주, 사천, 통영, 김해, 창원 등 모두 8곳에 아름다운가게가 문을 열었다는 사실도 알았습니다. 흔히 마산을 가리켜 '물 좋고 인심 좋은 지역'이라고 합니다만 제가 근무해본 경험으로는 이 말이 맞는 것 같습니다. 그때 저는 가게 이야기만 꺼냈을 뿐인데도 그렇게 짧은 시간에 가게를 열어 눈부시게 발전한 것을 보면 마산 인심이 정말 좋다고밖에 달리 말할 도리가 없습니다.

마산에서 연말 불우이웃돕기운동 때 방송사로 들어오는 성금 액수가 늘 다른 광역시보다 많다는 사실을 저는 알고 있습니다. 또한 민간인들 힘이 관료집단 못지않게 대단하다는 사실도 잘 알고 있습니다. 민간 기업인들이 주축이 된 친목모임이 '경남발전협의회'라는 사단법인으로 성장한 과정도 지켜봤습니다. 군이 마산의거나 부마항쟁 이야기는 꺼내지 않겠습니다.

마산은 지난 2010년 전국에서 가장 먼저 창원, 진해시와 합쳐서 인구 백만이 넘는 거대한 창원시로 새로 태어났습니다. 아직까지 다른 지역이 통합했다는 소리를 듣지 못한 걸 보면 이 지역이 뭔가 다르다는 느낌을 지울 수가 없습니다. 문화방송에서도 마산 문화방송이 유일하게 진주 문화방송과 합쳐 MBC 경남으로 이름을 바꾸었습니다.

마산에 아름다운가게를 열고나서 박원순 변호사에게 혹 정치 할 생각이 없느냐고 물은 적이 있습니다. 저는 그분이 다행히 시민사회에 남아 있으면 우리 사회에 훨씬 더 많은 도움을 줄 것이라고 생각했습니다.

저는 우리 사회에서 많은 훌륭한 분들이 결국 정치에 투신하는 현실을 안타깝게 생각합니다. 현재 우리 정치에는 그렇게 훌륭한 사람들을 제대로 키워낼 토양이 없습니다. 각계각층에서 수많은 동량지재들을 불러들여 겨우 불쏘시개로 만들어버리는 것이 우리 정치풍토이기 때문입니다. 그럼에도 그런 분들이 정치를 해야만 우리 풍토가 개선되기를 기대할 수 있으니 한 마음 두 생각을 할 수밖에 없습니다.

    • • •

제가 마산에서 1년 만에 자리를 옮기는 바람에 꼭 해보고 싶은 일을 못한 게 있습니다. 마산 아구찜에 관한 일입니다. 저는 예전엔 마산 앞바다에 아구를 마구 버렸다는 사실을 들어 알고 있습니다. 그렇다면 누가 버린 생선을 주워 지금처럼 전국적으로 유명한 '마산아구찜'을 만들었는가 하는 것을 추적해서 방송에 알리는 일입니다.

학계에서는 아귀가 표준말이라고 주장하지만 저는 지금까지 '아귀찜'이라고 표현하는 사람은 한 번도 만나본 적이 없습니다. 마산의 유명한 라디오 프로그램 제목도 〈아구할매〉입니다. 그래서 저는 '아구'라는 말을 더 좋아합니다.

비록 마산을 칭찬했지만 제가 먹어본 마산 음식은 칭찬할 게 없었습니다. 그런데 그런 투박한 지역에서 누가 어떻게 버린 생선을 가지고 전 국민들 입맛을 사로잡았는가 하는 궁금증은 지금까지 사라지지 않았습니다. 어쩌면 마산 앞바다 어느 식당에서 일하던 한 아주머니 손맛이었을지 모릅니다.

제가 마산에 있을 때 들은 얘기를 전합니다. 그분은 마산 상공회의소 회장을 오래 한 분이었습니다. 그분 회고로는 1960년대 마산수출자유지역이 들어서고 경기가 좋았을 때 이른바 요정에서 아구찜을 먹어봤다고 합니다. 당시 종업원들이 속풀이 한다고 바닷가에 버린 생선을 가져다가 마늘과 고춧가루를 듬뿍 넣어 해장용으로 만들어 먹었다는 주장입니다.

제가 마산에 있을 때 아구찜에 관한 프로그램을 만들어보자고 주장했습니다. 그랬더니 한 PD가 그건 이미 많이 만들었다고 하면서 비디오 1편을 가져다주었습니다. 부산 아구찜과 마산 아구찜을 비교해 만든 음식 프로그램이었습니다.

제 생각은 누가 버려놓은 생선을 주워 전 국민들 입맛을 사로잡은 마이다스인가를 찾아보자는 것이었으니 뭐라 할 말이 없었습니다. 다른 PD들에게도 부탁했습니다. 만약 그 프로그램을 만든다면 마산시 협찬을 받아서라도 얼마든지 제작비를 지원하겠다고 장담했습니다. 그런데 결국 지금까지 저는 그런 프로그램을 본 적이 없습니다. 그 PD들이 그 사이 모두 부장, 국장으로 승진해버렸기 때문입니다.

그렇지만 저는 분명히 음식 프로그램이 아닌, 그런 음식을 만들어낸 이 땅의 '프로'를 찾는 프로그램을 만들어내고 싶은 겁니다.

이름도 아직까지 아구찜이라고 하는 걸 보면 예전 양반들이 먹던 음식은 분명히 아닙니다. 그렇다고 이름 있는 조직이나 관료들이 만들어낸 음식도 아닙니다. 그랬다면 분명히 음식 이름을 거창하게 한자로 만들었을 테니까요. 그러니 우리 백성 중 누군가가 만들었을 것이고, 이름에 마산이 붙은 걸로 보아 마산지역 사람일 가능성이 높습니다.

이 정도면 지역방송이 나서야 할 만하지 않습니까? 세상에 먹는 일만큼 중요한 게 어디 있습니까? 요즘은 안 먹는 일이 중요한 세상이 되기도 했습니다만.

MBC 경남에서 누가 아구찜을 만들었는지 한번 찜해볼 생각은 없습니까? 그냥 놔두면 예전처럼 군산이 들고 일어나 원조라고 주장하는 일이 일어날지도 모르니까요. 서둘러주십시오!

정율성 국제음악제 탄생

2014년 8월 5일 저는 광주시장으로 당선된 친구 윤장현에게 모처럼 전화를 걸었습니다. 이런저런 얘기 끝에 옆에 전남대 국악과 김광복 교수와 함께 있다는 소리와 함께 전화를 바꿔주었습니다. 김 교수 역시 제가 광주 문화방송 사장 때부터 오랫동안 가까이 지낸 친구였습니다.

김 교수는 광주 문화방송 〈뉴스데스크〉 시그널 음악을 국내에선 처음으로 대금 소리와 함께 작곡한 장본인이기도 했습니다. 그래서 대낮부터 무슨 일로 시장과 같이 있느냐고 농담 삼아 물었더니 지금 베이징에 가기 위해 무안공항에 있다는 것이었습니다. 왜냐고 물었더니 베이징에서 열리는 '정율성 국제음악제'에 참가하기 위해서라고 했습니다. "아! 정율성." 저도 모르게 탄성이 나왔습니다.

2005년 광주 문화방송 사장 때 일입니다. 하루는 박동찬 사업국장이 들어와 광주 남구와 함께 '정율성 국제음악제'를 추진하려고 하는데 제 의견이 어떤지 물어왔습니다. 저는 정율성이 누군지도 모르고 해서 우선 그분이 어떤 사람이냐고 물었습니다. 중국에서 아주 유명한 음악가인데 광주 출신이라는 것이었습니다. 그런데 일제 때 중국 공산당과 함께 항일운동을 해서 그동안 잘 알려지지 않았고, 또 그런 이유로 광주시가 행사를 기피한다는 이야기였습니다. 그래서 정율성을 다룬 프로그램을 2편 구해다 봤습니다. 중국사람 열에 여덟, 아홉이 정율성 노래를 부른다는 해설 한마디가 가슴에 와 닿았습니다.

문제는 우리 사회가 기피하는 좌익 인물이라는 것이었습니다. 이미 고인이 된 지 수십 년이 된 인물인 데다 우리가 중국과 수교한 지도 벌써 20년이 넘은 시점에서 그런 문제를 따진다는 것 자체가 좀 우스웠습니다. 더구나 그분은 우리 국내법을 위반한 적이 한 번도 없는 한국계 중국인 아닙니까? 그것도 13억 중국인들이 그렇게 좋아한다는 음악인이라는데 말이죠.

문득 1년 전 마산 사장 때 주관방송을 맡았던 '통영국제음악제'의 주인공 윤이상 선생이 떠올랐습니다. 그분은 이른바 '동백림 간첩사건'으로 국내에서 사형, 무기징역을 선고받고 복역하다 당시 세계 음악인 200여 명이 항의, 탄원하고 서독 정부가 국교를 끊겠다고 압력을 넣자 석방됐는데, 결국 독일로 가서 귀화하고 말았습니다. 그리고 끝내 고국 땅을 밟지 못하고 고인이 됐습니다.

그분은 특히 북한 김일성 주석이 대단히 존경해서 윤이상 유족들은 그때까지도 북한에 가서 대접을 받고 몇 달씩 머물다 오기도 했습니다. 그때 저는 베이징 특파원으로 있던 후배에게 윤이상 선생 부인 이수자 여사가 평양에서 베이징으로 나올 때 인터뷰할 수 있도록 도와달라고 부탁했습니다. 그래서 마산 문화방송 기자 1명을 관광비자로 출국시켜 그분과 인터뷰한 내용을 방송하기도 했습니다.

마산 문화방송은 바로 그런 분을 기리는 통영국제음악제를 통영시와 함께 매년 주최하고 있습니다. 저도 그 덕에 수많은 독일 음악인들을 만났고, 그분의 오페라 〈장자〉도 배우 윤석화 씨와 함께 감상할 수 있었습니다. 저에게는 어려운 음악이었지만 유럽에서 현대음악을 공부하는 사람들은 윤이상 선생 이론을 공부하지 않을 수 없다는 얘기를 들었습니다.

그때까지 아무도 통영국제음악제에 시비를 하는 사람은 없었습니다. 오히려 독일에서 수많은 젊은 음악인들이 윤이상 선생 고향을 찾아 매년 통영을 찾아왔습니다. 통영에는 그때까지 변변한 호텔 하나 없었는데도 말입니다. 그런 경험이 있었기 때문에 저는 '정율성 국제음악제'가 가능하다고 봤습니다.

또한 광주 문화방송이 적극 추진할 만한 가치가 충분하다는 생각이 들어 곧바로 추진하자고 사업국장에게 말했습니다. 그 결과 2005년에 광주 남구와 함께 제1회 정율성 국제음악제를 주관하게 됐습니다. 중국에서도 관심이 많아 베이징방송이 참여했고, 중국 음악인들 또한 수백 명 참여했습니다.

특히 중국 쑨지아정(孫家正) 문화부장, 우리식으로 하면 문화부장관이 광주를 직접 찾아온 것은 기자 입장에서 볼 때는 '사건'이었습니다. 뿐만 아니라 그분이 만찬에서 "광주에 와보니 왜 정율성 음악을 중국 사람들이 그렇게 좋아하는지 이해가 간다"고 하면서 칭찬에 칭찬을 거듭한 것은 정말 큰 사건이었습니다.

그런데 외교적으로 보면 정말 무례한 사건이 있었습니다. 인구 10억 명이 넘는 대국의 장관이 왔는데 만찬 상대는 광주시장도 아닌 인구 몇 십만 명 정도의 남구청장이었기 때문입니다. 저는 그 다음 날 광주부시

정율성 생가를 방문하여
인터뷰 중인 쑨지아정
중국 문화부장관

쑨지아정 중국 문화부장관
위대한 음악가 정율성 선생의 옛집에 온 것에
대해 기쁘게 생각한다.

장에게 전화를 걸어 항의했습니다. 남구청장과 시장의 껄끄러운 관계를 이유로 대는, 말도 안 되는 해명을 들었습니다. 결국 2년 뒤 제가 광주시장을 직접 만나 2007년 3회부터는 광주시가 주관하도록 담판을 지었습니다.

그런데 바로 그해, 중국 정부가 정율성 국제음악제를 따로 베이징에서 개최한다고 발표했습니다. 그리고 광주시장을 베이징으로 초청했습니다. 그때 남구청장은 어떤 일로 직무가 정지된 상태였습니다. 저는 개인적으로 참 안타깝고 세상 일이 묘하다는 생각이 들었습니다.

어쨌든 광주시와 베이징 시가 매년 그분을 기리는 국제음악제를 하게 된 것입니다. 양국 간 교류와 협력에 이 이상 좋은 일이 있을 수 있을까 하는 생각이 들었습니다. 이 행사로 광주를 찾는 중국 사람이 매년 2~3만 명이 넘었습니다.

제가 광주에서 임기를 마치고 광주대 교수로 자리를 옮긴 뒤인 지난 2012년 서울 KBS가 〈KBS 스페셜〉 시간에 "13억 대륙을 흔들다. 음악가 정율성"을 제작해 방송했습니다. 그런데 이 프로그램은 올해 방송통신심의위원회에서 '공정성'을 위반했다는 이유로 '주의'라는 제재를 받았습니다.

광주에서 국제음악제를 매년 연 지가 벌써 10년이 다 되는데 이제 와서 서울 방송 프로그램 하나에 대해 심의하고 징계하는 이유를 알 수가 없습니다. 만약 그 프로그램이 제재를 받을 정도라면 그 사람을 기려 국제음악제를 매년 열고 있는 광주시와 광주 문화방송은 꼴이 어떻게 되겠습니까?

이번에 책을 쓰려고 정율성을 인터넷에 검색해봤더니, 작년 박근혜 대통령이 중국을 방문했을 때 베이징에서 환영음악으로 연주한 게 정율성 작곡의 〈인민해방군가〉였고, 올해 시진핑 주석이 서울대에서 특강을 하면서 양국 우호에 도움을 준 사람으로 정율성을 언급했다고 보도에 나와 있습니다.

지금 세계는 미국과 중국이라는 양극 체제로 재편되고 있습니다. 국가안보상으로 보더라도 중국과의 선린우호는 우리에게 절체절명의 과제입니다. 이런 상황에서 중국 사람들이 그렇게 좋아하고 칭송하는 한국계 음악인을 우리가 1·4 후퇴 때 논리로 받아들인다면 그거야말로 엄청난 국가이익을 포기하고 후퇴하는 겁니다.

결국 지금도 '정율성 국제음악제'는 중앙정부가 시비를 걸지도 모르는 지방정부와 지방방송사의 사업인 셈입니다. 탄생한 지 벌써 10년이 다 되가는 이 시점에서도 이 음악제가 아직도 현재 진행형으로 이런저런 고초를 예상한다면 애당초 출범 때는 오죽했겠습니까?

당시 황일봉 남구청장과 함께 이 음악제를 탄생시키기 위해 온 정성을 다한 박동찬 사업국장이 저에게 당시 상황을 상세하게 적어 보내왔습니다. 이 음악제의 실제 산파인 박 국장에게 고맙다는 말씀과 함께 경의를 표하면서 이 글을 원문 그대로 소개합니다.

▌정율성 국제음악제와 김상균 사장

— 박동찬 (서영대 교수)

지나고 보니 그랬습니다. 사장님은 광주 MBC 구성원들이 미처 보지 못한 많은 방송 소재들을 발굴하여 제시해주었습니다. 알고 보면 그것은 우리 주변에 있던 것들이었습니다. 정율성 국제음악제가 광주시의 대표적 브랜드로 자리 잡을 수 있었던 것도 일찌감치 음악제의 문화산업적 가치를 파악한 사장님의 '문화적 눈'이 있었기 때문입니다.

정율성 국제음악제의 탄생

2005년 봄, 깡마른 체구에 두 눈에 열정이 가득해 보이는 한 남성이 광주 MBC 사업국 사무실에 찾아왔습니다. 자신을 광주시 남구청 문화관광과 직원이라고 소개한 그는 문화사업국장이던 저에게 아주 황당한 요청을 했습니다. 광주 MBC가 11월에 확보해놓은 광주문화예술회관 대극장 대관을 남구청이 사용할 수 없겠느냐는 것이었습니다. 상식적으로 보면 어이가 없는 일이자 무례한 요청이었습니다. 당시에는 광주에 공연장이 부족해 광주문화예술회관 대극장 대관은 언론사에서도 1년에 겨우 1~2회 가능할 정도였습니다. 그것도 연말 대관은 흥행이 보증되는 확실한 사업이었습니다.

그는 광주시 남구청에 근무하는 강양신 씨였습니다. 강양신 씨는 제게 '정율성'이라는 이름을 아느냐고 물었습니다. 그리고 정율성에 대한 긴 이야기를 늘어놓았습니다. 정율성은 중국의 대표적 가곡인 〈연안송〉과 군가인 〈팔로군 행진곡〉을 작곡한 사람이며, 중국 초등학교 음악교과서에는 그가 작곡한 동요들이 수록돼 있습니다. 〈팔로군 행진곡〉은 베이징아시안게임 때 중국을 상징하는 대표적인 곡으로 연주됐고, 〈연안송〉은 중국의 대표적 가곡으로, 우리나라로 말하면 〈그리운 금강산〉쯤 되는 곡입니다. 중국 초등학교 교과서에 실려 있는 〈우린 행복해요〉라는 동요는 중국 초등학교 학생들이 누구나 부르는 곡입니다. 이런 곡들을 작곡한 사람이 한국인이며 광주 남구 출신이라는 것입니다.

왜 그런 사람을 지금까지 우리가 몰랐을까요? 그 곡들은 중국에서는 쉽게 들을 수 있을 정도로 대중적인 곡인데 왜 우리가 모르고 있었을까요? 중국과 공식적으로 수교하기 전에는 정율성은 우리나라에서 빨갱이로 분류되어 알려지지도 않았고 후손들도 쉬쉬하고 있었습니다. 중국에서도 중국을 대표하는 곡을 한국인이 작곡한 사실이 알려지는 것을 원하지 않았습니다.

중국과 활발한 교류가 이루어지는 지금, 중국에서도 정율성에 대한 추모사업이 열리고 있어서 한국과 중국이 공동으로 국제음악제를 개최할 적기라는 것입니다. 더구나 정율성의 딸 정소제 여사가 아버지를 추모하는 국제음악제에 대해 큰 기대를 걸고 있고, 생존해 있는 정율성의 아내 정설송 여사는 중화인민공화국 최초의 여성 해외대사로 네덜란드 주재 중국대사를 역임한 적이 있어 중국정부의 지원을 끌어내기도 좋다는 것입니다.

저는 직감적으로 이것은 대단한 상품이 될 수 있다고 생각했습니다. 역사적으로도 중요한 콘텐츠이지만 광주 MBC가 상품을 선점하면 오랫동안 주인 노릇을 할 수 있다고 생각했습니다. 마치 '무등산 사랑 캠페인'이 광주 MBC의 주요 이미지가 된 것처럼 말입니다. 하지만 광고환경이 한창 악화일로에 있던 언론사가 연말공연을 포기하는 것은 눈에 보이는 확실한 돈을 포기하는 것과 같았습니다.

사장님은 정율성 국제음악제에 대한 저의 보고를 받고 바로 판을 키웠습니다. 제가 남구청에 대관을 내어주고 행사를 공동 주관하는 형식의 제휴관계로 보고를 드리자, 사장님은 곧장 국장회의를 열어 행사 차원을 넘어 프로그램과 기획취재를 통해 다각도로 접근하도록 지시했습니다. 그때부터 편성팀은 정율성의 삶과 중국에서의 행적, 중국인들이 인식하는 정율성에 대한 이미지를 다큐멘터리로 제작했습니다. 보도팀은 정율성 국제음악제가 기획되는 배경과 과정을 시리즈로 기획취재해서 방송했습니다.

그렇게 해서 시작된 것이 '정율성 국제음악제'였습니다. 그해 8월 3일 서울 '한국의 집'에서 조직위원회 출범식과 주관방송사 약정식을 갖고 11월 12일과 13일 이틀간 역사적인 제1회 정율성 국제음악제가 열린 것입니다. 광주광역시 남구와 중국 문화부 대외문화연락국이 공동 주최하고 광주 MBC가 주관방송사로서 치러진 정율성 국제음악제에는 중국가극무극원, 중국국립합창단, 중국인 소프라노 베이와 광주시립교향악단, 광주시립소년소녀합창단이 출연했습니다. 중국 문화부와 광주시 남구, 중국국립합창단과 광주시립소년소녀합창단의 합동공연, 이것이 과연 어울리는 만남입니까? 정율성이었기 때문에 가능했습니다.

쑨지아정 중국문화부장의 방문

정율성 국제음악제 일정이 확정되면서 많은 일들이 숨 가쁘게 돌아갔습니다. 그중에서도 중국의 쑨지아정 문화부장이 광주 남구 정율성 생가를 방문한 일은 많은 화제를 몰고 왔습니다. 우리나라로 말하면 문광부장관의 방문이죠. 중국 문화부장이 정율성 국제음악제를 앞두고 음악제 관계자와의 면담과 정율성 생가 방문을 위해 광주 남구를 찾아오는 것은 중국 정부의 정율성에 대한 인식의 변화를 읽을 수 있는 것이었습니다.

쑨지아정 문화부장은 9명의 수행단과 함께 광주 남구청을 방문했습니다. 문제는 중국 문화부장과 광주 남구청장과의 면담 자체가 격에 맞지 않은 일이란 점이었습니다. 중국과 공동으로 개최하는 국제음악제라면 최소한 광주시 주최의 행사여야 하고, 문화부장과 광주시장과의 만남이 격에 맞는 일이었습니다. 그런데 공공기관의 업무도 기관장의 인간관계에 따라 추진방향이 그토록 틀어질 수 있더군요. 당시 황일봉 남구청장은 정치적으로 강운태 전 광주시장의 라인이었습니다. 당시 박광태 광주시장과는 라이벌 관계의 계열에 있던 인물이었죠. 광주시에서는 남구에서 추진하는 정율성 사업을 반기지 않았고 예산 지원에도 인색했습니다. 정율성이 빨갱이라는 것입니다. 공공기관에서도 이런 어처구니없는 상황이 발생했습니다.

쑨지아정 문화부장의 방문은 많은 이야기를 낳았습니다. 중국 문화부장이 무슨 일로 광주시 남구를 방문하느냐가 화제를 낳았고, 그러다 보니 '정율성이 어떤 사람이야?', '정율성과 중국이 어떤 관계가 있어?' 하는 궁금증으로 이어졌습니다. 쑨지아정 문화부장의 방문은 정율성 국제음악제의 중국 참여를 한 번에 이끌어내는 효과를 가져왔습니다.

쑨지아정 문화부장의 방문 후, 사장님은 정율성 국제음악제가 발전하기 위해서는 광주시 주최로 이관돼야 한다고 주장하셨습니다. 광주시와 남구에 동시에 설득하고 압박했죠. 뚜렷한 명분이 있었음에도 미묘한 문제 때문에 광주시나 남구 모두 이 문제를 거론하기를 꺼렸습니다. 광주시는 정율성의 역사적 배경을 들어 남구에 비협조적이었는데 새삼스럽게 광주시가 주최하겠다는 의사를 나타낼 수 없는 노릇이었고, 남구는 좋은 콘텐츠를 광주시에 주고 싶지 않았습니다.

그렇다면 우리가 해야 했습니다. 뚜렷한 명분과 여론을 업고 거부할 수 없는 상황을 만드는 것이었습니다. 사장님은 정율성 국제음악제가 끝난 뒤의 평가와 앞으로의 전망에 대한 기획보도를 통해 이 문제를 끌어내게 했습니다. 우리가 행사를 잘 준비하고 내용을 충실하게 보도하고 프로그램에 반영하는 데 열을 올렸다면, 사장님은 이 판을 어떻게 키울 것인가를 봤습니다. 그래서 리더의 비전이 중요한가 봅니다.

이런 여론 때문에 남구는 아쉬워하면서도 음악제의 발전을 위해 광주시가 주최한다면 자신들도 환영한다고 말했고, 광주시는 비난했던 이유에 대해서는 모른 체하면서 엉거주춤 받아들였습니다. 광주시 주최의 정율성 국제음악제가 3회부터 시작된 것입니다.

중국중앙방송국(CCTV)과의 공동 진행

제3회 정율성 국제음악제는 광주시로 이관되어 진행됐습니다. 제2회 음악제가 끝난 후 제3회 음악제를 준비해야 하는데, 그때까지도 광주시 주최 여부가 합의되지 않은 상황이었습니다. 광주시가 주최해야 한다는 명분만 쌓아놓은 채 광주시와 남구 모두 미적거리고 있었습니다. 음악제가 끝난 후 몇 달이 지나도록 주최기관이 정해지지 않자, 정율성 국제음악제 중국 측 창구인 정소제 여사가 저에게 제3회 음악제에 대해 누구와 협의를 해야 하느냐고 물었습니다. 저도 책임질 만한 답변을 할 수 없는 입장이어서 기다려보라는 말밖에 할 수 없었습니다. 주최에 대한 확실한 입장이 정해지지 않아서 광주시에는 상의할 담당자가 없었고, 남구는 예산이 확보되지 않아 어떤 질문에도 답을 해줄 수 없었습니다.

정소제 여사는 제3회 국제음악제에는 어쩌면 CCTV가 참여할 수 있을 것 같은데 이 분위기를 놓쳐서는 안 된다며 재촉했습니다. 중국 공공기관의 의사결정 과정은 느리고 결재과정도 복잡합니다. 정소제 여사는 정부의 그런 일 처리방식을 잘 알기 때문에 저에게 재촉했습니다.

저는 이런 상황을 사장님께 보고 드렸죠. 만일 CCTV가 참여한다면 정율성 국제음악제의 중국 주관방송사는 CCTV이고 한국 주관방송사는 광주MBC가 될 수 있다고 설명드렸습니다. 그러나 주최기관이 확정되지 않은 상황에서 제3회 음악제의 예산 확보가 불투명하다는 것과, 만일 남구에서 진행하면서 광주시가 예산 지원을 해주지 않으면 중국과의 약속을 지키지 못할 상황이 된다는 것도 말씀드렸습니다.

사장님은 저에게 협상을 진행하라고 지시했습니다. 광주시가 못하면 우리라도 하자며 저에게 협상 전권을 주셨죠. 주최기관이 명확하게 조정되지 않은 채, 제3회 정율성 국제음악제 준비를 위한 중국 측과의 협의를 시작했습니다. 정소제 여사는 제가 협상자로 나선 것에 불안감을 감추지 못했습니다. 중국 문화부와 CCTV와의 협상을 마친 후에 광주시가 빠져 버리면 어떻게 되느냐는 것입니다. 저는 만일 그렇게 되면 광주MBC가 책임을 지고 진행하겠다는 것을 분명히 하고, 대신 CCTV가 형식상이 아닌 실질적인 내용으로 참여하고 중국 내에서의 방송도 약속해야 한다고 주장했습니다.

협상을 진행하면서 저도 몹시 불안했습니다. CCTV가 과연 참여할지, 참여한다면 어느 정도 규모일지 확실하지 않아서 그 결과에 따라 제가 감당해야 할 몫이 크다는 것을 알기 때문입니다. 형식과 명분을 중요시하는 중국의 문화로 볼 때 CCTV가 광주 MBC와 국제음악제의 공동 주관사로 참여하기는 쉽지 않았습니다.

그때 사장님은 설사 성사되지 않아도 괜찮으니 부담을 갖지 말고 협상을 잘 해보라고 하셨죠. 저는 협상 진행과정을 광주 MBC 구성원들에게 구체적으로 알리지 않았습니다. 잔뜩 기대했다가 성사되지 않으면 꼴이 우습게 될 것을 염려했기 때문입니다.

협상 결과는 기대 이상이었습니다. CCTV와 광주 MBC가 함께 제 3회 정율성 국제음악제 주관방송사가 되고 CCTV 전통국악연주단이 참여하기로 했습니다. 우리로 말하면 KBS 국악관현악단쯤 됩니다. 또한 CCTV 남자 아나운서와 광주 MBC 여자 아나운서가 공동으로 음악제 첫날 공연을 진행하고 중국 3개 도시의 여성합창단도 출연하기로 했습니다. 그리고 광주 MBC가 녹화한 첫날 공연을 CCTV 음악채널을 통해 방송하기로 했습니다. 이것은 엄청난 사건이었습니다.

협상 내용이 구체적으로 정해진 뒤에야 정율성 국제음악제는 광주시 주최로 결정됐고, 저는 그때까지의 협상 내용을 광주시에 인계했습니다. 그렇게 해서 광주시 주최 제 3회 정율성 국제음악제가 진행됐습니다. 개막공연은 CCTV 남자 아나운서와 광주 MBC 홍진선 아나운서의 공동 사회와 CCTV 전통국악연주단의 연주로 진행됐습니다. 광주 MBC는 첫날 공연을 녹화하여 방송했고 CCTV는 광주 MBC가 녹화한 영상을 받아 음악 전문 채널을 통해 방송했습니다. 둘째 날에는 중국 3개 시 여성합창단 120여 명이 광주 정율성 국제음악제에서 노래를 불렀습니다.

정율성 국제음악제는 이제 광주시의 대표적인 문화브랜드입니다. 수십, 수백억 원이 투자되는 많은 국제행사가 사후 연계효과가 없어 예산 낭비를 지적받는 것에 비하면 정율성 국제음악제는 불과 몇억 원의 비용으로 광주시의 브랜드 가치를 높이고 중국과 교류하는 다리 역할을 하고 있습니다. 중국에서는 정율성 국제음악제가 베이징에 이어 난창에서 열렸고 하얼빈에는 정율성기념관이 세워졌습니다. 그때마다 광주시는 베이징 시, 난창 시, 하얼빈 시를 상대하고 있습니다. 최근에는 중국 측이 정율성 드라마나 오페라를 공동 제작하자고 제안하기도 했습니다.

경제만 '보이지 않는 손'에 의해 움직이는 것은 아니었습니다. 아담 스미스의 '보이지 않는 손'은 의도적이지 않은 시장의 원리가 그 역할을 하지만, 정율성 국제음악제를 움직인 사장님의 '보이지 않는 손'은 '의도적인 손짓'이었습니다. 히딩크가 시적인 한마디로 세상을 축구판으로 몰아갔듯이, 사장님은 국제음악제가 흘러가야 할 방향을 제시하고 유도했습니다. 히딩크가 '보이는 손'을 화려하게 움직이며 언론의 조명을 즐겼다면, 사장님은 정율성 국제음악제가 가야할 길을 '보이지 않는 손'으로 제시하고 환경을 구축했습니다. 그것도 선수의 눈에만 보이는 손짓이었습니다. 그런 면에서 사장님은 진정한 '선수'였습니다. 뒤늦게 이 말씀을 드리고 싶습니다. 즐겁게 일할 수 있었습니다. 감사합니다.

교황 요한 바오로 2세와 광주

2005년 3월 광주로 부임한 뒤 한 달 좀 지나 교황 요한 바오로 2세가 돌아가셨습니다. 저는 이분이 1980년대 그 어려운 시기에 그 어려운 지역 광주를 방문했다는 사실을 떠올렸습니다. 20년 세월이 지난 만큼 저는 그분이 광주에 왔던 당시 상황을 제대로 취재해서 고인을 추모하는 특집을 만들면 좋겠다는 생각을 했습니다. 어차피 광주에선 5월 특집을 준비해야 하는데 교황과 광주라는 주제로 다루면 좋겠다는 생각을 한 겁니다.

우선 요한 바오로 2세가 광주에 왔을 때 영상자료를 가져다 봤습니다. 대번에 자유롭게 취재한 영상이 아니고 철저히 제약받는 상황이라는 걸 느낄 수 있었습니다. 실제 상황을 돌이켜봐도 그건 사실이었습니다. 가장 놀라웠던 건 1980년 광주항쟁의 현장인 금남로를 요한 바오로 2세가 카퍼레이드 하는 장면이었습니다.

좀 심하게 이야기하면 이건 시가행진이 아니라 시가전 장면 같았습니다. 교황이 탄 승용차가 쏜살같이 달렸기 때문입니다. 그것도 당시 상황에 비추어 있을 법한 일이었습니다. 광주 무등경기장에서 있었던 그분 설교도 화면이 제대로 잡힌 것이 별로 없었습니다. 옆자리에 배당받아 촬영한 것처럼 시종 교황 모습이 옆으로 찍혀 나오는 것이었습니다. 그리고 그 많은 신도들의 얼굴은 별로 찾아볼 수 없었습니다.

1980년대에 찍은 화면을 20년 뒤에 보고 있었으니 모든 게 어색하고 부자연스러울 수밖에 없는 일이었습니다. 군부독재와 민주정부라는 환경 차이가 그만큼 엄청나게 컸던 겁니다. 20년 전 상황이지만 교황 서거를 계기로 다시 복기해볼 만한 가치가 충분히 있다고 생각했습니다.

확대간부회의에서 제가 물었습니다. "올해 5·18 특집은 무엇입니까?" 하고 말입니다. 별다른 대답이 없었습니다. 국장 1명이 매년 특집을 하다 보니 이젠 소재도 말라가고 시청자 반응도 별로라고 말했습니다. 그래서 저는 프랑스 혁명은 지금 200년이 넘었지만 그런 소리 별로 못 들어봤다고 했습니다.

그래서 제가 제안했습니다. "얼마 전에 요한 바오로 2세가 돌아가셨는데, 그분은 20년 전 그 어려웠던 시절에 이곳 광주를 일부러 찾아오신 분이다. 그래서 '교황과 광주'라는 제목으로 그때 역사를 되돌아보면 좋을 것 같은데 어떻게 생각하느냐"고요. 별 말이 없었습니다. 대안이 없기 때문에 그대로 채택할 수밖에 없는 일이지요.

제가 다시 "이번 취재에 필요하다면 로마 교황청을 비롯해 해외취재를 지원할 용의가 있다"고 당근을 던졌습니다. 지역에서 해외취재 기회가 쉽지 않다는 생각을 한 겁니다. 그런데 반응이 별로였습니다. 전 순간적으로 새로 온 사장 물먹이는 건 아닌가 하고 생각했습니다. 왜냐면 전임 사장이 임기를 마치지 못하고 물러난 뒤에 제가 사장으로 왔기 때문입니다. 사원 정서상 충분히 있을 수 있는 일이다 싶어 더 이상 말하지 않았습니다. 그럼에도 천재일우의 기회라는 생각이 계속 머릿속을 맴돌았습니다.

그 무렵 제가 속내를 드러낸 이메일을 보도국 후배기자에게 보낸 적이 있습니다. 20년 만에 그 메일을 되받아 여기에 소개합니다.

김 기자!

조금 전 다녀갈 때 나는 리영희 선생의 《대화》를 읽고 있었소. 그리고 김 기자 나간 뒤에 이런 구절을 읽어 우연이 아닌 것 같아 급히 소개하고자 합니다.

임헌영: 그 시절 가까이 지내신 분은 얼마나 됩니까?

리영희: … 공자의 논어의 맨 첫머리에 "유붕자원방래, 불역낙호"란 말이 있잖아요? … 누구나 아는 구절인데 지난날 군사독재의 긴 암흑시대에는 친구를 갖는다는 것이 때로는 나 자신이나 그 친구의 목숨까지도 걸어야 하는 인간관계를 말했어(리영희, 《대화》, 559쪽).

지난 1984년 교황이 한국에 왔을 때 바로 이 논어의 첫 구절을 언급했는데, 나는 왜 그분이 저 구절을 굳이 한국말로 하는지 좀 의아했습니다. 그런데 지금 리영희 선생의 말을 듣고 보니 전혀 다른 의미를 느끼게 된 거요. 정말 그런 뜻으로 그분이 이 구절을 인용했는지 참 궁금합니다. 참고하십시오.

— 김상균

1년이 지나 다시 봄이 왔습니다. 저에게 이메일을 받았던 보도국 김낙곤 차장이 '교황과 광주'를 다뤄보겠다고 나섰습니다. 타이밍은 이미 놓쳤지만 그래도 해외취재를 보내기로 했습니다. 단 몇 명이라도 제대로 된 취재를 해볼 수 있도록 가능한 한 많은 기회를 만들어야겠다는 생각을 한 겁니다. 그렇게 해서 요한 바오로 2세와 광주와의 인연을 다룬 특집 다큐멘터리가 그해 5월에 방송을 탔습니다.

특별히 좋은 반응을 얻지는 못했습니다. 그러나 광주에서 5월 특집은 매년 이어가야 한다는 원칙을 확실하게 다짐하는 계기가 됐습니다. 지금 현업에서 바쁘게 뛰고 있는 김낙곤 광주 문화방송 취재부장이 그때 취재 뒷얘기를 저에게 보내왔습니다. 고마운 일입니다. 김 부장 뜻을 살려 여기에 그 일부를 소개해드립니다.

▌특집 〈84 교황 한국방문의 비밀〉 취재

— 김낙곤 (광주 문화방송 취재부장)

1984년 5월 교황의 광주 방문은 전 세계의 이목을 끌기에 충분했습니다. 취재진은 로마 교황청과 바티칸 대사, 윤공희 대주교 등에 대한 취재를 통해 몇 가지 사실들을 확인할 수 있었습니다.

당시 전두환 독재정권은 교황의 광주 방문을 여러 경로를 통해 막기 위해 다양한 외교 활동을 벌였고 주 바티칸대사관 등 외교공관들이 총력전에 나섰다는 것이었습니다.

취재진이 발굴한 "로마교황 방한"이라는 문서는 총무처 의정국 의정과가 작성하여 전두환이 직접 사인한 비밀문서로, 이 자료를 보면 1980년 10월 한국주교단이 교황의 방한을 교황청에 구두로 요청했으며, 1981년 11월 노태우 특사가 교황청을 방문해 한국 포교 200년에 즈음해 교황을 초청한 것으로 돼 있습니다. 교황 방한 당시인 1984년에는 대통령 각하 지시사항을 통해 교황 방한에 따른 관계부처 합동회의 등 정부가 기민하게 대응한 현황 등도 나타나 있습니다.

이탈리아 유력 일간지 〈일 메사게로〉 기자인 '페트로 실로'는 한국정부가 교황청 출입기자들을 교황 방문 1년 전에 한국으로 초청해 휴전선 땅굴 견학은 물론 융숭한 대접을 하는 등 한국에 대한 비판적인 기사를 막기 위해 애를 썼다는 내용을 증언하고 있습니다.

무엇보다 당시 로마 교황청이 1980년 5·18 상황을 시간대별로 보고받았고 이를 교황청 문서고에 비밀문서로 보관하였다는 사실이 취재진에 의해 처음으로 확인됐습니다.

2005년 취재 당시 교황청에 근무하는 양미란 씨의 도움을 받아 비밀로 분류된 문서에 접근해 촬영할 수 있었으며, 이는 대부분 긴박한 광주 상황 등을 한국에 있는 가톨릭 주교집단을 통해 보고받은 내용들이었습니다.

또한 해외 언론이 교황 요한 바오로 2세의 광주 방문을 대서특필하며 광주의 아픔과 군사정부의 곤혹스런 모습을 보도한 것과 달리 국내 언론은 교황의 광주 방문을 하나의 종교행사로 다루며 그 의미를 애써 축소시키려 했다는 것을 알 수 있었습니다.

당시 교황의 광주 방문에서 정부가 가장 신경 쓴 부분은 교황과 상처받은 광주시민들의 직접적인 접촉이었습니다. 특히 1980년 5월 핏빛 현장인 금남로 카퍼레이드를 무력화하려 노력했지만 교황청의 거부로 성사되

2005년 광주 문화방송에서
특집 방송한
〈84 교황 한국방문의 비밀〉

지 못하자 다음과 같은 웃지 못할 일을 벌였다는 증언도 나왔습니다.

윤공희 대주교는 취재진과 인터뷰에서 "당시 카퍼레이드 속도가 시속 20킬로미터 정도였는데, 경호 책임자로 선두에 서 있던 장세동 경호실장이 아주 빠른 속도로 선두차를 이끌면서 교황이 타고 있던 포프스 모빌이 어쩔 수 없이 빠른 속도로 금남로를 지나칠 수밖에 없었어요"라고 밝혔습니다.

취재진은 또한 로마 교황청에 대한 취재를 통해 가톨릭에는 윤공희 대주교와 김수환 추기경으로 상징되는, 시대의 아픔을 같이하는 사회참여의 모습도 있지만 동시에 교세 확장을 위한 노력 등 보수적인 모습도 있다는 점을 발견할 수 있었습니다. 전두환 군사정부도 교황 방한과 1986년 아시안게임, 1988년 서울올림픽 등을 통해서 1980년 5월 독재정권의 이미지를 벗고 미화하고 싶은 욕구가 강했다는 것이 여러 문서에서 드러났습니다.

그러나 교황 방문을 활용하고 싶은 군사정권의 의도는 교황 방문을 통해 분출하기 시작한 민주화의 에너지가 1980년 5월 광주를 넘어 1987년 6월 항쟁으로 분출하는 결과로 이어졌습니다.

30년 전 우리나라를 처음으로 방문한 요한 바오로 2세가 벗으로 우리에게 다가왔듯이 프란치스코 교황도 세월호 아픔 속에 고통받는 유가족은 물론 한국 사회 곳곳에서 고통받는 이들에게 희망의 벗으로 다시 한 번 다가왔고, 그 여진은 여전히 남아 있습니다.

'2014년 8월 12일' 오후, 요한 바오로 2세가 광주의 아픔을 어루만지기 위해 '포프스 모빌'을 타고 도착했던 광주 무등경기장 앞에 광주시민들의 이름으로 요한 바오로 2세 기념비가 세워졌습니다.

비록 경기장 이름은 '기아 챔피언스필드'로 바뀌었지만 30년 전 당시 교황 광주 방문의 비밀을 알고 있는 사람들은 미소를 지으며 이 길을 지나고 있습니다.

2006년 독일월드컵 현지방송

2006년 6월 광주에 있을 때 독일월드컵이 한 달 동안 열렸습니다. 지역 방송으로서는 월드컵 특수 때문에 오히려 골병이 드는 한 달이었습니다. 서울에서 모든 편성을 월드컵 위주로 하고 광고도 그에 따라 책정하기 때문에 지역방송은 방송시간 뺏기고 지역광고도 뺏기는 이중고를 겪게 되는 때였습니다.

그냥 있어도 좋을 일이었습니다만 그때 월드컵 주최국이 독일이라는 점이 뭔가 미련을 갖게 했습니다. 독일은 우리와 같은 분단국이었고, 우리와 달리 통일을 먼저 한 나라였습니다. 또한 손기정 선수가 올림픽에서 우승한 국가이고, 제2차 세계대전에서 패하고도 곧바로 경제기적을 일으킨 국가이고, 동백림 간첩사건이 일어난 국가이고(물론 나중에는 아닌 걸로 밝혀졌지만), 차범근 선수가 차붐을 일으킨 국가였습니다. 무엇보다도 우리 국민들이 광부로 간호사로 처음 진출한 국가였습니다. 생각이 점점 한쪽으로 쏠리기 시작했습니다.

그때 저는 조정래 선생의 대하소설 《한강》을 읽은 뒤였습니다. 우연히도 이 소설에는 1960년대 한국사회를 탈출해 새로운 삶을 살아보고 싶은 젊은이들이 독일 행을 꿈꾸는 대목이 나왔습니다. 주인공은 연좌제에 걸려 독일마저 갈 수 없었지만 말이죠.

많은 사람들이 독일 광부로 가기 위해 독일어를 배우고 온갖 빽을 동원하는 실태가 자세히 그려져 있습니다. 대학을 졸업하고도 광부를 하겠다는 얘기는 지금 돌이켜보면 참 처절한 소리 같지만 그때 독일 광부 봉급이 워낙 많았다고 하는 걸 보면 그 시절엔 그렇지도 않았던 모양입니다. 어쨌든 기록상으로는 1963년 12월에 광부 247명을 선발해 보낸 것으로 나와 있습니다. 그때 응모자가 무려 4만 6천 명이었다고 하는데, 선발시험은 60킬로그램짜리 쌀 한 가마를 다섯 번 들어 올리는 것이었다고 합니다. 호랑이 담배 먹던 시절 이야기 같습니다.

그런데 조정래 선생 소설을 보면 이중에는 전남 사람들이 상당수 들어 있다는 대목이 있습니다. 아무래도 어려운 사람들이 독일 행을 선택했을 테니까 충분히 개연성 있는 지적이었습니다. 전남은 제가 서울로 올라오던 1960년대 중반까지 흔히 '350만 도민 여러분' 할 정도의 인구였습니다.

제가 2005년 부임했을 당시 광주는 광역시로 전남과 행정구역이 구분되어 있었지만 두 지역 단체를 다 합쳐도 인구가 330만 명 정도에 불과했습니다. 세월이 40년이나 흘렀는데도 인구는 오히려 줄어들어 버린 겁니다. 인구 자연증가율까지 감안해서 생각해보면 정말 부자연스러운 사회현상인 겁니다.

저는 독일월드컵에 광주특별취재팀을 보내고 싶었습니다. 우선 지역 후배들에게 해외취재를 더 많이 할 수 있도록 기회를 주고 싶었습니다. 그리고 1960년대 독일 현지에 광부로 간호사로 울면서 떠났을 수많은 지역민들이 한 세대 만에 어엿한 교포사회를 일구어낸 감동적인 얘기들을 방송에 내보내고 싶었습니다. 예산이야 물론 억대가 드는 것이었지만 월드컵 특수로 서울에 빼앗기는 수입에 비하면 그건 새발의 피였습니다. 외부 협찬으로 메꾸어볼 생각을 했습니다.

그래서 기자와 카메라기자, PD 등 지역사로서는 대규모 취재반을 구성해 독일로 보냈습니다. 그리고 월드컵대회 기간에 서울에서 다루지 않는 지역방송만의 소재를 찾아 취재해 방송하도록 부탁했습니다.

이를테면 지역민들이 한국 선수단 지원을 위해 무엇을 어떻게 하는지, 음식은 무엇을 장만하는지, 그리고 실제 응원은 어떻게 하는지 등을 상세하게 취재해보라고 했습니다. 또한 그 어렵던 광부, 간호사 생활을 하면서 한 세대 만에 독일에 자리 잡은 수많은 지역민들의 기막힌 사연들을 소개할 수 있도록 교민취재를 별도로 해보도록 지시했습니다. 조정래 《한강》을 인용하면서 말입니다.

그런데 나중에 편성국에서 계획한 걸 들었더니 대회기간 중 특별생방송을 30분씩 무려 9일 동안 하겠다는 것이었습니다. 당장 떠오르는 게 엄청나게 많이 나올 위성사용료였습니다. 제가 워싱턴 특파원 시절 위성청약을 할 때 10분에 2,500달러를 지불한 생각이 난 겁니다. 그러니 30분 생방송을 한다고 할 경우 자료화면 등을 미리 보낼 시간까지 계산하면 매일 한 시간 이상씩 위성을 사용해야 할 텐데, 그러면 위성사용료가 엄청날 것이란 생각을 한 거지요.

사실 저는 취재반을 보낼 때 취재한 뒤 귀국해서 멋진 다큐멘터리 한두 편 제작해주기를 기대한 겁니다. 날마다 현지에서 날아온 취재물로 생방송을 하는 경우는 상상도 해본 적이 없었습니다. 위성료를 그렇게 많이 쓸 수는 없는 일이었기 때문입니다.

그런데 대답은 전혀 뜻밖이었습니다. 위성사용료가 전혀 들지 않는다는 것이었습니다. 저는 도깨비에 홀린 사람처럼 그게 어떻게 가능하냐고 물었습니다. 그랬더니 인터넷으로 취재한 내용을 압축파일에 담아 보내오면 그걸 광주에서 다시 풀어 생방송에 맞게 진행하면 된다는 것이었습니다.

워싱턴에서 특파원 취재 내용을 위성으로 보내면 서울에서 그걸 받아 〈뉴스데스크〉 생방송 시간에 적당하게 편집해서 내보낸다는 이야기 같았습니다. 다만 여기서 위성 대신 인터넷 기술을 이용한다는 점이 달랐습니다. 컴맹 세대인 저로서는 전혀 들어보지 못한 이야기였지만 보고를 들어보니 기술적으로 가능한 이야기임은 분명한 것 같았습니다. 무엇보다 위성사용료가 한 푼도 들지 않는다는 소리에 안심이 됐습니다.

그래서 월드컵대회 기간 중 광주 문화방송은 서울 월드컵 편성시간 뒤에 별도로 30분을 다시 편성해 날마다 독일에서 압축파일로 들어오는 현지 취재반의 제작물을 풀어서 생방송 시간에 내보낸 겁니다.

저는 날마다 신기루를 보듯이 이 프로그램을 눈여겨봤습니다. 정말 완전 생방송이라 해도 손색이 없을 만큼 감쪽같았습니다. 처음엔 한두 번 하다 말겠지 했는데 일주일을 넘겨 무려 9일 동안 이런 생방송을 제작해서 내보낸 겁니다. 당연히 지역 시청자들 반응은 좋을 수밖에 없었고, 무엇보다도 다른 지역사들이 어떻게 그런 방송을 할 수 있느냐고 물어오는 일이 많았습니다.

저로서는 기술적인 것은 잘 모르지만 어쨌든 기대 이상으로 좋은 방송을 내보낸 광주 직원들이 자랑스러웠습니다. 무엇보다도 지역방송에서도 위성을 사용하지 않고 매일 해외취재물을 당일 소개할 수 있다는 사실이 놀라웠습니다.

그리고 그런 기술을 알고 활용해준 기술국 직원이 보배같이 느껴졌습니다. 황한영! 얼굴은 마치 대학생처럼 동안이었습니다. 그 사원에게 칭찬과 함께 이번 생방송을 가능하게 한 기술적인 노하우를 문화방송 전국 사이트에 공개하라고 부탁했습니다. 그렇게 되면 전국 19개 지역사가 모두 이 방법을 이용해 해외에서 취재한 내용물을 바로 당일 지역 시청자들에게 방송할 수 있게 되는 겁니다. 지역사로서는 정말 눈이 번쩍 뜨이는 마술 같은 일이 아닐 수 없었습니다.

실제로 몇몇 지역사들이 그해 이 방법을 사용해 방송한 적이 있다고 들었습니다. 저는 서울 직원들도 이 방법을 사용했으면 좋겠다고 생각했습니다. 그곳에서 위성을 가장 많이 사용하기 때문입니다. 그렇지만 큰 기대는 하지 않았습니다. 손쉬운 방법이 있는데 굳이 어려운 방법을 쓸 것 같지 않기 때문입니다. 저는 아직도 서울에서 이런 방식으로 방송을 했다는 소릴 들어본 적이 없습니다.

정말 어떤 때는 우리나라가 섬나라 같다고 느껴집니다. 서울에서 지역으로 떨어져 살아보니 외국처럼 거리가 멀게 느껴질 때가 한두 번이 아니었습니다. 지역에서 아무리 좋은 방법을 개발해도 서울에서 무시하면 그만인 겁니다. 그 방법이 돈도 안 들고 매우 간편한데도 서울에서 기왕에 하던 방식을 고집하면 그만인 겁니다.

이건 의견이 다를 수 있는 인문사회과학적 사안이 아닙니다. 그보다는 훨씬 검증이 잘되어 있는 자연과학적 사안인데도 그렇다는 거지요.

심하게 말하자면 일 더하기 일은 이라고 하는데도 무시하고 외면하는 꼴이라는 겁니다.

우리나라에서는 정부도 수도 서울을 옮길 수 없게 되어 있습니다. 관습헌법상 안 된다는 판결이 있지 않습니까! 나라에 위기가 닥칠 땐 헌신짝처럼 서울을 버리고 피난은 잘 가면서 말입니다. 서울을 옮기면 안 된다고 하려면 위기가 왔을 때 서울을 사수해야 앞뒤가 맞는 겁니다.

《서울은 만원이다》라는 소설이 있습니다. 반세기 전인 1960년대에 나온 소설입니다. 그런데도 우리는 지금까지 계속 서울에 더 많은 투자를 하고 더 많은 사람들이 서울에 올라오도록 하는 정책만 펴온 겁니다. 그래서 지금 수도권에 우리나라 전 인구의 거의 절반이 살고 있습니다. 안보를 그렇게 외치던 나라에서 말입니다.

다시 월드컵 이야기로 돌아가겠습니다. 당시 월드컵 생방송을 가능하게 해준 장본인이 저에게 그 비법과 소회를 보내왔습니다. 길지 않은 데다 제가 잘 모르는 내용이어서 여기에 전문 그대로 소개해드립니다.

▌2006 독일월드컵 방송을 되돌아보다

— 황한영 (광주 문화방송 기술국 제작기술부장)

지금은 컴퓨터나 스마트폰으로 해외에 사는 친구 친지들과 영상으로 통화하는 것이 너무도 일상적인 일이 되어버렸다. 인터넷으로 TV를 볼 수 있는 IPTV 서비스를 이용하는 시청자들도 갈수록 늘고 있다. 방송에서도 해외에 나가 취재한 영상을 인터넷을 통해서 바로 보내는 것이 너무도 평범한 일이 되어버렸다. 비싼 위성을 사용하지 않아도 인터넷을 통해서 얼마든지 방송을 할 수가 있다.

하지만, 이 모든 것이 평범하지 않던 때가 있었다.

2006년 독일월드컵을 앞두고 있던 때. 우리 회사는 특별취재반을 꾸려서 독일로 보내기로 했다. 지역방송 역사상 처음으로 월드컵 취재방송을 하겠다고 한 것이다. 서울에서 방송을 하고는 있지만 서울에서 다루지 않는 지역의 얘기를 담아보고자 했다. 그런데, 취재한 영상을 어떻게 보내느냐가 관건이었다. 비용을 생각할 때 서울처럼 위성을 사용할 수는 없었다. 그래서 인터넷을 사용하는 방법을 생각했다. 방송 화질의 영상은 파일 크기가 엄청나게 커서 바로 인터넷으로 보내는 것은 불가능했지만 때마침 적절한 방송장비가 있었기에 시도해볼 수 있었다. 스트림박스라는 장비인데, 방송 화질의 영상을 저용량으로 압축해주었다. 당시로서는 파격적으로 작은 크기인 2Mbps였다. 그 정도면 인터넷으로 보내는 데 무리가 없을 것으로 판단되었다.

사용방법은 간단했다. 카메라와 스트림박스 장비(장비라고는 하지만 노트북이다. 노트북에 설치된 인코더 S/W를 통해 파일이 만들어진다)를 IEEE1394 케이블로 연결한 후 영상을 카메라에서 재생하고 S/W에서 녹화 버튼만 누르면 파일이 생성된다. 그리고 생성된 파일을 외장 하드디스크에 옮긴 후 인터넷으로 전송한다. 회사에서는 전송 받은 파일을 영상으로 풀어주는 장비(디코더)에 옮긴 후 재생 버튼만 눌러주면 된다.

특별취재팀이 독일에 가기 전에 먼저 테스트를 해보았다. 독일 인터넷 사정이 좋지 않다고 들어서 안 되면 어쩌나 걱정이 됐기 때문에 확실한 결과가 필요했다. 현지에서 도움을 주는 코디네이터를 통해서 대학 연구소에 있는 독일 연구원과 테스트를 진행했다. 20분짜리 영상을 전송하는 데 한 시간이 약간 안 걸렸다. 오케이였다. 그 정도면 충분하다는 확신이 들었다.

드디어 특별취재팀이 독일로 갔고 며칠 있다가 독일 현지에서 제작한 리포트가 아침뉴스 시간에 방송되었다. "독일 OO 현지에서 MBC뉴스 OOO입니다." 지금까지 한 번도 듣지 못한 리포트 멘트를 들은 것이다. 지금 생각하면 너무도 당연한 것이지만 그때는 정말 큰 사건이었다. 그때까지 해외취재물은 귀국한 뒤에 방송에 나가는 것이 당연했다. 그런데 독일 현지에서 취재한 리포트가 바로 그날 방송에 나간 것이다.

뉴스 리포트뿐만 아니라 6월 12일부터 23일까지 '광주MBC 월드컵 특별기획 〈신화는 계속된다〉'라는 타이틀로 생방송 프로그램까지 진행했다. 독일 현지에서 취재하고 제작한 영상물을 바로 받아서 매일 시청자들에게 보여준 것이다. 방송을 통해 베켄바워 독일월드컵 조직위원장, 루디 펠러 전 독일 감독과의 인터뷰를 내보냈고 '다음' 포털 사이트에 인터뷰 영상을 제공해서 검색 1위에 오르기도 했다. 또한 1960~1970년대에 광부와 간호사로 독일에 간 호남 사람들의 삶을 소개해 지역민들이 뭉클한 감동에 젖게 했다.

특별취재팀은 낮에는 취재하고 방송물 녹화하고 편집해서 밤에는 전송하는 일을 2주일이라는 짧지 않은 기간 동안 반복했다. 인터넷 카페에서 밤새 보낸 적도 있었다. 몸은 고되었지만 카메라와 노트북만을 가지고 거의 공짜나 다름없는 비용으로 해외 현지에서 제작한 방송물을 바로 방송할 수 있다는 새로운 지평을 열었다. 지역방송에서는 한 번도 해보지 못한 일을 시도하고 이루어내서 지역방송의 한계를 넘는 소중한 경험을 했다.

지금은 해외취재를 하면 바로 방송으로 나가는 것이 당연한 일이다. 지금 생각하면 그때 일이 별것 아니게 느껴질 수도 있지만, 너무도 당연한 것이 당연하지 않았던 때에 도전해서 이뤄낸다는 것은 쉬운 일이 아닐 것이다. 지금 혹시 또 그런 일이 있지 않을까 생각해본다. 틀에 갇혀서 앉아만 있지 말고 새롭게 도전하고 시도해보는 것 말이다.

수목장과 묘지강산

2005년 11월 23일, 광주 문화방송 사장이던 저는 아침 조간신문에서 눈에 띄는 기사를 봤습니다. 장성에서 산림청 주관으로 수목장을 한다는 거였습니다. 시간이 급해 회사에 전화로 취재를 부탁하고 출근 대신 장성 축령산으로 차를 몰았습니다. 식장에 갔더니 이미 장례식이 시작되었습니다.

저는 100여 명 조문객 뒤에 서서 지켜보기로 했습니다. 갑자기 사회자가 안내말씀을 드린다면서 "지금 광주 문화방송 사장이 왔다"고 공지하는 것이었습니다. 전혀 예상 못한 일이라 정말 당황스럽고 난감했습니다. 사전에 아무 연락 없이 개인 자격으로 왔는데도 아직은 지역 인심이 그렇지 않은 모양이었습니다.

졸지에 맨 앞자리 산림청장 옆에 앉게 됐습니다. 그땐 우리 취재기자들이 아직 오기도 전이라 더욱 안절부절못할 수밖에 없었습니다. 대신 처음 보는 수목장 거행장면을 가까이서 자세히 볼 수 있었습니다.

고인은 임종국 선생이라고 했습니다. 평생 장성 축령산 일대에 편백나무를 200만 그루 이상 심어서 키운 산림왕이라는 것이었습니다.

1997년 IMF 외환위기 때 돈이 없어 평생 키운 산림을 팔 수밖에 없었다고 합니다. 조사를 하던 조연환 산림청장은 임종국 선생을 기리면서 자신 같은 사람을 부끄럽게 만드신 분이라고 추모했습니다.

산림청장이 참석한 최초의 수목장을 공직자가 아닌 임 선생 유해를 모시고 하는 걸로 미루어 그분의 나무 사랑을 느낄 수 있었습니다. 평생 친일문학론에 몸 바치신 임종국 선생과 이름이 같아 더욱 기억하기가 좋았습니다.

유족 말로는 이미 돌아가셔서 전북 순창 선영에 묘를 썼지만 산림청 권유도 있고 또 평생 나무 사랑이 남다르신 분이라 그날 수목장을 하게 됐다고 합니다. 그전에 고려대 교수(김장수) 한 분이 수목장을 하긴 했지만 이렇게 공식적으로 수목장을 하기는 임 선생이 처음이라는 사실도 알았습니다.

실제 장례식은 보통 장례에 비해 너무 간소했습니다. 유골을 모실 느티나무 뒤에 구덩이를 파고 식순에 따라 그 밑에 유골을 파묻고 나무에 고인 이름표를 걸어두는 게 전부였습니다. 바로 앞에서 보면서도 너무나 예식이 달라 좀 놀랄 정도였습니다. 정말 산을 사랑하고 나무를 사랑한 한 거인을 보는 것 같았습니다.

저는 이런 분이 우리 사회의 진정한 영웅이라는 생각을 했습니다. 그날 임 선생 수목장 기사는 서울에 보내져 전국 시청자들에게 소개됐습니다.

그날 들은 얘기 가운데 만약 우리가 모두 수목장을 할 수만 있다면 전라남도 도민 전체를 임 선생이 그토록 사랑한 축령산 일대에서 임 선생이 키운 나무로 장례 치를 수 있다는 소리가 오래 머리에 남았습니다.

1994년 사회부장 때 생각이 났습니다. 매년 서울 여의도만 한 땅이 묘지로 변하고 있는데도 정부는 아무런 대책을 내놓지 못하고 있었습니다. 하기야 역대 대통령부터 국립묘지에 호화분묘를 만들어 모시고 있으니 개선책이 나올 리가 없습니다.

만약 대통령이 솔선수범했다면 우리 장묘문화는 벌써 바뀌었을 것입니다. 미국에서 고 케네디 대통령 묘지를 본 적이 있습니다. 조그마한 시멘트 네모 한가운데 불꽃이 피어오르는 게 전부였습니다만 그 불은 영원히 꺼지지 않는다는 것이었습니다. 형식보다 내용이 더 좋다고 생각했습니다.

중국의 작은 거인 덩샤오핑은 "화장해서 바다에 뿌리라"는 유언을 남겼습니다. 중국 사람들이 마오쩌둥보다 덩샤오핑을 더 좋아한다는 얘기를 저도 중국에서 실제로 들은 적이 있습니다. 다 이유가 있었던 겁니다. 지금 중국은 거의 다 화장을 한다고 들었습니다. 지도자 솔선수범이 얼마나 중요한지 새삼 실감하는 사례입니다.

마침 파리에서 특파원을 마치고 들어온 송재종 차장이 사회부로 왔습니다. 송 차장 역시 파리에서 드골 전 대통령이 고향 땅에 묻혀 있다는 사실을 잘 알고 있던 터였습니다. 그래서 우리는 이른바 '묘지강산'이라는 제목으로 〈뉴스데스크〉에 이를 공론화하기로 합의했습니다.

1994년 11월 23일 〈뉴스데스크〉는 '묘지강산'이라는 어깨걸이 제목으로 세 꼭지 기획물을 방송에 내보냈습니다. 우리나라가 묘지강산으로 변해가고 있는 실태와 그럼에도 아무 대책이 없는 정부, 그리고 마지막으로 송 차장이 직접 권력층이 생각을 바꿔야 한다고 대안을 내놓았습니다.

우리끼리는 꽤 애를 써서 만든 기획물이었는데 반응은 별로였습니다. 다음 날 아침 편집회의에서는 오히려 핀잔을 듣기까지 했습니다. 오랜 전통을 무시할 수 없고, 개개인이 조상을 모신다는데 그러면 안된다고 한다면 그게 오히려 시청자들 비난을 살 만한 일이 아니냐는 것이었습니다.

당연한 지적이고 일리 있다고 생각했습니다. 그렇지만 저는 앞으로가 문제라고 생각했기 때문에 동의할 수는 없었습니다. 그렇게 '묘지강산' 기획방송은 또다시 머리에서 사라졌습니다. 그리고 10년이 넘어서 그것도 서울이 아닌 광주에서 다시 수목장을 보게 된 것입니다.

그날 수목장 보도는 아마 문화방송이 처음으로 전국에 소개한 방송 뉴스였을 겁니다. 사장이 직접 참석해, 처음으로 공개하는 수목장 행사장에서 취재한 기사이기 때문입니다. 처음임을 강조하고 싶지 않아 굳이 자료 확인은 하지 않았습니다.

1993년 8월 저는 미국 필라델피아에서 이정식 교수, 미국 교포 한 분과 함께 저녁을 먹었습니다. 당시는 〈독립신문〉을 발간한 서재필 박사 유해 봉환문제가 광복절을 앞두고 관심을 끌던 때였습니다. 20년 전 일인 데다 제가 방송한 자료가 보관되어 있지 않아 아쉽습니다만 그날 저녁 대화만은 뚜렷하게 기억하고 있습니다.

필라델피아는 서재필 박사가 미국에서 살던 곳이고 돌아가신 곳이기도 합니다. 그리고 그곳 납골당에 서 박사 유해가 보관되어 있었습니다. 그날 서 박사 유해를 모시고 있는 그 교포가 서 박사를 국립묘지에 모시고 싶은데 일반 장병에게 할당되는 묘지 이상은 어렵다고 해서 좀 난감하게 생각한다는 말을 했습니다.

정부 입장은 서 박사가 한국 정부에서 공식적으로 일한 적이 없어 국립묘지에 모실 때 그분에 맞는 예우를 해줄 수 없다는 것이었습니다. 그래서 저는 "꼭 국립묘지만 고집할 이유는 없는 것 아닌가? 그분이 살아오신 생애를 돌아보면 오히려 서대문구치소 자리에 있는 독립공원이 더 맞는 건 아닌가" 하는 주장을 폈습니다. 형식이나 격식을 따지지 말고 그분 일생처럼 자유롭게 모시면 좋겠다는 생각이었습니다. 별다른 반응을 듣지는 못했습니다.

이번에 예전 기록을 다시 뒤져봤더니 그 후 서재필 박사를 국립 현충원에 모셨다는 사실을 알았습니다. 그런데 그때 같이 있던 이정식 교수가 1993년 국내 한 신문에 서재필 박사를 서대문 독립공원에 모셔야 한다는 주장을 "나의 제언"이라는 제목으로 투고한 사실을 알았습니다.

서대문에 서 박사가 세운 독립문이 있고, 독립협회가 있고, 독립공원이 있기 때문이라는 주장이었습니다. 그분은 서재필기념재단 이사장을 하신 분이고 《한국의 공산주의》(*Communism in Korea*) 를 스칼라피노 교수와 함께 집필한 저명한 교수였습니다. 저는 그분 말씀이 옳다고 생각하면서 문득 20년 전 필라델피아에서 만난 기억을 떠올렸습니다.

그리고 지금은 전남 보성에 서재필기념공원이 조성돼 그분을 모시고 있다는 사실도 알았습니다. 또한 미국 워싱턴 시내 한국영사관 앞에도 그분 동상이 세워져 있음을 알았습니다. 그분은 한국과 미국에서 모두 동상을 세워 추모하는 유일한 한국계 미국인이 되신 겁니다.

제가 20여 년 전 필라델피아에서 만난 그 교포 분은 자신이 매일 납골당을 찾아 서재필 박사의 유해를 모시는 이유가 바로 대가 끊어졌기 때문이라고 했습니다. 미국에서 딸 2명만 낳았기 때문이라는 거지요. 이번에 자료를 보면서 서재필 박사가 양자를 받으라는 문중 사람들의 말을 전혀 듣지 않았다는 사실을 알았습니다. 그게 다 패거리주의로 이어지고 나라 발전에 도움이 안 된다는 이유 때문이었습니다.

그런데 그분은 이승만 전 대통령도 누리지 못한 추모 예우를 지금 한국과 미국 양쪽에서 다 받고 계신 겁니다. 대가 끊겼는데도 말입니다. 게다가 서재필 언론문화상, 서재필 의학상, 그리고 서재필기념재단이 생겼습니다. 우리 현대사에 이런 예우를 사후에 받는 사람이 또 누가 있습니까? 특히 정부가 먼저 나서지 않은 분 중에 말입니다.

묘를 잘 쓰고 조상을 잘 모시는 것이 우리나라에서 가장 중요한 예절인 줄 알고 있습니다만, 그 방법을 이제 우리도 한번 재고해야 합니다. 적어도 남에게 피해를 주고 나라발전을 방해하는 상황이라면 생각을 바꿔야 합니다.

아직도 묘를 잘 써야 후손이 번창한다든가, 후손이 출세하고 대통령도 된다든가 하는 소리를 자주 듣는 세상이지만 서재필 박사 같은 경우를 보면 그렇지도 않다는 생각을 하지 않을 수 없습니다. 아, 그때 필라델피아에는 서재필 박사 이름을 딴 공원도 있었습니다.

호화묘지를 자랑하는 역사적 인물 중에 지금 후대에 손가락질 당하는 사람도 적지 않습니다. 우리가 생각을 한번 바꿔보면 지금 사는 세상이 훨씬 더 좋아질 수 있고 우리 후손들에게 훨씬 더 좋은 유산을 물려줄 수 있다는데 그냥 모른 체할 수는 없지 않습니까!

저는 올봄에 큰 매형이 돌아가셔서 수목장으로 모셨습니다. 경기도 수목장 현장에서 한 수목에 열 분 이상 고인을 모시고 있음을 알았습니다. 임종국 선생 수목장을 봤을 때는 수목 한 그루에 한 분을 모시는 것이었습니다. 그럼에도 200만 전남 도민 전체를 임 선생이 가꾼 축령산 수목으로 모실 수 있다는 소리를 들었지 않습니까!

그로부터 10년도 지나지 않아 제가 올해 단체 수목장을 치르게 된 겁니다. 비슷한 때 KBS 박권상 전 사장이 별세했고, 가족들이 그분을 수목장으로 모셨음을 알게 됐습니다. 사회 명사들이 모여 화장을 다짐하고, 실제 화장 비율도 점점 늘어나고 있다는 뉴스도 봤습니다.

세상은 눈에 띄지 않게 그렇게 변하고 있습니다. 만약 우리 방송이 이런 변화에 좀더 많은 관심을 갖고 방송을 통해 널리 알린다면 그 변화는 다시 상전벽해와 같은 속도를 타겠지요.

박권상 전 사장 같은 분 유족들이 '수목장으로 장례를 치렀다'는 뉴스가 점점 많이 보도된다면, 그리고 장관 이상 고위 공직자들이 수목장을 선호하고 SK 최종현 회장처럼 재벌총수들도 화장하라는 유언을 남긴다면 우리 사회가 금수강산이 될 날도 머지않을 것 같습니다.

2004년 통영 앞바다가 그렇게 아름다웠습니다. 제가 본 나폴리보다 훨씬 더 좋았습니다. 당시 통영시장에게 제가 말씀드렸습니다. "시장님, 이 좋은 앞바다가 보이는 저쪽 언덕 어디에 사당 하나 지으시지요. 아마 임진왜란 때 전사한 일본 후손들도 이 아름다운 동네에 제사도 지내고 관광도 할 겸 해서 많이 올 것 같은데요!"

요새 명절 때면 해외 관광하러 나가는 사람들이 무척 많다는 뉴스를 자주 봅니다만, 명절 때 제사와 관광을 함께 할 수 있다면 하는 생각을 해봤습니다. 초상집에서 시끄럽게 떠들어도 묵인하던 선조들의 슬기를 우리 후손들도 오늘에 되살려 한번 생각해봤으면 합니다.

국회간첩단 사건 조작 폭로

광주에서 근무한 지 2년째 접어든 2006년 봄, 저는 우연한 기회에 1960년대에 있었던 국회간첩단 사건의 김규남 의원과 박노수 교수가 모두 전남 출신이라는 사실을 알았습니다. 그리고 바람처럼 지나치듯이 이분들이 억울한 죽음을 당했을 것이란 사실도 전해 들었습니다.

듣고 보니 상식적으로도 말이 안 되는 사건 같았습니다. 아니 집권당인 공화당 전국구 의원이 간첩이라니, 그게 우선 어이가 없었습니다. 더구나 김규남 의원은 도쿄대학에서 공부한 지식인이고 박노수 교수는 영국 케임브리지대학 유학파였기 때문입니다. 1960년대에 이만한 학력을 가진 분이 할 일이 없어 간첩질을 했겠는가 하는 의문이 당연히 들수밖에 없었습니다.

또 다른 배경으로는 이 사건을 맡았던 당시 김형욱 중앙정보부장이 미국에 망명해 이른바 '조국을 배신하고' 결국 비극적인 죽음을 당했기 때문에 김 부장 생전의 온갖 사건들은 다시 한 번 검증을 해봐야 할 필요가 있었습니다. 저는 마산에서 윤이상 선생을 기리는 통영국제음악제를 주관하면서 윤이상 선생 부인을 통해 그분들이 동백림 간첩사건으로 얼마나 큰 고초를 겪었는지 잘 들어 알고 있습니다.

윤 선생이 조사를 받다가 괴로워서 벽에다 머리를 부딪치면서 자살을 기도했다는 얘기도 부인에게 직접 들었습니다. 오죽했으면 독일에 귀화했겠습니까? 당시 서독에서 우리와 국교를 단절하려고 주한 대사를 소환했을 정도였으니까요. 그런데 그 동백림 사건은 김형욱 부장이 조작한 사건임이 만천하에 드러나고 있었습니다.

제가 젊었을 때 당시 김형욱 부장이 펴낸 《대지의 가교》라는 책이 있었습니다. 동백림 간첩사건을 다룬 이 책 광고는 반공 필독서라고 요란을 떨었습니다. 그런 사람이 자기 끈 떨어지니까 미국으로 망명해서 그쪽 청문회에 나가 온갖 국내 정보를 까발렸으니 그 사람 재임 중 저지른 일은 반드시 고쳐야 한다는 생각을 갖게 됐습니다.

마지막 논거는 당시 국내 정세가 3선 개헌을 하기 위한 예민한 시점이었다는 점이었습니다. 김규남 의원이 김종필 의원의 오른팔이었다는 지역유지 말씀이 금방 정황을 알 수 있게 해주었습니다. '아하! 정치적 음모가 있는 사건이구나' 하는 생각을 하게 됐습니다.

그래서 간부회의에서 이러한 문제점을 지적하면서 국회간첩단 사건을 다시 한 번 취재해볼 필요가 있다고 강조했습니다. 그 전해에 '교황과 광주'를 취재해보라고 했다가 거절당한 경험이 있어 반응을 기다렸습니다. 물론 간첩단 사건 취재에 필요한 해외출장도 보장하겠다고 했습니다.

그런데 이번에는 보도국장이 와서 이재원 기자가 예비취재를 해보더니 한번 해보겠다고 했다는 것이었습니다. 그렇게 해서 이 기자가 일본, 영국, 덴마크까지 해외취재를 하고 국내에서도 곳곳을 뒤져 드디어 국회간첩단 사건의 진실을 밝혔습니다.

이 기자는 이 프로그램으로 기자상도 받았고, 억울하게 사형 당한 분들은 결국 재심에서 무죄판결을 받았습니다. 돌아가신 지 근 40년이 지난 뒤였습니다. 저는 그 프로그램을 보면서 정말 기가 막혔습니다. 특히 박노수 교수는 언론에 발표했을 때 박대인이란 가명까지 썼다는 사실이 너무 놀라웠습니다. 광주 대인동 이름을 따서 그런 가명을 만들었다니 정말 어이가 없었습니다.

당시 인터뷰한 증인 중에 양달승 전 의원이 한 말이 사건의 핵심을 짚었습니다. 국회에서 김형욱 부장을 만났는데 "JP 총리가 간첩 김규남 사형집행동의서에 서명을 하지 않는다고 비난하더라"는 것이었습니다.

3선 개헌을 반대했던 김종필 총리는 결국 3선 개헌 찬성으로 돌아섰고, 김 총리와 같이 반대 입장에 섰던 정구영 전 공화당 의장은 결국 탈당하고 말았습니다. 예춘호, 양순직, 박종태 전 공화당 의원들은 끝까지 개헌을 반대하다 모두 국회를 떠났습니다.

김 부장은 3선 개헌을 위해 온갖 못된 짓을 다했는데도 정작 개헌이 이뤄지자 권좌에서 물러나게 됐습니다. 정치판의 아이러니가 아닐 수 없습니다. 국회의장을 지낸 김재순 전 의원이 말했듯이 '토사구팽'한 겁니다. 토끼를 잡았더니 개를 삶더라는 얘기입니다. 김 부장은 바로 팽당한 개 신세가 되어버린 겁니다. 본인도 불행하게 죽었지만 본인이 저지른 수많은 악행으로 얼마나 많은 사람들이 피눈물을 흘렸는지 아무도 모릅니다. 김 부장 때 처음으로 여당 의원들까지 고문했다는 증언이 나오고 있으니까요.

김 부장이 저지른 국회간첩단 사건은 이재원 기자의 치밀한 취재와 발품으로 방송에서 그 진상이 밝혀졌습니다. 저는 이분들에 대한 재심 결과가 무죄로 나온 날 보도를 보고 이재원 기자에게 전화를 했습니다. 축하 인사와 함께 이 사건을 꼭 기록으로 남겨두라고 당부했습니다. 그 기록 일부를 제가 여기 소개하게 됐습니다. 분량이 많아 일부만 소개합니다.

▌국회간첩단 사건의 진실!!

— 이재원(광주 문화방송 기자)

박노수와 김규남, 두 사람과 인연을 맺은 것은 기자생활을 시작한 지 얼마 되지 않은 2006년, 그러니까 갓 병아리 티를 벗은 6년 차 시절이었다. 단초는 김상균 사장(당시 광주 문화방송 사장)이 제공해주었다.

그래서 광주 사람으로 알려진 박노수 교수의 행적을 쫓기 위해 처음에는 가벼운 마음으로 그와 그의 가족들을 찾아나섰다. 가족을 백방으로 수소문하고 인터넷을 아무리 뒤져도 박노수라는 이름을 찾아볼 수 없었다.

그러다 우연히 박노수 교수의 큰누님이 박경자 할머니라는 사실을 알게 되었다. 천신만고 끝에 박경자라는 이름을 가진 할머니 5~6분이 사시는 곳의 주소를 알아낼 수 있었다.

한참을 망설이시던 할머니는 조심스럽게 동생에 대해서 이야기하기 시작했다. "동생은 억울하게 사형을 당했다.""같이 사형을 당한 사람이 당시 공화당 국회의원이었던 김규남이다." 첫 번째로 찾아간 집이 박노수 교수의 누님 댁이어서 정말 다행이었지만, 할머니의 말씀은 나를 혼란스럽게 만들었다. 반신반의하면서 할머니의 말씀을 끝까지 듣고 나니 이건 뭔가 잘못돼도 한참 잘못됐다는 직감이 불현듯 밀려오기 시작했다.

1969년 5월 13일 중앙정보부가 당시 언론에 유럽 및 일본을 거점으로 한 간첩단 사건(이하 국회간첩단 사건: 현역 국회의원이 간첩으로 몰려 사형 당했기 때문에 프로그램에서는 국회간첩단이라는 명칭을 사용했음)으로 발표한 사건이었다. 공화당 김규남 의원과 케임브리지에서 박사에 준하는 학위를 받은 박노수 교수가 주범으로 지목됐고, 재일교포들이 간첩단의 하부조직으로 발표됐다.

그런데 국회의원 신분이어서인지, 김규남 의원만 실명으로 발표되고, 박노수 교수와 김판수 선생, 김신근 선생, 박노수 교수의 부인 등 나머지 관련자들은 철저히 가명으로 발표됐다.

권위 있는 국제법학자와 국회의원이 진짜로 북한의 간첩이어서 아무도 진상 규명을 요구하지 않았을까 하는 생각도 들었지만, 대개의 간첩단 사건이 그러했듯이 중앙정보부에 의해 조작됐을 가능성이 높다는 직감이 강하게 밀려왔다.

국제법을 연구하는 학자가 귀했던 시절, 영국 케임브리지에서 학위를 받은 사람과 현역 국회의원이 사형을 당한 사건은 상당한 충격으로 다가왔다.

그래서 본격적인 취재를 해야겠다는 결심을 굳혔는데, 관련된 사람들을 어떻게 찾을 수 있느냐가 문제였다. 두 사람과 관련된 사건은 어느 누구에게서도 들을 수 없었다. 그래도 박경자 할머니의 도움으로 사건 관련자들의 실명을 파악할 수 있었다. 이를 토대로 겨우 주소를 알아냈는데, 직접 발품을 팔면서 찾아다니는 수밖에 방법이 없다는 판단을 내려 제일 먼저 경기도에 거주하시는 김판수 선생님을 뵙기로 하고 무작정 선생님의 집 앞에서 기다렸다.

낯선 사람이 갑자기 찾아와 과거 본인이 관련됐던 간첩단 이야기를 꺼냈을 때 어떤 기분이었을까? 방송국 기자라는 사실을 밝히고 37년 전 사건에 대해 이야기하자 선생님은 적잖이 당황하셨다.

1960년대에 광주일고와 서울대를 졸업한 김판수 선생님을 통해 사건의 전말을 들을 수 있었다. 그리고 운 좋게 김규남 의원 가족과도 연락이 닿았지만, 37년 동안 간첩 가족이라는 낙인이 찍힌 채 살아온 가족들은 선뜻 언론과 인터뷰를 결심하는 것도 쉽지 않았다.

그리고 국회간첩단 사건의 일본 쪽 조직으로 둔갑한 피해자를 만나기 위해 제주도까지 찾아가 박노수 교수와의 연관점을 취재했고, 김신근 선생님과 박노수 교수의 부인, 그리고 유학 시절의 김규남 의원과 박노수 교수의 흔적을 파악하기 위해 지구촌 곳곳을 누볐다. 이렇게 발품을 팔아가며 사건 관련자와 가족들을 만나 대략적인 윤곽을 파악할 수 있었다.

박노수 교수와 김규남 의원의 인연은 일본에서 맺어졌다고 한다. 박노수 교수는 일본에서 메이지대학을 졸업한 뒤 도쿄대학에서 국제 관계를 연구하던 김규남 의원을 만났다. 박노수 교수는 일본 유학 생활을 마친 뒤 학업을 계속 이어가기 위해 영국 케임브리지로 떠났고, 김규남 의원은 귀국해 정치 활동을 시작하다 김종필의 추천으로 공화당 국회의원 배지를 달게 됐다.

그러던 1966년 영국에 있던 박노수 교수는 조카인 임민식 선생님(범민련 사무총장)과 조카의 고등학교 동창생인 김판수 선생님과 김신근 선생님을 영국으로 초청했다. 모두 임민식 선생님의 광주일고 동창생들이다.

이후 김판수 선생님은 1년 정도 영국과 덴마크에서 생활을 한 뒤 귀국했고, 지금은 캐나다 밴쿠버에 거주하시는 김신근 선생님은 2년 정도 어학연수를 한 뒤 돌아왔다. 임민식 선생님은 덴마크에서 계속 학업을 이어가고 있었다.

유럽은 당시 한국과 비교할 수 없을 정도로 사상의 자유가 보장된 곳이었다. 여러 사상과 철학을 접하다 보니 공산주의와 북한에 대해서 자연스럽게 알게 되었고, 당시는 북한이 유럽에서 공부하던 남한 유학생들을 겨냥해 선전물을 보낸 시기이기도 하다. 선생님들은 박노수 교수와 생활하면서 북한, 그리고 통일문제에 대해 토론하기도 했고, 그러다 호기심이 일어 젊은 혈기에 민족의 통일문제를 고민하면서 동베를린에 있는 북한대사관을 방문했다고 한다.

유럽에서는 이 같은 행동이 아무런 문제 될 게 없었지만, 우리나라에서는 단지 동베를린의 북한대사관을 방문했다는 이유만으로 간첩이 되는 시기였다. 불안한 마음을 갖기도 했고 1967년 국내에서 동백림 사건이 터졌을 때 적잖이 겁을 먹기도 했지만, 자신들에게는 찾아오는 중앙정보부 요원이 없어 귀국을 결심했다고 한다.

그러던 1969년 2월, 박노수 교수가 귀국하면서 사건이 발생했다. 박노수 교수 귀국 직후인 4월 말과 5월 초, 박노수 교수와 부인, 그리고 김규남 의원, 김신근, 김판수 선생님은 갑자기 들이닥친 중앙정보부 요인들에게 강제로 잡혀가 모진 고문과 협박을 당해야 했다. 가족들도 구타와 회유, 협박에 시달렸고, 심지어 박노수 교수는 성고문까지 당했다고 한다.

고문과 협박에 못 이긴 사람들은 결국 박노수 교수는 1960년대 초부터 동베를린과 평양을 왕래하며 북한 노동당에 가입한 간첩단 수괴이고, 김규남 의원은 박노수의 지시에 따라 평양을 방문한 뒤 노동당에 가입해 국회의원으로 대한민국 국회에 잠입했다며 중앙정보부가 만들어낸 각본대로 자술서를 써야 했다.

일사천리로 진행된 재판에서 간첩단에 연루된 사람들은 동베를린의 북한대사관과 평양을 방문한 사실은 인정했지만 간첩만은 아니라고 호소했다. 하지만 재판부는 이들의 호소를 받아들이지 않았고 박노수 교수와 김규남 의원은 사형, 김신근 선생님은 징역 7년, 김판수 선생님은 징역 5년을 최종 선고받았다.

해외 구명운동이 활발하게 펼쳐졌지만 소용이 없었다. 박노수 교수와 김규남 의원이 공부한 일본에서는 다까노 교수 등 국제법학회 회원들을 중심으로 국회의원 118명을 포함해 3천여 명이 서명한 구명탄원 서류를 한국 정부에게 보냈고, 엠네스티(국제사면위원회)에서도 탄원서를 보내왔다.

박노수 교수와 김규남 의원이 사형을 선고받고 복역하던 1972년에는 영국 홈 외상이 한국을 방문해 구명운동을 펼치기도 했다. 홈 외상은 박정희 대통령과 김종필 총리를 잇달아 만나 양국 현안을 논의하면서 박노수 교수와 김규남 의원에 대한 감형을 요구했다.

활발한 구명운동과 때맞춰 7·4 남북공동성명이 발표되고 남과 북 사이에 화해의 물꼬가 터지자 가족들도 사형만은 면할 수 있을 것이라는 기대감을 갖게 되었다.

하지만 이런 기대감도 잠시, 7·4 남북공동성명이 발표된 직후인 1972년 7월 13일에는 김규남 의원, 그리고 보름 후인 7월 28일에는 박노수 교수의 사형이 집행됐다. 7·4 남북공동성명으로 혹시 남북 간에 정치범 교환이나 석방 등과 같은 문제가 제기되면 간첩단을 조작했다는 사실이 알려질까봐 당시 정권에서 서둘러 사형을 집행하지 않았을까 하는 의심이 강하게 드는 대목이다.

이 사건으로 인해 아직도 고국 땅을 밟지 못하고 해외에서 망명객 생활을 하는 사람도 있다. 바로 박경자 할머니의 큰아들 임민식 범민련 사무총장이다.

임민식 선생님은 지난 2006년 광주에서 열린 6·15 남북공동선언 기념 행사에 해외 측 위원으로 선임돼 한국 땅을 한 번 밟을 기회가 있었다. 하지만 대한민국 정부는 사상전향서를 강요했고, 제2의 송두율 교수 사태를 우려한 임민식 선생님은 스스로 입국을 포기해 아직까지 가족들의 얼굴을 보지 못하고 있다.

국회간첩단 사건 2년 전에 발생한 동백림 사건이 6·8 부정선거를 규탄하는 시위를 무력화하는 데 이용됐듯이 이 사건 역시 당시 정권 차원에서 정치적으로 이용했다는 견해도 있다.

국회간첩단 사건이 발생한 직후 당시 케임브리지대학 학생회장 신분으로 우리나라에 들어와 진상조사활동을 펼친 데이비드 보게트 교수(David Bogget, 2006년 기자가 일본에서 만났을 당시 그는 교토 세이카대학에서 강의하고 있었다)는 1969년 9월 실시된 3선 개헌과 국회간첩단 사건 사이에 깊은 관련이 있다고 생각하고 있다.

김종필의 추천을 받아 전국구로 국회에 진출한 김규남 의원은 이 시기에 3선 개헌 반대파의 중심에 서 있던 김종필의 측근으로 활약했다. 중앙정보부 입장에서는 김종필의 측근이 관련된 간첩단 사건이 3선 개헌을 위한 공작에 더없이 좋은 사안이었을지도 모른다는 게 보게트 교수의 설명이다.

실제로 중앙정보부는 16명이나 구속하고 관련자가 60명에 이른다고 사건을 발표했지만 박노수, 김규남과 연결돼 구속된 사람은 두 사람을 포함해 7명에 불과했다.

이 사건을 정점으로 공화당 내부에서는 3선 개헌에 반대하는 목소리가 사라졌고, 김종필은 간첩단 수사가 한창 진행되고 있을 1969년 4월 말, 3선 개헌에 찬성하는 입장을 처음으로 밝히는 묘한 입장을 취하게 됐다는 게 보게트 교수의 설명이다.

국회간첩단 사건은 확실히 2년 먼저 발생한 동백림 사건과 유사한 점이 많았다. 하지만 국회간첩단 사건 관련자들은 동백림 사건과는 비교할 수 없는 고통을 겪었다. 동백림 사건 관련자들이 대부분 2년 안에 석방된 반면, 국회간첩단 사건의 경우 두 사람이 간첩이라는 낙인이 찍힌 채 사형을 당했고, 나머지 관련자들도 최고 7년까지 감옥에서 청춘을 바쳐야 했다.

하지만 각고의 노력 끝에 이들의 사연을 담은 특집물이 2006년 6·15 남북공동선언 6주년을 즈음해 〈국회간첩단 사건의 진실!!〉이라는 타이틀로 광주 문화방송을 통해 방영되면서 이들의 기구한 사연이 다시 세상에 알려졌다.

간첩단 사건에 관련돼 옥고를 치른 피해자들과 가족들은 방송 이후 공포와 두려움을 떨쳐버리고 적극적으로 진실을 규명하기 위해 나서기 시작했고, 나 역시 취재하면서 확보한 자료를 가족들과 공유하며 진실이 밝혀질 수 있도록 적극적으로 도왔다.

그리고 특집물이 방영된 지 3년여가 지난 2009년 10월 27일, 마침내 '진실 화해를 위한 과거사정리위원회'(이하 과거사정리위원회)를 통해 고

대하던 진실이 밝혀졌다. 수년 동안 조사를 펼친 과거사정리위원회는 국회간첩단 사건이 수사당국의 불법구금과 가혹행위로 자백을 받아낸 조작극임을 밝혀냈다. 과거사정리위원회는 또 관련자들의 범죄사실이 자백 외에 뚜렷한 증거가 없고 그 자백이 강압적 분위기와 가혹행위 등에서 나온 것이라며 국가가 유가족에게 사과하고 재심 등의 조처를 취하라고 권고했다.

가족들은 과거사정리위원회의 조사결과를 토대로 법원에 재심을 청구해 지난해(2013년) 10월 8일 서울고등법원에서 마침내 무죄를 선고받았다. 재심 재판부는 "과거 권위주의 시절 법원의 형식적인 법 적용으로 피고인과 유족에게 크나큰 고통과 슬픔을 드렸다"며 "사과와 위로의 말씀과 함께 이미 고인이 된 피고인의 명복을 빈다"며 부끄러운 우리나라의 사법 역사를 반성했다.

하지만 검찰은 상고를 포기하지 않아 가족들과 피해자들은 대법원의 최종 판단을 기다리고 있다.

국회간첩단 사건을 취재하고 특집물로 제작하는 과정에서 아쉬운 부분도 많았다. 특히 아쉬운 것은 동백림 사건에 임석진이라는 밀고자가 있었듯이 이 사건에도 유명한 국제법학자의 밀고가 있었다는 가족들의 증언이 있었지만 이를 확인할 수 없었다는 점이다. 당사자로 지목된 교수는 취재할 당시에도 이미 사망한 뒤여서 확인할 길이 없었다. 지금도 이 부분은 가장 큰 아쉬움으로 남는다.

또 하나 아쉬움이 남는 것은 기획입국설이다. 박노수 교수가 1969년 2월 영국 생활을 청산하고 한국으로 돌아온 것은 청와대에서 비서관 자리를 제의했기 때문이라고 가족들은 믿고 있다. 밀고자로부터 박노수 교수의 북한 방문 사실을 들은 군사정권에서 감투를 먼저 제의해 귀국하게 만든 뒤 간첩으로 조작했다는 것이다. 동백림 사건 당시 독일에서 관련자들을 강제 연행해 외교적인 문제가 불거졌기 때문에 이를 원천적으로 차단하자는 의도였다는 것이다.

그렇지만 나름대로 성과도 있었다. 가장 큰 성과는 과거사정리위원회와 법원을 통해 왜곡된 진실이 바로잡혔다는 점이다. 〈국회간첩단 사건의 진실!!〉은 언론이 먼저 왜곡된 과거사에 대해 문제를 제기하고 이를 바로잡게 해준 최초의 사례이기도 하다. 개인적으로는 박노수 교수와 김규남 의원 취재를 통해 제38회 한국기자상을 수상하는 영광을 얻기도 했다.

하지만 가족들이 40년 가까이 겪었을 고통을 생각하면 오히려 미안하고 죄송해진다. 김신근 선생님은 간첩단 사건으로 옥고를 치른 뒤 고향 땅에서 농사를 짓다 이 땅이 싫어 캐나다로 이민을 떠났고, 박노수 교수의 부인도 온갖 멸시를 받고 살다 우리나라를 떠나 지금은 재혼 후 캐나다에 정착해 살고 있다. 국회의원에서 하루아침에 간첩이라는 나락으로 추락한 김규남 의원 가족들 역시 주변의 멸시와 따가운 눈초리에 고통을 겪어야 했다.

벌써 기자생활을 시작한 지 14년째. 국회간첩단 사건은 나에게 평생 잊지 못할 추억과 영광을 남겨줬지만 다른 사람의 불행이 나 개인에게 영광이 된 한국 현대사를 생각하면 가슴 한편에 아련한 쓸쓸함이 밀려온다. 좀 더 일찍 알았다면 좋았을 걸 ···.

그리고 이 글을 빌어 취재의 영감을 제공하고 적극적으로 지원해주신 김상균 사장님께 깊은 감사를 드린다.

〈마한〉 특집과 역사 '바로 알리기'

광주에서 근무할 때 저는 우연히 나주에 갔다가 엄청나게 큰 고분을 봤습니다. 그리고 그 고분에서는 항아리로 만든 관, 즉 옹관이 나왔다는 사실을 알게 됐습니다. 우리 고대사에 나오는 마한시대 유물이라는 겁니다. 백제시대가 아니라 마한시대라고 하니까 새삼 호기심이 생겼습니다.

회사 PD들로부터 마한 유물에 대해서는 전남대 고고학과 임영진 교수가 권위자라는 말을 들었습니다. 임 교수에게 전화를 걸어 저녁에 초대했습니다. 그리고 마한 고분에 대한 역사강의를 들었습니다. 놀라웠습니다. 마한이 흔히 말하듯 서기 369년에 백제에 멸망한 게 아니라는 주장이었습니다. 그 이유는 나주에서 백제 것과는 전혀 다른 대형고분이 발견되었고, 그 고분은 탄소측정 결과 서기 500년대 것으로 추정되기 때문이라는 것이었습니다.

과거 역사에서 무덤은 어떤 정치집단이든 가장 오랫동안 유지하는 제도인 만큼 만약 나주에서 백제 것과는 전혀 다른 고분이 500년대까지 사용됐다면 그것은 바로 마한이 그때까지 존속했다는 움직일 수 없는 증거라는 것이 임 교수 주장이었습니다.

임 교수는 이러한 내용을 논문으로 발표했다면서 그 논문을 담은 책 《백제의 영역변천》도 한 권 주었습니다. 고분 발굴로 물증이 나온 셈인데 역사학계에서는 반응이 없는지 물었습니다. 임 교수는 "아직 반응이 없다"고 말했습니다. 대충 짐작이 가는 상황이었습니다. 우리 역사학계에 문제가 많다는 것은 어제오늘의 일이 아니었기 때문입니다.

회사로 돌아와 마한에 대한 프로그램이 있는지 물어봤습니다. 뜻밖에도 〈마한〉 특집 5부작이 2000년에 방송됐다는 것이었습니다. 담당 PD는 그러면서 아직도 계속 새로운 사실들이 밝혀지고 있어 추가 제작이 필요하다고 했습니다. 저는 즉각 제작하라고 동의했습니다. 그리고 추석 명절 때 〈마한〉 특집방송을 하도록 지시했습니다.

그때 저는 중국 《위지 동이전》에 마한 사람들이 "밤새 술 마시고 노래하고 춤추고 논다"고 기록되어 있다는 사실이 떠오른 겁니다. 바로 그 지역에 있는 방송사로서는 충분히 다뤄볼 만한 가치가 있는 역사물이라고 생각했습니다.

그래서 2006년 가을 추석 명절에 광주 문화방송은 서울에서 편성한 특선영화를 과감하게 들어내고 〈마한〉 특집 3부작을 대신 방송에 내보냈습니다. 서울에서 상당히 반대하리란 생각을 하면서도 그렇게 하자고 했습니다. 제가 서울에서 기획이사로 있을 때 추석 명절 편성이 너무 엉성하다고 생각했기 때문입니다.

방송 편성으로 보자면 추석과 설 명절 연휴만큼 대목인 때가 없습니다. 일반 기업 같았으면 이 대목을 염두에 두고 연초부터 기획해서 좋은 상품을 선보이기 위해 온갖 노력을 다할 것입니다. 방송과 비슷한 영화 제작사들도 추석 대목을 노리고 대작 영화를 미리 제작해서 내놓지 않습니까! 그런데 방송사만은 유독 추석 명절에 대비한 기획이 약하다는 거지요.

가장 큰 이유는 바로 보도국 기자들이 1년 내내 일하다가 추석 명절 때 하루 정도 쉬기 때문입니다. 설 명절은 예전에는 관료들이 쉬지 않았기 때문에 기자들도 쉴 수가 없었습니다. 신정 연휴는 일반 국민들이 쉬지 않았으니 역시 쉴 수가 없었지요. 결국 추석 때만 관료들과 일반 국민들이 모두 쉬기 때문에 기자들도 하루 정도는 쉴 수 있었습니다.

그러니 그 천금 같은 휴일에 명절 대목이라고 좋은 제작물을 만들라고 할 수가 없었던 겁니다. 결국 일부 제작 PD들에게 사전에 그 요구가 떨어질 수밖에 없지만, PD 역시 바쁘기는 마찬가지니 결국 추석 연휴 때 특별한 프로그램이 나올 수 없었던 겁니다. 말은 안 해도 추석 때는 아예 쉬자는 분위기가 강했다고 할 수 있습니다.

이 때문에 하루 종일 방송하는 연휴 때 마땅히 때울 프로그램이 없는 겁니다. 그러다 보니 자연스럽게 영화를 틀게 됐을 겁니다. 적어도 1편 들여오면 2시간 정도는 때울 수 있으니까요. 문제는 이런 관행을 케이블 채널이 생긴 1990년대 이후에도 계속 반복하고 있었던 겁니다. 영화 전문채널이 몇 개씩 생겼는데도 그랬습니다.

제가 임원 때인 2002년 이후에도 이런 관행은 여전했습니다. 이미 본 영화들을 추석 특선이라고 올려놓은 경우를 편성표상에서 여러 번 봤으니까요. 일반 기업들은 새로운 상품을 선보이느라 온갖 정성을 다 기울이는데 방송사는 정작 1년 중 가장 중요한 대목에 남들이 만든 영화를 싼값에 사다가 내다파는 셈이었습니다.

편성국인들 자체 제작물이 별로 없으니 다른 방법이 없었을 겁니다. 일본만 같아도 편성을 거쳐야만 사장을 한다는 관례가 있을 정도로 편성이 방송에서 중요한 위치를 차지하고 있습니다만 우리나라는 아직 그 단계에 오르지 못한 상태입니다.

일단 취재나 제작 현장에 나가는 걸 더 좋아하는 단계입니다. 기자는 출입처 나가고 PD는 드라마나 쇼를 제작하는 부서를 좋아한다는 애기입니다. 기자도 뉴스 전체를 기획하고 편집하는 가장 중요한 부서인 편집부를 싫어하기는 PD가 편성부 싫어하기나 마찬가지란 말씀을 드리는 겁니다.

연예계로 비유하자면 너도나도 무대 앞에 서는 자리를 탐내지, 무대 뒤에서 기획하고 연출하는 자리는 쳐다보지 않는다는 애기입니다. 그래서 예전에는 가수나 배우가 절대적으로 우대를 받았고, 뒤에 서는 연출자나 기획자는 찬밥 신세였던 겁니다. 요새 와서야 감독이나 제작자가 제대로 대접받는 세상이 된 겁니다. 이젠 가수나 배우가 오히려 노예계약을 맺었다고 볼멘소릴 하니까요.

이는 우리 사회가 아직은 제대로 자리를 잡지 못했다는 반증이기도 합니다. 실제로 뒤에서 일하면 대접도 받지 못하고 불이익을 받기 때문에 사람들이 기피하는 거지요. 똑같은 일을 해도 대접받는 부서가 있고 그렇지 못한 부서가 있다면 그것도 큰 문제인데, 하물며 아주 중요한 일을 하는 부서가 오히려 대접받지 못하고 기피대상이 된다면 이거야말로 더 큰 문제일 수밖에 없는 겁니다.

제가 몸담고 있던 시절, 방송사 내에서는 여전히 취재, 제작하는 현업부서가 편집, 편성하는 내근부서보다 더 인기 있었습니다. 사람 몸에서 머리보다도 팔다리가 더 중요하다고 생각하는 격이었습니다. 그러니 편집, 편성부가 일선 현업부서를 장악할 수 없는 겁니다. 아무리 추석이 대목이라 하더라도 일선 현업부서에서 취재하고 제작해오지 않으면 편집 편성을 제대로 할 수가 없다는 얘기입니다.

제가 추석 때 싸구려 영화를 특선이라는 명목으로 편성하는 실태를 문제 삼는 이유가 바로 여기에 있습니다. 편성부가 제대로 일할 수 없도록 방송사가 구조적으로 문제를 안고 있다는 사실을 깨달은 거지요. 기획업무를 하면서 뒤늦게 말입니다. 그럼에도 당시 제가 할 수 있는 일이 별로 없었습니다. 문제가 있다 해도 실제로 해결할 능력이 없었기 때문입니다.

기획업무도 사실은 현업 뒤에서 뒷바라지하는 일로 치부돼 별 힘을 쓸 수 없었던 것이 그 이유입니다. 편성업무나 비슷한 처지라는 겁니다. 그런 구조적 문제를 느꼈기 때문에 제가 마지막이라고 생각했던 광주 사장 때 이걸 고쳐보겠다고 크게 작심한 것입니다. 그래서 영화를 추석 명절 때 들어내버린 겁니다. 당시 편성국에서는 난리를 쳤다지만 사실은 제가 편성국을 크게 도와준 셈입니다. 편성국이 애로가 많다는 사실을 공론화했기 때문입니다.

제가 영화 대신 〈마한〉 특집을 주장한 또 한 가지 이유는 우리 역사가 너무 잘못 전달되고 있다는 사실 때문이었습니다.

저는 어렸을 때 단기를 쓰던 시절을 보냈습니다. 서기에 2333년을 보태면 단기가 된다는 사실을 외우던 시절이었습니다. 언제부터인지 단군을 기리는 단기가 학교에서 사라져버렸습니다. 시대에 맞게 바뀌었다는 소리를 들었습니다. 또 일제 때 그렇게 못 쇠게 하던 설 명절을 해

방된 나라에서도 여전히 못 쉬는 시절을 보냈습니다.

유네스코에서 근무하던 시절 국제회의에 가면 서로 자기네 나라 문화를 과시하는 노래나 몸짓을 해야 할 때가 있었습니다. 저는 그때 무엇을 할 것인가 한참 고민했습니다. 저는 우리나라를 대표할 그 어떤 노래나 몸짓도 할 줄 아는 게 아프리카 신생국에서 온 대표보다도 없었기 때문입니다. 고작 〈아리랑〉 정도 떠올랐으니까요. 이러한 일을 실제 몸으로 느끼면서 문제가 심각하다는 생각을 한 겁니다.

반만년 유구한 역사를 자랑하면서도 정작 남들 앞에서 아무것도 보여줄 수 없는 신세가 되어버린 것이지요. 유네스코가 세계문화유산으로 선정한 판소리도 저는 단 한 대목도 흉내 낼 수 없는 처지였으니까요. 우리 국민 대다수가 그렇게 학교에서 우리 것을 별로 배우지 못한 채 세상에 나왔습니다.

그런데 역사에서마저 우리가 잘못 배웠다는 사실을 나이가 들면서 알게 된 겁니다. 저는 1980년대 유네스코에서 근무하면서 당시 윤내현 교수가 쓴 고조선 관련 논문을 보게 됐습니다. 영어로 번역하기 위해 선정한 논문이었습니다. 놀라웠습니다. 우리 고대사가 한반도가 아닌 중국 대륙에 펼쳐져 있었기 때문입니다. 어떻게 이런 사실을 대학 나올 때까지 몰랐을까 하는 자괴감과 분노가 일었습니다.

광주에 있을 때 단재 신채호 선생이 쓴 《조선상고사》와 《조선상고문화사》를 뒤늦게 보면서 저는 우리 역사가 얼마나 잘못 전달되고 있는지 정말 실감하게 됐습니다. 지금도 뚜렷하게 기억하는 그분의 탁견을 하나만 소개하겠습니다. 한사군의 하나인 낙랑군이 지금 평양 부근에 설치된 사실이 없다는 주장이었습니다. 그곳에는 '호동왕자를 사모한 낙랑공주'의 나라인 낙랑국이 별도로 있었다는 겁니다. 단재의 역사서술은 치열한 고증과 논리에 근거하고 있어 이런 주장을 무시하기 어렵게 되어 있습니다.

그런데 저는 어렸을 때 낙랑군이 지금 평양 근처에 있었다고 배웠습니다. 지금도 이게 학계의 통설이라고 하네요. 이건 무언가 잘못돼도 한참 잘못됐다는 생각이 드는 대목입니다. 만약 한사군이 평양에 설치되었다면 한나라를 무너뜨리고 일어난 수나라가 어떻게 고구려 을지문덕 장군에게 평양 이북에 있는 살수에서 대패할 수 있었겠는가 하는 논리는 지극히 타당한 주장이 아닐 수 없기 때문입니다.

한마디로 평생 잘 모르고 속아 살아왔다는 생각이 들 수밖에 없었습니다. 이게 바로 식민사관에 찌든 어용학자들의 병폐인가 하는 생각이 절로 드는 것이었습니다. 단재 선생이 주장한 "정신 없는 역사는 정신 없는 민족을 낳고 정신 없는 국가를 만들 것"이라는 말이 정말 두렵게 느껴졌습니다(《독사신론》 서론).

제가 〈마한〉 특집에 주목한 것은 이런 체험이 있었기 때문입니다. 역사를 바로 알려야 한다는 생각이 강하게 든 겁니다. 그래서 추석 명절날 이런 역사물을 방송한다는 것은 저로서는 일석이조의 좋은 일이었던 셈입니다. 나중에 나주시장이 우리 특집을 보고 추가로 협찬을 해온 것은 망외의 소득이었습니다.

당시 이 특집을 처음부터 끝까지 제작한 광주 문화방송 곽판주 PD가 저에게 제작후기를 보내주었습니다. 그중 일부를 발췌해서 여기 소개해드립니다. 곽 국장 노고에 감사드립니다.

▌〈마한〉 특집과 국립나주박물관 개관

— 곽판주(광주 MBC 전 편성국장)

(중략) 그런데 2005년 김상균 사장님이 광주 MBC에 부임하셨습니다. 워싱턴 특파원을 지내셨다는데, 타성에 젖어 있는 사원들에게 매일 언론인의 혼을 일깨우는 말씀을 쏟아내셨습니다. 우리가 놓치는 것, 집중을 해야 할 곳, 변화하는 시대정신 등을 말입니다.

〈마한〉 이야기도 그렇게 이어가게 되었습니다. 김상균 사장님이 〈마한〉 후속편 제작의 필요성을 사원들에게 역설하신 것입니다. 5년 전, 오늘을 사는 지역민들에게 자긍심을 심어주고 학계의 활발한 연구를 촉발시킨 〈마한〉 후속 프로그램을 제작하자는 뜻이었습니다.

지역 언론의 많은 기능과 의무가 있지만 역사복원은 지역 언론사의 포기할 수 없는 역할이라는 것과, 지역에서 광주 MBC가 이 프로젝트를 상대사와 차별되는 콘텐츠로 계속 가져가야 한다는 것을 강조하셨습니다.

이렇게 명분을 뚜렷하게 세우시니 사내에서는 〈마한〉 제작의 당위 논리가 세워졌고 담당 PD였던 저는 홀가분하게 제작에 임할 수 있었습니다.

김 사장님의 확고한 의지는 2006년 추석 특집 편성표에 나타납니다.

2006년 추석 본사 편성

10월 5일(목) 21:35~24:20

　　추석특선영화 〈캐리비안의 해적 - 블랙 펄의 저주〉, 143분

10월 6일(금) 21:35~23:30

　　추석특선영화 〈싸움의 기술〉, 95분

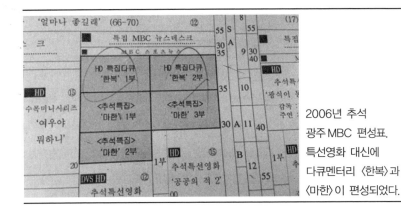

'얼마나 좋길래' (66~70)

특집 MBC 뉴스데스크

HD 특집다큐
'한복' 1부

HD 특집다큐
'한복' 2부

수목미니시리즈
'여우야
뭐하니'

〈추석특집〉
'마한' 1부

〈추석특집〉
'마한' 3부

〈추석특집〉
'마한' 2부

DVS HD

추석특선영화

추석특선영화
'공공의 적 2'

2006년 추석
광주 MBC 편성표.
특선영화 대신에
다큐멘터리 〈한복〉과
〈마한〉이 편성되었다.

　　본사 편성부문의 만류를 무릅쓰고 추석 특선영화를 자르고 거기에 지역에서 만든 우수 프로그램을 편성하신 것입니다. 논리는 간결하고 명쾌했습니다. 지역에서 추석 명절은 객지에 나가 있던 가족이 모두 모이고 지역여론이 분출하는 귀중한 시간인데, 어찌 지역 방송의 역할은 포기한 채 한가롭게 서울에서 편성하는 영화나 릴레이 하겠냐는 것이었습니다.

　　당시 명절 휴가 때 프라임 시간에는 영화 편성이 대세였고, 그 시청률에 따라 방송사(본사)가 일희일비하였으니, 이는 본사 입장에선 항명으로 받아들일 만한 것이었습니다.

　　후에 열린 본 계열사 편성책임자 회의에서 본사 편성부문이 불편한 속내를 감추지 않았다고 합니다만, 어쨌든 광주의 의지대로 편성은 했고 지역민과 귀성객들이 광주 MBC에 많은 감사와 격려를 보내주었습니다.

　　그러나 PD 개인의 제작 의지와 회사의 정책적 뒷받침이 있다고 해서 바로 현장의 다큐멘터리 제작으로 연결되는 것은 아닙니다. 높아진 시청자들의 기호에 맞추려면 완성도를 높여야 하는데, 그에 투입되는 제작비가 충분히 확보되어야 합니다. 자체 제작비는 늘 부족해서 외부 펀딩을 더하는 것이 통례인데, 당시 나주시장이었던 현 신정훈 국회의원이 김상균 사장님의 지역 역사복원에 대한 의지를 접하고 직접 나주시 의회에서 시 의원을 대상으로 지역 역사를 바로세우는 데 나주시가 역할(제작비 지원)을 하자는 연설까지 하는 수고를 마다하지 않은 끝에 〈마한〉 6부와 7부가 제작 방송되었습니다.

김 사장님의 역사 복원에 대한 확고한 의지와 격려 속에 2년에 걸쳐 연속 2편의 후속 다큐멘터리를 제작 방송하였고, 역사 속에 사라졌던 마한은 그 모습을 우뚝 세울 수 있었습니다. 또한 이를 통해 지역 여론을 꾸준히 환기한 덕분에 마침내 5년 만인 2013년 11월 22일, 소멸기 마한 핵심 근거지였던 나주 반남에 마한의 역사를 고스란히 담은 국립나주박물관이 문을 열게 되었습니다. 광주 MBC는 국립나주박물관 개관 당일 완결편 2부작(8, 9부)을 방송함으로써 지역 언론의 역할을 다하고자 했습니다.

앞서 지역방송의 여건을 언급하였지만, 지역에서 하나의 주제로 14년에 걸쳐 모두 9편의 다큐멘터리를 쏟아내기는 매우 어렵습니다. 방송사도 그러한 정책을 가져가기 어렵고, PD 개인으로서도 바삐 돌아가는 일상 속에서 하나의 주제만 파고 있기가 쉽지 않기 때문입니다.

2000년 5편의 프로그램을 방송하고 마침표를 찍을 뻔한 〈마한〉이 김 사장님의 혜안과 그때 불어넣어준 역사복원에의 가르침으로 작년까지 모두 9편의 다큐멘터리로 이어졌고, 그 결실로 국립나주박물관이 개관하게 된 것입니다.

446

광복 60주년 기념특집 〈리영희〉

광주로 자리를 옮긴 2005년은 광복 60주년이 되는 해로, 역사를 생각하고 의식하게 하는 해였습니다. 저로서는 광주가 마지막 기회라고 생각하고 있던 터라 그런 느낌이 더욱 강했습니다. 그해 봄 리영희 선생의 책 《대화》가 출간되었습니다. 리영희 선생과 평론가 임헌영 씨의 대담 형식으로 된 이 자서전은 700페이지가 넘는 두툼한 분량이었습니다.

리영희 선생은 책 첫 장에 " … 나의 인생의 마지막 저술이 될 이 자서전을 … 존경하는 아내 윤영자에게 바친다"고 썼습니다. 첫 장부터 예사롭지 않다는 느낌을 받았습니다. 한편으로는 이제야 선생이 좀 여유가 생긴 건 아닌가 하는 생각도 들었습니다. 제가 그분을 처음 만났을 때 받았던 느낌이 '너무 치열하게 세상을 사신, 아주 강한 언론인'이었기 때문입니다.

1980년 12월, 저는 종로 한일관에서 열린 해직기자 망년회에서 그분을 처음 만났습니다. 물론 대학 때 계간지 〈창작과 비평〉에서 베트남전에 관한 논문을 읽고 처음 그분을 알았고, 그 후에 종종 방송을 통해 감옥에서 나오신 장면을 본 적도 있었지요.

해직당한 후배기자들을 위로하고 격려해주기 위해 그 자리에 오신 그분은 그날 정말 거침없이 세상사를 이야기했습니다. 지금도 기억나는 것은 당신 딸이 "대학을 그만두겠다"고 하자 "정말 잘했다"고 말씀하신 대목입니다. 아무리 못된 세상이라고는 하지만 딸이 대학을 그만 다니겠다는데 세상에 어느 부모가 잘했다고 할 수 있는가? 하는 생각이 들었습니다.

그럼에도 그분은 전혀 거리낌 없이 아주 즐거운 표정으로 우리들에게 이런 이야기를 하시는 거였습니다. 그날 저는 정말 그분이 '무서웠습니다'. 존경하는 선배 언론인이긴 하지만 '가까이 하기엔 너무 먼 당신'처럼 보였습니다. 저는 그때까지도 그렇게 세상을 치열하게 살아보지 못했기 때문입니다.

그리고 1987년 이른바 '보도지침'을 폭로한 〈말〉지 사건 당시 저는 재판정에서 선생이 검사에게 고함을 치던 장면을 직접 보았습니다. 얼마나 소리가 크던지 일어서 있던 검사가 방청석을 바라보면서 "큰소리치면 다요?" 하고 대꾸할 정도였습니다. 그때도 그분은 역시 무서울 정도로 어려운 분이었습니다.

제가 복직한 후 당시 민주당 세미나에 발표자로 나온 리영희 선생은 "남북한 중 어느 쪽이 정통성이 있느냐"는 질문을 받았습니다. 그러자 그분은 "둘 다 정통성이 있다"고 대답하는 것이었습니다. 그 질문을 한 야당 의원은 더 이상 말문을 열지 못했습니다. 그때도 저는 그분을 몹시 어렵게 느꼈습니다.

그런데 그분이 책머리에 존경하는 아내에게 바친다는 헌사를 쓰신 겁니다. 그때까지 제가 받았던 인상과는 다르게 정말 신선한 충격을 받았습니다. 아내에게 바친다고만 해도 그분 연배에서는 좀 튀는 일일 텐데, 굳이 '존경하는 아내'에게 바친다고 아주 당당하게 쓰신 겁니다.

본인이 스스로 마지막 저술이라고 밝힌 자서전인 데다 어린 시절부터 이야기가 시작되기 때문에 무슨 법에 걸리는 일은 없겠다 하는 생각이 들었습니다. 그때까지 저는 그분이 뉴스에 나오는 모습을 본 적은 있지만 책 제목처럼 대화하는 모습을 방송에서 본 적은 한 번도 없었습니다. 외국에서까지 '사상의 은사'라고 칭송하는 그분을 국내 방송에서는 '의식화의 원흉'처럼 멀리한 겁니다.

저 개인으로도 그분 방송하는 모습을 한 번 보고 싶었습니다. 책을 봤더니 그런 내용이라면 저도 별로 무섭지 않게 느낄 수 있을 것 같았습니다. 그렇게 〈리영희〉 특집은 기획, 제작되어 그해 광복절 60주년을 기념해 광주 문화방송에서 3부작으로 방송을 탔습니다.

리영희 선생은 이 특집에서 베트남전에 대한 인식을 새롭게 해주었습니다. 그것도 미국 자료를 인용해서 말입니다. 우선 북부 하노이 공산정권은 지도층 대부분이 프랑스나 미국을 상대로 독립투쟁을 하다 감옥에 다녀온 사람들인 데 반해 남쪽 사이공 정권에는 그런 경력을 가진 사람이 전혀 없다는 사실을 언급했습니다.

그러면서 미국 민주당 대통령 후보까지 지낸 해리만이 "이 전쟁은 이미 진 전쟁이나 다름없다"고 말한 내용을 언급했습니다. 베트남 국민들이 어느 쪽을 더 지지할 것인지가 너무나 자명하기 때문이라는 거지요. 그런데 미국과 우리나라는 지는 쪽인 사이공 정권을 위해 수만, 수십만 군대를 보낸 겁니다.

저도 2000년에 베트남을 친선 방문한 적이 있습니다. 예전에 외무부를 출입한 인연으로 외무부가 주선한 기자단 일원으로 간 겁니다. 그때 하노이에서 호찌민이 근무했다는 조그만 방을 봤습니다. 작은 책상 하나에 둥근 모자, 그리고 안경이 있을 뿐이었습니다. 남쪽 사이공 대통령궁과는 달라도 너무 달랐습니다.

당시 베트남 대통령도 만났는데, 그분은 베트남과 한국 간의 악연에 대해서는 일단 '제쳐두자'(put aside)고 말했습니다. 경제협력을 위해 지나간 일보다는 앞으로의 일을 먼저 생각하겠다는 겁니다. 그럼에도 결코 잊어버리자는 말은 하지 않았습니다.

베트남과 좋은 인연을 유지하려면 우리가 먼저 성의 있는 태도를 보여야 한다는 생각이 들었습니다. 그때 우리 정부는 민간단체 이름으로 베트남 수십 곳에 학교를 세워주고 있었습니다. 제 사촌형도 베트남전에서 전사했습니다. 저는 군대에 있을 때 웅변대회에 나가 이런 사연을 "이름 없는 별들"이라는 제목으로 연설한 적도 있습니다.

그때 우리 정부는 베트남 공산화를 막기 위해 파병했다고 했습니다. 우리 우방인 미국을 돕기 위해 군대를 보냈다고 했습니다. 모든 언론이 이런 정부 주장을 대대적으로 보도해주었습니다. 당시 우리 국민들이 베트남전의 진상을 제대로 알기는 사실상 어려웠다는 이야기입니다. 일부 지식인들은 알고 있었을지 모르지만 당시 정황상 이를 공개적으로 말하기는 어려웠을 겁니다.

그런데 그때 리영희 선생은 베트남전 실상을 제대로 알고, 또 이를 제대로 알린 것입니다. 《대화》에서 언급했듯이 선생은 1971년 이른바 〈펜타곤 페이퍼〉(Pentagon Papers, 국방백서) 사건을 잘 알고 있었습니다. 미국 〈뉴욕타임스〉가 대대적으로 보도한 이 백서는 미국이 베트남에 당했다는 '통킹 만 사건'이 실은 조작된 것이라는 사실을 폭로하였습니다.

제가 이 사실을 알게 된 것은 기자생활을 다 마치고 대학에서 강의하던 2009년이었습니다. 리영희 선생이 1970년대에 안 사실을 저는 한 세대 후에야 알게 된 겁니다. 부끄러운 일이지만 사실이었습니다. 리영희 선생이 쓴 책 《전환시대의 논리》는 바로 이러한 진실들을 당시 유일하게 담고 있었고, 그래서 수많은 후학들에게 고전으로 읽힌 겁니다. 물론 당시 정권은 '의식화 서적'으로 낙인찍었지만 말입니다.

리영희 선생은 《대화》에서 "베트남인들의 죽음과 고통과 눈물을 어느 하룻밤도 생각하지 않은 적이 없다"면서 "그들을 위해 기도하지 않고 잠자리에 든 날이 단 하루도 없었어요"라고 고백했습니다. 만약 이 책이 1970년대에 나왔으면 어떤 반응이 나왔을까 생각해보면 아찔한 대목이기도 합니다.

리영희 선생은 당연히 미국에 대해서도 비판적이었습니다. 6·25 때에는 영어 통역장교를 했고 기자생활을 할 때는 이미 미국 〈워싱턴포스트〉에 영어로 기사를 쓰는 이른바 '친미통'일 수 있었는데도 그러지 않았습니다.

1980년 광주항쟁 때 그분은 배후 조종자로 구속되었습니다. 본인 말로는 몇 달 뒤에 석방되고 나서야 자신에 대한 혐의를 처음 알았다고 했습니다. 완전 조작이라는 말입니다. 그러고 나서 광주항쟁에 대한 미국의 책임을 묻는 장문의 글을 썼습니다. 당시 릴리 주한 미국대사가 이를 반박하는 글을 쓰자 그분은 릴리 대사에게 방송에서 공개토론할 것을 제안했다고 했습니다.

미국식 자본주의에 대해서도 강자 우선, 폭력 우선, 물질 우선 등을 거론하면서 거침없이 신랄한 비판을 했습니다. 우리 사회의 '광적인 반공주의'에 대해서도 개탄했습니다. 일부 종교단체에 대해서도 비판을 멈추지 않았습니다. 우리나라 정치권력과 맞부딪칠 수밖에 없는 언행을 계속하신 겁니다.

그러면서 본인이 억압과 폭력, 거짓과 증오의 희생물이 될지언정 그런 사회에 대해서는 참을 수 없다고 했습니다. 〈뉴스타파〉 첫머리에 인용되듯이 선생이 목숨을 걸고라도 지키려고 한 것은 정부, 애국심 이런 것이 아니고 '진실'이었습니다.

미국 기자 수백 명에게 증언을 들어 만든 책《저널리즘의 기본요소》(Bill Kovach & Tom Rosenstiel, *The Elements of Journalism*, 한국언론재단, 2003)를 보면, 미국 언론인들이 가장 중요하게 생각하는 의무는 바로 '진실 추구'입니다. 리영희 선생은 이런 의무를 평생 온몸으로 실천한 참 언론인입니다.

방송 때도 하신 말씀이지만, 선생은 늘 공개행사에 부인을 참석하도록 해 수시로 부인 눈치를 본다고 하셨습니다. 이른바 수위가 높은지, 문제가 될 것 같은지를 부인과 교감을 통해 미리 알아본 뒤 발언 내용을 조절한다는 것이었습니다. 우스운 이야기인 것 같지만 참 서글픈 이야기이기도 합니다.

선생은 반공법, 국가보안법 위반 혐의로 여러 차례 옥고를 치렀습니다. 자신이 쓴《D 검사와 리 교수의 하루》라는 소설 같은 글을 보면 선생이 무지한 검사와 어떤 논쟁을 주고받았는지 잘 드러납니다. 《자본론》의 저자가 누구냐고 묻는 검사에게 그건 〈훈민정음〉을 누가 지었느

방송 후
고 리영희 선생,
부인 윤영자 여사와
함께한 자리

냐고 묻는 거나 다름없다고 반문하는 대목도 있습니다. 요새 같으면 〈개그콘서트〉에나 나올 법한 코미디 소재입니다.

선생은 또 당신 이름을 굳이 '리영희'라고 쓴 데 대해서도 설명했습니다. '이영희'라는 이름이 여자이름처럼 들리는 데다 너무 흔해빠져서 개별성을 찾기 위해서라고 말입니다. 그러면서 당신은 평안북도 출신이라 소리 나는 그대로 쓰고 싶다고 했습니다. 이북에서는 '랭면', '고등녀학교', '려운형'으로 발음한다는 것이었습니다.

예전에 초대 대통령은 '이승만'이 아니고 '리승만'이었고 영어도 'Lee'가 아니라 'Rhee'로 쓴다는 이야기를 들은 적이 있습니다. 그분에게는 아예 두음법칙을 적용하지 않는다는 말이었습니다. 그런데 리영희 선생은 권위 때문에 그런 게 아니고 어렸을 때부터 그렇게 말했기 때문이라고 했습니다. 방송 종사자인 우리가 한번 깊이 생각해볼 문제입니다.

방송이 끝나고 점심을 대접하는 자리에서 선생은 유독 젓갈을 많이

드시면서 맛있다고 하셨습니다. 그리고 저와 그분의 대화는 그게 마지막이었습니다. 제가 그분을 직접 찾아가 뵙기에는 앞서 말씀드린 것처럼 너무 어려웠기 때문입니다. 결국 저는 그분이 돌아가신 2010년 12월 5일 문상하는 것으로 마지막 인사를 드렸습니다.

이번 책을 쓰려고 광주 문화방송 홈페이지에 들어가 봤습니다. 〈리영희〉 특집을 다시 볼 수 있도록 유튜브에 '광주 MBC 클래식'이라는 코너가 마련되어 있었습니다. 3부작을 48분으로 편집한 내용이었습니다. 근 10년 만에 생전 선생의 모습을 다시 볼 수 있었습니다.

그래서 그분이 저에게 보낸 편지를 다시 읽어봤습니다. 비록 사신(私信)이긴 하지만 광주 문화방송 사장 앞으로 보낸 편지이고, 이젠 유품이 되어버렸기 때문에 기록을 위해서 여기에 공개하기로 했습니다. 고인의 명복을 빕니다.

고마운 김상균 사장.

좋은 계절이 왔습니다. 어려운 회사운영으로 마음고생이 많을 텐데 어떻게 지내시는지 궁금합니다. 지난 8·15 기념 특집방송물의 하나로, 나를 골라 3부작으로 만들어 방영해준 일을 생각하면 감사의 마음 그지없습니다.

게다가 노력과 효과의 대가로서는 너무 많은 사례를 받고 보니 더욱 그러합니다. 어려운 재정일 텐데 그렇게 배려해준 마음을 여러 모로 헤아립니다. 지나온 삶이 헛되지 않았다는 보람을 느끼기도 합니다.

그러는 한편으로 귀중한 방송시간을 한 번도 아니고 연속 3부작으로 채울 발상의 동기, 그것을 허가한 김 사장의 생각 … 등, 그리고 그 편성 제작에 들인 방송사의 노력과 경비 … 가 기대한 반응과 효과로 보답되었는지 … 등, 미안함과 걱정이 없지 않습니다.

제작의 일을 맡아 수고한 실무자들에게도 나의 감사의 말을 아울러 전해주십시오.

김 사장의 건강과 광주 MBC의 발전을 빌면서

— 2005년 10월 8일 리영희 합장